사랑에
밑줄친
한국사

사랑에 밑줄친 한국사

라푼젤 관나부인에서 스캔들메이커 유감동까지,
시와 노래로 남은 연애사건 28

이영숙 지음

뿌리와
이파리

일러두기

1. 책명, 정기간행물, 신문 등에는 겹낫표(『 』), 편명, 논문 등에는 홑낫표(「 」), 그림과 노래, 영화, 연극 작품 등에는 홑화살괄호(〈 〉)를 사용했다.

2. 한자의 병기는 최초 노출 후 반복하지 않는 일반 표기의 원칙 대신 문맥의 이해를 위해 필요한 곳에는 반복적으로 한자를 병기했다.

3. 명조체 1), 2)……는 각주 번호이고, 고딕체 1), 2)……는 미주 번호다.

4. 이 책에서 인용한 주요저서나 문헌, 논문 등은 참고문헌에 정리했다.

제5부 죽음에 이르는 유혹

머리말

역사는 주로 사건과 연혁, 인물을 기록한다. 정치와 경제, 사회와 문화를 가로지르는 굵직한 사안과 정책, 사상, 예술 사조 및 그것이 발생한 연대, 주도한 인물들의 이야기가 근간을 이룬다. 그러나 렌즈의 초점을 사건에서 사연으로, 연혁에서 시간으로, 기록에서 자취로 옮기면, 우리는 뜻밖에 풍요로운 서사와 숨겨진 진실을 마주하게 된다. 그것은 역사의 행간을 가득 채우고 있는 로맨스, 스캔들, 에로티시즘의 장면이요, 낭만과 순정, 설렘과 기다림, 애욕과 질투, 춘정과 욕정, 불륜과 간음의 현장이다. 그 사연의 자취는 시가 되고 역사가 되어 마침내 그 시대의 풍경이 된다.

그래서 이 책에서는 한국의 역사와 문학 속의 사랑을 다루면서 내밀한 연인을 찾아가듯 조심스레 한 발 한 발 내딛고 싶었다. 친숙한 역사의 사건과 인물을 '미시사' 혹은 '연애사'라는 렌즈를 통해 새롭게 조망하는 여정인 셈이다. 『삼국사기』·『삼국유사』를 필두로 『고려사』와 『조선왕조실록』 등 정사의 위엄과 권위 사이로 흐르는 야담野談과 항설巷說 등의 풍요로운 서사는 짜릿한 시간을 선사할 것이라 믿는다. 『한서』·『삼국지』·『일본서기』·『고려도경』 등 굵직한 동아시아사의 흐름에서는 혼맥과 운명으로 맥박치는 인연의 고동을 느끼고, 『흠흠신서』·『퇴계집』·『연려실기술』·『어우야담』에서는 천촌만락 희로애락의 인간 군상을 조우할 수도 있다.

　유리왕의 「황조가」, 국경커플 안장왕과 한씨 여인의 금지된 아리아, 불국佛國 신라의 대표 고승 원효와 의상의 '여인천축국전', 청렴 정승 황희의 간통 스캔들, 천재학자 율곡의 플라토닉 러브, 성리학의 대가 이황의 러브픽션을 통해서 우리는 '역사적 위인'이 아닌 '로맨스의 주인공'을 만나게 된다. 내시와 궁녀의 몰래한 사랑, 봉빈과 소쌍의 대식 소동, 그리고 정절의 제국에서 '탕녀'로 소비된 유감동과 어우동의 사연에서는 권위적 해석과 윤리적 왜곡에 감춰진 질곡의 세월을 경험할 수 있다. 아스카 문명의 씨앗인 팔수부인과 고야신립, 인도 며느리 허황옥과 페르시아 사위 아비틴의 글로벌 결혼 스토리에는 신화가 역사가 되는 순간이 담겨 있다. 분방한 서라벌의 도시남녀와 「처용가」, 술과 꿈이 환유된 이규보의 「꿈속의 여인」, 다름의 미학을 노래한 「한림별곡」과 「공공상인」에는 시대의 주류에서 파생된 방일의 잔물결이 넘실댄다. 유희춘의 『미암일기』를 채운 '부부의 세계', 천정배필 삼의당 김씨와 하립의 러브레터, 김정희의 뒤늦은 망처유감 「부인 예안 이씨 애서문」은 오늘날에도 통용되는 만고불변의 진리, 부부의 법칙을 전달한다. 서릿발 같은 정치가가 아닌 사랑의 포로가 되어 쓴 정철의 연애시, 충정의 아이콘 정몽주가 부르는 강남 아가씨 예찬론, 규중 금기를 넘은 고려 여인들의 당돌한 행보는 또 어떤가. 물놀이와 꽃놀이에 나선 아낙들의 풍류와 이를 조롱하는 질투쟁이 사내들의 허세, 춘화와 음담의 난잡하지만 살 냄새 나는 도발은 실록의 간극을 채우고도 남음이다.

오래된 고문서를 들추면 부연 책 먼지 아래 감춰졌던 뜻밖의 보물들을 발견하듯 소소한 일상과 따스한 애정, 눈물과 한탄이 공명하는 순간들을 마주할 수 있다. 유적지에 얽힌 사연과 뒷골목을 휩쓸던 야사, 세간의 추억과 낙서의 파편들이 우리에게 다시 생생한 서사로 부활하는 것이다. 그리하여 기존의 역사서가 정치사 중심·남성 중심의 역사책이었다면, 이 책에서는 그다지 중점을 두지 않았던, 즉 밑줄을 치지 않은 곳의 역사를 새롭게 바라보고 싶었다.

　그러면서 문득 생각했다. 2021년 오늘날의 이 시간들은 먼 훗날 어떻게 기록될까? 코로나 19로 일상이 파괴된 지금에도 로맨스의 꽃은 여전히 피어난다. 어떤 상황에서도 청춘의 열망과 사람 간의 이끌림, 충동의 욕구는 도대체 식을 줄 모른다. 마스크를 쓰고 입맞춤하는 연인, 한강의 텐트 데이트족, 화상통화를 하는 격리 커플, 스크린 속 하객으로부터 축하를 받는 신랑신부……. 일상과 연애는 파괴된 혹은 변형된 규칙들에 적응하면서 새로운 궤적과 추억을 만들어가는 중이다. 훗날 지금의 현상을 다시 돌아본다면, 이 모두는 혼란의 여정 중에 피어났기에 더 반짝이고 소중한 사연들로 기억될 것이다. 그리고 누군가 이런 사연들을 한 권의 책으로 엮을 수도 있겠다.

　책을 집필하는 동안 숱한 연애의 과정처럼 중간중간 위기가 있었다. 그러나 곁에 두어 익숙해서 몰랐던 이들의 사연이 역사가 되고

문학이 되어가는 발자국 위로 깊숙이 발을 내딛는 과정은 새롭고도 행복한 경험이었다.

이 책이 출간되기까지 많은 분들의 도움이 있었다. 한 권의 책으로 만들어지기까지 애써주신 박윤선 편집주간님, 첫 책에 이어 두 번째 책도 흔쾌히 출판해주신 정종주 대표님에게 깊은 감사를 드린다. 바쁜 미국 생활 중에도 관심을 기울여준 성우의 메시지는 큰 힘이 되었다. 현실적인 조언과 과장된 격려로 집필 내내 용기를 북돋아준 남편 태욱, 무조건적인 신뢰와 애정으로 엄마를 응원해준 딸 원우에게도 사랑과 고마움을 전한다.

2021년 6월 30일
이영숙

제1부

가깝고도 먼 그대,
'부부별곡'

유희춘과 송덕봉의 '부부의 세계'
남사친 여사친의 러브레터, 삼의당 김씨와 하립
조선에서 부활한 '오르페우스 신화'
부부유별과 이혼의 법칙

유희춘과 송덕봉의
'부부의 세계'

이혼이 선택인 시대다. 2019년 대한민국의 조이혼율[1]은 2.2[2]로, 이는 인구 1000명당 이혼건수가 2.2건임을 의미한다. 혼인에서 무덤까지 해로동혈偕老同穴의 미덕을 뽐내던 선조들이 펄쩍 뛸 수치다. 천생연분의 운명론과 '검은 머리 파뿌리 될 때까지'라는 맹세로 맺어진 이들을 파경에 이르게 하는 사유는 다양하다. 배우자의 외도, 경제력, 성격 차이, 자녀의 유무, 상대 가족의 간섭, 가정폭력 등의 심각한 사안도 있지만, 체취나 식습관, 잠버릇 등 얼핏 들으면 사소해 보이는 이유들도 상당하다. 그러나 이혼을 결심하는 부부에겐 어떤 이유도 사소할 수 없다. 그러니 제삼자가 이해할 수 없는 그 무엇이 부부의 세계에 존재함이 틀림없다.

---

1) 1년간 발생한 총 이혼건수를 당해 연도의 총인구로 나눈 수치를 1000분비로 나타낸 것으로 인구 1000명당 이혼건수를 의미한다(Naver 지식백과 참조).

2) 2019, KOSIS(통계청) 인구동향조사.

그런데 조선시대 미암眉巖 유희춘과 성중成中 송덕봉 부부의 사례를 보면, 어쩌면 이 복잡 미묘한 부부 문제의 해결책을 찾을 수 있을 것만 같다. 유희춘의 유배로 인한 의도치 않은 기나긴 별거에도 불구하고 두 사람은 건재한 금슬을 자랑하며 죽을 때까지 친밀한 관계를 유지했기 때문이다. 그 비결은 바로 부부가 끊임없이 주고받은 시문과 서신이었다. 두 사람은 그 속에서 온갖 자질구레하고 소소한 일상, 엉뚱한 오해, 착각에 대한 핀잔, 오해의 해명, 시재詩才의 칭찬, 기특한 격려 들을 나누었다. 그럼으로써 일상의 민낯처럼 드러나는 서로의 세계를 공유했다. 그 사연들은 말해준다. 부부에게 가장 중요한 것은 서로에 대한 쿨한 '인정'과 진정성 있는 '공감', 그리고 '소통'의 노력이라고 말이다. 유희춘이 남긴『미암일기眉巖日記』에는 그런 그들만의 부부의 세계가 가득하다.

천생배필의 각방거처

중종 31년(1536) 스물넷의 해남 청년 유희춘은 열여섯의 담양 처녀 송덕봉과 백년가약의 화촉을 밝힌다. 유희춘의 외조부는 중국 표류기인『표해록漂海錄』을 쓴 최부崔溥고, 송덕봉의 집안은 학문과 시문에 출중한 담양의 명문가였다. 중매는 송덕봉의 친척이자「면앙정가俛仰亭歌」를 쓴 송순宋純이 섰다. 가히 문연文緣으로 맺어진, 감수성이 깊고 독서를 좋아하는 낭만청년과 당차고 시문에 재주가 있는 문학소녀의 아름다운 결합이라 하겠다. 결이 비슷하고 합이 맞기에 문학과 사랑이 넘치는 완벽한 부부의 시나리오를 써나갈 것만 같은 두 사람이었다. 그러나 이로부터 장장 40년 5개월에 이르는 결혼생활 동안 두 사람은 많은 시간을 떨어져 지내며 곡절 많은 부부의 여정을 겪어나간다.

처음엔 그들의 삶도 순탄했다. 유희춘은 혼인한 지 2년 만인 1538년, 별시 문과에 병과로 급제하여 벼슬길에 오름으로써 가장의 면모를 갖추었다. 그는 중종 때 시강원侍講院 설서設書로서 동궁東宮(후에 인종)의 사부로 지내다가, 사가독서賜暇讀書[3]한 뒤 홍문관弘文館 수찬修撰, 무장현감茂長縣監 등을 역임하며 능력을 펼쳐갔다. 덕봉 또한 부지런히 살림을 도모하면서 성심껏 시부모를 섬겼고, 슬하에 1남 1녀를 양육하며 건실한 삶을 꾸려나갔다. 그러는 가운데 두 사람은 업무의 압박과 일상의 피로를 간간이 나누는 수준 높은 시문과 지적인 대화로 해소했을 것이다.

그들의 평온한 삶에 균열이 생긴 것은 혼인한 지 10여 년 만의 일이었다. 1547년 유희춘이 일명 양재역 벽서사건[4]이라 불리는 정미사화에 연루되면서 제주도로 유배된 것이다. 당시는 문정왕후가 어린 명종을 대신해 수렴청정을 하면서 그녀의 친정동생인 윤원형이 득세하던 시기였다. 유희춘은 문정왕후가 윤임 일파를 제거하기 위

---

3) 조선시대에 인재를 양성하기 위하여 젊은 문신들에게 휴가를 주어 학문에 전념하게 한 제도.

4) 1547년(명종 2) 을사사화의 여파로 일어난 사화로 윤원형 일파가 대윤大尹 세력 숙청을 위해 만든 사건. 당해 9월 과천 양재역 벽에서 '여왕(문정왕후)이 집정하고 간신 이기李芑 등이 권세를 농락하여 나라가 망하려 한다'는 내용의 벽서가 발견되어 명종에게 보고되었고, 섭정하던 문정왕후는 명종에게 이는 윤임 일파의 짓이라며 그 일파를 숙청하게 한다. 윤원형 일파는 이런 사론邪論은 을사사화의 잔재라며 그 잔당으로 지목된 봉성군鳳城君(중종의 서자 완岏) 등을 죽이고 20여 명을 유배시켰다.

해 일으킨 을사사화[5]에 협조하지 않아 윤원형 일파로부터 미움을 받던 차였다. 그러다가 윤원형이 꾸민 양재역 벽서사건의 관련자로 지목된 것이다. 사건 직후 유희춘은 제주도로 유배되었다가 다시 함경도 종성에 안치되었다. 이로부터 1567년 선조가 즉위하여 재임되기까지 20년간 지속된 귀양살이는 부부의 시간 대부분을 차지한다. 그뿐인가? 복직 후 한양에서 관직 생활을 할 때는 임시로 집을 빌려 생활한 관계로 덕봉이 친정인 담양과 남편이 있는 한양을 오가며 살림을 했으니, 이들 부부가 느긋하게 함께 보낸 시간은 실로 손에 꼽을 정도다.

그러나 부부는 이 공백을 자신들만의 방식으로 채워나간다. 『미암일기』에 수록된 일기와 서신들은 평소 시우詩友와 지기知己로서 돈독한 정을 쌓아왔던 두 사람이 어떻게 일상과 마음을 공유했는지를 보여준다. 『미암일기』는 유희춘이 55세 되던 1567년 10월 1일부터 세상을 떠난 1577년 5월 13일까지 약 11년에 걸쳐 쓴 일기다. 원래는 14책이었으나 현재 11책만이 전한다. 이 중 10책은 그의 일기이고, 나머지 1책은 자신과 부인 송씨의 시문으로 구성되어 있다. 일기의 내용은 자식 걱정과 살림 마련부터 관직 생활, 노후의 여가, 작품 활동까지 다양하다. 재주 없는 아들 경렴景濂에 대한 한숨과 각별한 며느리 사랑도 엿볼 수 있다. 시집간 딸의 거친 성정에 관한 염려와 첩을 둔 사위에 대한 원망도 담겨 있다. 자신의 생일날 아픈 외손녀가 안쓰러워 술과 고기가 올라온 상을 물리고 수박을 가져

---

5) 1545년 인종이 죽고 즉위한 명종의 외숙인 소윤小尹의 거두 윤원형이 인종의 외숙인 대윤大尹의 거두 윤임 일파를 몰아내는 과정에서 대윤파에 가담했던 사림이 크게 화를 입은 사건이다.

다주거나, 손주에게 책과 옷 등을 보내는 다정한 일면도 기록되어 있다.

그러나 무엇보다도 『미암일기』를 가득 채운 것은 아내 송덕봉이었다. 타지에서 생활하는 남편을 위해 겨울이면 누비바지·솜옷·가죽옷·가죽신을, 여름이면 모시옷을 지어 보낸 정성, 누에를 키우고 술을 빚고 음식을 장만하는 야무진 살림솜씨, 토지를 매매하고 가옥을 수리하는 여장부의 면모에 유희춘은 감탄했다. 또 남편의 실책을 조리 있게 나무라며, 그의 작품에 수준 높은 비평과 조언을 아끼지 않던 현명함을 칭찬했다. 궁극에는 함께 늙어가며 나누는 황혼의 여유와 오가는 시문의 정취를 공유했다. 그러니까 『미암일기』는 40년차 부부의 희로애락과 신산고초, 눈물과 웃음이 범벅된 부부의 기록인 셈이다.

유배지에서 생긴 일

귀양은 부부의 많은 것을 뒤바꿔놓았다. 유희춘은 학자의 자존심과 가장의 체면에 생채기가 났고, 송덕봉은 시모 봉양과 자녀 양육 및 생계 책임이라는 실질적인 가장의 무게를 감내해야 했다. 힘들기는 두 사람 다 마찬가지였다. 그러나 덕봉이 가정의 대소사로 육체적으로 분주한 반면, 희춘은 외로움과 서러움 등의 감정 소모가 더 컸던 모양이다. 글쓰기와 독서만으로는 고독한 유배 생활을 견디기 어려웠는지, 짧은 제주유배가 끝나고 함경도 종성으로 옮긴 즈음 유희춘은 수발을 들던 15세 연하의 여종 구질덕仇叱德을 첩실로 삼는다. 방씨가의 얼녀로 방굿덕이라고도 불린 그녀는 이후 해성, 해복, 해명, 해귀라는 네 명의 딸을 낳으며 유희춘과 종성에서 10년을 함께 지낸다. 슬하에 자식을 넷이나 둔 첩의 존재를 물론 송덕봉도 익히 알았을 것이다. 그래서였을까? 유희춘을 대신해 시모의 삼년상을 치른 덕봉은 1560년 길을 나선다. 목적지는 남편이 있는 종성이었다. 한반도 남쪽 끝에서 최북단까지 가는 길, 그때의 심정을 송덕봉은 다음과 같이 읊고 있다.

> 가고 또 가다 마침내 마천령에 이르니
> 가없는 동해 바다 수면이 거울 같아라.
> 만 리 길을 부인네가 무슨 일로 이르렀나.
> 삼종의 의리는 중하고 내 한 몸은 가벼워서라오.[6]

송덕봉, 「마천령에서 읊다(摩天嶺上吟)」

전라도 담양에서 함경도 종성까지는 867킬로미터로, 서울에서 부산까지 가는 거리의 두 배가 넘는다. 거리도 거리거니와 어찌나 높은지 하늘(천天)을 어루만지듯(마摩) 하다는 해발 709미터에 이르는 고개(령嶺)를 넘어야 갈 수 있는 곳이기도 하다. 급한 경사와 험한 지형의 마천령을 넘어가는 길 위에서 그녀는 잠시 걸음을 멈춘다. 귀양살이에 첩까지 둔 남편을 만나러 가는 길은 멀어서도 마음이 복잡해서도 고되었을 터. 그러나 만 리 길의 고단한 노정에도 사그라지지 않는 것은 본능과도 같이 넘쳐흐르는 시상詩想이었다. 거울같이 맑고 평온한 동해 바다에 감정을 이입해보노라니, 시댁과

---

6) 行行遂至摩天嶺, 東海無涯鏡面平. 萬里夫人何事到, 三從義重一身輕.

남편에 대한 도리와 책임으로 무거웠던 이 몸이 한결 가벼워졌노라 스스로를 위로해보는 송덕봉이다. 이렇게 몇 날 며칠이 걸려 도착한 종성에서 오랜만에 마주한 부부의 사이는 예전 같을 수만은 없었다. 떨어져 지낸 세월의 어색함은 물론이요, 수발 구실이든 외로움을 핑계삼든 어쨌든 남편 곁에는 첩이라는 '틈입자'가 존재했던 것이다.

실상 조선시대 사대부 남성의 작첩作妾은 합법이고 관행이었다. 하지만 훗날 일기에 적었듯 유희춘은 부인 송덕봉에 대한 애정이 깊어 작첩에 대해 미안한 마음을 갖고 있었다. 한편으론 다정한 천성 탓에 첩과 서녀들에게도 안쓰러움을 느끼는 복잡한 심경이었다. 그럴 즈음 홀로 생계에, 육아에, 삼년상까지 마친 송덕봉이 유배지로 찾아온 것이다. 본부인이 찾아오자 구질덕은 아이들을 데리고 자신의 고향인 해남으로 거처를 옮긴다.[7] 그 덕분에 심적으로나 상황적으로 한결 편안해진 유희춘은 모든 것을 아내에게 일임한 채 독서와 저술에만 몰두할 수 있었다. 그 당시 『속몽구續蒙求』, 『육서부록六書附錄』 등의 편찬을 마무리하며 재기의 발판을 다질 수 있었던 것도 덕봉이 든든히 자리를 지켜주었던 덕분이리라. 해배된 후 유희춘은 해남으로 이주한 첩에게 물품과 노비를 보내거나 서녀들의 속량 처리 등의 일을 아내와 의논하곤 했다. 그때마다 덕봉은 안주인으로서 넉넉한 아량을 보이며 그들을 식솔로 인정하고 끌어안았다. 그러고 보면 가정의 평화와 저술, 미래의 대비까지, 유

---

7) 『미암일기』의 기록에 따르면 구질덕은 해남에 거주하는 방씨 가문의 얼녀인 것으로 보인다. 1567년 12월 5일, 11일, 15일, 18일의 기록에는 해남에 거주하는 첩모妾母의 집을 방문한 일, 또 그 집 배나무에 자신의 운명을 점친 일 등이 적혀 있다(李成姙, 「16세기 양반관료의 外情: 柳希春의 『眉巖日記』를 중심으로」, 『고문서연구』 23권, 2003, 39쪽 참조).

희춘은 참으로 많은 부분을 아내에게 빚진 셈이다.

착각과 진상의 사실관계

그러다가 유희춘이 20년 만에 해배되어 다시 나라의 부름을 받게 된 것은 문정왕후가 죽은 1565년, 벽서사건 연루자들에 대한 재평가가 제기되면서다. 평소 경서經書와 사서史書에 뛰어난 그의 실력을 신임했던 선조는 1567년 즉위 즉시 유희춘을 성균관 직강直講 겸 지제교知製敎에 제수한다. 이어 유희춘은 대사성·부제학·전라도 관찰사·대사헌 등을 역임하는 등 바야흐로 출세의 전성시대를 맞는다. 그는 전에 없이 바빠졌다. 유희춘이 전근과 전직으로 분주하고 정신없는 와중에 송덕봉은 일일이 남편의 임지에 함께할 형편이 안 될 때는 담양에 돌아가 가사와 뒷바라지에 전념하면서 부부의 별거 아닌 별거 생활이 다시 시작되었다. 덕봉의 생활은 유희춘이 복직한 후에도 별반 달라질 게 없었다.

사실 유희춘은 학문이 매우 정밀했고 행실이 독실하여 맡은 바 직책을 성실히 수행해나갔다. 그런 그에게 아쉬운 점이 있다면 세상물정에 어둡다는 점이었다. 그는 집안일이나 주변 관리에는 영 서툴러서, 전답 매매나 집수리 등의 굵직한 일부터 서책 정리나 자녀교육 등의 세세한 일까지 모두 송덕봉에게 의지하곤 했다. 의관과 버선이 해져도 부인이 새것으로 내주지 않으면 바꿔 입을 줄 몰랐다. 한번은 덕봉이 책 테두리에 제목을 써서 보고 싶은 책을 쉽게 꺼내볼 수 있게 서책을 정리해주자, 좋아라 하며 "보고 싶은 책을 쉽게 꺼내볼 수 있으니 아주 좋다!"라고 일기에 기록해두기도 했다.

물정에 어둡다는 건 눈치가 없다는 말도, 또 그만큼 성정이 해맑다는 말도 되리라. 그 해맑음으로 그는 종종 뜬금없는 편지를 써서 한번씩 송덕봉의 속을 뒤집어놓기도 했다. 한번은 자신이 넉 달이나 독숙獨宿한 것을 자랑하며 칭찬을 요하는 편지를 보냈다. 그러나 이는 아내를 잘못 봐도 한참 잘못 본 처신이었다. 그 편지에 대한 송덕봉의 반응은 이러했다.

삼가 살펴보니, 서찰 가운데 갚기 어려운 은혜를 베풀었다고 자긍하는 대목이 있더군요. 감사하는 마음 한량이 없습니다. 다만 제가 아는 바로는, 군자가 행실을 닦고 마음을 다스리는 것은 성현의 밝으신 가르침일 뿐, 아녀자를 위해 억지로 해야 할 일은 아닙니다. ……

저도 당신에게 잊을 수 없는 공이 있으니 소홀하게 여기지 마세요. 당신은 몇 달 동안 혼자 지내고 매번 편지마다 구구절절 공을 자랑하였지만 예순의 나이에 혼자 잤다면 스스로 기운을 위해 이로운 것이지, 제게 갚기 어려운 은혜를 베푼 것은 아닙니다. 그렇지만 당신이 높은 벼슬에 있어 도성 사람들이 모두 우러러보는 처지인데 몇 달이라도 혼자 지내는 것이 또한 보통 사람들로서는 어렵게 여기는 일이기는 합니다.[1]

『미암일기초眉巖日記草』 권5, 1570년(경오) 6월 12일

독숙이 시혜인 양 생색내는 남편에게 아내는 착각은 금물이라며 일침을 가한다. 유희춘은 관직생활의 투정과 아내를 향한 순애보를 독수공방이란 소명으로 증명하고 싶었던 것 같다. 그래서 어리광을 부리듯 생홀아비 고수를 자랑하며 칭찬받고자 했던 것이다. 뒤집어

보면 조그만 일도 아내에게 인정받고 싶을 만큼 그녀의 존재가 컸다는 방증도 되리라. 그러나 덕봉은 철없는 남편의 자랑공세에, 나이 예순에 혼자 자는 잠은 의학적으로나 체력적으로 합리적인 선택이니 뭐 그리 으스댈 것 없다며 사실관계를 짚어준다. 혹여 너무 머쓱해질까 그 벼슬 그 권세에 유혹에 넘어가지 않고 몸을 보중한 것은 참 잘하시었다 얼러주기도 하면서 말이다. 그러나 결국에는 한마디로 상황을 깔끔하게 정리한다.

> 저는 옛날 시어머님 상을 당하였을 때 사방에 돌보아주는 사람 하나 없고, 당신은 만 리 밖에 귀양가 그저 하늘을 향해 울부짖으면서 통곡만 할 뿐이었습니다. 그럼에도 지성으로 장례를 치른 것이 남에게 부끄러울 것이 없었습니다. 곁에 있던 사람들도 제가 봉분을 만들거나 제사를 지낸 일을 두고 친자식이라도 이보다 더 잘할 수는 없을 것이라 했었죠. 삼년상을 마치고 또 만 리 길을 나서 온갖 어려움을 무릅쓰고 종성으로 당신을 찾아간 일을 모르는 사람이 누가 있겠습니까? 제가 당신에게 이처럼 지성스럽게 한 일을 두고 잊기 어려운 일이라 하는 것이지요.[2]
>
> 『미암일기초』 권5, 1570년(경오) 6월 12일

그녀는 유배를 간 유희춘 대신 홀로 치렀던 모친상을 운운하면서 당시 장례를 치른 후 모두의 치하를 받았던 노고를 언급한다. 묻어둔 구은舊恩을 꺼내들며 칭찬받을 대상은 당신이 아니라 바로 자신임을 확인시킨 것이다. 그 정도로 내게 잘난 척을 하느냐, 나는 이런 것도 해냈다 하면서 말이다. 그녀는 의당 해야 할 일이라는 책임감과 겸손에 자신의 공로가 묻히는 것을 용납하지 않는다. 험한 마천

령 고개를 넘어 종성 유배지까지 찾아간 기억까지 짚어주며 착각은 금물이라 경고한다. 그러고는 "바라건대 영원히 잡념을 끊고 기운을 보양하여 수명을 늘리도록 하세요"라며 나직하고 단호하게 편지를 끝맺는다.

아내의 편지를 받은 유희춘은 아차 싶었다. 20년 넘는 유배 뒷바라지와 작첩에도 묵묵히 자리를 지키던 아내의 존재감을 퍼뜩 깨달은 것이다. 묵직한 한마디에 철퇴를 맞은 그는 이 편지를 받은 심경을 "부인의 말과 뜻이 다 좋아 감탄을 금할 수 없다"고 적고 있다. 그리고 자신이 보낸 편지는 일기에 남기지 않았으니, 이것이 자신의 천진한 착각을 깊이 반성하는 유희춘만의 방식이었을까?

화해에서 해로까지

말년의 일기 곳곳에는 어느덧 폐경에 이른 아내의 노화를 염려하여 의녀 선복善福을 보내고, 겨울날 털 귀마개를 만들어 보내는 다정한 일면이 보인다. 또 종종 저술 작업을 도와주는 덕봉을 동료로서 의지하고 존중하여, "내가 오늘 『유합類合』 하권을 번역하면서 부인에게 많이 물어서 개정을 했다"거나 『상서尚書』를 교정하다가 모르는 것을 덕봉에게 물어 알고는 "내가 오늘 새벽에 부인과 동료가 되었다"라고 적기도 했다. 그렇게 희춘은 덕봉과 벗처럼 동료처럼 해로하는 미래를 소망했다.

흥미로운 점은 시소와 같은 희춘과 덕봉 부부의 관계다. 티격태격 아슬아슬한 듯 남편이 던지면 아내가 맞받아치는 핑퐁게임 같다고나 할까? 이런 식이다.

산에 꽃 흐드러져도 보고 싶지 않고
음악 소리 쟁쟁 울려도 관심 없다네.
좋은 술 고운 자태엔 흥미가 없으니
오직 책 속에서나 참맛을 즐기려오.[8]

　　　　유희춘, 「지극한 즐거움을 읊어 성중에게 보이다(至樂吟示成仲)」

송덕봉의 자字가 성중成仲이니, 아내에게 보내는 편지다. 이 시를
보내며 유희춘은 아마 아내의 칭찬을 한껏 기대했으리라. 이젠 술
이니 여자니 관심 딱 끊고 독서 삼매경에나 빠져보려 한다고 짐짓
학자의 면모를 뽐내고 있으니 말이다. 그러나 늘 예상을 비껴가고
한 발 앞서가는 것이 송덕봉의 반응이었다.

봄바람 아름다운 경치 예로부터 훌륭한 구경거리
달빛 아래 타는 거문고도 하나의 한가로움이요,
술 또한 근심 잊게 하여 마음을 호탕케 하거늘
당신은 어찌 책 속에만 빠져 지내나요.[9]

　　　　　　　　　　　　　송덕봉, 「차운次韻」

봄바람, 달빛, 거문고, 그리고 술……. 송덕봉은 세상에 즐길 것이
이리도 많은데 어찌 꽁생원마냥 책만 파고드느냐면서 잔뜩 호응

---

8)　園花爛漫不須觀, 絲竹鏗鏘也等閑. 好酒姸姿無興味, 眞腴唯在簡編間.
9)　春風佳境古來觀, 月下彈琴亦一閑. 酒又忘憂情浩浩, 君何偏癖簡編間.

을 기대했던 남편의 허를 찌른다. 둘은 가끔씩 툭탁거리기도 했는지, 일기에는 "지난밤 부인과 함께 이야기하다가 내가 조금 실수를 하여 부인이 화를 냈다. 내가 사과하여 곧 풀렸다"(『미암일기』 1571년 2월 8일)라는 기록도 보인다. 한번은 희춘이 평소 콧대가 높은 덕봉을 빗대 "부인이 문 밖에 나설 땐 코가 먼저 나가더라(婦人出戶鼻先出)"며 놀려대자, 덕봉은 키 작은 희춘 들으라는 듯 "남편이 길을 다니매 갓 끈이 땅을 쓸더라(夫君行路纓掃地)" 하고 응수한 적도 있다. 놀리는 재미에 맞받아치는 센스, 이런 게 부부 사이를 윤택하게 하는 윤활유가 아닐는지.

그런가 하면 둘은 이런 시도 주고받았다.

눈 내리고 바람 더욱 차가우니
추운 방에 앉아 있을 당신이 생각나오.
이 술이 비록 품질은 좋지 않지만
차가운 그대 속을 덥힐 수는 있을 터요.[10]

좌부승지에 올라 닷새째 승문원에서 숙직하던 유희춘이 술 한 동이와 함께 아내에게 보낸 시다. 거센 눈바람으로 부쩍 추워진 날씨에 유희춘은 문득 평소 술을 즐기던 아내를 떠올린다. 벼슬하는 남편 따라 한양에 올라와 애쓰는 아내가 안쓰럽고도 고마웠던 걸까? 희춘은 술을 보내며 마음도 덥히라는 따뜻한 배려를 전한다. 송덕봉 또한 짐짓 취기를 벗삼아 감사의 답시를 보낸다.

---

10) 雪下風增冷, 思君坐冷房. 此醪雖品下, 亦足煖寒腸.

국화잎에 눈발은 날리오나

은대(승문원)에는 따뜻한 방이 있겠지요.

차가운 방에서 따뜻한 술을 받아

언 창자 채우니 감사할 따름입니다.[11]

알코올의 기운과 살가운 마음으로 따뜻해진 늦가을 밤은 마치 초
로에 접어든 부부의 계절 같다. 오래 살면서 별의별 모습을 다 겪고
이제 사계절의 막바지에 다다른 두 사람. 둘은 그간 냉탕과 온탕, 달
콤과 살벌, 전쟁과 평화를 오가는 파란곡절의 세월을 함께 견디어
왔다. 오래 살면 닮는다더니, 공감을 넘어 공명共鳴을 울리는 부부
의 세계는 설렘과 열정에서 인내와 노력을 거쳐 애착과 신뢰를 발
판삼아 어느덧 눈빛만 봐도 속내가 보이는 염화시중의 경지에 이른
듯하다. 이런 주거니 받거니도 재미있다.

월녀越女가 한번 웃으면 삼 년 머무르는데,

당신이 사직하고 돌아오기 어찌 쉽겠소.[12]

1571년 9월 19일자 『미암일기』에 덕봉이 보냈다고 기록된 시다.
1571년이면 유희춘이 전라감사로 재직할 때다. 당나라 한유韓愈가
친구 유사명劉師命이 월 지방 미녀에게 혹하여 3년간 빠져 지낸 것
을 꼬집은 「유생시劉生詩」에 빗댄 이 시를 그 시점에 덕봉이 보낸
이유는 뻔하다. 월나라 미녀 같은 여인에 빠져 전라도 관직에 미련

---

11) 菊葉雖飛雪, 銀臺有煖房. 寒堂溫酒受, 多謝感充腸.

12) 越女一笑三年留, 君之辭歸豈易乎.

이 있는 것 아니냐는 은근한 견제와 염탐이랄까? 뭐 작첩의 전적도 있고, 떨어져도 있고, 그립기도 하고. 덕봉으로선 은근히 신경이 쓰였던 모양인데, 그렇기로서니 희춘 나이 내일모레면 환갑인 59세다. 그럼에도 그녀 눈엔 여전히 멋진 남자로 보였나 싶기도 하고, 보고픈 마음을 저리 돌려 말하는 그 마음이 귀여워 슬며시 미소가 지어진다.

그 마음을 감지했는지 곧바로 화답하는 희춘이다.

> 월녀 한번 웃으면 삼 년을 머물렀다고,
> 창려(한유)가 일찍이 방심한 유사명 풍자하였네.
> 평생토록 정주程朱 문에 들기를 원하고서,
> 어찌 동문 쪽으로 잘못 움직이겠는가.[13]

정주程朱는 정호程顥·정이程頤 형제와 주희朱熹를 이른다. 유희춘은 성리학의 대가들을 줄줄이 나열하며 이 몸은 방종한 유사명과는 급이 다른, 고귀한 학자들과 같은 부류라는 큰소리로 아내의 여색 염려를 잠재운다. 살짝 졸은 마음을 삐죽이 내비치는 덕봉이나 짐짓 호언으로 장담하는 희춘이나 천정배필이 따로 없다.

얼핏 속 썩이는 남편과 속 끓이는 아내의 공방전 같은 이들의 관계는 『미암일기』의 깨알 같은 기록들을 통해 이렇게 문학으로 승화되었다. 유희춘이 관직의 고단함이나 업무의 무게를 토로하면, 송덕봉은 따듯하게 격려하며 몸단속을 당부했다. 희춘이 가끔 허장성세라도 부릴라치면, 덕봉은 이를 부드러운 카리스마로 제압했다.

———
13) 越女一笑三年留, 昌黎曾刺放心劉. 平生願入程朱戶, 肯向東門錯轉頭.

남편은 종종 아내에게 작품을 선보였고, 아내는 화답시를 보내며 비평과 조언을 아끼지 않았다. 희춘은 진심으로 아내의 능력과 지혜에 탄복했고, 덕봉은 이를 당당하게 수용하고 요구했다. 가끔 헛발질하는 남편의 고삐를 틀어쥐고 잠시 잃었던 방향감각을 되찾아 함께하는 발걸음, 길고 고단하지만 함께하기에 해볼 만했던 여정, 뒤돌아보니 그래도 잘 왔다 싶은 그 길은 유희춘과 송덕봉이 그들 부부만의 세계로 떠나는 길이었다.

남사친 여사친의 러브레터, 삼의당 김씨와 하립

부부의 인연은 흔히 청실홍실이나 중매의 신 월하노인이 엮어준다는 붉은 실로 비유되곤 한다. 남녀의 혼사를 책임진다는 월하노인 이야기는 중국 당나라 이복언李復言의『속현괴록續玄怪錄 · 정혼점定婚店』에서 유래되었다. 두릉杜陵에 사는 위고韋固는 애꾸눈 노파의 딸이 운명의 짝이라는 어느 노인의 예언에 사람을 시켜 여자아이를 죽이라고 한다. 그리고 세월이 흘러 14년 후 고위관료 왕태王泰의 딸과 혼인하게 된 위고. 그러나 신부의 미간에 난 흉터를 본 위고는 그녀가 바로 자신이 죽이려다 실패한 노파의 딸임을 알아챈다. 이 이야기는 말한다. 결국 부부의 연이란 노인의 말처럼 운명으로 정해진 것임을. 보이지는 않지만 붉은 실의 연분은 결코 끊거나 피할 수 없음을. 그래서 부부생활이란 서로의 어설픈 반쪽이 합쳐지고 이어져 하나의 가정으로 완성되는 과정임을.

전라도 남원 서봉방(지금의 남원시 향교동)에서 한날한시에 태어

나 소꿉친구로 지내다가 부부로 40년을 산 담락당湛樂堂 하립河笠
과 삼의당三宜堂 김씨의 사연에 월하노인이 떠오르는 이유다. 동갑
내기 이웃사촌 하립과 삼의당이 주고받은 시문과 문장에는 어린 동
무에서 문학의 동반자, 천생연분과 평생 동지를 넘나드는 사연들이
담겨 있다. 그 글들이 남긴 발자취를 찬찬히 따라가보자니, 이들 부
부에게는 애초부터 삼신할미와 월하노인, 운명의 여신이 작정하고
개입했음이 틀림없다.

순수의 시대, 순백의 연인

1769년(영조 45), 이란성 쌍둥이처럼 한날한시에 태어나 인연을 맺
은 부부 시인이 있다. 바로 하립과 삼의당 김씨다. 물 맑고 인심 좋
은 남원은 춘향과 이도령이 일찌감치 연인의 성지로 발판을 다져둔
곳이다. 그들은 각각 세종 때 영의정을 지낸 하연河演의 12대 손과
성종 때의 사관 탁영濯纓 김일손金馹孫의 후손으로 가문 또한 비등
비등 쟁쟁했다. 이제는 몰락한 양반의 아스라한 옛 영광이라는 점
도 꼭 닮았다. 두 집안 어른들은 그 시절 늘 그랬듯 아이들이 자라
면 성혼을 시키자 약속했다. 똑똑한 두 아이의 혼인으로 가문을 일
으켜보자며 술잔을 기울었다. 그리하여 자주 보아 정들고 오래 보
아 예쁜 동갑내기 두 꼬마는 이웃사촌처럼 소꿉친구처럼 지내며 자
라게 된다. 허물없이 어울리며 티격태격하기도, 함께 글을 배우며
묘한 경쟁심을 느끼기도 했을 것이다. 그러나 대개는 취향과 관심
을 공유하며 말하지 않아도 아는 지음知音이 되어갔을 것이다. 그러

다 사춘기를 지나 어느덧 결혼 적령기에 접어든 두 사람은 어른들의 약조대로 혼인을 하기에 이른다.

낙랑 18세, 사랑하기에 더할 나위 없는 나이에 혼례를 치른 두 사람이 맞은 첫날밤. 그런데 부끄러움이 앞섰던 걸까, 친구에서 부부가 되어 어색했던 걸까. 족두리와 사모관대 벗어젖힌 격렬한 첫날밤을 기대했던 예상은 보기 좋게 깨진다. 이 청춘남녀의 초야 의식은 참으로 점잖고도 향기로웠으니, 먼저 하립이 운을 떼는 것으로 시작된다.

> 만나고 보니 우리는 둘 다 광한루의 신선
> 오늘 밤은 분명 옛 인연이 이어진 것이네.
> 배필이란 원래 하늘이 정한 것이고
> 세간의 중매는 모두 어지러운 법이라지.
>
> 부부간의 도리는 인류의 시작이니,
> 만복의 근원이 여기에 있음이라.
> 『시경』의 「도요」편을 보더라도,
> 온 집안의 화목은 그대에게 달렸다오.[1]
>
> 하립, 「초야창화初夜唱和」

한날한시 탄생의 지극한 인연이 신비로운 부부의 필연으로 이어지니, 우리는 천상의 배필이란 자부와 당신만 믿겠다는 하립의 당

---

1) 相逢俱是廣寒仙, 今夜分明續舊緣. 配合元來天所定, 世間媒妁摠紛然. 夫婦之道人倫始, 所以萬福原於此. 試看桃禾詩一篇, 宜當宜家在止子.

부였다. 하립은 제법 가장의 무게를 잡아본다. 부창부수는 이럴 때를 두고 하는 말. 다음은 리드미컬하게 받아치는 삼의당 김씨의 답시다.

열여덟 선랑과 열여덟 선녀가
동방화촉 좋은 인연 맺었네요.
같은 해 같은 달에 나서 한 마을에 사니
오늘 밤 만남 어찌 우연이리요?

부부의 만남은 백성 됨의 시작이고,
군자의 도리도 여기에서 비롯되죠.
공경과 순종은 오로지 아내의 길,
평생토록 낭군의 뜻 어기지 않으렵니다.[2]

삼의당, 「부부자시附夫子詩」

열여덟이면 고작해야 고3 정도의 나이인데 주고받는 시어들은 의젓하고 중후하기 그지없다. 부부의 도리, 인륜과 백성, 만복과 군자, 화목·공경·순종의 삼종 세트까지. 공자가 들었으면 기특하기 짝이 없을 앞날의 다짐이요, 주례를 대신한 서로의 당부 같다. 그런데 이렇게만 끝난다면 너무 시시하지 않은가. 그래도 피 끓는 청춘 아닌가. 그럼 그렇지, 이렇게 어색함을 달랜 두 사람은 달콤한 밀어로 사랑을 확인한다.

---

2) 十八仙郎十八仙, 洞房華燭好因緣. 生同年月居同閈, 此夜相逢豈偶然. 夫婦之際生民始, 君子所以造端此. 必敬必順惟婦道, 終身不可違夫子.

청춘커플의 볼 빨간 연가

주거니 받거니 오고가는 술잔과 시문 속에 어색함은 저만치 물러간
것 같다. 이젠 깨복쟁이 친구가 아닌 진짜 부부가 될 시간이다. 인연
과 도리를 운운하며 짐짓 점잖을 빼던 하립은 이내 정신을 차리곤,
달빛같이 부드럽고 봄꽃처럼 달콤한 멘트로 삼의당의 연애세포를
일깨운다.

> 깊은 밤 밝은 달에, 한철 고운 봄꽃이라
> 꽃은 화려한데 달빛 또한 더해지네.
> 달빛 좇아 꽃을 볼 새, 내 임이 다가오니
> 둘도 없이 좋은 경치 내 집에 펼쳐지네.[3]

　하립은 달빛, 봄꽃, 그대가 어우러진 그윽한 밤의 정취를 로맨틱
하게 읊는다. 환한 달빛에 어우러진 색색의 화려한 봄꽃 자태는 밤
의 정령처럼 하립을 홀렸을 터. 그 풍경 가운데 서 있는 어여쁜 각
시는 새신랑의 심장을 얼마나 뛰게 했을꼬. 아득한 황홀감에 꽃인
지 그대인지, 달빛인지 당신 후광인지 도통 알 수 없다. 낭만 가득한
낭군의 읊조림에 삼의당도 나직하게 속삭여본다.

> 하늘엔 달빛 가득, 뜰에는 꽃이 가득
> 꽃 그림자에 달 그림자가 어우러졌네.
> 달인 양 꽃인 양 임과 함께 앉았으니

---

3)　三更明月仲春花, 花正華時月色加. 隨月看花人又至, 無雙光景在吾家.

세상의 영욕 따위 뉘 집의 얘기던가.[4]

삼의당, 「화월야花月夜」

달빛에 어른대는 꽃 그림자는 초야를 앞둔 들뜬 마음에 봄밤의
정취를 더한다. 희뿌연 월광과 밤안개에 젖은 꽃내음, 그리고 낭군
에 취한 삼의당의 입술에선 순정을 고백하는 환상적인 시어가 쏟아
진다. 분위기마저 완벽한 그날 밤, 선남선녀에겐 세상 부귀영화조
차 하찮게 느껴지는 그곳이 지상천국 아니겠는가. 그런 두 사람의
첫날밤 밀월은 보지 않아도 가히 짐작할 수 있겠다. 사라락 족두리
가 벗겨지고, 부스럭 사모관대가 끌러지면, 뒤이어 혼례상 물리는
소리와 함께 촛불은 꺼지리라. 기나긴 인연의 끈이 청실홍실로 엮
어지는 그날 밤은 봄날의 꿈처럼 달콤하고 싱그러우리. 청춘커플의
볼 빨간 첫날밤은 그렇게 깊어갔다.

둘의 신혼은 아름답게 채색되어갔다. 일찌감치 "나는 아내 눈썹
에도 못 미친다(愧不及娥眉)"며 팔불출임을 공언한 하립. '충성·효
도·절개의 세 가지 마땅함'이라는 뜻의 '삼의三宜'란 당호를 아내
에게 지어준 것도 하립이었다. 재주 많고 어여쁜 삼의당을 자랑스
러워했던 하립은 그 마음을 "삼의당이 온 뒤 우리 집 뜨락은 온통
봄이로구나(三宜堂外滿庭春)"라 표현하며 뿌듯해했다.

이에 대해 삼의당은 과연 어떻게 반응했을까? 남편의 달뜬 칭찬
에 그녀는 "한결같은 충의로 온 집안에 봄기운 가득하네(一心忠義滿
家春)"라 대꾸한다. 그녀는 행복에 겨워 들뜬 남편의 흥을 깨지 않으
면서도 각자의 본분을 일깨운다. 슬쩍 '충의' 한마디를 집어넣어 환

---

4)   滿天明月滿園花, 花影相添月影加. 如月如花人對坐, 世間榮辱屬誰家.

상과 마법의 성을 헤매는 하립을 가문의 뜨락으로 데려다놓은 것이다. 어쩌면 이때부터였는지도 모르겠다. 두 사람이 동화 같은 로망에서 깨어나 냉정한 현실의 세계로 걸어 들어가기 시작한 때가.

현실부부의 깊고 푸른 한숨

신혼의 단꿈은 짧아서 더 짜릿하고 아쉽기 마련이다. 로맨스는 환상이요, 결혼은 일상이다. 부부는 곧 어릴 적의 소꿉놀이와 청춘의 환상에서 벗어나 잔인한 현실의 무게를 느끼게 된다. 생계와 관직의 문제가 코앞에 닥친 것이다. 기울어진 가문을 일으켜 세우는 것이 두 사람의 사명이자 가문의 공동 목표였다. 과거공부를 위해 상경하는 하립에게 삼의당은 이렇게 독려한다.

> 뜻을 세운 선비들은 집안일 신경 끊어
> 가난한 집에도 귀히 된 이 많다네요.
> 헤어지는 마당에 옛말들을 이르노니
> 대낮 금의환향 자랑할 날 언제일까요.[5]
>
> 삼의당, 「서울 가는 남편에게(贈上京夫子)」 제2수

집안일일랑 걱정 말고 형설지공으로 공부하여 과거급제의 명예를 안고 금의환향하여 선조의 영광을 재현해보자는 삼의당의 당부였다. 허나 아내의 간절한 마음과 달리 하립은 학습에 대한 의지나

---

5) 志士當年不顧家, 席門多有建高牙. 臨分誦道前人事, 晝錦何時鄕里夸.

성공에의 야망이 강한 스타일은 아니었던 듯싶다. 동갑내기 아내에게 하소연하듯 써 보낸 시에는 그리움으로 포장한 어리광과 투정이 가득하다.

> 죽어야 마땅히 포기함을 보이는 게 내 마음이나
> 손에 든 시와 편지 읊기를 그치지 못한다오.
> 밤이면 밤마다 그리운 이 어디에 있나
> 어여쁜 이 오색구름 깊은 곳에 단정히 앉았구려.[6]

어여쁜 당신이 어른거려 도저히 책이 눈에 들어오질 않는다는 그는 글공부보단 아내와의 서신교환에 더 몰두했던 것 같다. 누가 저더러 내 생각 해달랬나. 삼의당은 속이 새까맣게 타들어갈 지경이었다. 하라는 공부는 뒷전인 채 색시에 집착하는 여린 남편을 다잡는 건 삼의당의 몫이었다.

> 여자라 마음 여려 상심하기 쉽기에
> 그립고 보고플 땐 매번 시를 읊거니와
> 대장부는 마땅히 바깥에 계셔야지
> 고개 돌려 집 생각은 하지도 마옵소서.[7]

젊은 혈기에 그럴 수 있다, 나도 그렇다, 그럴 땐 시도 읊조리노라, 하지만 대장부가 칼을 뽑았으니 뭐라도 베야 하지 않겠느냐, 이

---

6) 死當乃已視吾心, 手裏詩書不絶吟. 夜夜相思何處在, 美人端坐五雲深.
7) 女兒柔質易傷心, 所以相思每發吟. 大丈夫當身在外, 回頭莫念洞房深.

젠 절대 우는 소리 하지 마시라. 공감과 소통, 울렸다 웃겼다, 엎어치고 메치고, 어르고 달래는 솜씨가 웬만한 입시 코디 뺨칠 정도다. 삼의당은 강한 모습으로 남편의 흔들리는 마음을 다잡고자 애쓴다. 하지만 하립에게선 과거급제 소식이 도통 들려오지 않았다. 계속되는 낙방 전갈에 지쳐갈 법도 하건만, 삼의당은 이번에도 간절함을 그러모아 한 자 한 자 새겨 서신을 띄운다.

아름다운 풀이 긴 둑에 우거질 제, 말 울음소리에 급히 옷 걸치고 나가보니 한 소년이 휙 지나가더군요. 어린 종놈을 보내 과거장 일을 묻고는 당신이 이번에도 낙방한 것을 알게 됐어요. 고생 많으셨어요. 저는 앞으로도 끝까지 해보렵니다. 작년에는 머리카락 잘라 양식을 마련했고, 올봄에는 비녀를 팔아 여비에 보탰죠. 제 일신의 장신구들이 다 없어진들 당신의 여비 마련을 부족하게 할 수야 있겠습니까? 듣자 하니 가을에 경시慶試가 있다더군요. 내려오지 말고 준비하세요. 마침 인편에 안부 여쭈며 상의 한 벌을 보냅니다.[1]

삼의당, 「여부자서與夫子書」

아내는 나직하고 묵직하게 격려와 위로를 보낸다. 그러나 결코 '나는 괜찮아요, 상관 마세요' 식의 무조건적인 헌신은 아니었다. 서울로 유학 보내고 그 뒷바라지를 하느라 머리카락도 잘랐고 비녀도 팔았으니 난 할 만큼 했다, 당신도 더 분발하기 바란다, 끝날 때까진 끝난 게 아니다. 뭐 이 정도의 은근하고 친절한 압박이랄까? 한 구절, 한 마디에 배어 있는 내공의 깊이와 애정의 무게는 그 어떤 바가지보다 효과적인 채찍이었을 터다.

그렇다고 그녀가 무작정 다그치기만 한 것은 아니었다. 과거시험을 보러가는 남편에게 술상을 차려주며 다독이기도 했으니까.

　　당신 한잔 드시지요

　　권하노니 사양 말고 한잔 쭉 드시지요.

　　유령도 이백도 모두 무덤의 흙 되는 판에

　　한 잔 또 한 잔 권할 이 뉘 있다고.

　　당신 한잔 드시지요

　　권하오니 또 한 잔 들이키시지요.

　　인생의 즐거움이 그 얼마나 되겠소.

　　나 당신 위해 칼춤이라도 추렵니다.

　　당신 한잔 드시지요

　　권하노니 실컷 맘컷 취하시지요.

　　상머리의 돈은 원하지도 않사오니

　　오래 마주 앉아 술잔이나 함께하고플 뿐.[8]

삼의당, 「권주가」

부담감에 짓눌려 신경이 잔뜩 곤두선 남편이 너무 안쓰러워 보였나보다. 삼의당은 그날 하립에게 단출한 술상을 차려준다. 긴장으로 움츠러든 어깨와 걱정으로 푹 숙인 고개를 세워주고픈 측은한

---

8) 勸君酒, 勸君君莫謝. 劉怜李白皆墳土, 一盃一盃勸者誰. 勸君酒, 勸君君且飮. 人生行樂能幾時, 我欲爲君舞長劍. 勸君酒, 勸君君盡醉. 不願空守床頭錢, 但願長對眼前輝.

마음이었을 게다. 하여 기류의 여인처럼 춤을 추겠노라 만용도 부려보고, 인생 별거 없다며 배포도 부려본다. 돈도 뭣도 필요 없으니 지금 이 순간엔 취해만 보자며 지레 대범하게 나와본다. 자신도 불안한 마음이지만 지치고 힘든 남편의 심정을 더욱 염려하는 삼의당의 배려였다.

그러나 선대의 영광을 재현해보자던 삼의당의 간절한 소망이 아무래도 풍류도인 남편에겐 과한 요구였던 모양이다. 10년 수발의 지극한 정성에도 하립은 끝내 과거에 급제하지 못했다. 그러자 삼의당 김씨는 10년이나 했으면 그만 됐다며 고시 생활을 청산하고 낙향할 것을 권유하는 편지를 보낸다. 하여 돌아온 하립이 평상에 앉아 편안해하는 모습을 대하는 삼의당의 입에서는 절로 시문이 흘러나왔다.

노을은 비단 같고 버드나무 안개 같으니
인간세상 아닌 별천지로세.
서울살이 10년 분주했던 나그네
오늘 초당에선 신선처럼 앉으셨네.[9]

삼의당, 「초당봉부자음草堂奉夫子吟」

황혼에 부쳐

그러나 과거를 접는다고 농사로의 전업이 쉬운 것만은 아니었다.

---

9) 彩雲成綺柳如烟, 非是人間別有天. 洛下十年奔走客, 草堂今日坐如仙.

그렇지 않아도 기울어진 집안은 그간 하립의 과거준비로 궁핍이 더해져 빈털터리 신세가 된 상태였고, 고향땅엔 농사지을 땅조차 없었다. 두 사람의 나이 32세가 되던 1801년 섣달, 그들은 결국 고향을 떠나 하립의 조상 진주 하씨의 선대 묘소가 있는 진안으로 거처를 옮기기로 한다. 그곳 묘소 아래의 야산을 일구며 살기 위해서였다.

어렵사리 자리잡은 전원생활은 두 사람에게 삶의 전환점이 되었다. 몸은 고되지만 심적으로는 오랜만에 갖는 휴식과 충전의 시간이었다. 하립은 지겨운 수험생활에서 벗어나 비로소 진정한 인생의 참맛과 자유를 음미할 수 있었다.

> 초가집 사방으로 풍경이 좋으니
> 저녁나절 시문을 펼치며 하늘을 즐거워하네.
> 구태여 구구하게 욕심내어 무엇하리
> 내 몸 편안한 이곳에서 신선이 되었는데.[10]
>
> 하립, 「부부자차운附夫子次韻」

하립은 이제야 자신이 마땅히 있을 곳, 몸에 딱 맞는 옷을 찾은 듯했다. 한 끼 밥과 저녁노을, 아내 웃음에 만족하는 풍류도인에게 입신양명 출세가도가 될 법이나 한 소리던가. 삼의당 또한 모처럼 자신만의 시간을 갖게 되면서 문학적 심상과 삶의 시야를 더욱 확장시킬 수 있었다.

---

10) 草堂四面好風煙, 晚境詩書自樂天. 何必區求所欲, 吾身安處是神仙.

한낮이 지나니 햇볕 따가워

내 등에서 흐르는 땀 땅을 적시네.

잡초를 골라 뽑아 긴 이랑을 매고 나니

시누이 시어머니 참을 내어 오시네.

보리밥 기장밥에 국은 맛있어

숟가락에 밥을 떠서 배를 불리네.

부른 배 두드리며 노래 부르니

배불리 먹자면 힘써서 일해야지.[11]

　　삼의당, 「남편이 산양에서 밭 몇 이랑을 사 힘써 갈고 김매니 내 농사노
　　　　래 몇 편 지어 부른다(夫子於山陽買田數頃勤力稼穡妾作農謳數篇以歌之)」

　자연의 순리와 노동의 땀방울, 휴식의 꿀맛, 새참의 참맛을 음미
하는 그녀의 시는 흡사 아름답고 평안한 한 편의 에세이 같다. 시에
서는 마치 모든 것을 달관한 듯 보이지만, 그곳에서의 삶이 언제나
평화롭고 순탄한 것만은 아니었다. 하립의 부친 하경천의 장례를
치를 돈이 없어 빚을 지기도 했고, 두 사람의 맏딸이 열여덟 나이에
요절하는가 하면, 얼마 후 셋째 딸마저 잃는 시련을 겪기도 했다. 그
럼에도 부부가 마음을 추스를 수 있었던 것은 두 사람이 함께였기
때문이다. 한때는 과거급제와 입신출세라는 하나의 목표를 향해 달
렸고, 모든 것을 접고 낙향해서는 가난에 시달렸으며, 두 딸을 잃는
상명지통喪明之痛까지 경험해야 했다. 그런 두 사람에게 자연과 노
동, 함께하는 시간은 그 어떤 약재보다 귀한 힐링이었을 터다. 이후

---

11) 日己午日煮, 我背汗適土. 細討莨莠竟長畝, 少姑大姑饗. 麥黍甘羹滑, 流匙矮粒
　　任撑肚. 鼓腹行且歌, 飽食在謹苦.

부부는 만년까지 진안에 터를 잡고 살아갔다.

이젠 바라만 봐도 서로에게 위로가 되는 두 사람은 종일토록 붙어 그간의 쌓인 회포를 풀 수 있었다. 그 덕분인지 하립은 10년 낙향 끝에 1810년 경오년 9월, 42세의 나이로 향시에 응시해 합격하는 쾌거를 이룬다. 이 땅에서 이룰 것은 다 이룬 포만감 때문이었을까? 그토록 갈망하던 남편의 과거급제 이후, 54세에 세상을 떠날 때까지 삼의당은 더이상 시를 짓지 않는다. 그러나 그녀의 문집 『삼의당김부인유고三宜堂金夫人遺稿』 두 권에 실린 한시 235수, 남편에게 보내는 편지 6편, 작품 서문 7편, 제문 3편, 잡문 6편이 전해져 삶의 진한 밀도와 기나긴 여운을 남겨주고 있다. 그리고 전북 남원시 산곡동 교룡산성에 세워진 '김삼의당 시비金三宜堂詩碑'와 진안군 마이산 탑영지의 '담락당 하립 삼의당 김씨 부부시비'는 부부의 오색빛깔 사랑을 영원토록 기억하고 있다.

두 사람의 시문과 사연을 보니, 세상엔 피보다 진한 정情이란 게 있는 모양이다. 우정과 애정, 순정과 열정, 유정과 무정, 인정과 빈정, 미운정과 고운정 모든 것을 아우른 정 말이다. 어쩌면 천생연분이란 하늘이 맺어준 매끈한 청실홍실이 아니라, 굴곡과 위기 때마다 이리 매듭짓고 저리 연결하여 울퉁불퉁하지만 굵고 질겨진 동아줄 같은 것이 아닐까 싶다. 삼의당과 하립이 끝까지 놓지 않고 끈질기게 엮어간 기나긴 인연의 끈처럼 말이다. 그래서 더 나이 먹어 지난 세월을 반추할 때, 하립과 삼의당의 눈앞에는 주마등처럼 흘러가리라. 철없이 얼굴만 바라봐도 짜릿했던 신혼시절이, 과거급제 하나 바라고 예물과 머리카락 팔아 유학비를 마련하던 현실부부의 시간이, 거듭되는 낙방에 서로를 위로하던 회한의 나날이, 모든 것을 접고 낙향하여 비움의 포만감을 누리던 세월이.

당나라 시인 백거이白居易의 「아내에게(贈內)」라는 시는 마치 두 사람의 한평생을 축약해놓은 것만 같다.

살아서는 한 방에서 사랑하고, 죽어서는 한 무덤에 묻히리라

다른 사람도 부부의 도를 지키는데, 하물며 그대와 나임에랴.

검루黔婁는 가난한 선비였으나, 현명한 처는 가난을 잊었고

기결沂缺은 한낱 농부였으되, 처는 그를 귀빈처럼 공경했으며

도연명은 생계를 못 꾸렸지만, 부인 적씨는 스스로 살림 꾸렸다지.

양홍梁鴻은 벼슬살이 물리쳤으나, 처 맹광孟光은 베옷에 만족했지.[12]

그대 비록 책은 읽지 못했어도, 들어 익히 알리라

천년이 지난 오늘에 그들이 어떤 사람들이라 전하는지를.

사람으로 태어나 사는 동안엔 육신의 존재를 잊을 수는 없어

먹고 몸을 가리기 위한다지만, 그저 배 채우고 몸 덥힐 뿐이요,

굶주림은 나물로 때우면 그만이지 어찌 기름진 음식이 필요하며

거친 솜옷으로 추위만 막으면 됐지 무슨 비단 옷에 무늬 필요한가.

그대 집의 가르침에도 청렴결백을 자손에게 전하라 하였으니

나 또한 고지식한 선비로서 당신과 혼인한 이상에는

---

12) 제나라의 선비 검루는 나라의 벼슬을 거절하고 청빈한 삶을 추구했고, 아내는 그런 남편을 응원하며 존중했다. 진나라의 기결 부부는 농사를 지으면서도 서로를 귀빈 모시듯 대했는데, 점심밥을 이고 오는 부인을 맞는 기결의 정중한 모습을 본 나그네의 천거로 기결이 벼슬을 얻기도 했다. 도연명이 벼슬을 버리고 「귀거래사歸去來辭」를 읊으며 낙향하자 그 아내는 남편을 위해 술을 빚어놓았다고 한다. 후한의 가난한 선비 양홍의 아내 맹광은 남편의 충고에 비단옷을 벗고 베옷을 입으며 밥상을 눈썹 위까지 들어올려 '거안제미擧案齊眉'라는 성어를 만들어냈다.

모쪼록 가난과 소박함을 지켜 기쁘게 백년해로하리라.[13]

백거이, 「아내에게」

가난하지만 소신을 지켰던 검루, 기결, 도연명, 양홍과 이를 존중하고 섬기던 부인들의 관계를 백거이 자신과 아내에 빗대 읊은 시다. 백거이는 술과 시, 친구를 좋아해 노상 밖에 있는 시간이 많았고 홀어머니까지 모셔야 하는 형편이었으니, 달콤하거나 안온한 결혼 생활은 분명 아니었을 것이다. 그는 짐짓 운을 떼운다. 부귀영화를 약속할 수도, 비단꽃길을 보장할 수도 없다고. 아마도 함께하는 길이 신산하고 고단하리라고. 하지만 백거이는 진짜 하고픈 말을 시의 처음과 끝에 단단히 당부하며 사랑의 맹세를 한다. 신방에서 무덤까지 거친 옷, 나물 반찬이지만 백년해로하자고.

한날한시의 운명으로 태어나 부부의 연을 맺어 별의별 환난질곡을 건너와 이제 인생의 끝자락에 함께 선 삼의당과 하립. 그들 부부의 여정을 한 편의 드라마로 연출한다면 이 시로 엔딩 크레디트를 장식함은 어떠할지?

---

13) 生爲同室親, 死爲同穴塵. 他人尙想勉, 而況我與君. 黔妻固窮士, 妻賢忘其貧. 沂缺一農夫, 妻敬儼如賓. 陶潛不營生, 翟氏自餐薪. 梁鴻不肯仕, 孟光甘布裙. 君雖不讀書, 此事耳亦聞. 至此千載後, 傳是何如人. 人生未死間, 不能忘其身. 所須者衣食, 不過飽與溫. 蔬食足充饑, 何必膏粱珍. 繒絮足禦寒, 何必錦繡文. 君家有貽訓, 淸白遺子孫. 我亦貞苦士, 與君新結婚. 庶保貧與素, 偕老同欣欣.

조선에서 부활한
'오르페우스 신화'

우리는 종종 넘을 수 없는 것을 넘고 싶어한다. 금기의 선, 불가능의 강, 한계의 벽 같은 것들을. 그것은 항상 미지未知, 낯섦, 두려움, 공포의 얼굴로 진입을 가로막지만, 인간은 끊임없이 다가가고 두드리고 도전한다. 그럼에도 인간이 도저히 정복할 수 없고 건널 수 없는 영역이 있으니, 바로 죽음이다. 사람들에게 죽음은 곧 상실을 의미한다. 관계의 단절이며, 대상의 소멸, 생명의 전소全燒다. 물건, 애정, 기억, 사람, 그 모든 것과의 완전한 결별이다.

그러기에 이별에는 시간이 필요하다. 함께해온 세월, 오고가던 감정, 같이 숨쉬던 장소와의 '분리불안'을 극복할 시간 말이다. 남은 자들은 슬픔의 완충지대, 이승과 저승의 건널목을 만들어 결별의 충격과 존재의 해체를 추스르는 전별의식을 거행한다. 레테의 강, 요단강, 북망산北邙山, 삼도천三途川에서 내뱉는 하소연, 원망, 그리움, 통곡은 초혼招魂의 만가輓歌, 위령慰靈의 애도문哀悼文, 명복을 비는 도망시悼亡詩가 되어 고인을 추모하지만, 그것은 산 자를 위한 치유와 위로의 변주곡이기도 하다. 그리고 그 궁극적인 힘은 불가능의 영역, 생사의 경계, 세월의 장벽을 건너 당시의 감정을 소환한다는 데 있다. 죽은 아내 에우리디케를 되찾으러 지하세계로 떠난 오르페우스의 애절한 노래와 리라 연주가 지금 여기에 사는 우리를 감동시킨 것처럼.

그런 감동은 조선시대 '원이 엄마'의 서신, 이재頤齋 황윤석黃胤錫의 애도가, 추사 김정희의 아내 추도시에서도 고스란히 느껴진다. 그들은 죽은 이들의 넋을 부르고, 고인을 추도하고, 망자를 잊지 않겠노라 다짐하는 과정을 통해 삶과 죽음을 예술의 경지로 승화시키고 있다. 그들의 탄식이 또 하나의 문학으로 창조되기까지 거기에는 과연 어떤 사연들이 숨겨져 있는 걸까?

미투리가 소환한 원이 아버지

'머리털을 잘라 짚신을 삼는다'는 말이 있다. 은혜를 갚거나 감사를 표하려는 지극한 애정과 정성을 이르는 말이다. 그깟 머리카락이 뭐 대수냐고 할 수도 있다. 하지만 머리카락은 신체에서 가장 중요한 머리를 보호하는 역할을 하는 데다가 예전에 긴 머리카락은 여성을 상징하는 것이기도 했다. 그러니 머리털로 짚신을 삼는다 함은 내 신체와 존재 의의를 희생시켜서라도 기꺼이 내어 섬기겠다는 강한 의지의 표명인 셈이다.

그런데 400여 년 전 조선 땅 안동에서 진짜 자신의 머리카락으로 미투리를 엮어 남편에게 바친 여인이 있었다. 미투리의 순애보는 1998년 택지개발지구로 지정된 안동시 정상동의 주인 없는 무덤을 이장하던 중 발견된 편지를 통해 그 실체가 드러났다. 무덤에서는 400여 년 전 사람으로 추정되는 시신과 저고리, 치마, 부채, 미투리 등의 부장물이 출토되었는데, 망자의 가슴을 덮은 한지에 구구절절한 사연이 쓰여 있었던 것이다. '원이 아버지에게, 아내가'로 시작되는 이 편지에는 망자에 대한 그리움과 혼자 남겨진 서러움, 생전에 함께했던 여운이 한지의 여백마저도 빼곡히 채울 만큼 가득하다.

자네 항상 내게 이르되, '둘이 머리 세도록 살다가 함께 죽자' 하시더니, 어찌하여 나를 두고 자네 먼저 가시는가?

나하고 자식하며 누구에게 기대어 어찌하여 살라 하고 다 던지고 자네 먼저 가시는가?

자네가 날 향해 마음을 어떻게 가졌으며 나는 자네 향해 마음을 어떻게 가졌던가?

매양 자네에게 내 이르되, 함께 누워서, "이보소. 남도 우리같이 서로 어여삐 여기고, 사랑하는 사람 남도 우리 같은가?" 하고 자네에게 일렀는데, 어찌 그런 일을 생각지 아니하고 나를 버리고 먼저 가시는가?

자네 여의고 아무래도 내 살 힘이 없으니 쉬 자네한테 가고자 하니 날 데려가소.

자네 향해 마음을 이승에서 잊을 방법이 없으니, 아무래도 서러운 뜻이 그지없으니, 이 내 속은 어디다가 두고 자식 데리고 자네를 그리워하며 살려고 하겠는가.

이 내 편지 보시고 내 꿈에 자세히 와 이르소.

내 꿈에 이 편지 보신 말 자세히 듣고자 하여 이리 써서 넣네. 자세히 보시고 내게 이르소.[1]

1586년에 묻힌 뒤 근 400년이 지나 발견된 편지였다. 심금을 울리는 내용도 내용이려니와 여인이 죽은 남편을 '자네'라고 부르고 '하오'체로 끝맺는 어투가 눈길을 끈다. 원문은 '자내'라고 쓰여 있는데, 현대어인 '자네'와 달리 당시의 '자내'는 상대를 높이거나 동등한 관계일 때 부르는 호칭이었다.

편지는 먼저 떠난 망자를 원망하고 다정했던 지난날을 회고하다가 남겨진 신세를 한탄하면서 미래에 대한 걱정으로 전개된다. 어린 자식과 뱃속 아이를 운운하는 애곡哀哭하고 원통한 어조는 '원이 아버지'가 꽤 젊은 나이에 횡사했음을 암시한다. 위 서신과 함께 발굴된 「울면서 아우를 보낸다」는 형의 추모시 및 망자가 부친과 주고받은 여러 통의 편지, 시신과 부장물 등을 종합하여 추정한 고인의 신분과 사연은 이러했다. 키 180센티미터에 건장한 체격의 남성, 고성 이씨 가문의 둘째아들 응태應台로 서른한 살에 죽은 것으로 추정된다. 부친과 주고받은 편지에서 전염병이 자주 언급되었으니, 사인은 전염병으로 짐작된다. 1586년 사망 당시 유가족으로 부인과 어린 아들, 그리고 유복자가 있다. 이런 사실관계만으로도 남겨진 여인의 애통함과 상심의 정도를 가늠할 수 있겠다.

그러나 부부의 각별한 애착관계의 밀도를 전달한 것은 원이의 저

---

1) 이 책에서는 한글 원문의 의미를 보전하는 차원에서 정해은이 『조선의 여성 역사가 다시 말하다』(너머북스, 2011, 63~64쪽)에서 풀어쓴 글을 재인용하였다.

고리 및 미망인의 치마, 그리고 애틋한 사연이 적힌 한지 속의 미투리였다. 여인의 치마와 여성용 장옷, 아이의 저고리는 편지에 적었듯 저승길조차 동행하고픈 간절함의 대체물이었다. 어린 자식과 복중 태아 때문에 차마 그리 못하지만, 생전에 나눈 체취, 아이의 온기만이라도 먼 길 떠나는 남편에게 전해주고 싶은 안타까운 심정이었을 게다. 그러나 그 무엇보다 400여 년 동안이나 저승의 차디찬 한기를 견뎌낸 미투리가 모두의 심금을 울렸다. 짚에 머리카락을 섞어 엮은 낡은 미투리. 그것은 당시 여인이 시름시름 앓는 지아비에게 그 무엇이라도 해주고 싶었던 절절한 속마음에 다름아니다.

내 머리 버혀…….
이 신 신어보지…….

신발을 곱게 쌌던 한지가 훼손된 탓에 단 몇 글자만으로 전해진 사정이지만, 행간에 차고 넘치는 곡절을 대변하기에 충분하다. 미흡하나마 말줄임표를 채워 여인의 마음을 헤아려본다.

'머리카락 베어 미투리삼은 이 간절함이 하늘을 감동시켜 자네 병이 나을 수 있기를 빌고 또 빌었소. 하지만 하늘도 무심하시지, 자네는 이 신을 신어보지도 못하고 먼 길을 가는구려. 안타까운 마음에 이 신을 관에 넣으니, 부디 저승길 편한 걸음으로 가소서. 내 손길 내 숨결이라 여기고 나 그곳에 가는 날까지 영원히 잊지 말아주오.'

프로이트는 애도를 상실에 대한 반응이라 정의했다. 비록 그것이 자신을 다잡기 위한 대응의 한 방편일지라도 원이 엄마의 순애보는

아름답기 그지없다. 상실의 슬픔으로 이성이 마비된 상태에서 드러
난 날것 그대로의 진심이 400여 년이 지난 지금에도 공감을 일으킬
만큼 절실했기 때문이다. 그 절실함은 결국 생몰년 미상, 정체불명
으로 '부재'하던 한 남자를 원이 아버지 이응태로서 그 존재를 현세
에 소환해냈다. 그것은 분명 불가능하다는 불가능의 강, 한계의 벽
이라던 생사의 경계를 초월한 것이 아니고 무엇이겠는가. 2005년
안동시는 그 감동을 기념하고 기억하기 위해 정하동에 '원이 엄마
테마공원'을 조성하고 추모비를 세웠다. 추모비에 새겨진 시의 한
구절이 가슴을 울린다.

'여인이여 사랑의 힘으로 영혼을 부르는가?'

유품을 묻으며 추억을 묻은 황윤석

아내의 죽음을 애도하는 시를 '도망시悼亡詩'라 한다. 이는 중국 서
진西晉의 학자 반악潘岳이 아내를 잃은 빈방에서 유품을 어루만지
며 넋두리하듯 읊은 「도망시」에서 유래했다. 반악은 「도망시」를 통
해 아내 사후 시간의 추이에 따라 깊어가는 감정의 변화를 보여준
다. 애통함과 애절함을 표현하는 데 있어 반악이 특별한 것을 노래
한 것은 아니었다.

찬바람 싸늘하게 불어오니, 비로소 여름 이불 얇다고 느끼네.
어찌 솜이불 없다 하랴만, 이제 누구와 이 겨울 지낼꼬.
추운 겨울 함께할 그대 없으니, 밝은 달 눈물로 흐릿해 보이고

엎치락뒤치락 베개 곁눈질해 봐도 침상은 텅 비어 있을 뿐.[2]

반악, 「도망시」 제2수

그는 그저 아내 떠난 빈방의 얇은 이불, 휑한 침상, 싸늘한 공기를 적어 내려갔을 뿐이다. 그러나 담담히 그려낸 주변 풍경은 아직 고인을 떠나보낼 준비가 안 된 남은 자의 혼란, 분리불안에 시달리는 초조한 심리를 고스란히 투영해낸다. 아내의 체온과 체취를 잃은 방과 이불, 침상은 아내가 죽은 후 삶의 의미와 목적을 잃은 반악 자신이기도 하기 때문이다.

조선 후기의 학자 이재 황윤석도 그랬던 걸까? 아내를 잃고 관에 넣을 다리(가체·髢髻)·모자(髢頭)·반지·한글편지 등을 챙기던 황윤석은 아내의 유품을 어루만지다 문득 이런 시를 썼다.

백 세로 죽을 때까지 함께하려 했건만
삶과 죽음은 누가 길고 짧은가?
오직 함께 묻히자는 약속 따라
하피霞帔와 반대襻帶 길이 잊지 않으리.[3]

「죽은 아내가 남긴 물품에 짧게 짓다(亡室遺具小題)」

황윤석은 성리학·수학·언어학 등에 조예가 깊은 박학한 학자였다. 그러나 다재다능함이 곧 관운을 의미하는 것은 아니었다. 그는

---

2) 凜凜涼風升, 始覺夏衾單. 豈曰無重纊, 誰與同歲寒. 歲寒無與同, 朗月何朧朧. 展轉眄枕席, 長簟竟牀空.

3) 百歲終偕盡, 存亡孰短長. 惟應同穴約, 帔襻永無忘.

영조 때 진사시에 합격하지만 벼슬길의 등용문인 문과에 번번이 낙
방하는 바람에 38세가 돼서야 음보蔭補로 말단관직인 참봉에 제수
된다. 스무 살에 동갑내기와 혼인하여 48세에 죽을 때까지 29년간,
20년에 가까운 과거 뒷바라지부터 일곱 번의 출산과 두 번의 유산,
둘째 아들의 요절, 넷째 딸 귀항의 악상惡喪, 남편의 늦은 출사出仕
와 객지 발령 등으로 고생만 하다 세상을 떠난 아내였다.

　그런 아내를 입관하는 날, 황윤석은 아내가 평소 자주 사용하던
머리장식, 장신구, 한글편지 등을 관에 넣다가 문득 하피와 반대에
손길이 멈춘다. 하피는 검정 비단에 봉황과 구름무늬가 수놓인 화
려한 띠다. 분명 아내가 생전에 넉넉지 못한 형편에 어렵사리 마련
하여 애지중지한 물건이었을 것이다. 또 치마끈인 반대를 보며 빈
한한 살림에 허리끈을 졸라맸던 애처로운 모습이 아프게 떠올랐을
수도 있다. 황윤석은 두 물건이 마치 아내가 꿈꾸던 이상향과 힘겨
운 현실을 대변하는 것 같아 차마 관에 넣지 못했을 것이다. 그것을
가만히 챙겨두는 건 아내에 대한 미안함과 애틋함을 영원히 간직하
겠다는 맹세인 셈이다.

　황윤석은 일찍이 생전의 아내에게도 애틋한 시를 쓴 바 있다.
38세 때 장릉참봉에 임명된 후, 처음 벼슬길에 나아간 감회를 담아
지은 「월주가越州歌」에서다.

　머리카락 반쯤 센 조강지처,

　젊어서 초췌하더니 이에 병석에 누웠지.

　농가의 온갖 일 달게만 여길 뿐

　종일 주방에 있어도 남은 죽조차 없네.

세상물정 어둡고 게으른 자 누가 나만 할까?

잠시도 그대를 편히 해주지 못했네.

해마다 서행西行하니 재봉할 일 넘쳐나고,

등잔 아래 다듬잇돌 옆, 멀리서도 가련하네.

오호라! 일곱째 노래여! 노래 더욱 괴로우나

목을 빼고 겨울옷 오기만 기다리노라.[4]

영조 42년 병술년(1766년 8월 24일 38세), 「월주가」

9장章인 「월주가」 중 아내를 노래한 제7장이다. 그는 출산과 사산, 가난한 살림으로 인한 쉼 없는 노동, 무력한 남편 뒷바라지 등 쳇바퀴처럼 반복되는 고된 일상을 짊어지고 가는 아내의 모습에 스스로를 자책한다. 못난 남편 탓에 죽도 못 먹어 초췌해지고 벌써 머리가 허옇게 센 아내였다. 그러면서도 자신은 병든 아내에게 겨울옷을 재촉하니, 이 얼마나 모순된 마음인가! 고생만 하다가 호강 한번 못해보고 죽은 아내가 황윤석 마음에는 어지간히 응어리져 있었나보다. 아내가 세상을 떠난 지 3년째 되는 어느 날, 그녀의 혼백은 불쑥 황윤석의 꿈에 나타난다.

그 누가 천 리 먼 길 따라오게 했을까?

성근 머릿결 넉넉한 모습 완연히 젊은 시절 모습이네.

땅속에서 있다가 삼 년 만에 오늘 밤 마주 보니

응당 내가 대궐에 나아감을 기뻐하는 것이리라.

---

4) 有妻糟糠髮半宣, 少也枯悴仍沈綿. 農家百事只聒耳, 永日入廚無餘饘. 世間迂慵孰似我, 使君不曾暑刻. 西行歲歲漫裁, 燈下砧邊遙可憐. 嗚呼七歌兮歌益厲, 引領但俟寒衣傳.

서쪽 물가에 날이 새니 달도 이미 기울어가고

백산栢山에 새 풀이 자라나 꿈에서도 길 못 찾네.

다른 날 술을 부어 제사를 지냈지만, 어찌 나랏술(官酒)만 하겠는가?

흰 머리칼로 회포에 휩싸여 또 홀로 시를 짓네.[5]

정조 2년 무술년(1778년 2월 17일 50세),

「17일 새벽 대궐에 가서 사은숙배謝恩肅拜 하려는데 홀연히 죽은 아내
숙인淑人이 곁에 있는 꿈을 꾸고 잠에서 깬 후 느낌을 기록하다(十七曉,
將詣闕肅謝, 忽夢亡室淑人在側, 覺後志感)」

1778년 2월 사복시司僕寺 주부主簿를 제수받고 왕에게 감사의 사
은숙배를 하기 위해 대궐을 찾은 그날, 황윤석의 트라우마는 아내
의 모습으로 찾아온다. 긴 수험생활, 거듭된 낙방, 잦은 이직, 두 번
의 파직으로 그간 그의 늦깎이 벼슬살이는 순탄치 못했다. 그런 세
월을 함께 보낸 아내는 그에게 삶이라는 치열한 전장의 전우이기
도, 불우했던 젊은 날의 상처이기도 했다. 죽은 지 어언 3년, 천 리
저승길 건너 홀연 꿈에 나타난 아내는 대궐에 입성한 남편을 흐뭇
하게 바라보며 그제야 웃는다. 해마다 제사상에 제주祭酒를 부어줬
지만, 그게 어디 지금 궁에서 주는 관주만 하랴? 불안정한 생활로
늘 노심초사했던 아내가 저세상에서 이제나마 편안할 수 있겠다 싶
은 마음은 노시인의 트라우마를 치유했을까?

아직은 아니었던 모양인지, 황윤석은 사별한 지 4년째 되는 아내
의 생일날에도 한 편의 시를 남긴다. 이번에도 죄스러운 마음에서

---

5) 誰敎千里遠來隨, 疎鬢豊儀宛少時. 地下三年今夜面, 秪應嘉我赴丹墀. 西泮殘更
    月已低, 栢山新草夢仍迷. 他時一酹何官酒, 白首羈懷且獨題.

였다. 첩을 들였던 것이다. 실상 과거준비부터 첫 관직 참봉을 거쳐 말년에 목천현감에 제수될 때까지 계속 객지 생활을 한 그에게 첩을 두라는 권유가 끊이지 않았다. 그러나 그는 차일피일 미루다가 아내가 죽은 후 1년이 돼서야 소실을 들인다. 그것이 못내 마음에 걸렸던 그는 아내의 영전에 이렇게 고해성사를 바친다.

그대 아는지? 생일이 바로 오늘인 것을.

이백산二柏山 서쪽 풀은 다시 봄을 맞았구나.

두랑斗郎만이 와서 나를 지켜주건만

지난 세월 슬픔을 서로 감당 못하네.

조강지처 29년 지내는 동안

이별에 신음하며 다만 괴로운 안색뿐이었는데

녹봉은 끝끝내 소실에게 돌아가니

아득한 하늘의 뜻은 아무 이유가 없구나.[6]

정조 4년 경자년(1780년 2월 4일 52세),

「2월 4일은 바로 죽은 아내의 생일이다. 병중이지만 감흥이 일어, 이에 절구 2수를 쓴다(二月四日, 卽亡室生辰也. 病枕興感, 爰有二絶)」

그는 미안하고 민망했던 것 같다. 첩을 들여 병구완을 받는 것이, 변변찮은 녹봉이나마 마음껏 써보게 해주지 못했던 것이, 29년의 그 모든 세월이. 그가 기억하는 생전의 아내는 신음과 고통으로 일

---

6)   知君懸帨卽今辰, 二柏山西草又春. 惟有斗郎來守我, 不堪相對悵前塵. 糟糠二十九年間, 離別呻啾只苦顏. 淸俸到頭還小室, 悠悠天意亦無端.

그러진 얼굴뿐이었다. 그리고 그렇게 만든 것은 황윤석 자신이었다. 괜스레 부질없이 하늘 탓을 해보며 그는 고백한다. 비록 육신과 녹봉은 소실 차지이지만 마음은 당신 것임을, 그 기나긴 미련의 속삭임을 노구의 학자는 나직이 되뇌본다.

김정희의 뒤늦은 망처유감

아내와 사별한 남편의 비통은 소소한 생활의 불편함으로 더 자주, 더 일상적으로 다가오게 마련이다. 단출해진 밥상, 솔기 터진 저고리, 구멍난 버선, 먼지 낀 세간 곳곳에서 아내의 빈자리가 크게 느껴진다. 또 손때 묻은 경대, 빈방에 걸린 장옷, 주인 잃은 반지를 대하다보면 고인의 온기가 느껴져 울컥할 것이다.

인조 때의 문신 이계李烓는 「부인에게 바치는 만사挽詞(婦人挽)」를 지어 그 심정을 토로한 바 있다.

> 시집올 제 해온 옷이 반 넘게 그대로니
> 궤를 열고 살펴보다 더욱 맘을 상하네.
> 평생 좋아하던 것을 함께 담아 보내서
> 빈산에 다 맡기니 티끌 되어 스러지라.[7]
>
> 이계, 「부인에게 바치는 만사」

만사挽詞는 만가輓歌라고도 한다. '挽'은 '당기다, 끌다'의 뜻이고

---

7) 嫁日衣裳半是新, 開箱點檢益傷神. 平生玩好俱資送, 一任空山化作塵.

'輓' 역시 '끌다, 애도하다'의 뜻으로, 상여를 메고 장지로 운구할 때 관을 지는 이들이 부르는 노래다. 그러니까 이 시는 이계가 아내의 관을 옮기며 건네는 마지막 인사면서 스스로를 추스르는 자위인 셈이다. 시집올 때 지은 옷이 거반 남았다니, 이계의 아내는 분명 젊은 나이에 죽었을 것이다. 더구나 인조 때 장령, 수찬, 사간 등을 역임하며 활발히 활동하던 이계가 명나라 상선과 밀무역하다가 역적으로 몰려 1642년에 참수당할 때의 나이가 40세였으니, 사망 당시 아내의 나이도 사십은 넘지 않았을 것이다. 후손에 대한 기록이 없는 것으로 보아 더 젊었을 가능성도 크다. 어찌됐든 이계는 유품들을 정리하다가 아끼느라 못 입고 기회가 없어서 못 걸친 옷들을 궤 깊숙이 넣어둔 아내를 떠올리며 속상했을 것이다. 유품들을 땅에 묻으며 어쩌면 그는 아내의 숨결과 체취를 떠나보내기 힘든 자신의 미련도 함께 묻고자 했으리라. 그리고 그것들이 허공에서 모두 티끌로 흩어져 사라지는 그날까지 스러지지 않을 여운을 토로한 것이리라.

그렇다고 오래된 부부의 사별이라고 어디 쉬울까? 거기에는 다른 결의 슬픔이 한가득일 터. 미숙한 청춘에서 다사다난한 중년을 건너 관록의 말년에 이르기까지, 그 긴 시간을 공유한 배우자의 죽음은 곧 자신의 인생 전반에 대한 결별이기도 하기 때문이다. 하여 늙은 부부에게 사별의 미덕이란 먼저 가는 이의 임종을 지키며 그간의 노고를 치하해주는 것이련만, 그조차 못했을 경우는 어땠을까? 조선 최고의 명필 추사 김정희가 바로 그런 경우다. 김정희는 헌종 때의 세도가 안동 김씨에게 밉보여 제주도에 유배된 상태에서 부인의 부고를 받는다. 그것도 부인이 죽은 지 32일 만에. 그것도 모르고 천진하게 편지까지 썼던 추사는 뒤늦게 부음을 듣고 망연자실하여 부인의 무덤에 「부인 예안 이씨 애서문夫人禮安李氏哀逝文」과 함께 통곡을 바친다.

임인년壬寅年 11월 을사삭乙巳朔 13일 정사丁巳에 부인이 예산禮山의 추사楸舍에서 일생을 마쳤는데 다음 달 을해삭乙亥朔 15일 기축己丑의 저녁에야 비로소 부고가 해상海上에 전해 왔다.

그래서 부夫 김정희는 설위設位하여 곡을 하고 생리生離와 사별을 비참히 여기며 영영 가서 돌이킬 수 없음을 느끼면서 두어 줄의 글을 엮어 본집에 부치어 이 글이 당도하는 날 그 궤전饋奠을 인하여 영궤靈几의 앞에 고하게 하는 바이다.

어허! 어허! 나는 행양桁楊(죄인의 목에 씌우던 칼)이 앞에 있고 영해嶺海(귀양)가 뒤에 따를 적에도 일찍이 내 마음은 흔들리지 않았는데, 지금 한 부인의 상을 당해서는 놀라고 울렁거리고 얼이 빠지고 혼이 달아나서 아무리 마음을 붙들어 매자도 길이 없으니 이는 어인 까닭이지요.

어허! 어허! 무릇 사람이 다 죽어갈망정 유독 부인만은 죽어가서는 안 될 처지가 아니겠소. 죽음이 있어서는 안 될 처지인데도 죽었기 때문에 죽어서도 지극한 슬픔을 머금고 더 없는 원한을 품어서 장차 뿜으면 무지개가 되고, 맺히면 우박이 되어 족히 부자夫子의 마음을 뒤흔들 수 있는 것이 행양보다 영해보다 더욱더 심했던 게 아니겠소.

어허! 어허! 삼십 년 동안 그 효와 그 덕은 종당宗黨이 일컬었을 뿐만 아니라 옛 친구와 외인外人들까지도 다 느껴 칭송하지 않는 자 없었소. 그렇지만 이는 인도상 당연한 일이라 하여 부인은 즐겨 받고자 하지 않았던 것이었소. 그러나 나 자신은 잊을 수 있겠소.

예전에 나는 희롱조로 말하기를 "부인이 만약 죽는다면 내가 먼저 죽는 것이 도리어 낫지 않겠소"라 했더니, 부인은 이 말이 내 입에서 나오자 크게 놀라 곧장 귀를 가리고 멀리 달아나서 들으려고 하지 않았던 거요. 이는 진실로 세속의 부녀들이 크게 꺼리는 대목이지만 그 실상을 따져보면 이와 같아서 내 말이 다 희롱에서만 나온 것은 아니었었소.

지금 끝내 부인이 먼저 죽고 말았으니 먼저 죽어가는 것이 무엇이 유쾌하고 만족스러워서 나로 하여금 두 눈만 뻔히 뜨고 홀로 살게 한단 말이오. 푸른 바다와 같이 긴 하늘과 같이 나의 한은 다함이 없을 따름이외다.[1]

임인년은 1842년으로 추사 나이 57세, 예안 이씨와 혼인한 지 34년이 되는 해였다. 김정희가 15세 때 혼인한 한산 이씨와 5년 만에 사별하고, 1808년 23세에 맞이한 두 번째 아내가 예안 이씨였다. 그녀는 곡절 많은 가정사로 유독 결핍이 많았던 김정희에게 언제나 든든한 버팀목이자 휴식처가 되어준 이다. 김정희는 경주慶州 김문金門의 병조판서 김노경의 맏아들로 태어났지만, 아들이 없는 큰아버지 김노영의 양자가 되어 어린 나이에 친부모와 떨어져 지내야 했다. 십대 초반에는 조부와 양부의 죽음을 연달아 경험했고, 결혼 이듬해에는 친모마저 세상을 떠났다. 또 20세에는 첫 부인과 사별하고, 얼마 안 가 스승인 박제가도 타계했으며, 곧이어 양어머니마저 죽었으니, 김정희의 젊은 날은 가히 이별과 죽음으로 채워졌다고 하겠다. 그런 잔인한 시절을 겪고 난 뒤 만난 아내가 그에게는 얼마나 소중했겠는가? 아내 또한 추사에게 지극정성이었다.

추사는 1819년 문과에 급제한 이후 암행어사, 예조참의, 검교, 대교, 병조참판 등 높은 관직들을 두루 역임했지만, 귀양과 복직이 거듭되는 지난한 정치인생을 거쳤다. 그의 가문인 경주 김씨가 왕실과 종친 및 외척 관계로 엮인 종척宗戚인 까닭이다. 그의 경주 김씨 집안(영조의 계비 정순왕후)은 안동 김씨(순조의 정비 순원왕후), 풍양 조씨(효명세자의 비이자 헌종의 모후 신정왕후) 가문과 함께 조선 후기를 대표하는 세도명문가였다. 증조부 김한신은 영조의 둘째 딸 화순옹주와 결혼해 월성위에 봉해진 인물이다. 김한신이 39세에 후사 없이 죽자 조카인 김이주가 양자로 들어가 대를 잇는데, 그가 곧 추사의 조부다. 큰댁에 입양된 김정희는 경주 김씨 가문의 적장자로서 왕실의 일원이 되어 어릴 적부터 한양의 월성궁에서 기거하였다. 게다가 학문적 천재성도 타고났으니 그의 앞길은 탄탄대로였다. 친부 김노경이 동지부사가 되어 청나라로 갈 때는 외교관의 자제에게 부여되는 자제군관의 자격으로 사신행에 동행하는 특혜를 누리기도 했다. 이때 청나라 최고의 석학 옹방강翁方綱 등에게 고증학을 배우고 견문을 넓힌 경험은 추후 10여 년간 『실사구시론』 등의 저술, 북한산 진흥왕 순수비 등의 발견과 역사적 고증의 성과를 내는 밑거름이 되었다. 이후 청나라 학자들이 명명한 '해동제일통유海東第一通儒'라는 명칭은 국내외로 드높았던 추사의 학문적 존재감을 설명한다.

그러니 추사의 관직 입문은 순조로울 밖에. 순조 19년(1819) 식년시式年試 병과丙科 합격으로 본격적인 벼슬길에 들어선 김정희는 이후 10여 년간 부친 김노경과 함께 요직을 거치며 관직과 인생의 황금기를 영위한다. 하지만 추락은 정권교체와 동시에 찾아왔다. 1830년 효명세자의 죽음, 4년 후 후사 없는 순조의 승하, 효명세자의 여덟 살 난 아들 헌종의 즉위, 순원왕후의 수렴청정의 수순을 거치며 세상은 추사로부터 점차 등을 돌린다. 반면 헌종의 비 효현왕후까지 2대 연속 왕비를 배출한 안동 김씨는 세도정치의 정수를 달렸다. 안동 김씨 천하에서 과거 효명세자의 스승이었던 경주 김씨 추사의 능숙한 정치력과 학문적 존재감은 정적政敵들의 집중적인 견제를 받았을 것이다.

헌종 6년(1840) 성균관 대사성, 형조참판 등을 지낸 김정희에게 인생 최대의 위기를 맞게 한 것도 그 존재감이었다. 안동 김씨 세력인 대사헌 김홍근이 10년 전에 발생한 윤상도 흉서 사건[8]에 김정희를 엮은 이유는 뻔했다. 동지부사冬至副使로 임명된 추사가 그해 6월 사절단 리더 자격으로 청의 연경燕京을 방문하기로 되어 있었기 때문이다. 젊은 날의 연행燕行으로 청나라 석학들과 교유한 추사의 학예學藝는 이미 안팎으로 명성이 자자하던 차였다. 그런 추사의 사신행은 추후 정계의 핵심권좌를 보장하는 것이나 마찬가지였다. 정적의 부상을 막아야 했던 안동 김씨 세력이 부랴부랴 10년 전 윤상도 옥사 건으로 김정희를 옭아맨 이유다. 당시 추사는 무려 6차례의 국문에서 36대의 곤장을 맞아 거의 죽음 직전까지 이르렀다고 한다. 그는 사형을 언도받지만 당시 우의정이던 오랜 벗 조인영의 목숨을 건 상소로 제주에 위리안치된다.

이로부터 장장 9년간 귀양살이를 한 김정희는 외딴 섬의 대역죄인의 신세가 되었다. 산이 높으면 골이 깊기 마련이다. 친부모와 생

---

8) 순조 30년(1830) 윤상도가 호조판서 박종훈, 유수 신위, 어영대장 유상량을 탐관오리라고 비난하며 탄핵한 사건. 당시 윤상도는 상소문에서 안동 김씨 일족의 비리까지 맹렬히 비난했다. 안동 김씨 일족은 크게 분노하여 윤상도를 탄핵했고, 그는 고문을 당한 다음 귀양 갔다가 아들과 함께 능지처참되었다. 김정희는 윤상도의 상소 초안을 맡아준 일로 연루되었다.

이별한 입양아, 월성궁의 외로운 소년, 왕실 종척으로 권세를 누린 가문의 계승자, 찬사를 받던 불세출의 학자, 조정을 호령하던 권력의 핵심이었던 이 예민한 천재에게는 구름 위에서 곧장 밑바닥으로 곤두박질친 충격이 한층 강했을 것이다. 최고급과 명산물만 찾는 고급스러운 입맛과 차림새, 코담배(비연鼻煙)와 다도茶道를 즐기는 세련된 기호는 이제 물 건너간 차였다. 그럴 때 김정희를 다독이고 보듬어준 이가 예안 이씨다. 그녀로서는 두 시댁(큰댁과 본가)을 봉양하고 집안 살림을 꾸리기에도 벅찬 상황이었을 것이다. 그럼에도 그녀는 추사의 귀양살이 투정과 까탈을 온전히 받아주었다. 예민한 남편의 성향을 속속들이 알기에 병들어 아픈 중에도 귀양지에 밑반찬과 인절미, 깨끗한 옷가지를 챙겨 보내곤 했다. 그런 아내 덕에 추사는 귀양지에서도 평소의 먹거리와 기호를 즐기는 호사를 어느 정도는 누릴 수 있었다.

그는 아내와 주로 한글편지를 통해 연락했다. 38통이나 되는 그 서신에는 아내의 헌신과 정성이 오롯이 남아 있다.

모처럼 애써서 보낸 반찬(饌物)은 마른 것 이외에는 다 상하여 먹을 길이 없소. 약식 인절미가 아깝소. …… 김치는 소금을 너무 쳐서 맛이 변했지만 그런대로 먹을 만하오. 새우젓도 조금 쉬었으나 조기젓과 고추장볶음은 또 괜찮으니 이상하구려. 민어와 육포(散脯)도 괜찮습니다. 어란도 거기서 먹을 만한 것을 구하여 보내주오. (1841년 3월 20일 56세)

인절미는 모두 썩어 버렸소. …… 장아찌는 괜찮고 무장아찌는 또 변했구려. 젓무는 조금 쉬었으나 먹을 수는 있겠더이다. 겨울옷을 올려 보내

니 진작 또 고쳐 보내셔야 되겠소. (1841년 4월 20일 56세)

조금 단맛이 있는 간장을 먹고 싶소. 잣과 호두는 여기 없는 것이니 얻어 보내도록 하고, 좋은 곶감이 거기서는 얻기 어렵지 아니할 듯하니 배편에 4~5접 얻어 보내주구려. (1841년 7월 12일 56세)

당신도 쇠약한 몸이라 병 한번 들면 근심이 많아 잘 지치는(積傷積敗) 근력에 오죽하오시랴. 이렇게 염려 동동 놓을 길 없소. (1842년 3월 4일 57세)

예민한 예술가이자 탁월한 문인, 불우한 정치인이 한 여자의 순전한 보통 남편이 되어 보내는 한글편지였다. 아무래도 한글이 편한 아내를 배려한 것이리라. 그런 배려 뒤에는 투정이 한가득이다. 유배지에서도 인절미·민어·어란·북어·수수엿을 요구하는 까다로운 식성에, 보낸 반찬과 김치가 짜다 말다 잔소리를 늘어놓고, 툭하면 힘들다는 어리광과 투정으로 도배하다가도 염려와 미안, 애틋함을 오가는 내용은 추사가 얼마나 아내를 의지하고 그리워했는지를 보여준다. 배편에 따라 물건 부치기가 쉽지 않았을 터인데도, 철마다 옷을 지어 보내고 때에 맞춰 밑반찬과 김치, 과일, 간식거리를 챙겨 보낸 예안 이씨의 손길이 눈물겹다.

편지 교환은 부부의 오랜 소통 방식이었다. 추사는 젊은 시절부터 집을 떠나 있을 때면 곧잘 아내에게 편지를 썼다. 열기가 창창한 30대 시절부터 추사는 부인을 향한 투명한 마음을 여과 없이 적어 보내곤 했다.

지난번 길을 가던 도중에 보낸 편지는 보셨소? 그 사이에 인편이 있었는데도 편지를 보내지 않으니 부끄러워 아니한 거요? 나는 마음이 심히 섭섭하외다. 그동안 한결같이 생각하며 지냈으니 계속 편히 지내시고, 대체로 별일 없고 숙식과 범절을 착실히 하시오. (1818년 2월 11일 33세)

추사가 문과급제하기 1년 전인 1818년, 대구 감영에서 경상도 관찰사로 있는 친부를 모시고 있으면서 서울 장동 본가에 있는 아내에게 쓴 편지다. 혼인한 지 어언 10년, 신혼이 지난 지도 한참인 부부다. 그런데도 아마 살림에 바빠 답장 못했을 아내에게 섭섭하다, 보고프다 토로하는 추사의 글엔 연애 초기의 애틋함과 토라짐마저 엿보인다. 밖에선 의젓한 청년학자라지만 부인의 품안에선 그저 철없는 사랑꾼일 뿐인 추사는 천재성과 천진함이 묘하게 섞여 있는 사람 같다.

먹성과 입성이 까다롭고 잔병치레가 많은 추사가 무명 겹옷을 지어달래거나 옷감에 쪽물을 들여달라 하고 감기 투정을 할 적이면 마치 잃어버린 소년 시절을 보상받으려는 듯하다. 그러다가도 몸이 약해 자주 시름시름 앓던 아내에게 '살림은 할 만하냐' '섭생을 잘 하시라' '약은 자셨냐' 등의 안부를 챙길 양이면 어김없이 자상한 보호자의 면모를 드러낸다. 그런가 하면 1828년 43세의 추사가 평양감사 친부를 방문했을 때 보낸 편지는 실소를 자아내기도 한다. 평양의 명기 죽향과의 염문을 변명하는 편지를 보낸 것이다. 죽향이 쓴 시에 화답한 추사의 시 한 편이 사단이었다.

가져온 시를 기쁘게 받아 쥐니 대나무 가지

비처럼 내리는 뜰의 그늘 꿈 또한 실처럼 늘어지고

그대 가슴 속엔 오직 나의 대 하나

천연스럽게 웃고 웃으니 누가 이를 알겠는가.[9]

「이튿날 또 죽등에 시를 써 보내왔으므로 희롱삼아 전운을 달아서 다시

부치다(翌日 又以竹幐題詩來到 戲以前韻更寄)」

죽향의 시에 대한 추사의 답시를 본 사람들은 이것이 연시임에 틀림없다고 입을 모았다. 한양까지 명성이 자자한 재녀才女 죽향에게 아무래도 추사가 홀딱 반한 게 틀림없다는 반응이었다. '대나무 가지(竹枝)', '나의 대(我竹)'가 죽향을 지칭한다는 수군거림은 평양을 넘어 한양 본가까지 들려왔다. 그렇지 않아도 김정희에게는 32세 때 정을 통한 기생첩 초생이 낳았다는 서자 상우商佑가 있으니, 그 전적만으로도 오해의 소지는 충분했다. 소문을 들은 추사의 여동생이 이를 예안 이씨에게 고했단 소식에 추사는 황급히 붓을 든다.

그사이에 편안히 지내고 모두 별고 없소? 어린 것도 탈없이 있는지 염려되외다. 여기는 아버님께서 병환이 있어 나도 3일 일정으로 가다가 돌아와 약시중을 들고 있소. 요즘은 아버님께서 거동이 많이 좋아지셔서 억지로 세수까지 해보시려 하니 다행입니다. 나는 편안하며 집안일을 잊고 지내오. 다만 당신이 다른 의심을 하실 듯하오나, 이실李室(추사 여동생)의 편지(죽향과의 소문)는 다 거짓말이니, 곧이듣지 마오. 참말이라 한들 지금 백수지년白首之年의 나이에 그런 일에 거리낄 것이리까? 우습소. (1828년 11월 26일 43세)

---

9)　好把來詩當竹枝, 園陰如雨夢如絲. 使君胸中惟我竹, 誰解天然笑笑時.

자식 걱정에 부친 안부를 전하는 듯하면서 의뭉스레 본론으로 들어가는 추사. '다 거짓말이니 곧이듣지 말라. 웃기다'는 간곡하고도 절박한 문장에는 조금은 제 발 저린 공처가의 면모도 슬쩍 엿보인다. 그렇게 민망했으면 아내에게도 감동적인 시 한 편 적어줄 것이지, 우습다는 일갈로 서둘러 마무리하는 추사의 호기로운 해명이 어쩐지 궁색하다.

이렇게 온갖 내용으로 소통을 소망하고 응석을 일삼던 추사의 마지막 편지를 결국 부인은 읽지 못했다. 전날 아내가 죽은 줄 꿈에도 모르고 썼던 1842년 11월 14일의 편지에는 유달리 아내의 잠자리와 약방문에 대한 우려와 관심으로 채워져 있다.

어느덧 동지가 가까운데 병은 어떠하오? 그 증세가 돌연 떨어지기가 어렵겠으나, 그간 병의 차도가 어떠한지. 벌써 석 달이 넘었으니 원기와 범절凡節이 오죽 쇠했겠소. 이리 떨어져 있어 염려만 할 뿐 어찌할 길이 없으며, 먹고 자는 모든 일이 어떠하오? 그동안 무슨 약을 드시며 아주 자리에 누워 지냈소? 간절한 심사 갈수록 진정치 못하겠소이다. (1842년 11월 14일 57세)

떨어져 있어도 곁에서 시중드는 양 온갖 수고를 아끼지 않았던 예안 이씨. 그녀가 병약했던 탓인지 혹은 떨어져 있는 시간이 많아선지 두 사람 사이엔 후사도 없었다. 정 붙일 핏줄 하나 없이 세상의 법식대로 서자도 들이고 양자도 키우며 시댁 봉양에 남편 유배 수발까지 도맡으면서도 품위와 강단을 잃지 않는 태양 같은 여인이었다. 그 강하고 따뜻한 햇살은 월성궁 외로운 소년의 엄마가, 들뜬 청춘의 정인이, 서슬퍼런 예인의 이해자가 되어주었다. 그러느라 지치고 힘들었던지 그녀는 11월 13일에 지병과 피로로 점철된 고단한 생을 마친다. 그러나 배편이 여의치 않은 탓에 김정희는 근한 달 만인 12월 15일 저녁에야 비로소 부고를 접한 것이다. 김정희는 아내가 죽은 줄도 모르고 답장을 채근하며 11월 18일에도 편지 한 통을 더 띄웠다. 당시 삶의 전부인 예안 이씨를 잃은 추사가 얼마나 황망함과 무력감을 느꼈는지는 다음의 도망시로도 확인할 수 있다.

어떻게 하면 저승에서 월하노인에게 송사하여
내세에는 그대와 나 부부의 처지를 바꾸어
내가 죽고 그대는 천 리 밖에 살아남아
이 마음의 슬픔을 그대가 알게 할 수 있을까?[10]

김정희, 「유배지에서 아내의 죽음을 애도하며(配所輓妻喪)」

부부에게 가장 진부한 질문은 '다시 태어나도 지금의 배우자를 택할 것인가'다. 워낙에 볼 꼴 못 볼 꼴 다 겪은 부부에겐 고운 정 미운 정만큼이나 애증도 함께 쌓이기 때문이다. 하지만 추사는 주저 없이 월하노인을 찾아가 다시 부부의 연을 맺게 해달라고 조를 거란다. 그것도 처지를 바꾸어 이번에는 자신이 아내가 되어 헌신의 기회를 얻고 싶다고 말한다. 거기에 대해 예안 이씨는 뭐라고 반응할까? 어쩌면 이 예민한 배우자의 시중을 받을 엄두를 못 내고 '이제 그만' 하고 손사래를 칠지도 모르는 일이다. 허나 그 간절한 애

---

10) 那將月老訟冥司, 來世夫妻易地爲, 我死君生千里外, 使君知我此心悲.

상의 노래가 현세에 이 부부를 소환하여 그 사연과 사랑으로 감동을 주고 있으니, 내세에 다시 부부로 만나자는 추사의 기도가 어느 정도는 이루어진 게 아닐까?

부부유별과 이혼의 법칙

부부싸움은 칼로 물 베기라지만, 여기서 관건은 물의 온도다. 따뜻하거나 미지근하다면야 문제될 게 없지만, 기온이 뚝 떨어져 물이 얼었다고 가정해보라. 꽁꽁 언 얼음을 내려친다면 얼음이 깨지거나 칼이 동강나거나 하지 않겠는가. 하니 물을 벨 때 수온은 적당해야 할 것이다.

수온은 부부 사이를 흐르는 관계의 상태다. 물일 때는 괜찮다. 수면에 돌이 튀어 파문이 일어도, 강풍으로 거센 물보라가 치더라도, 그때만 지나면 다시 잔잔한 날이 찾아온다. 그러나 냉기가 흐르다 못해 얼어버린 관계는 단단한 얼음 속에 미움, 증오, 책망, 불신, 실망의 응어리를 가두고, 그것이 가슴 한편에서 자라다가 온몸을 점령하면서 되돌릴 수 없는 파국으로 치닫게 한다. 얼음 속 내밀한 속사정과 형편이야 제각각이겠지만, 파국에 이르는 치명적인 사유들은 대개 명백하다. 배우자의 손찌검, 욕설, 학대, 바람기, 노름, 성생활 문제 등은 그야말로 심각한 파경의 지표다. 그런 상대와는 검은 머리가 파뿌리 되기까지는커녕 혹여 미운 정이라도 들기 전에 하루빨리 정리하는 게 상책이다.

그것은 조선시대 다양한 부부싸움과 이혼사례들에도 해당된다. 엄격한 유교사회라는 이미지와 달리, 조선시대에도 별별 이유들로 싸우고 별거하고 이혼하는 부부들이 수두룩했다. 그런데 이들의 태도가 참으로 직설적이고 거침없다. 해당 케이스의 당사자들은 하소연한다. 가부장이 다 뭐고 여필종부며 부부유별은 무슨 소리냐고. 하여 들여다본 그 사연들은 다양하기 그지없다. 이들은 이렇게는 더 못살겠다고, 이게 어디 사람 사는 꼴이냐고, 제발 이 지긋지긋한 혼인을 끝장내달라고 호소한다. 각양각색인 이들의 사유를 들어보자.

남편들의 하소연

우리가 아는 조선은 가부장의 절대권위 아래 삼종지도三從之道라는 순종의 미덕이 뿌리깊은 나라다. 하지만 이것은 임진왜란과 병자호란의 양난 이후 혼란한 사회를 근엄한 유교적 기강으로 다잡으려 했던 조선 후기의 모습일 뿐. 엄숙한 도덕과 예교의 가르침이 아직 사회 전반에 자리잡기 전 조선 전기의 가정에서는 이런 일도 종종 발생했다.

아내가 지난밤에 해인사 숙소에서 있었던 일을 자세하게 물었다. 기녀가 곁에 있었다고 대답하니, 크게 화를 내며 욕하고 꾸짖었다. 아침에도 방 자리와 베개 등을 칼로 찢고 불에 태워버렸다. 두 끼나 밥을 먹지 않고 종일 투기하며 욕하니 지겹다. (1552년 10월 5일)

이문건李文楗, 『묵재일기默齋日記』

이 내용은 성종 때 이조좌랑, 승문원판교 등을 지낸 문신 이문건이 『묵재일기』에 남긴 기록이다. 필부匹婦의 필부匹夫가 아닌, 조정의 신료이자 사대부의 어엿한 가장이 기녀와 보낸 하룻밤 때문에 부인에게 욕을 먹고 이부자리가 눈앞에서 찢기는 모욕을 당해야 했던 것이다. 그는 단식투쟁과 육두문자로 불쾌감을 한껏 드러낸 아내에게 당당하게 맞서 대응하지 못했던 모양이다. 그러니 이렇게 남몰래 일기에 심정을 꾹꾹 눌러 쓰는 것으로 속상함을 대신한 것 아니겠는가. 그래도 그가 그렇게나마 일기에 풀었던 것이 아내와 끈끈한 관계를 지속하는 데 도움이 되었나보다. 1535년 11월 1일에 시작하여 죽은 아내를 산에 묻고 온 1567년 2월 16일에 끝나는 일기 곳곳에 부인에 대한 애정과 염려를 드러내며, 끝까지 살가운 부부 사이를 유지했으니 말이다. 그렇긴 해도 부부유별의 법도가 엄격했을 사대부 집안에서 가장의 체통을 제대로 구겨버리는 저런 에피소드가 발생했다니, 놀라울 따름이다.

위의 사례는 그나마 귀여운 편에 속한다. 단순한 부부싸움에 그치지 않고 이혼소송까지 가는 살풍경도 곧잘 연출되곤 했다.

태손은 얼굴이 추악하며 전처·후처가 모두 아들이 없자, 나이 50여 세에 이르러 후사가 끊어질 것을 민망히 여겨서 다시 신씨에게 장가들었다. 혼담이 있을 때 신씨의 친척이 기롱하기를 "꽃다운 나이에 얼굴이 추악하고 나이가 늙은 자와 배필이 되면 어떻게 동거할 수 있겠는가?" 하였다. 신씨는 본래 성품이 사납고 완악하여서 항시 분탄憤嘆하며 그 여종에게 말하기를 "네 남편은 나이가 얼마인가. 부부는 나이가 서로 같아야 좋은 것인데 어떻게 늙은 자를 남편으로 삼을 수 있겠는가?" 하며 못마땅해했다. 시집간 뒤에도 항상 탄식하며 동거하지 않은 지 이미 6~7년이 지났다. 또 태손을 욕하기를 "너는 추한 얼굴에 나이도 늙고 또 기력도 없는데, 무엇을 믿고 혼인하여 나를 초췌하게 만드는가. 빨리 죽는 것만 못하다"라 하였다.

『조선왕조실록』「중종실록」31권, 중종 12년 윤12월 20일

수안군수遂安郡守 홍태손洪泰孫은 아내를 상대로 이혼을 청구하는 문첩을 예조禮曹에 올렸다가 수리되지 않자 사헌부에 심사를 요청한다. 홍태손의 주장에 따르면 아내 신씨는 태손이 늙고 추하다고 막말을 하면서 여종의 남편과 비교하여 흉을 보고 각방을 썼다는 것이다. 아울러 '늙고 기력이 없을 바엔 차라리 죽으라'며 성적 수치심까지 안겼다고 한다. 이에 사헌부는 율문에 비추어 '아내를 곤장 100대에 처하고 이혼시킬 것'을 결정한다. 태손으로선 반가운 구형이겠지만, 그러나 부부의 사정은 양자의 입장을 다 들어봐야 하지 않겠는가.

신씨는 반박에 나섰다. 태손은 오십이 넘은 나이에 후사를 보려는 목적으로 새파랗게 젊은 자신을 세 번째 재취로 들여놓고는 독수공방시키기 일쑤요, 그게 켕겼는지 신씨와 여종의 얘기를 엿들으며 여종의 남편까지 질투했다는 것이다.

그렇다면 이 사건에 대한 판결은 어떻게 내려졌을까? 먼저 사헌부에서는 서면 질의로 추궁했지만 신씨가 혐의를 끝내 인정하지 않자, 그녀를 의금부로 불러 추문할 것을 조정에 요청한다. '완악한 부인이 그 남편을 남편답게 여기지 않아 패륜의 풍조를 이루었으니, 그것을 바로잡지 않을 수 없다'는 이유였다. 그러나 중종은 '서면 질의응답만으로 충분하며' '곤장은 없던 것으로 하되, 이혼은 시키라'고 명하였다. 이렇게 마무리되나 싶던 이 일은 그러나 결국 홍태손에게 제 얼굴에 침 뱉는 결말로 돌아온다. 집안 하나 다스리지 못하는 이가 백 리나 되는 고을의 수령이 될 자격이 있느냐는 상소에 따라 파직되었기 때문이다. 아내를 혼쭐내려다 오히려 혼인을 사리사욕을 채우는 수단으로 이용했던 속내가 드러난 바람에 '자가당착'에 빠진 자의 비참한 말로라 하겠다.

여인들이 주장하는 이혼의 이유

조선 말 평민들을 위한 규식집에는 다양한 민원문서가 수록되어 있는데, 그중 어느 평민 여성이 이혼을 요청하는 소지所志에 다음과 같은 글이 실려 있다. 표제는 「박명첩원정소지薄命妾原情所志」, 이른바 박복한 여인이 사또께 올리는 청원문이다.

······이른바 낭군은 외모로 보면 면목과 몸과 수염이 여느 사람과 흡사하지만 방안의 일에 이르면 중들과 마찬가지입니다. 서 있는 나무처럼 형체를 갖추었지만 크기만 할 뿐 힘이 없어 사나운 범이 주저하는 듯하

여 벌이나 벌레가 쏘는 것만도 못합니다. 사람들은 모두 쓸모없는 장군이라고 말합니다. 장군이 무예를 쓰지 못한다면 함곡관函谷關이 저절로 열리는 것은 만무하다는 이치입니다. 밤을 틈타 노수瀘水를 건너 불모지로 깊이 들어가는 것은 제갈량이 정벌을 위해 세운 계책입니다.

이 여인은 자신의 억울한 사연을 사또에게 읍소한다. 자신이 이혼을 원하는 이유는 남편의 심각한 성적 직무유기 때문이라는 것이다. 그녀의 말에 따르면, 혈기 방자할 것이라 믿어 의심치 않던 스물다섯 살의 사내와 혼인한 스무 살의 그녀는 결혼한 지 육칠 년에 이르도록 한 번도 이불 속의 즐거움을 맛보지 못했단다. 밤마다 옷고름을 풀고 온몸으로 합환을 유도해도 아무 소용없었단다. 지극히 건강하고 평범한 보통 여자로서 보건대, 남편은 벌이나 벌레가 쏘는 것만도 못하게 밤일을 끝내더란다. 그런 나날에 삶의 의미도 의욕도 잃어 통곡으로 세월을 보내며 차라리 자결하려던 차에 고모가 관에 추심이라도 해보라 해서 이리 글을 올리는 것이라는 거다. 그녀는 겉모습만 그럴싸한 '밤일 무능력자' 남편은 무기를 쓸 줄 모르는 무용한 장군 같다며 꼬집는다. 이어지는 글에는 긴 밤을 산송장같이 지내는 삶은 더이상 아무 의미가 없다는 하소연 일색이다.

그러나 수염난 아녀자와 같은 저의 낭군은 부부간의 합변하는 술책을 알지 못하여 그만둘 뿐입니다. 그만두고는 가지는 않으니 무엇을 기다리겠습니까? 여자가 낭군에게 바라는 것이 과연 무슨 일이겠습니까? 옷을 바라겠습니까? 먹을 것을 바라겠습니까? 옷도 아니고 먹을 것도 아니고 오직 크게 바라는 것은 침석상의 한 가지 일일 뿐입니다. 이미 그

바람을 잃어버렸고 또 아무 흥도 없으니 하물며 옷이 귀하겠습니까? 음식이 귀하겠습니까?

'중' '쓸모없는 장군'에 이어 이번에는 '수염난 아녀자'란다. 여인은 말한다. '식욕과 성욕은 본능이다(食色性也)'라 했거늘, 그 중요한 본능이 작동하지 않으니, 그것은 생존의 문제라고. 그 어떤 비단옷도 어떤 맛난 음식도 대신해줄 수 없는 것이 원앙금침 위의 운우지락雲雨之樂이라고. 한참을 한탄하던 여인은 인지상정에 호소하며 항변을 마무리한다.

정을 가진 사람으로 하여금 무익한 지아비를 따르게 한다면 반드시 수긍하고 따르지 못할 것이니 진실로 천성이 그러한 것입니다. 여인이 원한을 품으면 날리는 서릿발이 밤에 내리칠 것입니다. 나라 안에 원한 가진 여자가 없게 함이 문왕의 다스림입니다. 남녀 간의 구구한 사정을 선을 쌓으신 사또께 우러러 하소연합니다. 청춘의 여인이 무용한 장군의 집에서 헛되이 늙게 하지 마시어 마침내 만물의 이치에 마땅하도록 하옵시길 천만 번 바라옵니다.

그녀는 힘주어 주장한다. 자신은 다만 더운 살과 끓는 피, 뜨거운 감정을 가진 여성으로서 정당한 인권을 보장받고 싶을 뿐이라고. 이불속 사정까지 들추며 누려 마땅한 성적 권리임을 주장하는 그녀의 마지막 발언은 비장하기까지 하다. 물론 쉽지 않은 선택이었을 것이다. 쉬쉬하며 터부시하던 방사房事 문제를 이혼 사유로 들이밀었으니, 자칫 색을 밝히는 여자로 오인될 소지가 충분했다. 소문은 얼마나 무성할 것이고, 주변인들은 또 얼마나 수군댈 것인가. 그러나 그녀는 용기와 소신을 선택한다. 한번 사는 인생 참고 누르지만 말고 속 시원히 밝혀 제대로 살아보고 싶은 여인으로서의 간절한 소망이 그녀를 전사로 만들었으리라.

그녀의 최종 목표는 '소박맞은 여인'의 누명을 벗고, '결격 사유 남편'의 귀책으로 정식이혼을 하는 것, 그리하여 깔끔하게 관계를 청산하고 떳떳하게 멀쩡한 사내와 새 출발하는 것이었을 터다. 이 여인의 소망이 과연 성사되었는지, 판결 결과는 적혀 있지 않다. 하지만 남성의 전유물로만 여겨졌던 성적 권리에 관한 이 선전포고가 민간 사례집에 실렸다는 사실만으로도 사회의 편견과 폐쇄적 사고에 대해 그녀는 이미 절반의 승리를 거둔 게 아닐까.

트러블의 진위는?

침실 문제까지 거론하며 이혼을 제기하는 사례는 사대부 집안에서도 발생했다. 1704년부터 1712년까지 장장 9년간 이어졌던 좌수운판관左水運判官 유정기俞正基와 후처 신태영申泰英의 이혼 기록에는 평범한 부부가 원수 같은 남남이 되기까지의 온갖 사유들이 편재해 있다. 그 시작은 숙종 30년 9월 24일, 신태영에 관한 상소가 사헌부에서 올라오면서부터다.

유정기의 아내 신씨는 성정이 괴려乖戾하고 언행이 패악하여 괴이하고 놀라운 거동이 한 가지뿐만이 아닙니다. 지아비를 꾸짖어 욕하기는 능사요, 시아버지에게 말하는 것이 종일 욕설 아닌 것이 없으니, 그 참혹한 말을 차마 들을 수 없으며, 더러운 물건을 제주祭酒에 섞고 사당에서 난동을 부려 제사 물건을 부췄습니다. 하여 유정기가 예법에 의해 죄를 물어 내쫓았습니다. 그 후 신씨는 유정기 전처前妻의 아들(유언명兪彦明) 집에 의탁하던 중, 유정기가 아들의 병 치료차 그 집에 머물 때, 신씨가 성을 내면서 한밤중에 걸어서 달아났으니, 여자의 실신失身이 이보다 큰 것은 없습니다.

『조선왕조실록』「숙종실록」40권, 숙종 30년 9월 24일

1645년생인 유정기가 이혼을 제기할 당시의 나이 예순이었으니, 지금으로 치면 황혼이혼을 요구하고 나선 셈이다. 사유는 아내 신태영이 15년 전에 저지른 일들이었다. 15년 전 신씨가 남편과 시아버지에게 욕을 하면서 집안 제사를 지낼 때 난동을 부렸으며, 그 일로 전처 아들의 집으로 쫓겨난 뒤에도 밤 외출을 했으니 그 행실이 지극히 의심스럽다는 것. 앞서 유정기는 집안 일족 50여 명의 서명을 받아 예조에 이혼을 청구했으나 이것이 수리되지 않았고, 이에 숙종의 능행 행차 때 다시 주청을 올린 것이었다.

실상 조선시대에 이혼은 쉽지 않았다. 남녀의 결혼이 집안의 결합으로, 다시 정계의 결탁으로 이어지는 조선사회에서는 이혼에 매우 엄격한 잣대를 들이댔다. 그래서 이혼에는 다음과 같은 명확한 사유가 필요했다. 그 첫째는 '역가逆家'이혼으로 부부 중 어느 한쪽이 역모와 관련되었을 경우다. 둘째는 강제이혼인 '의절義絶'로 부부 중 한 명이 배우자의 존속을 구타하거나 살해한 경우, 남편이 장모와 간통하거나 아내가 남편의 친족과 간통할 경우, 남편을 때린

경우에 해당되었다. 그리고 셋째는 '칠출삼불거七出三不去'의 원칙에 의거한 경우였다.[1]

예조에서는 신씨가 위의 세 가지 경우에 해당되지 않으며, 유정기가 제시한 일들이 15년 전에 발생한 일로 타당한 근거가 될 수 없고, '음행 가능성' 또한 확인되지 않은 짐작일 뿐이라고 여겨 이혼을 반려했던 것이다. 아울러 신씨의 입장도 들어봐야 한다는 의견과 함께 사건이 의금부로 넘어갔을 무렵, 신씨가 옥중에서 바친 공초供招가 올라온다.

유정기의 처가 된 지 이제 27년인데, 무진년(1688) 이전에 다섯 자녀를 연이어 낳았으며, 부부가 서로 실행失行한 일이 없었습니다. 그런데 무진년 이후로 유정기가 비첩婢妾에게 고혹되어 이 지경에 이르렀으니, 씌워진 죄명은 모두 유정기가 남의 참소를 믿고 무함誣陷한 것입니다. 또 집안사람들(種族)의 서명은 모두 유정기가 억지로 부탁하여 만든 것이며, 밤에 나간 것은 핍박을 받아서인데, 여러 여종이 따라갔고, 유언명의 아우 유언형兪彦亨 역시 뒤쫓아 함께 갔으니, 실은 혼자서 도망한 것이 아닙니다.

『조선왕조실록』「숙종실록」40권, 숙종 30년 11월 14일

1) '칠출삼불거'는 명나라 『대명률』에 의거해 『경국대전』에서 규정한 이혼 사유다. '칠출'은 남편이 아내를 내쫓을 수 있는 일곱 가지 사유로, 시부모에게 불순종(不順父母), 아들 없음(無子), 음탕(不貞), 질투嫉妬, 나쁜 병(惡疾), 말이 많음(口說), 도둑질(竊盜)에 해당한다. '삼불거'는 칠거지악에 해당해도 내쫓지 못하는 세 가지 경우로, 돌아갈 곳이 없는 경우(有所取無所歸不去), 부모의 삼년상을 함께 지낸 경우(與共更三年喪不去), 처음에 가난하다가 후에 부자가 됐을 경우(前貧賤後富貴不去)다.

신씨의 주장은 유정기의 주장과 달랐다. 공초에 따르면 그녀는 1677년(숙종 3) 상처하여 아들 하나를 둔 유정기의 두 번째 부인이 되었고, 이후 다섯 자녀를 연이어 낳으며 평탄한 가정을 꾸려갔다고 한다. 그렇게 12년간 평화롭게 지내던 신씨에게 불행이 찾아온 건 무진년(1688), 유정기가 첩을 들이면서부터다. 첩에게 빠진 유정기는 그날부터 신씨를 핍박하고 구박하더니 급기야 꼬투리를 잡아 신태영을 집에서 쫓아냈다. 오갈 데 없어진 신태영은 전처의 아들인 유언명을 찾아가 의탁할 수밖에 없었다. 그러던 중 아들의 병구완을 핑계로 찾아온 유정기가 다시 신씨를 핍박하는 상황이 벌어졌고, 견디다 못한 신씨가 밤중에 여종과 함께 뛰쳐나갔던 것이다. 이것을 두고 유정기는 '패악'과 '실절'이라고 주장한 것이다.

조목조목 자신의 처지를 설명하던 신태영은 곧바로 반격에 나섰다. 사건의 초점을 '유정기와 비첩의 부적절한 관계' 및 '남편의 성적 문란'으로 전환시킨 것이다. 그녀는 유정기가 잠자리에서 변태적 취향을 지녔다고 폭로했다. 비록 실록에 구체적인 내용은 없지만, 사신의 평은 그녀의 발언이 꽤나 적나라했음을 시사한다.

제 남편을 무함하여 조금도 거리낌이 없었고, 평소 제 지아비와 임석袵席(잠자리)에서 있었던 일까지 끌어대며 제 남편이 행검行檢이 없었음을 입증하므로, 보는 사람들이 해괴하게 여겼다.

『조선왕조실록』「숙종실록」42권, 숙종 31년 9월 12일

잠자리 문제까지 거론하며 스스로를 구명하고자 했던 신태영의 호소가 설득력이 있었던 걸까? 사신이 '아주 자세하며 수천 마디가

모두 조리가 있어, 마치 전문 작가(文士)가 구성한 것 같았다'고 평한 이 문서 때문인지 결국 이혼은 성사되지 않았다. 게다가 유정기는 아전을 매수한 일이 발각되어 7개월간 옥고를 치르게 된다. 이 소송은 1706년 4월 신태영의 유배로 마무리되는 듯했다. 그러나 유정기는 끈질겼다. 1712년 숙종의 능행길에 나타나 또다시 이혼을 허가해달라 호소한 것이다. 하지만 거기까지. 조정에서 다시 갑론을박이 오가는 가운데 유정기는 끝내 이혼의 소망을 이루지 못한 채 68세의 나이로 세상을 떠난다.

장장 9년을 끌던 이 지리멸렬한 싸움은 『조선왕조실록』 이외에도 『승정원일기』 및 『추관지秋官誌』, 『연려실기술』에 조선시대 가장 유명한 이혼사건의 하나로 기록되었다. 모두들 이 공방이 상처뿐인 결말이라고들 했다. 그러나 판결 과정을 통해 역사는 분명한 교훈을 남겼다. 비뚤어진 부부관계의 실체란 실은 유정기로 대표되는 사대부 남성들의 파행적인 성적 기행에 근본 원인이 있으며, 또 가장의 권위를 함부로 휘두르다가는 패가망신할 수 있다는 교훈이 그것이다. '불초한 악녀'에서 '남편의 외도와 성적 기행에 시달린 여인'으로 자신을 변호했던 신태영. 어쩌면 신씨의 사례는 당시 이혼의 원인을 여자들에게서만 찾으려는 일부 신료들에게 통쾌하게 이 한마디를 던진 것인지도 모른다. "너나 잘하세요"라고.

제2부

시대와 사랑,
그 찬란한 불협화음

아스카로 꽃핀 백제의 숨결, 전지왕에서 고야신립까지
서라벌은 밤이 좋아, 「처용가」와 도시남녀
고려 여인에서 이국의 황후로, 기황후
분방함에 취해 비틀거리다, 「쌍화점」과 「만전춘별사」
인도 며느리와 페르시아 사위, 허황옥과 아비틴

아스카로 꽃핀 백제의 숨결,
전지왕에서 고야신립까지

얼마 전까지 한국인이 가장 많이 찾는 해외 여행지는 일본의 오사카였다. 비행시간 한 시간 남짓의 용이한 지리적 접근성, 오밀조밀한 모양의 단짠 담백한 요리의 향연, 아기자기한 팬시용품과 한국과 비슷한 물가, 편리한 관광 인프라 때문이다. 거기에 번화하고 도회적인 오사카와는 또다른 색채의 두 도시를 덤으로 즐길 수 있다는 이점도 있다. 전통의 고도古都 교토京都 및 유적과 자연이 조화를 이루는 나라奈良는 마음만 먹으면 하루 만에 다녀올 수 있는 거리에 위치한다.

그런데 이런 이유들말고도 오사카와 교토, 나라를 잇는 이국적이면서도 뭔가 친숙함을 느끼게 하는 묘한 분위기도 한몫을 하는 것 같다. 그 느낌의 근원은 오사카, 교토, 나라가 품고 있는 백제 역사의 흔적일지도 모르겠다. 오사카의 시텐노지四天王寺와 교토의 호

코지法興寺[1] 및 나라의 고후쿠지興福寺는 백제 가람의 건축 양식을 여실히 보여준다. 또한 오사카에는 백제를 일본식 음으로 '구다라(くだら)'로 표기하는 철도역이나 버스 정류장, 교량, 초등학교(미나미구다라南百濟)가 있다. 오사카 한복판의 구다라오 신사百濟王神社나 나라의 백제 왕족 후지와라藤原 가문의 가스가타이샤春日大社에는 백제인의 넋이 넘실댄다. 그뿐인가? 일본의 국보 석가삼존상은 백제의 장인 사마지리司馬止利가 만들었고, 일본 나라현 후지노키藤の木 고분에서 출토된 금동관이나 청동신발에도 백제인의 손길이 남아 있다. 일본의 아스카문명은 바로 이 오사카와 교토, 나라를 중심으로 형성되었다. 이곳에 백제의 이주민들이 정착하면서 전파한 문화와 글, 공예, 건축 및 불교의 씨앗이 찬란한 아스카문화의 꽃으로 개화한 것이다.

이러한 문명의 전이는 4세기 무렵부터 백제와 일본이 형성해온 각별하고 끈끈한 관계에 기반한다. 특히 고구려 미천왕이 313년과 314년에 낙랑과 대방을 한반도에서 몰아내면서 백제와 고구려의 국경 완충지대가 사라진 이후, 양국의 관계는 급속히 발전했다. 고구려에 대응할 대외관계 구축이 시급했던 백제와 선진문물의 수용이 절실했던 일본의 이해관계가 딱 맞아떨어진 것이다. 백제는 일본에 중국의 문물을 전수하면서 무역창구의 역할도 담당했고, 일본은 백제의 대외전쟁에 용병을 파견했다. 정치적 교류, 경제적 원조, 군사적 지원이 핵심적이고 표면적인 공존의 지향점이었다면, 관계의 주춧돌을 더 끈끈하게 이어붙인 아교의 역할을 담당한 것은 혼맥을 통한 혈연적 연계와 인적 왕래를 통한 정서적 교감이었다. 왕

---

1) 일본 나라현 다카이치군 아스카촌에 있는 사찰 아스카데라飛鳥寺의 전신.

족과 귀족의 사적 교류, 사신과 인력의 파견은 물론이거니와 혼인을 통해 공고한 국제 패밀리가 결성된 것은 양국 간의 복합적인 연대감 조성에 중요한 작용을 하게 된다.

백제의 전지왕과 야마토 왕녀 팔수八須부인, 일본의 고닌光仁 천황과 백제 여인 고야신립高野新笠의 사연은 이러한 과정에서 탄생한 글로벌 러브스토리라고 할 수 있다. 백제 18대 전지왕의 즉위에 결정적인 역할을 하며 역사의 수면 위로 오른 팔수부인, 그리고 고닌 천황의 여인이자 간무桓武 천황의 모친으로 백제 혈통을 일본 황실에 뿌리내린 고야신립. 그들을 둘러싼 숨가쁜 국제관계와 그 후로 꽃피운 아스카문명의 비밀이 여기 숨어 있다.

백제와 일본의 시소게임

초기에 백제와 일본의 관계는 대륙과 한반도의 선진문물이 일본에 건너가는 다소 일방적인 전파 과정이었다. 고대 일본의 문명개화에는 백제가 끼친 영향이 실로 컸다고 할 수 있다. 백제의 왕인王仁이 『논어』와 『천자문』을 일본에 전파한 이래 지속된 양국의 교류는 4세기 중엽 근초고왕 때 본격화된다. 백제의 13대 근초고왕은 기세등등했던 백제의 전성기를 구가한 인물이다. 그는 평양성을 공격하여 고구려 고국원왕을 전사시켰고, 마한 소국을 차례로 복속시켜 영산강 유역까지 진출했으며, 요서遼西 지방을 차지하기도 했다. 내부적 입지를 어느 정도 다진 그는 안정적인 외교관계 수립을 위해 동진東晉에 사신을 보내 조공하는 한편, 가야를 통해 일본과의 교류를 추진했다. 근초고왕은 아직기를 사신으로 파견하여 한자를 보급한 것을 비롯해 도기, 직조, 그림 등의 기술을 일본에 전파했다. 이외에도 철기문화를 보급하는 등 그 영향력이 지대했기에 백제는 일본에 대해 다소 우위의 입장을 취했던 것 같다.

선대 이래로 전에 없던 이 칼을 백제왕이 왜왕을 위해 보내노니, 후세에 잘 전해 보존토록 하라.[2]

칠지도七支刀에 새겨진 이 문장은 당시 양국 간의 역학관계를 정의해주는 상징성을 내포한다. 문장의 어조를 들어 '바친 건지, 하사한 건지' 논의가 분분하지만, 분명한 건 날이 일곱 개인 이 칼이 양국 수교의 기념물이자 과거의 인연을 소환하는 매개체라는 점이다. 또 『일본서기』 진구神功 황후 51년조의 "내가 친교하는 백제국은 하늘이 주셨다"라는 기록은 백제에 대한 감격과 존중을 시사한다. 이렇듯 양국은 문화적·군사적 공조관계를 꾸준히 유지하며 동맹의 역사를 아로새겨간다.

그러다가 『삼국사기』 아신왕조와 전지왕조에 느닷없이 이런 기사가 실린다.

아신왕 6년(397) 여름 5월, 임금이 왜국과 우호관계를 맺고 태자 전지를 볼모로 보냈다.

『삼국사기』 권25 「백제본기」 3 아신왕

---

2) 앞면: "泰口四年 口月十六日 丙午正陽 造百鍊[銅]七支刀 生口白兵 宜供供侯王 口口口口作. 뒷면: 先世以來 未有此刀 百濟王世口 奇生聖音 故爲倭王旨造 傳示後世."

아신왕이 죽고…… 왜왕이 100명의 병사로 하여금 그(태자 전지)를 보호
하여 귀국하게 했다.

『삼국사기』 권25 「백제본기」 3 전지왕

이것이 『삼국사기』에 등장하는 일본과의 교류에 관한 첫 기록이
다. 13대 근초고왕과 14대 근구수왕을 거쳐 17대 아신왕이 죽기까
지는 59년. 그 짧은 기간에 대체 무슨 일이 일어났기에 차기 왕위
계승권자인 태자가 일본에 볼모로 갔다가 왜군의 보호를 받으며 귀
국하는 상황까지 이른 걸까? 워낙에 교류하던 양국이니 태자를 일
본에 보낸 것까지는 그럴 수 있다 치자. 그러나 볼모라니 의아하다.
일본에 한자와 온갖 기술을 전달하며 양국관계에서 우위를 점하던
백제였는데 말이다. 405년 태자가 백제의 18대 왕으로 등극하기까
지, 전지를 둘러싼 각국의 사정은 대체 어떠했던 걸까?

백제 왕실의 선택과 집중

태자 전지의 일본 체류는 부친 아신왕의 고집과 욕심에서 비롯되었
다. 백제 17대 아신왕은 15대 침류왕의 아들이다.[3] 침류왕이 승하
할 당시 '태자(아신왕)가 어려 숙부인 진사왕이 왕위에 올랐다'[4]가,

---

3) 『삼국사기』 권25 백제3 아신왕조에는 침류왕의 맏아들로, 『삼국유사』 권1 왕력
   제1에는 진사왕辰斯王의 아들로 기록되어 있다.

4) 『삼국사기』(권25 백제본기 제3)에는 "침류왕이 승하했는데 태자(훗날 아신왕)가 어
   리므로 숙부인 진사가 왕위에 올랐다(枕流之薨也, 太子少, 故叔父辰斯卽位)"라고 기
   록되어 있다. 그러나 『일본서기』에는 숙부인 진사가 어린 아신의 왕위를 빼앗
   았다(百濟枕流王薨, 王子阿花年少, 叔父辰斯奪立爲王)고 적혀 있다. 진사왕의 죽음에 대

그가 사냥 중 죽자 17대 왕으로 등극했다. 아신왕은 의지와 기풍이
호방하고 매사냥과 승마를 좋아했다. 승부욕이 강했던 그는 4세기
중엽 국토 팽창과 활발한 대외교류로 화려했던 근초고왕과 근구수
왕 때의 전성기를 다시 한번 구가하고자 했다. 그는 먼저 광개토대
왕에게 빼앗겼던 영토를[5] 되찾기 위해 끈질기게 고구려를 공격했
다. 그러나 전투력과 협상력, 국제적 안목에 리더십과 덕망까지 갖
춘 광개토대왕을 상대하기에는 역부족이었다. 거듭되는 패전보에
지친 아신왕은 결국 '백제는 고구려의 노객奴客'임을 선언하고 왕
제와 대신 등을 고구려에 인질로 보내는 치욕을 감수해야 했다. 곧
이어 광개토대왕에게 58성 700촌을 빼앗기며(396) 그가 꿈꾸던 백
제의 전성기는 완전히 물 건너간 듯했다.[6] 그럼에도 아신왕은 고구
려에 대한 복수의 끈을 놓지 않는다. 그는 일본에 군사지원을 요청
하면서 그 대가로 태자 전지를 인질로 보낸다. 아신왕의 복수심과
야망을 위해 태자 전지가 일본 용병과 맞교환된 셈이다. 이리하여

해서도 『삼국사기』는 사냥 중의 사고사로, 『일본서기』는 아신왕 세력에 의한
시해로 엇갈린다. 즉 당시 백제 내부 세력 간에 복잡한 알력과 정권다툼이 상당
했다는 것을 알 수 있다.

5) 광개토대왕은 392년(진사왕 8) 봄에 신라와 우호관계를 맺고, 그해 가을 4만 병
력을 이끌고 백제의 석현성石峴城 등 한강 이북의 10여 개 성을 점령했으며 겨
울에는 해상교통의 요지인 관미성關彌城도 점령했다.

6) "영락永樂 6년(396) 병신丙申에 왕이 친히 군을 이끌고 백잔국百殘國(고구려가 백
제를 낮춰 지칭)을 토벌하였다. ……백잔이 의義에 복종치 않고 감히 나와 싸우
니, 왕이 크게 노하여 아리수(한강)를 건너 정병精兵을 보내어 그 수도에 육박하
였다. 곧 그 성을 포위하였다. 이에 잔주殘主가 곤핍困逼해져, 남녀 1000명과 세
포細布 1000필을 바치면서 왕에게 항복하고, 영구히 고구려 왕의 노객奴客이 되
겠다고 맹세하였다. 태왕은 잔주의 잘못을 은혜로써 용서하고 순종해온 그 정
성을 기특히 여겼다. 이에 58성 700촌을 획득하고 잔주의 아우와 대신 10인을
데리고 수도로 개선하였다"(以六年丙申, 王躬率□軍, 討伐殘國. ……殘不服義, 敢出百戰.
王威赫怒, 渡阿利水, 遣刺迫城, 歸穴□圍城, 而殘主困逼, 獻出男女□一千人, 細布千匹, 跪王自誓,
從今以後, 永爲奴客. 太王恩赦□迷之愆, 錄其後順之誠. 於時得五十八城村七百, 將殘主弟幷大臣十
人, 旋師歸都). 『廣開土大王陵碑』 2면.

397년 5월에 일본으로 건너간 전지는 왕위에 오를 때까지 자그마치 8년 동안 일본에서 볼모로 생활하게 된다.

이 과정에서 백제의 대내 갈등도 표면으로 떠올랐다. 고구려와의 전쟁을 추진했던 진씨眞氏와 이를 저지하는 라이벌 해씨解氏의 마찰이 그것이다. 백제에서는 왕족인 부여씨扶餘氏 이외에 유력 가문의 8성姓 중 진씨와 해씨가 대대로 왕비와 주요관직을 독차지했다. 특히 진씨 세력은 대대로 왕비를 배출하며 왕비계승의 전통을 독점해왔다. 이에 불만을 품던 해씨 세력이 고구려와의 전쟁을 주도했던 진씨 세력에게 패전의 책임을 추궁하면서 양측 간 갈등의 골은 더욱 깊어진다. 국내의 세력 분쟁은 결국 왕위 계승전으로 격화되는데, 여기에 일본이 군사적으로 개입하면서 더욱 복잡한 양상이 된다. 이를 『삼국사기』는 다음과 같이 기록했다.

14년(405)에 아신왕이 죽자 왕의 둘째 동생 훈해訓解가 정사를 대리하며 태자의 귀국을 기다렸는데, (왕의) 막내 동생 첩례碟禮가 훈해를 죽이고 스스로 왕이 되었다. 전지가 왜국에서 부음을 듣고 울면서 귀국을 요청하니, 왜왕이 100명의 병사로 하여금 그를 보호하여 귀국하게 했다. 국경에 이르자 한성 사람 해충解忠이 와서 말하였다. "대왕이 죽은 후에 왕의 동생 첩례가 형을 죽이고 스스로 왕이 되었으니, 태자께서는 경솔히 들어가지 마시기 바랍니다."

전지가 왜인을 머물게 하여 자기를 호위하게 하고 바다 가운데의 섬에 의지하여 기다리고 있었는데, 사람들이 첩례를 죽이고 전지를 맞이하여 왕위에 오르게 하였다.

『삼국사기』 권25 「백제본기」 제3 전지왕

그러니까 405년 아신왕이 갑작스레 승하하면서부터 일이 꼬이기 시작한다. 왕의 죽음부터가 시해니 타살이니 말이 많았고, 차기 국왕인 태자는 일본에 볼모로 가 있던 상황이었다. 이 권력의 틈새를 이용해 막내 첩례가 궁지에 몰린 진씨 세력과 공모해 쿠데타를 일으킨 것이다. 그런데 왕은 죽었고, 임시 대권주자는 살해했으며, 차기 국왕은 일본에 붙잡아둔 상태에서 거의 성공을 확신하던 첩례와 진씨 세력에게 뜻밖의 적수가 등장한다. 전지를 왕으로 옹립하려는 해씨 집안과 전폭적으로 병력을 지원한 왜왕이었다. 당시 해씨 집안의 해충은 국경까지 마중나가 전지에게 충성을 맹세했고, 왜왕은 왜군 100명을 파견해 호위를 책임졌다. 이렇게 전지는 해씨와 왜왕의 도움으로 우여곡절 끝에 백제 18대 왕으로 등극할 수 있었다. 즉위 후 그는 공공연하게 해씨와 왜국에 감사를 표했다. 모든 주요 관직을 해씨로 임명하고, 왜에 사신을 파견해 무명 베 10필을 보내는 등 성의를 표한 것이다. 그중에서 가장 결정적인 것은 왕비 책봉이었다.

> 왕비는 팔수부인이고, 아들 구이신久爾辛을 낳았다.
>
> 『삼국사기』 권25 「백제본기」 제3 전지왕

등극 후 전지왕이 왕비로 맞은 이가 팔수부인이고, 그녀가 낳은 아들이 후에 백제의 19대 구이신왕이 된다. 이 여인이 쿠데타를 일으켜 첩례를 왕으로 옹립했던 진씨 가문 출신이 아니라는 데는 이견이 없다. 그러나 학계에서는 그녀의 출신이 해씨냐 일본이냐를 두고 의견이 분분하니, 그 내막을 들여다보면 이러하다.

가문의 비밀과 아스카 문화

먼저 해씨를 미는 쪽의 주장은 이렇다. 전지왕은 해씨 세력 덕분에 등극했고 진씨 세력을 제압해야 하는 상황이니, 당연히 해씨 여인을 왕비로 삼았다는 것이다. 납득은 가지만 뒷받침하는 사료가 없어 정황상의 타당성과 심증에만 의존해야 한다는 아쉬움이 있다.

오히려 사료적 근거로 볼 때는 팔수부인이 일본 왕실 출신이라는 설이 더 개연성이 있다. 일단 칠지도라는 유물상의 증거가 있다.[1] 칠지도의 제작연대는 전지왕 4년(408)으로 확인되는데, 그 뒷면에 새겨진 "백제 왕세자께서 부처님의 가호로 귀하게 태어났다(百濟王世子寄生聖音)"[2]란 문장 중 '백제 왕세자'가 태자 구이신을 지칭한다고 한다. 즉 칠지도는 태자의 탄생을 기념하여 외가인 일본에 보낸 물품이라는 주장이다. 또 『일본서기』에 팔수부인이 어린 구이신왕을 대신해 섭정하는 과정에서 발생한 목만치木滿致와의 구설도 이 가설에 대한 가능성을 높인다.[7] 즉 왜국의 강력한 지지를 업은 '야마토(大倭)의 목만치'와 사통한 것은 그녀가 왜 왕실과 긴밀한 관련이 있는 인물이기에 가능했다는 것이다.[3] 아울러 『일본서기』 오진應神 천황 39년 2월에 백제의 전지왕[8]이 여동생 신제도원新齊都媛과 부녀 7명을 왜에 보냈다는 기사는 혈연적·정서적 친밀도를 높이기 위한 양국 간 왕족 교류 프로젝트가 꾸준히 진행되었음을 설명한

---

7) "25년에 백제 직지왕直支王(전지왕)이 죽었다. 이에 아들 구이신이 왕위에 올랐다. 그러나 왕이 어려 야마토(大倭)의 목만치木滿致가 국정을 잡았다. (그는) 왕모王母(팔수부인)와 밀통하여 무례한 행위를 많이 저질렀다. 천황은 이를 듣고 소환하였다"(廿五年, 百濟直支王薨. 即子久爾辛立爲王, 王年幼, 大倭木滿致執國政, 與王母相婬, 多行無禮, 天皇聞而召之). 『일본서기』 권10 오진기應神紀 25년.

8) 『일본서기』에는 직지왕直支王으로 표기.

다. 이런 수순이라면 이후 백제가 일본에 꾸준히 선진문물을 전수하는 과정에서 백제 장인匠人들의 도일渡日, 일본의 백제 마을 형성, 아스카문명으로 이어지는 연결고리가 완성된다.

이후 백제와 왜의 관계는 잠시 소원해지기도 했지만, 21대 개로왕이 지진원池津媛을 파견하면서 관계가 회복된다.[9] 이후 무령왕이 오경박사 단양이段陽爾와 고안무高安茂를 파견해 유교사상을 전파하고, 성왕 대에 불경과 금동석가여래상을 전래한 것은 일본 아스카문화 형성의 원동력이 된다. 593년 호코지 행사에 백제 불교 마니아인 스이코椎古 여왕이 참석한 모습을 두고 "천황에서 대신에 이르기까지 만조백관은 백제 옷을 입고 도열했고, 구경하는 사람들은 모두 기뻐했다"는 『부상략기扶桑略記』의 기록은 나라에 만연한 백제의 숨결을 전달한다. 다음의 내용들은 백제와 일본 간에 형성된 긴밀한 관계의 서사를 가늠할 수 있는 또다른 예제들이다.

오하라마히토(대원진인大原眞人) 비다쓰敏達 천황의 조상은 시호가 민달(비다쓰)이라는 백제 왕족이다.[4]

『신찬성씨록新撰姓氏録』

비다쓰 천황은 4월 즉위하여 그해(572) (나라)에 구다라오이궁百濟大井宮을 지었다.

『일본서기』 권20 비다쓰 천황 1년

백제에서 온 손님들을 조정에서 대접하였다. ……상서로운 연꽃이 검지

---

9) 이 책의 '네 이웃의 아내를 탐하지 말라, '도미 설화'' 장 참조.

劍池에서 피어났다. 한 개의 줄기에 피어 있는 두 송이의 연꽃.[5]

『일본서기』권23 조메이舒明 천황 7년

달솔達率(백제의 제2품 관직) 답발춘조答炑春初 · 억례복류憶禮福留 등을 보내 오오노성大野城을 쌓게 했다.

『일본서기』권27 덴지天智 천황 4년

귤은 저마다 가지가지에 달려 있지만, 구슬을 꿴다면 하나의 끈으로 묶을 수 있지.[6]

『일본서기』권27 덴지 천황 10년

일본 황실에 흐르는 백제의 혈통

이제 교토에 자리한 히라노 신사平野神社의 주인공이자 고닌 천황의 부인인 백제 여인 고야신립(다카노노 니가사高野新笠)의 이야기를 하려고 한다. 일본이 이 여인의 존재와 족보를 인정하기까지 그렇게 오래 걸렸던 것도 어쩌면 근대의 역사관이 만들어낸 또다른 미망이 아닐까 싶다.

황태후의 성은 야마토 씨(和氏)이고 이름은 신립新笠으로 백제 무령왕의 아들인 순타태자의 후예다. 황후는 용모가 덕스럽고 정숙하여 일찍이 명성을 드러냈다. 고닌 천황이 아직 즉위하지 않았을 때 혼인하여 맞아들였다. …… 백제의 먼 조상인 도모왕都慕王(동명왕)은 하백河伯의 딸이

태양의 정기에 감응해서 태어난 사람인데 황태후는 곧 그 후손이다.[7]

『속일본기續日本記』권40 간무 천황 8년(延曆 8年) 12월 14일

일본의 49대 고닌 천황의 왕비이자 헤이안시대平安時代 (794~1192)를 연 50대 간무 천황의 생모인 고야신립에 관한 『속일본기』의 기록이다. 고야신립이 백제 무령왕의 후손으로 도래인 야마토 씨 출신임을 밝히고, 백제의 시조가 고구려의 주몽으로부터 시작되었음을 언명한 것이다. 고닌 천황은 일본 역대 왕 중 최고령(62세)으로 왕위에 오른 인물이다. 일본 황실은 덴지 천황 이후 770년까지 100여 년간 덴무天武 천황 계가 왕위를 이었기 때문에 덴지 천황의 손자 고닌에게 왕위 계승은 물 건너간 꿈일 뿐이었다. 그는 조부 때부터 계속되는 왕위 쟁탈전에서 밀려나 재야의 황손으로 살아가던 시기에 고야신립을 만나 사랑에 빠진 것으로 보인다.

그러다가 48대 쇼토쿠稱德 천황(교과서에서 익히 본 쇼토쿠聖德 태자와 다른 사람이다)이 후계자 없이 죽으면서 62세의 고닌에게 왕위 계승의 기회가 찾아온다. 혹자는 고닌의 등극에 고야신립을 중심으로 하는 백제인들의 지지가 크게 작용했다고도 한다. 후보에도 없던 노령의 고닌이 왕위를 승계하기 위해서는 기존 세력에 대항할 만한 견고한 뒷받침이 필요했다. 그런데 마침 사랑하는 여인이 백제계였으니, 백제인들로서도 황후를 배출하여 기반을 다질 수 있는 절호의 기회였다는 것이다.

그래서였을까? 왕위에 오른 고닌이 가장 먼저 한 일은 후계를 고야신립의 아들 야마노베山部(간무桓武 천황)에게 물려주는 작업이었다. 그는 정실부인 이노우에井上와 장남 오사베他戶에게 모함을 씌

위 유배를 보냄으로써 아예 후환을 없앴다. 이로써 백제 무령왕의 10세손 야마노베는 781년 50대 간무 천황이 될 수 있었다. 이는 곧 일본 황실에 흐르는 백제의 핏줄을 의미한다. 간무 천황은 즉위 후 백제 왕족의 후손들을 중앙과 지방의 주요 관직에 임용했다. 794년 그가 나라에서 교토로 수도를 옮긴 후 시작된 교토시대는 헤이안시대로도 불리며 일본 역사상 가장 문화가 발달하고 정치적으로도 안정되었던 시기로 평가된다. 고야신립은 황태부인皇太夫人으로 추존되고, 사후에는 교토의 히라노 신사에 태황태후太皇太后라는 최고의 지위로 모셔진다.

고야신립의 혈통은 『아사히일본역사인물사전朝日本歷史人物事典』에 실린 소개로도 확인할 수 있다.

나라시대 고닌 천황의 왕비, 간무 천황의 어머니. 야마토노 오토쓰구和乙繼와 하지노 마이모土師真妹의 딸, 아버지 쪽은 도래계 씨족으로 백제 무령왕 자손.[8]

2001년 12월 23일 아키히토明仁 천황이 68세 생일기념 기자회견에서 다음과 같은 발언을 남기기도 했다.

나는 간무 천황(50대)의 생모가 (백제) 무령왕의 자손이라고 『속일본기』에 기록되어 있어 한국과의 인연을 느낍니다.

숱한 기록들과 정황상의 증거, 후손들의 고백, 곳곳의 유물과 유적들은 오늘도 오사카와 교토, 나라에서 여전히 백제의 자취와 숨결을 전하고 있다. 역사는 과학이나 명제가 아니기에 절대적 진실이 존재하긴 힘들다. 그러나 잊지 말아야 할 점은 당시는 고대국가의 기틀이 이제 막 확립되는 초창기였다는 점이다. 백제와 일본에 형성된 혈연적 연계는 고대국가가 성장하는 과정에서 필연적이었던 부족 간의 혼인, 가문끼리의 정략결혼 또는 사랑이 국제적으로 이루어진 사례라고 할 수 있다.

서라벌은 밤이 좋아,
「처용가」와 도시남녀

도시는 저마다의 표정과 목소리를 지닌다. 영화 〈시애틀의 잠 못 이루는 밤〉의 시애틀은 미국인의 풍요로운 감성을 대표하며, 세련된 거리구획과 쭉 뻗은 고속도로에 가려진 뉴욕의 뒷모습을 읊조린 노라 존스의 〈뉴욕시티〉는 화려한 도시의 쓸쓸한 두 얼굴을 노래한다.

어둠이 내려앉은 밤에 더 빛을 발하는 도시도 있다. 그런 도시들은 햇빛의 생산성을 네온사인의 도발로 대체하며 영향력을 과시한다. 유혹의 속삭임으로, 발산의 포효로, 환락의 비명으로, 다채로운 자태와 소리의 향연으로 존재감을 드러낸다. 낮보다 찬란한 밤의 라스베이거스는 욕망과 향락의 메카다. 〈호텔 캘리포니아〉의 퇴폐미 가득한 리듬과 가사는 나른하고 끈적이는 히피 아메리카의 감성이다. 영화 〈미드나이트 인 파리〉에서는 파리 밤거리의 낭만이 매일 밤 12시에 펼쳐지는 마법의 로맨스를 소환한다.

노래와 영화의 분위기는 그 도시로의 감성 여행이다. 시공간을 초월하는 타임머신처럼 그 장소와 시간에 빠져들게 한다. 그래선 지 신라 향가 「처용가」를 읊조리다보면 신라의 수도 서라벌의 번화하고 분주한 낮 시간과 화려한 불빛을 자랑하는 한밤의 시끌벅적한 소음이 떠오르는 것만 같다. 서라벌은 금성金城이라고도 불렸는데, 서라벌을 쇠벌이라 읽어 '쇠-금金'에 '재-성城' 자로 표기했다는 언어학적 해석도 있다. 그러나 "서른다섯 채의 금입택金入宅이 즐비했고",[1] "개의 사슬도 황금으로 만들"[1] 정도로 금이 널렸기 때문이라는 풀이가 더 어울릴 만큼 반짝반짝 빛나는 서라벌은 품격과 야성을 모두 지닌 두 얼굴의 매력적인 도시다. 그런 서라벌에 사는 처용이 야밤의 외출에서 돌아와 발견한 침대 위의 그것이 무엇이었기에 반짝반짝한 서라벌의 감성을 떠오르게 하는 걸까?

천년고도의 청춘도시, 서라벌

「처용가」는 신라 49대 헌강왕 때 처용이 지었다는 8구체 향가다. 헌강왕은 '임금님 귀는 당나귀 귀'의 주인공 경문왕[2]의 장자이자 신

1) 중세 아랍의 유명한 지도제작자 알 이드리시Al Idrisi(1100~1166)가 1154년에 제작한 지도에는 '신라al sila'라는 이름과 위치가 뚜렷하다. 이는 이슬람문화권에 알려진 신라의 위상을 보여준다(무함마드 깐수, 「알 이드리시 세계지도와 신라」 『한국이슬람학회논총』, 1993 참조). 그는 『천애횡단 갈망자의 산책』(일명 『로제르의 서』)에서 "신라에는 금이 너무 흔해 개의 쇠사슬이나 원숭이의 목테도 금으로 만들었다"며 신라를 누구나 선망하는 황금의 나라라고 표현했다. 그는 지도에서 신라를 여러 개의 섬으로 표시했다.

2) "왕위에 올라선 다음 귀가 갑자기 커져 당나귀 귀 같았다. 왕후와 궁인들 아무도 몰랐으나, 오직 두건 만드는 기술자 한 사람만이 알았다. 그러나 평생 사람들에게 말하지 않았다. 그 사람이 죽을 무렵, 도림사道林寺의 대나무숲 가운데 아무도 없는 곳에 들어가 대나무를 바라보고 외쳤다. '우리 임금님 귀는 당나귀 귀 같다네.' 그 후 바람이 불면 대나무에서, '우리 임금님 귀는 당나귀 귀 같

라의 세 번째 여왕 51대 진성여왕의 큰오빠이기도 하다. 헌강왕이 통치하던 9세기 무렵 통일신라의 분위기는 대체로 이러했다.

제49대 헌강대왕의 시대에는 서울부터 바닷가까지 집이 즐비하고 담장이 서로 이어져 있었으며, 초가집이 단 한 채도 없었다. 피리와 노랫소리가 길에서도 끊이질 않았고 비바람이 사계절에 순조로웠다.

『삼국유사』권2 「기이」 2 처용랑망해사處容郞望海寺

『삼국유사』'처용랑망해사'조의 도입 부분이다. 초가집 하나 없는 고품격 주택가가 즐비하고, 적재적소에 시기적절하게 내리는 비로 풍요로운 산물이 그득하며, 흥겨움의 노랫소리가 드높은 그곳은 번영일로의 통일신라 되시겠다. 특히 신라의 수도인 천년고도 서라벌은 정치와 경제의 중심이자 문물과 문화의 집결지였다. 절기마다 명절마다 서라벌 곳곳에서 개최되는 다양한 행사와 세시풍속은 번화하고 흥청대는 서라벌의 감성을 전달한다. 그중에서도 달도怛忉와 복회福會의 풍속에는 개방적이고 분방한 서라벌 도시남녀의 행실에 얽힌 사연이 전해진다.

'슬플 달怛', '근심할 도忉'의 달도는 대보름을 이른다. 휘영청 달밝은 대보름에 왜 이런 구슬픈 이름이 붙었을까? 다음은 『삼국유사』의 '사금갑射琴匣'조에 실린 대략의 내용이다.

21대 비처왕(소지왕)의 천천정天泉亭 행차에 까마귀와 쥐가 찾아와 울더

다네'라는 소리가 들리자, 왕이 이를 싫어하여 곧 대나무를 베어버리고 산수유를 심었다. 그랬더니 바람이 불면 다만, '우리 임금님 귀는 길다네'라고 들렸다 (『삼국유사』권2 「기이」 2 경문대왕)."

니, 쥐가 사람 말로 까마귀를 쫓아가라 전한다. 기이하게 여긴 왕이 병사에게 까마귀를 쫓아가라 명하나, 병사는 돼지 싸움을 구경하다 까마귀를 놓친다. 이때 연못에서 한 노인이 나타나 이런 글귀가 쓰인 편지를 준다. "이 편지를 열어보면 두 사람이 죽을 것이고, 열어보지 않으면 한 사람이 죽을 것이다." 왕이 "두 사람이 죽느니, 한 사람이 죽는 게 낫다"며 편지를 열지 않자, 한 신하가 "두 사람은 서민이요, 한 사람은 왕입니다"라며 편지를 볼 것을 권유한다. 왕이 그러하다 여겨 편지를 펼치니, 거기에는 '사금갑(거문고집을 쏘라)'이라 쓰여 있었다. 궁으로 돌아간 왕이 거문고집에 활을 쏘니, 그 속에서 왕실 소속 승려와 왕후가 몰래 간통하고 있었다. 이에 두 사람은 사형을 당했다.

이후 해마다 정월 상해일上亥日(첫돼지날)·상자일上子日(첫쥐날)·상오일上午日(첫말날)에는 만사를 조심하고 감히 움직이지 않았다. 또한 (정월) 15일을 오기일烏忌日(까마귀 제삿날)로 삼아 찰밥으로 제사를 지냈다. 이것을 달도라 하는데, 슬퍼하고 조심하며 모든 일을 금하고 꺼린다는 뜻이다. 그 연못을 서출지書出池(편지가 나온 연못)라고 부른다.

『삼국유사』 권1 「기이」 1 사금갑

왕비의 간통을 까마귀와 쥐, 노옹이 나서서 알려줬고, 왕은 편지의 예언대로 거문고집을 쏘아 두 사람이 발각됐다는 정월 대보름 달도의 유래에는 이름처럼 슬픈 사연이 깃들어 있다. 보름에 찰밥을 먹는 풍습이 까마귀를 신물로서 기리는 제사의식이고 배우자의 외도에 대한 왕의 복수가 대보름의 시발점이라니. 그 정서를 괴팍하다 해야 할지, 화통하다 해야 할지 모르겠다.

복회에 얽힌 사연도 예사롭지 않다. 복회는 신라시대에 매년 중춘仲春(음력 2월) 8일부터 15일까지 서라벌의 남녀가 흥륜사興輪寺의 전각과 탑을 돌면서 복을 비는 불교행사다. 그러나 거기 모인 청춘들은 염불보다는 잿밥에 관심이 있을 게 당연지사. 야밤 불사佛寺의 탑돌이가 불금의 커플 탐색전이 되는 것은 순식간이었다. 흔들리는 눈빛이 사찰의 횃불 탓인지 일렁이는 마음 탓인지는 알 수 없다. 하지만 꽃샘추위도 물러갈 후끈함이 그곳엔 분명 존재했다. 그러니 이런 설화도 생겨난 것 아니겠는가.

원성왕 대에 낭군 김현이라는 자가 밤이 깊도록 홀로 쉬지 않고 돌고 있는데 한 처녀가 염불하며 따라 돌았고, 서로 마음이 맞아 눈길을 보냈다. 돌기를 마치자 가려진 곳으로 이끌고 들어가 통정하였다. 처녀가 장차 돌아가려고 하자 김현이 그를 따라갔다.

『삼국유사』 권5 「감통感通」 7 김현감호金現感虎

그 뒤의 이야기는 이렇게 전개된다. 그저 하룻밤 인연으로 관계를 정리하려는 처녀를 억지로 따라가서 알게 된 사실은 그녀가 호랑이라는 것이다. 정체가 밝혀진 처녀는 부부의 연을 맺은 김현을 위해 일부러 마을에서 행패를 부리고, 김현에게 순순히 잡혀 공로를 세워주고 죽는다. 그 덕에 벼슬을 얻은 김현은 서천변西川邊에 호원사虎願寺를 지어 그녀를 기렸다.

이물異物과 인간의 사랑 얘기만으로도 혹하는데, 그 매개가 중춘 사찰의 거룩한 탑돌이란다. 게다가 눈 맞은 그날 밤 바로 정을 통했단다. 오늘날의 남녀도 울고 갈 원-나이트 스탠드가 아닐 수 없다. 흥미로운 건 첫 만남부터 잠자리까지의 과정이 물 흐르듯 자연스럽게 그려졌다는 점이다. 그리고 호랑이로 밝혀진 처녀와 김현의 하룻밤 애정이 영원한 종교적 산물로 승화했다는 점이다. 이로 미루어 짐작하건대, 어쩌면 불국佛國 신라의 전통은 그 시절 신라의 탑돌이라는 독특한 청년포교의 방식에 빚을 지고 있는지도 모르겠다. 서라벌의 내로라하는 젊은 남녀가 모여드는 탑돌이는 청춘남녀들이 손꼽아 기다리는 올나이트 클럽파티와 같은 행사였을 테니 말이다. 둥근 보름달 조명 아래 펼쳐지는 사랑의 작대기 눈치작전을 상상해보라. 첫 만남의 설렘이 뜨거운 정사의 전율로 완결되는 이 행사는 당시 서라벌 도시남녀의 성 개념이 상당히 개방적이었음을 보여주는 일례라고 하겠다.

윗선들의 모범적 사례

이런 성 개념은 사실 윗선들부터 이어온 전통이라고 할 수 있다. 다음은 지금 들어도 놀라운 신라의 손님 접대 전통이다.

30대 문무왕의 배다른 동생 거득공車得公은 밀행을 위해 거사처럼 꾸미고 무진주武珍州에 이르렀다. 그곳의 관리 안길安吉은 한눈에 거사가 비범한 사람임을 알아보고 자기 집으로 청해 정성껏 대접했다. 안길은 밤에 처첩 셋을 불러 이렇게 선언한다. "오늘밤에 손님을 모시고 자는 여인은 나와 종신토록 함께할 것이다." 두 여인은 거절했으나, 그중에 한 처첩이 나서서 거사를 모신다. 다음날 흡족한 거득공은 안길에게 "나는 서울 사람으로 집은 황룡사와 황성사皇聖寺 중간에 있고, 이름은 단오端

ʸ니 서울로 찾아오라"며 떠난다. 후에 안길이 서라벌로 발령이 나서 거
득공을 찾아가니, 그가 반색하면서 반기며 자신의 비妃를 불러 안길과
함께 잔치를 벌였다.

『삼국유사』권2 「기이」2 문무왕법민文武王法敏

요는 손님접대를 위해 자기 아내에게 손님 잠자리 시중을 들게
했다는 얘기다. 예전의 고위관직 양반네들이 대개 그렇듯 안길 역
시 처첩을 두셋 거느린 신라의 관리였다. 안길은 자신의 마을을 찾
은 허름한 옷차림의 거득공이 예사인물이 아님을 첫눈에 알아본다.
거득공의 마음을 사로잡기 위해 안길이 내세운 전략은 잠자리 접대
였다. 그는 처첩들에게 거득공의 침석 시중을 드는 여인은 평생을
책임져주겠노라고 조건을 내건다. 그나마 그녀들의 자발적 의중을
물은 것을 다행이라 여겨야 할까? 아무튼 처첩 한 명이 나섰고, 몹
시 흡족했던 거득공은 안길에게 자신의 신분을 넌지시 암시하면서
주소를 알려주고는 나중에 자신을 찾아오라 전한다. 이후 자신을
찾아온 안길에게 거득공은 똑같은 방식으로 극진히 대접한다. 거득
공이 자신의 비를 불러 안길과 함께 잔치를 벌였다는 말을, 술잔만
이 오가는 건전한 대화의 장으로 이해할 이는 아마 없을지 싶다. 신
라 고위급 관리들의 최고접대가 아내의 잠자리 시중이라니. 분방했
던 성문화를 가진 신라에서는 출세를 위해 때로는 아내도 성상납
했던 프리섹스 관념이 통용되었던 모양이다. 하지만 지금의 눈으로
보자면, 민망한 전통임엔 틀림없다.

처용의 눈에 비친 그 이상의 것

이 정도면 신라의 수도 서라벌의 분위기가 대충 감이 잡힌다. 야밤의 나들이나 행사에 남녀 누구나 격의 없이 어울리고 지분대는 분위기 말이다. 흥청거리고 자유로운 도시의 공기 속에서 이성 간의 만남은 자연스러웠고, 설화나 야사가 밑밥을 깔아주는 전통 아래 성관계의 자유로움도 만끽할 수 있었을 것이다.

처용이 못 볼 것을 본 그날 밤도 도시의 대기에는 이런 느낌이 가득했을 터. 처용은 원래 헌강왕이 개운포開雲浦(지금의 울산) 행차 때 인연을 맺은 동해 용의 아들이다. 안개 자욱한 개운포에 왕이 용을 위해 절을 짓고, 용은 그 보답으로 안개를 걷어준 것이 인연이 되어 용의 아들 처용이 헌강왕 밑에서 일하게 되었다고 한다. 왕은 정사를 잘 돕는 처용에게 아리따운 여인을 아내로 맞게 했고 급간級干이란 관직도 주었다. 그런데 문제는 그 아내가 너무 예뻐 역신疫神마저 그녀를 흠모했다는 점이다. 그러던 어느 날 정무를 마치고 밤늦도록 서라벌 밤거리를 쏘다니다 귀가해 침실에 들어선 처용은 그만 몹쓸 광경을 목격하고 만다. 흐트러진 침대 위의 다리 넷, 둘은 아내의 것이건만 다른 둘은 대체 누구의 것이란 말인가.

평소 처용의 아내를 호시탐탐 노리던 역신의 소행이었다. 그런데 피가 거꾸로 솟을 이 놀라운 광경을 보고 뜻밖에도 처용은 이런 노래를 부르며 덩실덩실 춤을 추었다는 거다.

서라벌 밝은 달 아래 밤늦도록 노닐다가
집에 들어와 잠자리를 보니, 다리가 넷이어라.

둘은 내 아내 것인데, 둘은 누구 것인고?

본래 내 것이었는데, 빼앗아간 것을 어찌하리오.[3]

「처용가」

처용이 발견한 것은 자신의 침대 위에서 뒹굴고 있는 전라의 남녀였다. 자기 집에서 버젓이 사통한 아내도 그렇거니와 남편의 귀가를 알았을 역신 또한 참으로 물색없다. 충분히 모욕적인 상황일터. 그런데 처용의 반응이 묘했다. 자기도 즐기다 왔으니 할 말이 없었던 건지, 배포가 큰 건지, 벌어진 일이라 체념한 건지, 상대가 역신이라 지레 겁을 먹은 건지는 알 수 없다. 어찌됐든 노래를 부르며 조용히 방문을 닫는 처용이다. 보통 사내들과는 차원이 다른 처용의 반응에 뜨끔했는지 역신은 바로 꼬리를 내린다.

역신이 모습을 나타내어 앞에 꿇어앉아 말하기를, "제가 공의 부인을 연모하여 범하였는데, 공이 노여움을 나타내지 않았소. 내 이에 감동하고 아름답게 여기니, 맹세코 이후로는 공의 모습을 그린 것만 봐도 그 문에 들어가지 않겠소"라 했다. 이후 사람들은 처용의 형상을 문에 붙여 사악함을 피하고 경사를 맞게 되었다.

『삼국유사』 2권 「기이」 2 처용랑망해사

처용이 세세토록 전염병을 막아주는 수호신의 역할을 하게 된 계기가 아내의 불륜 때문이란다. 진위 여부를 떠나 신라인들의 발상

---

3) 東京明期月良, 夜入伊遊行如可. 入良沙寢矣見昆, 脚烏伊四是良羅. 二肹隱吾下於叱古, 二肹隱誰支下焉古. 本矣吾下是如馬於隱, 奪叱良乙何如爲理古.

이 너무도 참신하고 열려 있지 않은가. 이후 「처용가」는 고려에서는 고려가요 「처용가」를 비롯해 궁중의 나례儺禮(잡귀 쫓는 의식)와 결부되어 '처용무'로 발전한다. 조선시대에는 제야除夜에 구나례驅儺禮를 행한 뒤 두 번 처용무를 연주하여 그 가무와 노래로써 병을 몰아내는 주술적 양식으로 바뀌어 전래된다. 불륜의 현장이 숭고한 제의의 행사로 승화되는 아이러니랄까? 선조들의 사례로 보아 어쩌면 처용이 역신으로 상징화된 상전에게 아내의 잠자리 시중을 강요받았을 가능성도 제기된다. 아무리 너그러운 사내기로소니 제 집에서 자행된 상륜傷倫의 상처에 어찌 저리 의연하게 대응할 수 있단 말인가.

혹자는 "기이한 모습과 괴상한 차림"(『고려사』) "하얀 이와 붉은 입술"(이제현의 「처용가」) "무성한 눈썹, 우그러진 귀, 붉은 용색, 우뚝 솟은 코, 튀어나온 턱"(『악학궤범樂學軌範』 「처용가」)으로 묘사된 처용을 두고, 그가 당시 교역을 위해 신라에 드나들었던 서역인이거나 페르시아인이 아닐까 추정키도 한다. 그가 처음 모습을 드러낸 개운포가 당시 신라 최대의 국제 무역항이라는 점도 이같은 추론을 뒷받침해준다. 경주 일대에서 출토된 토용이나 유물들도 일본-중국-서역을 잇는 남방 해역의 교역중심지로서 수많은 외국 산물과 이방인이 북적댔을 신라의 상황을 짐작케 한다. 신라는 경제적 풍요와 문화적 개방의 물결이 넘실댔을 테고 나아가 일종의 방일한 사회분위기가 조성됐을 수도 있다. 그러다 그것이 차고 넘치다 못해 결국 "풍속이 점차 각박해지고 백성들이 서로 다투어 사치와 호화를 일삼고, 신이하고 진기한 물품만을 숭상하여, 예절과 풍속이 쇠퇴하는"(『삼국사기』 권33, 「잡지雜志」 2) 지경에 이르렀는지도 모르겠다.

아내의 외도에 얽힌 이 스토리는 후반부에 '기-승-전-절(寺)'로 마무리되는 『삼국유사』의 특징상 영취산 기슭의 망해사 축조를 언급한다. 그러더니 돌연 태평성대 운운하던 도입부와는 전혀 다른 톤으로 급하게 끝을 맺는다. 지신地神과 산신山神이 나라의 망조를 춤으로 경고했지만, 아무도 깨닫지 못하고 길조라고 여겨 탐락耽樂이 더욱 심해지다가 나라가 마침내 망하고 말았다고. 신라 초기 드높던 호국불교의 기치가 세시풍속과 절기행사로 민중 속에서 번성하다가 신라 말기에 이르러 기복과 향락의 무속신앙으로 타락하는 현장은 쓸쓸하기만 하다.

과유불급이란 말이 있다. 의욕이 지나치면 부담이 되고, 용기가 지나치면 무모함이 된다. 그리고 자유가 지나치면 방종이 된다. 신라 말기에 이르러 화려한 주택가에 피리소리, 노랫가락이 그치지 않는 서라벌의 모습은 터지기 일보 직전의 폭풍 전야나 넘치기 직전의 물잔 같은 것이었을 수도 있다. 천년간 누적되어온 서라벌의 개방적인 풍속과 흥청대는 자유의 위용이 빚어낸 「처용가」와 도시 남녀의 이야기는 우리에게 말한다. 처용이 본 것은 침대 위의 다리 넷만은 아니었을지도 모른다고 말이다. 밤의 환락의 도시가 낮에 드러내는 거리의 민낯을, 풍요의 상징에 가려진 착취의 흔적을, 자유와 방임이 어지럽게 뒤엉켜 있는 혼돈의 밤거리를. 어쩌면 처용은 그것을 보았을지도 모른다.

고려 여인에서 이국의 황후로, 기황후

메이지明治 천황의 조카인 나시모토노미야 모리마사 왕梨本宮守正王의 딸로 황태자 히로히토裕仁의 강력한 배우자 후보였던 마사코方子. 그러나 그녀는 대한제국 마지막 황태자 영친왕 이은의 황태자비 이방자가 되어 두 아들을 낳으며, 지아비의 나라를 사랑하고 섬기는 조선의 여인이 되었다. 그리고 1945년 광복으로 일본 왕족에서 제외되어 재산을 몰수당하고 이승만 정권으로부터 한국 국적마저 거부당하는 수모와 불행을 겪으면서도 결국 창덕궁 낙선재의 마지막 주인으로서 자리를 지켰다. 혈통과 국적, 정략결혼과 이국생활, 배타적 시선과 인간적 애정, 기구한 운명, 드센 팔자. 이 키워드들은 이방인 국모가 겪었을 복잡한 상황과 정서를 대변해준다.

그런데 이 지점에서 식민지의 나라로 시집간 이방자 여사와 달리 제국의 나라로 끌려간 고려의 여인이 떠오른다. 바로 고려의 공녀로서 원나라 황후로 등극한 기황후奇皇后다. 속국의 공녀에서 상국

上國 왕실의 안주인이 되기까지 그녀가 겪은 과정과 배후 사정들은 결코 만만치 않았을 터. 그녀를 둘러싼 그 사연과 키워드 들이 참으로 궁금하다.

고려의 아픈 손가락, 공녀

기황후는 고려 무신 기자오奇子敖의 막내딸로 충혜왕 때 원나라로 차출된 공녀 출신이었다. 개경 환도(1270) 이후 몽골의 간섭을 받게 된 80년간 고려의 가장 아픈 손가락은 여인들이었다. 원에서 해마다 요구하는 공물 명단의 1순위가 아름답고 건강한 고려 공녀였기 때문이다. 원종 15년(1274) 3월 원에 귀순한 남송南宋 병사들에게 짝을 지어준다는 명목으로 뽑혀간 140여 명을 필두로 공민왕 4년 (1355)까지 50여 차례의 차출이 있었다. 충렬왕 24년의 『고려사절요』에는 그 쓰린 기록이 담겨 있다.

> 순마소巡馬所에 명하여 원나라에 바칠 양가의 처녀를 선발하게 했다. 백관에게 딸을 둔 집을 비밀히 알아보게 하여 주무 당국에 투서하게 하니, 몰래 사위를 들이는 자가 매우 많았다.
>
> 『고려사절요』 권22 충렬왕 24년

순마소는 원이 내정 간섭을 위해 고려에 설치한 감찰 기관이다. 야간 순찰이나 형옥刑獄 등 치안을 담당한다는 명분으로 세워졌지만, 반원反元 인물 색출이나 공녀 선발 등의 업무를 수행하기도 했다. 조정에서는 아예 결혼도감結婚圖鑑이란 전문 관청까지 두어 대대적인 공녀 발탁을 실시했다. 순마소와 결혼도감의 주관으로 수백에서 수천에 이르는 고려 여인이 원으로 끌려가는 날에는 온 땅과 하늘이 울음으로 가득했다.

> 온 천하가 한 나라를 두려워해 허둥대니
>
> 우리나라에도 칙령 내려 미녀 뽑아 올리라네.
>
> 규방에 숨어 살아도 감출 수 없으니
>
> 관청에 뽑혀 나와 어찌 그 많은 눈길을 감당하리.
>
> 엷은 화장에 근심어려 찡그린 눈썹 푸른데
>
> 억지로 치켜든 얼굴 부끄러워 붉게 물들었네.
>
> ……
>
> 떠나기 싫은 마음에 느릿느릿 수레에 오르지만
>
> 빨리 달리고 싶은 말들은 빠르게 달려가네.
>
> 부모의 나라 멀리 떠나니 정신이 나가는데
>
> 원 제국 궁궐 가까이 가자 눈물이 쏟아지네. ……[1]

김찬金贊, 「동녀시童女詩」

거국적인 공녀 선발에 고려의 각 가정에서는 딸들을 일찌감치 시집보내거나 친척집 등에 숨겨 차출을 막느라 바빴다. 그러면서 조혼의 풍습이 생겨나기도 했다. 그러나 이곡李穀의 상소에 따르면 "군리軍吏들이 집집마다 수색하여, 딸을 숨긴 이를 잡아 가두고 그

---

1) 四海遑遑枕一家, 勅令東土進宮娥. 閨居恐未藏身密, 官選那堪閱眼多. 薄掃愁眉兩斂翠, 強擡羞面十分酡 …… 行須緩緩氈車載, 欲發恩恩寶馬馳. 父母國遙魂正斷, 帝王城近淚猶沱. ……

친족까지 채찍으로 때리면서 딸들이 나타난 뒤에야 그만두곤 했다".[1] 이런 폭압에 강제로 뽑혀가는 처자가 부지기수였다. 뽑힌 공녀들은 언어와 음식, 풍토, 문물, 그 모든 것이 낯설고 어색한 그곳에서 두렵고도 고단한 삶을 견뎌야 할 것이었다. 한평생 원나라 궁정에 매인 몸으로 다시는 고향땅을 밟을 수 없을지도 몰랐다. 하여 공녀로 차출된 여인들이 몽골행 수레에 오르는 그날은 고려의 초상일이요, 그 일대는 통곡의 광장이 되었다.

그러는 가운데 원나라에서는 고려 여인에 관한 이런 노래가 불리기도 했다.

화림에 거동할 때 행궁行宮 거창하니,
고려의 미녀가 (원의) 첩여가 되었구나.
임금이 직접 (왕)소군곡 부르면서
말 위에 올라 비파를 타라고 하네.[2]

양유정楊維楨, 「원궁사元宮詞」

뛰어난 비파 연주로 원 세조의 총애를 받던 고려 궁인 이씨를 한 무제武帝 때 흉노왕 선우에게 시집간 왕소군王昭君에 빗댄 시다. 명나라 문인 양유정 이외에도 게만석揭曼碩, 원백장袁伯長, 왕유학王繼學 등 원·명의 수많은 문인들이 '한 곡조가 천금의 값이요, 36년 세월을 하루같이' 세조의 은총을 받은 그녀를 궁사宮詞의 단골소재로 삼았다. 공녀 중에는 이씨나 원나라 인종仁宗의 후궁이었다가 황후로 책봉된 김달마실리金達麻實利처럼 지배층의 잉첩媵妾이 되거나

---

2) 北幸和林幄殿寬, 句麗女侍婕好官. 君王自賦昭君曲, 勅賜琵琶馬上彈.

고급관료의 배우자가 되는 경우도 있긴 했다. 그러나 그들은 대개 친원 세력인 고려 권문세족의 딸들로 정략적인 여원통혼麗元通婚에 의한 케이스가 대부분이었다. 하급관리의 딸이거나 일반 평민층에서 공녀가 된 여성들은 원나라에서 궁중 시녀나 노비로 일생을 보내야 했고, 성노리개로 전락했다가 화류계로 흘러가는 경우도 상당수였다. 하급무관의 막내딸 기씨의 처지도 이런 운명의 기로에 놓여 있었다.

기씨의 원 황실 입성기

기씨를 발탁한 이는 고려 출신 환관 고용보高龍普였다. 타고난 감으로 고려의 비천한 광부 출신에서 원 궁정의 환관에 오른 고용보는 기씨를 황궁의 차 담당 궁녀로 추천한다. 황제를 지근에서 모시게 된 기씨는 곧 타고난 미색과 재기로 혜종惠宗(순제順帝, 토곤 테무르 Toghun Temür)을 사로잡는다. 그런데 기씨가 황제의 남다른 총애를 받게 된 데에는 미모나 재기 외에도 또다른 사연이 숨겨져 있었다.

원의 마지막 황제 혜종은 명종明宗의 맏아들로 어릴 적부터 왕실 파벌싸움의 희생양이 되어 고려와 광서성廣西省 등에서 유배생활을 하며 고난을 겪은 바 있다. 허나 그 덕분에 정형화된 왕실교육과 틀에 박힌 사고에서 벗어날 수 있었던 혜종은 고려의 문물과 감성을 마음껏 흡수하면서 타 문화와 종족에 대한 개방적인 시각을 체득할 수 있었다. 이런 특성은 즉위 후 『요금송삼사遼金宋三史』 등을 편찬하며 원을 문화의 최전성기로 이끄는 밑거름이 되기도 하였다.

특히 어린 시절 인천 대청도大靑島에서 보낸 1년 5개월간의 유배 경험은 고려 공녀 기씨에 대한 동병상련이 각별한 애정으로 발전하게 된 원천이었다. 그런 연유로 더더욱 혜종의 총애를 받은 기씨는 후투그(완자홀도完者忽都, 설렁거 올제이 후투그Gi Solongo Öljei Khutugh)라는 몽골 이름을 하사받고, 1338년 황태자[3]를 낳으며 점차 원나라 궁정을 장악해갔다. 신데렐라 같은 기씨의 인기와 명성은 곧 원나라에 널리 퍼졌다. 급기야 원에서는 이런 노래까지 지어졌다.

궁중 복장에 새로 고려양식 유행되니

네모진 옷깃에 허리까지 내려오는 반비半臂일세.

밤마다 궁중에서 다투어 빌려보는 건

그 맵시로 임금의 눈에 들었기 때문이라지.[4]

장욱長昱, 「원궁사元宮詞」

반소매 옷인 반비는 『삼국사기』 신라의 복식 규정에 실린 한국의 전통의상이다. 아마도 고려 옷을 입은 기씨가 황제의 어린 시절 향수를 불러일으키면서 둘만의 감정과 시간을 공유했던 모양이다. 입으면 황제의 사랑을 받을 수 있는 마법의 옷인 양, 몽골 여인들은 기씨가 즐겨 입는다는 고려 의상에 열광했다. 당시 원나라에는 고려 공녀들에 의해 유입된 고려풍의 의복·신발·모자 등의 의복과 생채·떡·어갱魚羹(생선국)·계육鷄肉(닭고기)·송자松子(잣)·인삼·

---

3) 아이유시리다라愛猷識里達臘(Biligtü Khan Ayursiridara)로 후에 북원北元의 소종昭宗이다.

4) 宮衣新尙高麗樣, 方領過腰半臂裁. 連夜內家爭借間, 爲會間過御前來.

인삼주 등의 음식 및 청자와 같은 예술품 등도 일찌감치 인기몰이 중이었다. 고려의 인삼과 잣, 고려청자로 가득한 원나라 궁정과 장터를 상상해보라. 고려양高麗様 패턴의 치마저고리를 앞다투어 걸쳐보는 몽골의 아가씨들을 떠올려보라. 특히 기름진 식생활에 익숙한 초원의 입맛을 개운하게 해주는 담백한 고려의 채소들은 원나라 문인들 시의 소재가 되기도 했다.

> 해홍海紅이 붉은 꽃만 같지 못한데, 살구가 어찌 파람巴欖처럼 좋을까.
> 고려 상추 좋은 것을 말하자면, 산 뒤 마고 향을 모두 가져온 것 같네.[5]
>
> 양윤부楊允孚, 「난경잡영灤京雜詠」

수준 높은 문화를 동경하던 원나라 사람에게는 고려풍의 옷과 음식을 입고 먹는 것이 고려의 교양과 품격을 흡수하는 것같이 여겨졌던 모양이다. 일찍이 원 세조가 '고려국유학제학사高麗國留學提學司'를 설치해 고려 유학을 전문적으로 연구하도록 장려한 것을 비롯해 충선왕이 연경에 '만권당萬卷堂'을 열어 여-원 양국 학문 교류의 장을 마련한 것도 같은 맥락에서 이해할 수 있다. 원 세조와 원 성종의 병을 고쳐준 고려의 명의 설경성薛景成은 바둑까지 잘 둬서 '의술의 성인·바둑의 신선'이라는 의성기선醫聖棋仙으로 불리며 명성이 높았다고 한다. 고려의 문화를 선망했던 원나라 입장에서는 고려 여인이 황후까지 된 마당이니, 가히 고려풍이 원 전체를 휩쓸지 않았겠는가?

그러다보니 부작용도 적잖이 생겨났다. 권력욕에 눈을 뜬 기황후

---

5) 海紅不似花紅好, 杏子何如巴欖良. 更說高麗生菜美, 總輸山後蘑姑香.

가 무리수를 둔 것이다. 『속자치통감續資治通鑑』에서는 기황후로 인한 원나라 말기의 풍경에 대해 다음과 같이 기록하고 있다.

기황후는 고려의 미인을 많이 모아두고 대신 중에 권력을 가진 자에게 이를 보내주었다. 황성의 고관 귀인들은 고려의 여인을 얻은 후에야 명문가가 되었다. 고려의 여인은 예쁘고 사람을 잘 섬겼기에, 이들이 이르면 모두 총애를 빼앗았다. 지정至正(혜종) 이래 궁중의 급사와 사령 태반이 고려 여자이며, 이런 이유로 사방의 의복, 신발과 모자, 기물 모든 것을 고려를 모방해 온 세상이 미친 것 같다.

『속자치통감』 권214 원기元紀 32

기황후는 고려 여인들을 자기편 고관대작들에게 선사함으로써 자신의 세력을 공고히 하고자 했다. 기씨의 입지 때문인지 원 대신들 사이에서는 고려의 미인을 얻는 것을 성공의 필요충분조건쯤으로 여기는 풍조가 만연했다. 국내에서 기황후에 대한 인식이 다소 부정적인 것도 고려 여인을 공물로 받아 원의 권력자에게 선물한 기씨의 행적 탓이기도 하다. 어찌되었든 이런 사실들은 원나라에서 기씨의 입김이 상당했었음을 설명해준다.

기황후, 공녀계의 전설이 되다

안팎으로 기씨의 명성과 인기가 드높아지자 황태후 다나슈리答納失里는 조급해졌다. 선왕 문종文宗을 보필한 막강한 가문 엘 테무르의 딸로 거칠 것이 없던 그녀였다. 기씨의 질주에 다나슈리는 온갖 트집을 잡아 기씨를 매질하고 인두로 지지며 괴롭혔다. 그러나 기씨는 때를 기다리며 모든 수모와 모욕을 꿋꿋이 참아냈다. 그리고 마침내 엘 테무르 일족을 멸문시키려는 승상 메르키트 바얀伯顔의 계책으로 다나슈리가 모함을 받아 독살되고, 대대로 황후를 배출한 옹기라트 부족 출신의 바얀 후투그伯顔忽都가 황후가 되었다.

그러자 기씨는 서서히 독자 세력을 형성하며 움직이기 시작했다. 이미 환관 고용보와 좌승상 톡도 등 확실한 자기 사람들을 포섭해둔 터였다. 1340년 2월 그녀는 '국정 농단을 일삼고 황제 윤허 없이 황족을 죽였다'는 죄목을 씌워 다나슈리 축출에 일조했던 메르키트 바얀까지 축출했다. 그리고 그해 4월 제2황후에 책봉된 기씨는 1365년 황후 바얀 후투그가 죽은 뒤 드디어 제1황후로 승격되었다. 당시 바얀 후투그가 낳은 친킴眞金 황자가 두 살에 요절한 상황이었으니, 기씨의 앞에 걸림돌은 아무것도 없었다. 이제 황태자의 생모라는 든든한 배경까지 얻은 그녀는 숨겨왔던 야욕과 권력욕을 드러내며 원나라 정치계에 화려하게 데뷔했다.

실상 이전부터 그녀는 꽤 괜찮은 행정력을 선보였고 민심을 얻는 방법도 알았다. 1358년 수도 대도大都(현 베이징)에 기근이 들었을 때는 관청에 명해 민간에 죽을 쑤어주고, 금은과 옷감 등을 내어 10만여 명에 달하는 아사자의 장례를 치러주기도 했다. 반대파와 내전을 벌여 포로가 되는 위기에도 끝내 승리하고 아들인 황태자를 통해 병권兵權을 장악하는 모략도 갖췄다. 그런 전력들이 제1황후 자리를 차지하는 밑거름이 된 것도 사실이다. 그러나 제1황후로 등극한 이후 기황후가 무엇보다 심혈을 기울인 부분은 아들 아이유시리다라의 왕위 승계였다. 황후에 이어 황태후까지 된다면 그 권한과 영향력은 무소불위일 터였다. 그녀는 우선 고려 혼혈 황자의 보위 승계를 극구 반대하던 혜종의 사촌 엘터구스燕帖古思와 그의 모친인 태황태후 부다시리卜答失里를 살해했다. 이어 고려 출신 권씨와 김씨를 황태자비로 책봉하고, 환관 박불화朴不花를 위시한 고려 출신 관료를 특채했으며, 왕실에 고려 궁녀들을 채용했다. 원나라를 고려인, 고려식으로 채우면서 자신의 입지와 세력을 확장해나간 것이다. 이런 상황을 두고 훗날 명나라의 주헌왕周憲王 주유돈朱有燉은 이렇게 읊었다.

기씨는 본시 압록강 동쪽에 나서, 한창 나이에 중궁 자리 차지하니
한림에 엊그제 새 조서를 만들어, 삼대를 소급해 융숭한 작록 내려졌네.
맑은 술 새로 걸러 옥병에 바치니, 물가 정자 깊숙한 곳 더위마저 가시네.
임금 웃음 띠고 기비에게 묻길, "어쩜 그리 서량의 타랄소 그 술 같으냐."
어제 아침 들어온 고려의 여인들, 반 이상이 기씨의 친족이라던데
그냥 여관으로 늙히기 싫어, 또다시 두 궁빈 삼았다지.[6]

주유돈, 「원궁사元宮詞」

시에는 기황후가 맛좋기로 이름난 술 타랄소처럼 황제를 기분 좋게 취하게 하면서 원하는 것을 얻어가는 과정이 담겨 있다. 작자는 기씨가 중궁 자리를 차지한 것도 모자라 기씨 가문 삼대를 소급해 작록을 받게 하고, 고려 여인들을 원나라 고관대작과 짝지어주며

---

[6] 奇氏家居鴨綠東, 盛年纔得位中宮. 翰林昨日裁新詔, 三代蒙恩爵祿崇. 白酒新蒭進玉壺, 水亭深處暑全無. 君王笑向奇妃問, 何似西涼打刺蘇. 昨朝進得高麗女, 太半咸稱奇氏親. 最苦女官難派散, 總敎送作二宮嬪.

점차 원나라를 장악해나가는 광경에 기막혀 하고 있다.

기황후의 득세로 기씨 집안도 살판이 났다. 특히 오라비 기철奇轍은 고려의 친원파와 결탁해 국고를 남용하면서 백성의 토지를 강탈하고, 충혜왕 퇴위를 추진하는 등 전횡을 일삼았다. 이에 기철의 만행을 더 두고 볼 수 없었던 공민왕이 기씨 일족 숙청을 단행하고 나섰다. 기황후는 발끈했다. 속국 왕이 감히 지배국 황후의 친족을 건드려? 아마도 그렇게 생각했지 싶다. 홍건적의 난을 빌미로 공민왕을 내치려다 여의치 않자, 1364년 1만 대군을 보내 고려를 침공한 것을 보면 말이다. 그때 그녀에게 있어 조국이란 자신을 공녀로 팔아버린 고려가 아니라 부귀공명과 권력을 안겨준 원나라였을 터다.

그러나 게임의 승자는 공민왕이었다. 더욱이 이성계와 최영 장군의 협공에 무너진 원나라는 곧이어 명의 주원장朱元璋에게 제국의 자리까지 넘겨주게 되었으니, 기황후의 완패였다. 혜종 28년(1368) 7월 명나라 군사가 황궁에 밀어닥쳐서야 상황의 급박함을 알게 된 혜종과 기황후, 황태자는 원 제국 후예들과 내몽골 지역으로 도주하여 응창應昌에 도읍을 정하고 북원北元을 건립하기에 이른다. 그리고 1370년 혜종이 죽은 뒤 황태자 아이유시리다라가 북원의 소종昭宗으로 즉위하니, 이로써 아들을 왕위에 앉히고자 했던 기황후의 소망은 어떤 식으로든 이뤄진 걸까? 그러나 어찌된 일인지 몽골 지역으로 패퇴한 이후 기황후의 행적은 전하지 않는다. 들리는 말로는 1368년 응창에서 포로가 되었고 1369년에 사망했다고도 하니, 아들의 즉위를 알았는지도 미지수다. 다만 경기도 연천군 연천읍 상리에 비석조차 없이 휑한 기황후의 무덤만이 그녀의 화려했던 과거를 간신히 붙잡고 있는지도 모르겠다.

고려 공녀로 원 궁정에 들어가 혜종의 사랑을 독차지했던 소녀 시절, 몽골 황후의 텃세와 관료들의 압박을 이겨내던 귀비 시절, 원은 물론 고려까지 널리 권세를 떨치던 제1황후 시절……. 몽골 귀족들에게 배척당하고 반대파에게 포로로 잡히는 수모와 위기의 순간도 있었지만, 권력의 최고 정점인 제1황후로서 백관을 발 아래서 조아리게 했던 절정기도 있었다. 기근 때 굶주린 백성들에게 죽을 쑤어 먹이고 아사자들의 장례를 치러준 뿌듯한 기억도 있다. 아들을 황제로 만들기 위해 남편 혜종의 폐위를 추진하며 원나라 정계에서 독자 세력을 형성하던 때도 있었다.

그러나 무엇보다 쓸쓸한 무덤이 붙들고 있는 기황후의 가장 화려했던 과거는 공녀로 끌려온 자신을 따뜻하게 품어준 혜종과의 정다웠던 하루하루가 아니었을까. 고려 대청도에서의 기억과 동병상련이 인연의 끈인 양 사랑이 되고 운명이 되었던 그 모든 시간들 말이다. 하여 기황후가 말년에 기를 쓰고 잡으려고 했던 것은 그녀의 권력욕에 질려 멀어져버린 혜종의 마음이 아니었을까 싶다. 사랑이 곧 생존이었던 그녀에게 혜종의 마음이야말로 가장 절실했던 권력이었을 테니 말이다.

분방함에 취해 비틀거리다,
「쌍화점」과 「만전춘별사」

1980년대 중반부터 90년대 초반 영화계는 홍콩 누아르의 전성기였다. 트렌치코트 자락을 펄럭이며 이쑤시개를 질겅이던 〈영웅본색〉과 〈첩혈쌍웅〉의 저우룬파周潤發, 조폭과 경찰의 쌍방 스파이 프로젝트를 멋지게 그려낸 〈무간도〉의 류더화劉德華와 량챠오웨이梁朝偉는 당시 모든 남성들의 로망이자 형님이었다. 거친 난투와 진한 우정을 통해 어둠의 끝에서 희망의 불빛을 느끼게 해준 특별한 존재들이었기 때문이다. 아련한 눈빛과 섬세한 액션의 장궈룽張國榮은 〈종횡사해〉와 〈아비정전〉에서 '그리움'과 '허무'로 대변되는 사랑의 뒷모습을 그렸다. 중성적 매력의 린칭샤林靑霞와 청순과 표독이 공존하는 장만위張曼玉가 출연한 〈동사서독〉은 안개 같은 삶의 행복과 사랑, 좌절과 고독이 화면 전체에 흐르는 작품이다.

비정, 어둠, 애수, 애절, 비장의 분위기가 압도적인 이 영화들은 홍콩반환을 앞둔 시대적 불안과 내면적 어둠을 담고 있다. 아편전쟁 이후 1842년부터 영국의 식민지이던 홍콩은 1997년 7월 1일 중국반환을 목전에 두고 있었다. 화려하지만 흔들리는 홍콩의 미래는 영화 속에서 범죄의 소굴과 전사적 영웅, 방황하는 청춘으로 치환된다. 이는 어쩌면 다가올 체제의 변화와 정체성의 혼란에 초조해하는 홍콩인들에게 막연한 공감과 희망을 불러일으켰을지도 모르겠다. 예측 불가능한 미래는 가치관과 문화의 혼란을 유발하고, 이는 사회적 불안과 초조를 조장한다. 그럴 때 성행하는 작품들은 대개 그 불안과 혼란의 강박을 극복하거나 해소하려는 시대의 노력을 담기 마련이다.

　몽골의 내정간섭을 받는 제후국으로 전락하여 처음으로 몽골의 공주를 맞아들인 충렬왕 대에 창작된 「쌍화점雙花店」과 「만전춘별사滿殿春別詞」에는 그런 시대의 분위기와 사회심리가 투영되어 있다. 도에 넘치는 활력, 흥청거리는 향락, 끝을 모르는 분방, 비틀거리는 퇴폐까지. 그들이 겪어낸 정치적·사회적·규범적 해체와 그 현장은 과연 어떠했을까?

혼돈과 일탈, 개방의 고려 후기

원의 간섭이 극도에 달한 충렬왕 대에 이르러 고려의 용어나 관제는 격하되고, 행정관제는 몽골식으로 개편되었다. 중서문하성과 상서성을 합쳐 첨의부로, 추밀원은 밀직사로, 어사대는 감찰사로 격하되는 식이었다. 관제에도 홀치忽赤(숙위군)·속고치束古赤(시종)·조라치照剌赤(위병)·아막阿幕(위병) 등의 몽골식 명칭이 사용되었다.

몽골식 의복과 변발이 강요되고, 야간 순찰을 빌미로 반원 세력을 색출하는 순마소나 몽골어를 배우게 하는 통문관通文館이 설치되었다. 고려군은 원나라의 정벌전쟁에도 동원됐다. 원 세조는 충렬왕에게 동로군東路軍을 파견해 일본 정벌에 나서도록 강요했지만, 이는 폭풍 때문에 번번이 실패했다. 1290년에는 충렬왕이 합단哈丹의 침략을 피해 1년여간 강화로 피난을 갔다가 환도한 일도 있었다.

그런 상황에서 제국의 사위라는 미명하에 원의 아바타가 된 충렬왕의 자괴감은 그 누구보다 극심했을 것이다. 조정에선 원의 관료들이 황제의 명이라며 닦달하고, 침실에서는 제국 출신 왕후가 상전처럼 사사건건 참견하며 면박을 주었을 테니 말이다. 하여 충렬왕은 세자(충선왕)에게 양위하여 이 진저리나는 권좌에서 물러나려 했지만, 그조차도 여의치 않았다. 충선왕의 왕비인 계국대장공주의 모함으로 충선왕이 퇴위되는 바람에 충렬왕이 7개월 만에 다시 보위에 올라야 했던 것이다. 역할놀이를 하듯 왕위를 줬다 뺏었다 하는 원의 무례한 간섭에도 고려 왕실은 무력했다. 바야흐로 사회 전반에는 왕실에 대한 실망과 불신의 기운이 팽배한, 그런 시절이었다.

그러나 호의호식하는 왕족과 고위 관료들에게는 딴 세상의 이야기였을 터. 그들은 원나라의 문화를 적극적으로 고려에 유입하면서 이국적인 문화와 활력을 즐겼다. 소나 양의 젖으로 만든 수유酥油를 비롯해 우유에 쌀가루를 갈아 만든 타락죽(우유죽), 기름에 지진 호떡, 고기소를 넣은 만두, 소뼈를 삶아 우린 설렁탕 등의 몽골 음식은 담백한 고려의 식탁에 색다른 미각을 선사하며 크게 각광받았다. 알코올을 증류한 소주는 독하고 깔끔한 뒷맛으로 애주가들의 1순위 기호품이 되었다. 연지곤지와 족두리는 특별한 날을 위한 특별한 복식으로 예장문화에 변화의 바람을 몰고 왔다. 왕비와 귀부인들은 저마다 몽골식 모자 고고姑姑를 쓰고, 아가씨들은 땋은 머리에 붉은 댕기를 드리우며 남다른 패션 감각을 뽐내기도 했다. 융복戎服인 철릭天翼은 고려가요에 등장하는 남자들의 오브제였다. 「정석가」에서는 "무쇠로 철릭을 만들어 철사로 주름을 박아, 그 옷이 다 헐어야만 임과 헤어지겠다"며 '철릭'으로 은유된 영원한 사랑을 노래하기도 했다. 언어에서도 몽골풍의 영향을 받지 않을 수 없었다. 왕과 왕비에게 '마마'라 부르고 세자와 세자빈을 '마누라(마노라)'라 칭하거나, 임금님의 밥상을 수라라 하며, 직업을 나타내는 몽골어미 '치'자를 붙여 '벼슬아치'나 '장사치'라 호칭한 것들이 그 예다.

당시는 말 그대로 혈통의 융합과 문화의 교류, 가치관의 혼돈과 사상의 개방이 혼재된 시대였다. 윤리적 부작용과 규범의 일탈이 빈번했고, 자유와 개방의 미명 아래 문란과 퇴폐의 분위기가 형성되었다. 바야흐로 혼몽의 시대였던 것이다.

관음적 현장의 만화경, 「쌍화점」

「쌍화점」은 이런 시대적 분위기를 담고 있는 궁중 가극의 대본이다. 충렬왕 5년에 승지였던 오잠吳潛의 주도 아래 향각香閣이란 무대에서 뛰어난 미모와 재주의 관기와 무녀로 구성된 남장별대男粧別隊가 공연했다.[1] 세자 시절 원의 볼모였던 충렬왕은 귀국 후에도 변발에 호복을 즐겨 착용했고, 응방鷹坊을 설치하여 매사냥을 즐기면서 사냥을 핑계로 왕후 몰래 여색을 탐닉하곤 했다. 음주가무를 무척이나 즐겼던 왕은 아예 연회용 전문음악을 짓도록 명했다. 아마 꼭두각시 왕 노릇과 엄처시하의 스트레스를 향락과 쾌락으로 풀고자 했던 모양이다. 이때 군왕의 심리를 파악한 희대의 간신 오잠이 왕 앞에 야하고 자극적인 내용의 「쌍화점」을 공연토록 한다.[1]

> 왕이 여러 소인배들을 가까이하며 연락宴樂을 좋아하니, 행신倖臣 오기吳祁(오잠) 등이 음악과 여색으로써 왕을 기쁘게 하는 데 힘썼다. …… 행신들을 각지에 보내 관기로서 미모와 예능이 있는 자를 뽑았다. 또 성안의 관비나 무당으로 노래와 춤을 잘하는 자를 뽑아 궁중에 소속시켜서, 비단옷을 입히고 말총갓을 씌워 따로 한 무리를 만들어서 '남장男粧'이라 부르고 새 음악으로써 가르쳤다.
>
> 『고려사절요』 권22, 충렬왕 25년

패군悖君과 간신이 작정하고 만든 이 천연한 욕망의 서사는 왕실과 귀족의 관음적 상상을 충족시키며 단숨에 최고 인기 가요로 등극했다.[2] 모두들 만두가게를 필두로 곳곳에서 벌어지는 에로틱한 사연들에 열광하고, 그 야릇한 행각을 떼지어 노래하며 무대에 올

---

1) 「쌍화점」의 작자에 관해서는 오잠의 창작물로 보는 설, 원의 풍속을 선호했던 충렬왕 취향에 맞춰 만든 각본의 일부라는 설, 민간의 고려속요를 오잠이 편곡했다는 설 등으로 나뉜다. 이 책에서는 「쌍화점」이 "마조히즘적 변태 성욕자인 충렬왕의 비위 맞추기에 안간힘을 다하던 간신 오잠의 의도적 소산"(여증동, 「雙花店 考究」 『국어국문학』 53호, 1971)으로, "권력의 획득과 유지를 위해"(하윤섭, 「정치적 텍스트로서의 〈쌍화점〉」, 『고전문학과 교육』 41권, 2019) "사냥과 향연, 가무와 여색을 즐긴 충렬왕이 좋아할 만한 노래로 바친 음악"이라는 연구자들의 논의를 종합하여 반영했다.

2) 『악장가사』·『대악후보』·『악학편고』에는 전문이, 『고려사』 「악지樂志」에 제2장이 「삼장」이란 제목으로 발췌되어 실렸고, 『시용향악보』에는 한시로 개작된 「쌍화곡」이 실린 것을 보면, 문제적 작품이었음이 틀림없다.

려 감상했다. 오감을 현혹시키는 가사와 자극적 음률, 배우들의 관능적이고 현란한 동작, 선정적인 스토리……, 「쌍화점」은 한마디로 훔쳐보고 싶은 욕망을 한껏 펼쳐 보이는 에로 만화경이었다.

「쌍화점」의 '쌍화雙花'는 만두를, '점店'은 점포나 가게를 의미하니 제목은 그냥 '만두가게'다. 이 평범하기 그지없는 장소가 어떻게 만인을 매료시키는 에로틱한 공간으로 돌변하는지 보라.

만두집에 만두 사러 갔더니만

회회인回回人(무슬림)[3] 아비가 내 손목을 쥐더이다

이 소문이 이 가게 밖에 나고 들면

다로러거디러 조그마한 새끼 광대 네 말이라 하리라

더러둥셩 다리러디러 다리러디러 다로러거디러 다로러

그 잠자리에 나도 자러 가리라

위 위 다로러거디러 다로러

그 잔 데같이 답답(난잡)한 곳이 없더라

삼장사에 불 켜러 갔더니만

그 절 지주가 내 손목을 쥐더이다

이 소문이 이 절 밖에 나고 들면

3) '회회回回'는 처음에는 중앙아시아 서부의 이슬람교 국가인 호라즘(Khwarezm: 1231년 몽골에 멸망)을 말했다. 뒤에는 투르크(Turk, 돌궐突厥)족의 일족인 위구르족(몽골고원에 살다가 9세기에 동東투르키스탄 등의 중앙아시아로 이주함)과 관련되면서, '회회'가 '회흘回紇 · 회골回鶻' 등과 혼동되기도 하며 다양한 양상으로 쓰였다. 위구르족이 점차 이슬람교를 믿어 그 태반이 이슬람교도가 되자, 동투르키스탄의 천산天山 북쪽 옛 북정北庭 일대의 비非이슬람교도인 외올인畏兀兒와 구별해서 서방 이슬람교도만을 '회회'라 부르게 되었다(고병익, 「이슬람敎徒와 元代社會」『역사학연구』 1집, 1949, 재수록: 고병익, 『東亞交涉史의 연구』, 서울대학교출판부, 1970 참조).

다로러거디러 조그마한 새끼 상좌 네 말이라 하리라

더러둥셩 다리러디러 다리러디러 다로러거디러 다로러

그 잠자리에 나도 자러 가리라

위 위 다로러거디러 다로러

그 잔 데같이 답답(난잡)한 곳이 없더라

두레우물에 물을 길러 갔더니만

우물의 용이 내 손목을 쥐더이다

이 소문이 이 우물 밖에 드나들면

다로러거디러 조그마한 두레박아 네 말이라 하리라

더러둥셩 다리러디러 다리러디러 다로러거디러 다로러

그 잠자리에 나도 자러 가리라

위 위 다로러거디러 다로러

그 잔 데같이 답답(난잡)한 곳이 없더라

술파는 집에 술을 사러 갔더니만

그 집 아비 내 손목을 쥐더이다

이 소문이 이 집 밖에 드나들면

다로러거디러 조그마한 시궁 바가지 네 말이라 하리라

더러둥셩 다리러디러 다리러디러 다로러거디러 다로러

그 잠자리에 나도 자러 가리라

위 위 다로러거디러 다로러

그 잔 데같이 답답(난잡)한 곳이 없더라.[2]

「쌍화점」

구성은 간단하다. 노래는 그저 고려의 번화가와 뒷골목, 절과 궁정 주변에서 발생하는 일상적 만남과 에피소드를 읊었을 뿐이다. 허나 만두가게를 시작으로 절간, 우물가, 술집 등 삶터 곳곳에서 벌어지는 사통과 간음은 몽골인과 이슬람인이 북적대며 이국 음식이 잠식한 고려 장터, 땡중이 활개치는 부패의 온상인 사찰, 폭압적 권력의 집결지인 왕궁을 상징하는 우물가와 온갖 것을 다 파는 술집으로 묘사되는 고려 말 혼종의 현장을 재현한다. 만두가게 주인, 사찰의 승려, 우물가의 용, 술집 아비로 그려지는 지역 자본가, 타락한 종교인, 최고 권력자, 유흥업소 장사꾼은 생계의 도처에서 맞닥뜨리는 인간 군상이다. 하여 이들의 음란은 일상이며 생활이다. 마음만 먹으면 언제 어디서든 실행 가능한 짜릿한 일탈을 광대, 상좌, 두레박, 시궁 바가지, 그 누구라도 되어 훔쳐보는 맛은 쏠쏠하면서도 씁쓸하다. 손목 잡고 눈 맞으면 잠자리로 직행하는 대담한 행위에 "더러둥셩 다리러디러"의 추임새는 불륜의 흥을 부추긴다. 왕족들과 권문세족들은 이 노래를 무대에 올려 대놓고 즐기며 관음하였다. 빙글빙글 돌아가는 만화경처럼 구경하면서 말이다. 그래서 고려 말 문화의 혼종과 도 넘은 분방의 기류는 이렇게 자조하고 있다. 그 잔 데같이 난잡한 곳이 없더라고.

또 하나의 프리즘, 「만전춘별사」

평민들의 생생한 일상용어와 삶의 애환이 가득한 고려속요의 정수는 생명력이다. 한숨과 웃음에 섞인 가락, 쟁기질과 호미질에 어우러진 동작, 욕설과 농지거리에 담아 내뱉는 가사는 입에서 입으로 전해진다. 생활의 비루함과 질척이는 미련, 몰래 저지른 음행과 억눌린 욕망, 찰나의 희열들. 감추고 싶었던 실상과 오묘한 감정은 작자 미상의 가사에 실려 민중 속을 떠돈다. 아낙과 농군의 입을 통해 전승되다가 궁중음악으로까지 채택되었다 하니, 그 방일함이란 신분귀천과 지위고하를 평정하는 마력의 권위를 지닌 모양이다. 누구의 것도 아니어서 누구나의 것인 이 노래는 구애 없이 까불대며 속 엣것을 게워낸 그들을 비추는 '프리즘'이다.「만전춘별사」처럼 말이다.

> 얼음 위에 댓잎 자리 펴서 그대와 내가 얼어 죽더라도
> 얼음 위에 댓잎 자리 펴서 그대와 내가 얼어 죽더라도
> 정든 오늘 밤 더디 새소서, 더디 새소서.
>
> 뒤척뒤척 외로운 잠자리에 어찌 잠이 오리오.
> 서창을 열어젖히니 복숭아꽃 피어나도다.
> 복숭아꽃은 시름없이 봄바람에 웃누나 봄바람에 웃누나.
>
> 넋이라도 임과 함께 지내는 모습 그리더니
> 넋이라도 임과 함께 지내는 모습 그리더니
> 어기신 이 누굽니까 누구입니까.
>
> 오리야 오리야 어린(연약한) 비오리야
> 여울일랑 어디 두고 못(沼)에 자러 오느냐

못이 얼면 여울도 좋거니 여울도 좋거니

남산에 자리 보아 옥산을 베고 누워
금수산 이불 안에 사향 각시를 안고 누워
약 든 가슴을 맞추옵시다 맞추옵시다.

아소서! 임이여 평생토록 헤어질 줄 모르고 지냅시다.[3]

「만전춘별사」

속요 특유의 발칙함과 적나라함이 정점을 찍는다. 에로틱이 야한 것뿐만 아니라 가식 하나 없는 순수한 욕망의 상태를 뜻한다면, 「만전춘별사」는 가히 그 정수라 할 만하다. 이 작품을 한마디로 정의하자면 '죽어도 좋아'다. 얼음 위 대자리도 마다않는 뜨거운 정열은 밤이 더디 새기를, 임 없는 밤에 뒤척이기를, 약속 어긴 그대 원망하기를 주저하지 않는다. 제 여울을 외면하고 다른 못을 기웃대는 오리에게 연인을 투영한 화자는 분명 여성일 터. 그녀는 다시 한번 바람난 그에게 매달린다. 청승은 잠시 접어두고 실질적 즐거움을 두고 거래한다. 경치 좋은 남산자락에 거처를 마련했노라. 옥산 풍광 끝내주는 창가에 금실 이부자리 펴놓았으니 그만 돌아오시라고. 덤으로 당신을 황홀경에 들게 할 비장의 무기, 춘약과 환각의 세계, 사향도 때맞춰 마련해놓았으니, 기대하시라고. 이번에는 절대 놓치지 않을 거니 각오하라고. 가슴과 가슴을 맞대고 밤새도록 영원토록 지내보자고……

문학과 예술이 담지하는 세상은 과장과 허세를 허락한다. 그 상상의 세계, 책임 없는 세상에선 불안, 부패, 게으름, 사치, 음행, 향락, 그 모든 것이 허용되고 범람한다. 그러나 결코 놓치지 않는 것은 그 과장된 심리가 기반하고 있는 당대의 현실이다. 그 안에 담긴 웃음과 눈물, 유머와 공포, 도락과 퇴폐는 시대를 감각하는 만화경이자 프리즘이다. 하여 「쌍화점」과 「만전춘별사」를 보며 우리는 감지하리라. 외척-무인-몽골 정권으로 이어지는 횡포와 불안, 이국 문명과의 혼종이 야기한 혼란과 문란, 그리고 흐트러진 도덕과 윤리의 와해에 내포된 고려 말의 비틀거리는 분방의 기류를.

인도 며느리와 페르시아 사위,
허황옥과 아비틴

최근까지도 우리는 단군의 자손, 백의의 단일민족이라는 인식이 일반적이었다. 그러나 역사적으로 거슬러 올라가보면, 우리를 단일민족국가라 하기에는 힘든 정황들이 곳곳에서 포착된다. 이방인에 관한 사료와 이국적인 유물들은 주장한다. 그 시절 우리는 오늘날의 대한민국처럼 다문화·다인종·다민족 사회를 살고 있었을지도 모른다고.

아마도 머나먼 이국에서 한반도에 처음으로 시집 장가를 온 부류들이 그런 사회의 조성에 기여하지 않았을까 싶다. 그런 이들 중 눈에 띄는 인물로 『삼국유사』「가락국기駕洛國記」에 전하는 허황옥이 있다. 허황옥은 아유타국阿踰陀國 출신으로 가야국 김수로왕의 왕비가 되었다고 한다. 이란의 서사시 「쿠쉬나메」에 전해지는 아비틴도 있다. 그는 7세기 중엽 멸망한 페르시아 왕자의 신분으로 신라에 망명했다가 신라의 공주와 결혼을 했다고 전한다.

진실과 허구가 뒤섞인 신화와 전설, 그리고 시로 노래된 이야기지만, 그 당시 한반도에 이국의 혈통과 물결이 전달되었다는 점만은 부인할 수 없다. 2000년 전, 1500년 전 머나먼 바다 건너 이 땅에 정착한 그들의 국제결혼 과정을 살펴보다보면, 그 당시 외래문물 유입 루트와 국제 정세 및 경제 교류 현황, 그리고 외래문명에 대한 개방적인 문화풍조와 함께 이색적인 사랑의 이야기도 덤으로 얻어갈 수 있겠다.

수로왕의 남다른 결혼관

하늘에서 떨어진 6개의 황금알 중 제일 먼저(수首) 나와(로露) 가락국을 세운 수로왕. 그는 김해 지역 토착 세력인 아홉 씨족장(구간九干)[1]을 제압하고 가락국을 세울 만큼 추진력 있고 리더십이 뛰어난 인물이었다. 가락국 건국 6년째인 서기 48년 대신들이 구간의 여식 중에 왕후를 간택하여 나라의 기강을 세우자고 간언하자, 수로왕은 고민한다. 혼인은 신생국가의 권력 지향을 가름하는 중요한 변수다. 토착 세력을 처가로 삼으면 단단한 뒷배를 담보하는 대신 외척의 간섭을 감수해야 할 터. 이에 독자적인 왕권 구축을 목표로 삼은 수로왕은 구간 집안 처녀를 왕후로 삼으라는 제의를 물리치고 직접 왕비를 간택하고자 한다. 이리하여 펼쳐지는 '수로왕 배우자 구하기' 프로젝트의 과정이 『삼국유사』에 흥미롭게 기록되어 있다.

---

1) 김해 지역에 거점을 둔 아홉 촌락의 100호 7만 5000명을 이끌던 우두머리들로 아도간我刀干 · 여도간汝刀干 · 피도간彼刀干 · 오도간五刀干 · 유수간留水干 · 유천간留天干 · 신천간神天干 · 오천간五天干 · 신귀간神鬼干 등 아홉 간干을 이른다.

왕이 말하기를 "짐이 여기에 내려온 것은 하늘의 명령이었고, 짐에게 짝을 지어 왕후를 삼게 하는 것도 역시 하늘의 명령일 것이니 경들은 염려 말라"라 하면서, 유천간에게 빠른 배를 이끌고 준마를 가지고 망산도望山島에 가서 기다리라 하고, 신귀간에게는 승점乘岾으로 가게 하였다.

『삼국유사』권2「기이」2 가락국기駕洛國記

1단계, 그는 국내에 연고를 두지 않은 해외 출신에 눈길을 돌린다. 국내 보수파 세력의 완벽한 차단과 왕권 주도적 국가수립을 위해서는 완전히 새로운 지역 출신을 반려자로 삼아야 할 것이었다. 단, 고립무원일 왕을 보좌하려면 세상 돌아가는 이치와 물정을 좀 파악하는 상대였으면 했다. 하여 그는 서남쪽 바다로부터 뱃길로 가야에 입성한 이국 상단商團의 여인을 눈여겨본다. 가야에 아무 연고가 없되 국가재정과 이해관계를 분별할 수 있는 인물일 터이니, 자신을 보좌할 배우자감으로선 그만이었다. 그런데 그 여인이 그리 호락호락한 상대는 아닌 듯하다.

그때 갑자기 바다 서남쪽에서 붉은색 돛을 단 배가 붉은 기를 매달고 북쪽을 향해 오고 있었다. 왕이 그 말을 듣고 무척 기뻐하여 이내 구간 등을 보내 그들을 맞이하게 하였다. 곧 모시고 대궐로 들어가려 하자 여인은 "나는 너희들과 모르는 사이인데 어찌 경솔하게 따라가겠는가"라 말했다. 그 말을 전해들은 왕은 대궐 아래 서남쪽으로 60보쯤 되는 곳 산 주변에 장막을 쳐서 임시 궁전을 설치하고 기다렸다.

붉은 돛과 붉은 깃발처럼 정열적일 그녀는 왕의 부름에 냉큼 응하지 않고 거래를 하는 만만치 않은 콧대와 강단의 소유자다. 왕의 명을 받고 마중을 나간 신하들을 뿌리치며 '믿을 수 없으니, 먼저 당신의 능력을 보여달라' 요구하는 당돌한 여인이기도 하다. 2단계, 상대의 조건을 따져보고 완급을 조절하는 대찬 성격은 이 풍진 건국대업의 동반자로서 합격이다. 하여 왕은 임시 궁전을 지어주고 좀 더 살펴보기로 한다. 그런데 이 여자, 진짜 뭔가 있긴 있는 모양이다.

왕후는 산 밖의 별포別浦 나루에 배를 대고 땅으로 올라와 높은 언덕에서 쉬고, 입고 있는 비단바지를 벗어 폐백으로 삼아 산신령에게 바쳤다. 시종한 잉신媵臣 두 명을 비롯해 노비까지 합해서 20여 명이었다. 가지고 온 금수능라錦繡綾羅와 의상필단衣裳疋緞, 금은주옥金銀珠玉과 구슬로 된 장신구들은 이루 기록할 수 없을 만큼 많았다.

그녀는 가야의 산신에게 제의를 올리며 현지의 풍습에 바로 적응하는 개방적이고도 노련한 태도를 보인다. 게다가 잉신媵臣과 노비 20여 명을 비롯해 배에 싣고 온 비단, 금은보석과 구슬 장신구 등 자기의 능력을 보란 듯 과시하며 자신감 넘치는 행보를 보인다. 3단계, 열린 사고와 막강한 재력, 자기 홍보력까지 완벽하다. 재빠른 현지 적응력과 편견 없는 문화수용성은 사교적 역할을 담당하는 영부인으로서 안성맞춤이다. 여기에 외국의 처가를 거점으로 하는 국제교류로 국내의 불안한 입지를 상쇄할 수 있겠으니 더할 나위 없다. '이 여자다!' 마음을 굳힌 수로왕은 통성명도 하지 않은 이국 여인의 환심을 사기 위한 작전에 돌입한다.

"사람마다 방 하나씩을 주어 편안히 머물게 하고 노비들은 한 방에 5, 6명씩 두어 편히 있게 하라." 난초로 만든 음료와 혜초蕙草로 만든 술을 주고, 무늬와 채색이 있는 잠자리를 제공하고, 옷과 비단과 보화를 주고, 많은 군인들로 그들을 보호하게 하였다.

그는 물량 공세와 심리 공략을 동시에 펼친다. 환영 음료와 향기로운 술에 쾌적한 침구, 아로마 테라피로 정서적 안정까지 고려한 섬세한 대접이 흡사 특급 호텔의 품격 높은 맞춤형 케어 같다. 거친 뱃길로 지친 육신은 물론이요, 낯선 타향에서 느끼는 생경한 마음까지 어루만진 수로왕의 프러포즈가 그녀에게 꽤나 흡족했던 모양이다. 구애의 호사를 마음껏 누리던 여인은 거처로 찾아온 수로왕에게 그제야 자신의 신분과 자초지종을 밝힌다.

"저는 아유타국 공주로 성은 허許이고 이름은 황옥黃玉이며, 나이는 열여섯입니다. 본국에 있을 때 금년 5월에 부왕과 모후께서 '가락국의 수로왕을 공주의 배필로 삼으라'는 하늘의 꿈을 꾸셨다 하시기에 이렇게 배를 타고 찾아와 아름다운 모습으로 용안을 뵙게 되었습니다."

여인은 자신이 아유타국의 공주 허황옥이란다. 아유타국은 인도 갠지스강의 상류에 위치한 고대 도시국가 아요디아Ayodha 왕국이다. 뱃길로 오는 데만 족히 한 달은 훌쩍 넘게 걸렸을 머나먼 이국 땅. 가야에 오기까지 종종 거친 풍랑이나 날카로운 암초를 만났을 것이고, 상어 떼나 해적의 습격도 있었을 것이다. 그럼에도 하늘이 맺어준 인연을 찾겠다는 일념 하나로 멀고 거친 험로를 건너온 허황옥이다. 수로왕은 "나는 그대가 오리라는 것을 미리 알고, 다른 여자는 쳐다보지도 않았소"라는 감격적인 멘트로 허황옥의 마음을 사로잡으며 혼인에 성공한다. 바야흐로 인도 공주가 가야의 첫 왕비가 되는 순간이었다. 이후 둘 사이에는 열 명의 왕자와 두 명의 공주가 탄생하여 오늘날 김해金海 김씨의 조상이 되었다. 또 그중 두 아들은 모친의 성 허許씨를 물려받아 김해 허씨의 조상이 되었다.

그런데 고대 한반도에서 펼쳐진 이 자연스러운 국제결혼의 과정을 지켜보자니, 의문이 하나둘 고개를 든다. 인도 공주라면서 이름이 허황옥이라고? 인도와 한반도는 이전부터 교류가 있었던가? 언어 장벽이나 문화 충돌은 없었을까? 피부색과 생김새에 대한 거부감은? 이방인이 일국의 왕후로 봉해지는 것이 가능했을까? 김해 김씨와 허씨는 혈통적으로 인도인과 반도인의 혼혈인가? 쉽게 납득이 되지 않는 여러 상황들을 우리는 과연 어떻게 이해할 수 있을까?

인도 공주가 가야로 간 까닭은?

두 사람의 혼인에는 한반도를 둘러싼 국제정세와 정치상황이 깊숙이 개입되어 있다. 당시 중국은 후한시대로 이미 실크로드가 개척되어 서역과 물품교역 및 문명교류가 활발하던 시기였다. 협소한 땅, 좌백제 우신라의 한반도 최남단에 위치한 신생국 가야의 생존은 무역과 교류를 통한 신속한 국제정보 입수와 발 빠른 대응에 달려 있었다. 이때 수로왕은 지정학적 위치를 활용해 해상무역 강국으로서의 입지를 선점하기 위한 승부수를 띄운다. 김해를 무역항으로 꾸려 이국의 문명과 신제품이 집결하는 일종의 문화 플랫폼을 구축하자는 것이다. 낙동강 유역을 지나가는 모든 물산의 통로이 자, 중국에서 일본에 이르는 연안항의 교차로인 김해는 가야를 부 강시킬 결정적 카드였다. 석탈해의 가야 침공 때 배 500척으로 쫓 게 했다는『삼국유사』의 기록처럼 대규모 선단船團과 항해술은 이 미 갖춘 터였다. 게다가『삼국지·위서·동이전』에 따르면 가야의 질 좋은 '철을 한韓, 예濊, 왜인倭人들이 와서 사가고' 싶어서 안달 아니던가.

김해가 국제 무역항으로 거듭나면서 가야에는 외국 상단의 출입 이 잦아지며 이국의 신기한 문물이 대거 유입되었음이 분명하다. "구슬을 보배로 삼아 장식했지만, 금·은·비단은 진귀하게 여기지 않을"(『삼국지·위서·동이전』) 정도로 풍요로웠던 가야시대를 견인했 으니 말이다. 한반도 남해안 일대의 유적지 곳곳에서 발굴된 '반량 전半兩錢'을 비롯한 중국 화폐들도 이런 사실을 뒷받침한다.[2] 이를 통해 전해지는 수준 높은 문화 자극과 유용한 정보는 가야인들에게 타문화에의 거부감보다는 선진문물에 대한 개방성과 수용성을 발 달시켰을 것이다. 또 외국 상인들을 자주 접하면서 이질적인 외모 나 복장에 대한 인식도 관용적이었을 것이다.

그러니 허황옥은 가야인들에게 그리 생경한 이미지로 다가오지 않았을 수 있다. 국제 무역항을 둔 가야에 크고 깊은 눈과 짙은 눈 썹, 검은 피부, 우뚝한 콧대의 외국인이 어디 한두 명이었겠는가?

---

2) 남해안 일대의 유적지에서 발굴된 야요이 토기, 낙랑 토기, 반량전, 여성용 장 신구 등은 일본 및 중국 등지와 교류했던 흔적을 보여준다. 이런 교역물자가 출 토되는 지역을 연결해보면 부여·해남·거문도·늑도·창원·김해·부산 등 한반도의 해상 네트워크가 형성되었음을 알 수 있다(KBB역사스페셜·정종목,『역 사스페셜』 2, 효형출판, 2001. 61~63쪽 참조).

그녀가 가져온 물품 역시 가야에서 흔치 않은 것들로 호기심과 동경을 불러일으켰을 것이다. 일각에선 그녀가 실크로드를 통해 중국에 먼저 거주하다 입국했을 가능성도 제기됐다. 이름이 허황옥이라는 점과 가져온 물품의 상당수가 비단 등 중국 특산품이라는 점 때문이다. 즉 인도의 아요디아에서 중국 사천성 보주普州 지역으로 이주한 허씨족이 그곳에 정착했다가 다시 가락국으로 이주해왔다는 것이다.[3] 그런 관점에서 보면 의사소통에도 큰 무리는 없었을 성싶다. 역관도 물론 있었겠지만 한자 이름을 쓸 정도면 중국문명에도 상당히 노출되었을 터이니, 양국 간에는 한자라는 공통 매체도 있는 셈이다. 그렇다면 중국을 선진문명으로 본받던 고대 한국인들이 그녀를 긍정적으로 인정할 수 있는 여지가 한층 확대된다.

이렇게 가야의 왕비가 된 허황옥은 수로왕과 장장 150년을 함께 하며 가야의 '컬처노믹스culturenomics' 시대를 견인한다. 그리고 지금도 김해 곳곳에서 그 흔적과 자취를 전하고 있다. 그녀가 바다의 신 파신波神을 달래기 위해 배에 싣고 온 파사석탑婆娑石塔은 문화재자료 제227호로 지정되어 경남 김해시 구산동에서 그 옛날의 신비로운 이국의 자태를 그대로 유지하고 있다. 허황후의 오라비인 장유화상長遊和尙이 창건한 은하사 대웅전 및 수로왕릉 정문과 안향각의 쌍어雙魚 문양은 인도 아요디아 지방 힌두교 사원의 쌍어문과 절묘한 대칭을 이루며 인도와 가야의 특별한 연대의 기억을 되살린다. 망산도望山島에 가면 붉은 돛과 깃발을 펄럭이며 가야 땅에

---

3) 김병모는 『허황옥 루트, 인도에서 가야까지』(역사의 아침, 2008)에서 인도의 아요디아에서 중국 사천성 보주普州 지역으로 옮긴 허씨족이 다시 가락국으로 이주해온 것이라고 밝혔다. 허황옥의 시호諡號가 보주태후인 점도 이런 주장을 뒷받침한다.

입성하는 허황옥의 설렘과 신부를 맞는 수로왕의 숨결이 느껴지는
듯하다. 가야의 8대왕 김질왕金銍王이 지은 왕후사王后寺에서는 늠
름한 신랑 수로와 신비로운 신부 황옥의 백년가약을 떠올려볼 수
있겠다. 김해 일대의 장유사長遊寺·부은암父恩巖·모은암母恩巖은
김해 앞바다에 사서가 미처 전하지 못하는 그때 그 시절의 분위기
와 여운을 속삭이고 있다. 그리고 현재 김해시는 인도의 아요디아
시와 자매도시로 그 인연을 지속하고 있다.

거친 파도를 넘어 인도의 문명과 열린 사고를 한반도에 유입한
허황옥과 이방 여인을 왕비로 맞아 국제화 시대의 포문을 연 김수
로왕의 흡사 오래된 미래 같은 선진적 글로벌 결혼 스토리는 끝나
지 않은 현재진행형이다.

페르시아 붐을 일으킨 아비틴

이번에는 한반도에 장가온 아리아족 청년 이야기다. 이슬람 이전
페르시아 시대의 영웅 구전 서사시 「쿠쉬나메Kush-nameh」에는 흥
미롭게도 페르시아 왕자와 신라 공주의 혼사가 실려 있다. 이야기
는 637년 사산조 페르시아가 아랍군에 패배하여 수도 크테시폰
Ctesiphon이 점령되고, 마지막 왕자 피루즈Firuz가 중국으로 망명하
던 때로 거슬러 올라간다. 피루즈는 중국에서 이란인 잔존 세력들
과 공동체를 형성하여 아시아 내륙에서의 항쟁을 지휘하고자 했다.
그러나 중국 내부의 정치적 혼란으로 더이상 안전을 보장받지 못하
게 된 왕자는 새 망명지를 찾는데, 그곳이 바로 신라였다. 「쿠쉬나

메」에서 왕자 피루즈는 아비틴으로, 신라는 바실라Basilla라는 이름
으로 등장한다.

신라에서의 사연은 중국의 주변국인 마친Machin의 왕 바하크
Bahak가 망명을 요청하는 아비틴에게 바실라를 소개하면서 시작된
다. 바하크는 아비틴에게 막강한 군사력과 풍부한 물산, 그리고 수
준 높은 문화를 자랑하는 바다 건너 바실라가 그대의 안위와 미래
를 보장해줄 나라라고 설명한다. 이리하여 뱃길로 한 달이나 걸려
도착한 바실라에서 아비틴은 깊은 감명을 받는다.

> 정원은 재스민으로 풍성하였고, 향기로운 튤립과 히아신스로 가득했다.
> 모든 길과 장터는 잘 단장되어 있었다. 돌로 만들어진 성벽은 정교하게
> 쌓여 있어 축대築臺 사이로 아무것도 지나갈 수 없었다. …… 모든 길과
> 거리는 반짝거렸으며, 중국산 실크로 장식되어 있었다. 가인歌人들은 지
> 붕에서 노래를 불렀으며, 풍악 소리가 도시에 울려퍼졌다.[4]

온갖 꽃의 향연과 풍악소리가 가득하고 정교하게 구획된 길과 시
끌벅적한 장터, 중국산 실크가 펄럭이는 화려한 거리……. 아비틴
의 눈에 비친 바실라의 첫인상은 바하크로부터 들은 찬사 그 이상
이었다. 세련되고 화려한 도시의 건물들은 도망자 신세의 패전국
왕자에게 화려한 벽돌공예로 장식된 수도 크테시폰의 궁전을 떠올
리게 하면서 낯설지 않게 다가왔을 것이다. 일찍이 실크로드를 통
한 동서교역으로 흥청거렸던 크테시폰의 국제적이고 개방적인 분

---

4) 이하 인용문은 「쿠쉬나메」를 한역한 이희수 · 다르유시 아크바르자데의 『쿠쉬
  나메』(청아출판사, 2014)에서 인용하였음을 밝혀둔다.

위기를 바실라에서 새삼 되새겼을 수도 있다. 곳곳에서 풍기는 히아신스 향이 고향의 냄새처럼 느껴졌을지도 모른다.

환호하며 달려나와 아비틴을 포옹하며 뜨겁게 맞이하는 태후르 왕과 왕자 및 백성들도 그를 감동시켰다. 바실라인 모두가 곤궁에 처한 이 타국의 망명자를 기꺼이 수용하며 친절히 응대하는 관용적인 태도를 보였던 것이다. 이에 아비틴은 중국 왕이 자신을 잡기 위해 보낸 쿠쉬가 바실라를 공격할 때, 쿠쉬를 격퇴하고 많은 전리품을 획득함으로써 그 은혜에 보답한다. 중국 원정에 나서 중국 도시를 점령하고 돌아온 뒤 아비틴의 입지는 더욱 탄탄해지고 인기는 끝없이 치솟는다.

아비틴과 태후르 왕은 친분이 두터웠으며, 이에 백성들은 아비틴 일행을 가까운 가족으로 여겼다. 아비틴 왕은 매일 태후르를 찾아가 담소를 나누었는데, 아비틴이 조금이라도 늦으면 태후르 왕은 섭섭해하였다. 백성들은 아비틴에게 매우 친절했으며, 매일 많은 사람들이 아비틴의 집 주변으로 모여들었다. …… 남녀 할 것 없이 아비틴을 보기 위해 찾아왔으며, 때로는 너무 많은 사람들이 몰려들어 넘어지기도 하였다.

바다에서 혜성처럼 나타나 안정과 풍요를 선사한 페르시아 왕자는 바실라인들을 매료시킨다. 왕은 그에게 의지하고 백성들은 그에게 열광했다. 호기심과 호감의 대상을 넘어 이젠 선망과 숭배의 대상이 된 것이다. 그렇지 않아도 풍족한 문물과 풍류 넘치는 분위기로 관용적 가치관을 자랑하던 바실라인들에게 아비틴은 타문화에 더욱 개방적이고 호의적일 수 있는 여지를 제공한 셈이다. 아비틴이 단숨에 바실라의 일등 신랑감으로 등극하는 것은 당연한 수순이었다. 그는 여인들의 구애에 연일 행복한 비명을 질렀다. 어떤 여인들은 아비틴 때문에 이혼을 결심했을 정도였다.

그러나 냉철한 통역관 파라는 아비틴에게 태후르의 딸 중에서 왕이 가장 아끼는 아름다운 미모의 프라랑 공주를 신붓감으로 택하라고 충고한다. 그렇게만 되면 바실라에서의 위상과 국제적 역량, 귀국 후의 재기 가능성까지 보장받을 수 있다는 것이다. 이에 아비틴이 프라랑과의 결혼 허락을 구하자 왕은 고민한다. 아무리 포용적이라 해도 왕실의 국제결혼은 선뜻 내키지 않는 도전이었던 것이다. 이방인에게 공주를 내준 왕실을 귀족들이 얕잡아 볼까 싶어 걱정도 되었다. 갈등을 거듭하던 태후르 왕은 이란의 전설적인 왕통과의 혈연이 바실라의 국제적 위상을 드높여줄 기회라는 주변의 말을 듣고 혼인을 허락한다. 단, 서른 명의 공주 중에서 선택하라는 조건을 내건다. 프라랑만은 내주고 싶지 않았기에, 프라랑과 안면이 없는 아비틴이 다른 공주를 선택하게끔 유도한 것이다. 그러나 아비틴은 파라의 도움으로 일부러 수수한 차림을 한 프라랑을 단숨에 찾아낸다. 우여곡절 끝에 프라랑과 혼인하게 된 아비틴은 어마어마한 예물로 감격에 겨운 마음을 표한다.

그는 왕에게 진귀한 왕관과 황금 옥좌를 보냈다. 로마와 페르시아산 옥좌, 수백, 수천 벌의 값비싼 옷을 보냈다. 열 마리의 말 위에 황금 바구니를 실어 보냈으며, 황금 바구니는 값진 보석과 진귀한 원석으로 가득하였다. 또한 루비와 보석 두 상자를 보냈다. 그가 보낸 것은 지금까지 그 누구도 본 적이 없는 선물이었다. …… 아비틴은 또한 왕족과 귀족들에게도 선물을 보냈다. 프라랑의 모든 자매와 병사들에게도 많은 선물을 주었다. 백성들에게도 충분한 선물을 주었다. 바실라에서 아비틴의 선물을 받지 못한 젊은이는 없었다.

패전국임에도 여전한 페르시아의 경제력과 혼인으로 혈맹의 우방을 얻은 아비틴의 감격과 전율이 고스란히 전해진다. 황금, 루비, 보석 등 끝없이 이어지는 선물공세와 온 백성을 아우르는 정성을 통해 대체 불가능한 존재감을 과시하며 바실라인의 마음을 사로잡은 페르시아 왕자는 이렇게 성공적으로 바실라의 사위가 된다.

이어지는 후일담은 이러하다. 2세 프레둔을 낳으며 바실라에서 행복하게 살던 아비틴과 프라랑은 부친의 복수와 왕실 재건이라는 아비틴의 꿈을 이루기 위해 페르시아로 간다. 귀국 후 아비틴은 바그다드의 자하크에게 죽임을 당하지만, 프레둔은 훌륭하게 성장하여 자하크를 물리치고 페르시아의 영웅이 된다. 바실라에서는 태후르 왕의 아들이자 프레둔의 삼촌인 가람이 등극하여 중국 왕 쿠쉬를 몰아내고 바실라를 굳건히 지킨다. 프레둔은 가람왕과 서신으로 연락하며 교역과 왕래로 바실라와의 인연과 우의를 다진다.

멀고도 가까운 나라 페르시아와 신라

물론 7세기 페르시아의 서사시 「쿠쉬나메」를 통해 제시되는 양국의 관계와 두 사람의 혼인은 역사적 정통성과 사료적 신빙성 면에서 많은 의구심을 자아낸다. 그럼에도 학계의 연구자들이 끊임없이 사실 관계를 규명하면서 「쿠쉬나메」의 바실라를 신라라고 추정하는 근거는 무엇일까?

그 첫 번째로 시에서 묘사된 바실라의 풍광을 들 수 있다. "잘 단장된 길과 장터" "반짝거리는 도시" "풍악소리 드높다"고 묘사된 바실라는 흡사 "서울부터 바닷가까지 집이 즐비하고 담장이 서로 이어져 있으며, 피리와 노랫소리가 길에서 끊이질 않던" 『삼국유사』 49대 헌강왕 때 서라벌의 모습 같다. 실제로 「쿠쉬나메」에서 묘사된 연회나 축제의 광경은 신라에서 개최되었던 떠들썩하고 흥겨운 잔치 분위기와 비슷하다. "꽃으로 가득한 회랑과 옥좌, 황금으로 꾸며진 정원, 비단을 두른 무희들의 나른한 춤사위"는 "궁궐 안에 연못을 파고 산을 만들어 화초를 심고 진기한 날짐승과 기이한 짐승을 길렀다"던 안압지의 떠들썩한 뱃놀이와 "적병이 쳐들어오는지도 모르고 즐겼던" 포석정의 질펀한 술자리를 떠올리게 한다. 또 '바실라'의 '바'는 이란에서 '더 좋은(better)'의 의미로 신라의 아름다움을 더 강조하기 위해 '바실라'로 부른 것이라고 한다. 이란어에 신라 국호가 긍정적인 의미로 통용된 것은 양국의 우호적인 관계가 상당히 오래전부터 형성되었음을 방증한다.[1]

두 번째로 신라시대 기록들과 경주에서 발굴되는 유물에서도 페르시아의 흔적을 발견할 수 있다. 신라 고분인 금령총, 천마총, 서봉총, 황남동 등에서 발굴된 각종 유리기구와 장신구에 새겨진 이방인의 얼굴, 중국산이 아닌 유리재료 성분 등이 그러하다. 특히 1973년 경주 98호 황남대총에서 유리그릇 5점과 함께 발견된 '봉수형鳳首形 유리병'의 가느다란 목과 얇고 넓게 퍼진 나팔형 받침은 영락없는 페르시아 계통의 용기로 보인다. 이는 고대 신라가 서역과 교류한 사실을 밝히는 대표적 유물로 꼽힌다. 아비틴이 결혼예물로 신라에 전달한 '그 누구도 본 적이 없는 선물'들이 이 중에도 있지 않을까 싶다.

세 번째로는 원성왕의 무덤으로 추정되는 경주 괘릉에 세워진 무인상의 이국적 용모가 페르시아 군인을 연상시킨다는 점이다. 혹자는 해상에서 별안간 나타나 신라에 새 바람을 일으킨 아비틴이 『삼국유사』에서는 용왕의 아들로, 『고려사』에선 '기이한 모습과 괴상한 차림'이었다고 전승된 처용이 아닐까 하는 의견을 제시하기도 한다. 이 밖에도 문헌상의 단서도 곳곳에 드러난다. 『삼국사기』 잡지의 "사두품에서 백성까지 구수毬毺, 탑등毾㲪, 호피虎皮와 대당담大唐毯 등을 금했다"라는 기록이 그것이다. 금지품목인 구수, 탑등, 대당담은 이른바 페르시아 특산품인 양탄자로, 구입 제한조치를 명할 정도로 사회 전역에 널리 통용되었음을 알 수 있다.

아울러 사산조 왕조의 멸망과 피루즈 왕자의 중국 망명은 역사적 사실이며, 중국에서 페르시아 부흥운동을 벌이던 이란 잔존 귀족들이 중국에 정착하면서 동북아시아에 페르시아 문화 전달자 역할을 했다는 정황도 포착된다. 인도와 중국 등 동아시아 전역에 막강한 문화적 영향을 발휘했던 페르시아가 실크로드라는 루트로 신라와 연결되었다는 것도 분명한 사실이다.

2000여 년 전 한반도에서 이루어진 이들의 국제결혼을 되짚는 과정에서 문득 이런 생각이 든다. 순수혈통이라는 신기루를 통해 민족과 국가를 인식하는 데 익숙한 우리에게 어쩌면 그것은 강요된 착각일 뿐일지도 모른다고 말이다.

제3부

반하다, 통하다

규방의 반란, 여항의 밀회
―고려 여인들의 삶

요즘에야 전통적인 남녀관이 서서히 해체되어가고 있지만, 우리는 꽤 오랫동안 남녀의 성역할론과 그 당위성을 강요받아왔다. '남자다움'으로 상징되는 적극성과 용맹함, '여성스러움'이라고 규정되는 부드러움과 순종의 미덕이 그것이다. 그러나 역사와 문학 곳곳에 남겨진 고려 여인들의 모습은 다른 매력으로 다가온다. 다소곳하고 얌전한 요조숙녀가 아닌, 욕망에 솔직하고 연애에 자유로우며 싱글 맘도 자처하는 대찬 모습으로 말이다. 그녀들은 또 기부의 여왕이었고 전장의 모사謀士였으며 불심佛心의 전도자였다. 때로는 정벌이나 부역을 간 남편을 대신해 생계를 도모하고, 상호 의리를 지키며 가정과 사회의 경영자로서 존재감을 드러내기도 했다. 그리고 이 모든 것이 어우러져 개방적이고도 주체적인 고려의 여인상을 만들어냈다.

그러니 어쩐지 궁금하다. 자기 영역이 분명했던 고려 여인들이

규방과 여항閭巷에서 만들어간 무궁무진한 사연들이. 그리고 그런 것들을 가능하게 했던 사회적 장치와 문화적 분위기는 어떠했는지.

국가 차원에서 관리된 여성의 권리

송악의 호족 출신인 왕건은 지방 군벌들이 난립하는 후삼국시대의 혼란을 평정하고 고려를 건국했다. 지방 세력들을 누르고 왕권을 강화하기 위해 왕건은 후백제와 신라 및 발해의 유민을 수용하는 한편, 지방 호족 세력과의 통합을 위해 여러 정책과 수단을 동원하는 데 애썼다. 그중 왕건이 가장 주력했던 부분은 혼맥 구축과 불교 장려였다. 문어발식 혼테크 전략을 통해 각지의 세력을 규합하고 불심으로 민심을 통합하고자 했던 것이다. 918년 고려를 건국한 태조 왕건은 943년 세상을 떠나기 전까지 호족 딸들과의 혼인을 통해 6명의 왕후와 23명의 부인에게서 아들 25명, 딸 9명을 두었다.[1] 이런 혼속은 호족 세력 강화 및 동성혼·근친혼의 성행이란 부작용을 낳긴 했지만, 왕실 세력의 확대와 강화에는 효과적이었다. 따라서 고려 왕실이 이 전략을 지속적으로 활용하던 상황에서 혼인 당사자인 여성들의 역할이 중시되면서 그녀들이 가문과 사회에서 제 목소리를 낼 수 있는 흥미로운 현상이 나타난다.

고구려 때부터의 전통인 서옥제壻屋制가 고려에서도 이어져 예

---

1) 태조 왕건은 혼인 이외에도 사성賜姓(국가에 공로를 세운 호족에게 자신의 성인 왕씨를 하사하는 정책), 기인其人(호족을 견제하기 위해 그들의 자제를 개경에 머물도록 함), 사심관事審官(자신의 출신 지역을 다스리게 함) 등의 제도를 통해 호족과의 세력 균형을 도모했다.

서제庶壻制라는 데릴사위제로 확장된 것도 같은 맥락에서 이해할 수 있다. 서옥제는 아들과 딸을 둔 양가에서 결혼에 합의한 뒤 신랑이 신부 측의 집에 서옥이라는 별채를 지어 들어가 살던 제도다. 유력 가문의 자제들을 미리 확보해두는 개념에서 시작된 남성의 처가 살이는 상류층을 중심으로 보편화되었다. 부부가 출산한 후 자녀가 성장하기까지 일정 기간 여성의 집에 머무는 이런 관습은 고려사회가 부계 중심적 친족관계에 머물지 않았음을, 처계와 모계가 상당히 중시되었음을 시사한다. 모계 조상 덕에 음서蔭敍[2]의 혜택을 받는 경우도 있었으니, 가족과 사회에서 여성의 권위와 비중은 상당할 수밖에 없었다. 그러니 여성이 혈족血族을 대표하는 호주가 될 수도, 조상의 제사를 승계할 수도 있었던 것이다. 여기에 공인된 재산상속도 여성들의 어깨에 힘을 실어줬다.

『고려사』에 수록된 손변孫抃의 재판은 남녀의 재산균분 사례로 유명하다. 고려 후기 경상도 안찰부사 손변은 한 남자의 소송을 맡게 된다. 남자는 아버지가 세상을 떠나면서 누나에게만 전 재산을 물려주고 자신에겐 검은색 옷 한 벌, 모자 하나, 신발 한 켤레, 종이 한 장만을 남긴 것은 부당하다며 항변했다. 사정을 들어보니 아버지가 세상을 떠날 무렵 누이는 시집을 간 상태였고 남동생은 어린 아이였다. 이 사건에 대한 손변의 판결은 다음과 같았다.

"아이가 의지할 데라곤 누이뿐인데 만일 유산을 누이와 똑같이 한다면 그를 아끼는 것이 혹시 지극하지 않고 양육하는 것이 한결같지 않을까

---

2) 고려와 조선 시대에, 공신이나 전·현직 고관의 자제를 과거에 의하지 않고 관리로 채용하던 제도.

걱정했을 따름이다. (아버지는) 아이가 장성하면 이 종이로 소장訴狀을 작성한 후, 검은 옷과 모자 차림으로 신을 신고 관에 가서 고하면, 장차 능히 판결해줄 사람이 있으리라 생각한 것이다. 오직 네 가지 물건만을 남겨준 뜻은 대개 이와 같을 것이다"라 했다. 남매는 이 말을 듣고 느끼고 깨달은 바가 있어 서로 마주보며 울었고, 손변은 마침내 재산을 반으로 나누어주었다.

『고려사』 권102 「열전」 15 제신諸臣

손변의 현명한 판단과 부친의 사려 깊은 센스 속에 숨겨진 남매 화해의 본질은 재산균분이다. 즉 고려시대에는 딸에게만 전 재산을 물려줄 수도, 아들딸이 공정하게 부모의 재산을 상속받을 수도 있는 사회적 인식과 법적 보호망이 이미 형성되어 있었다는 것이다. 재산균분 상속과 함께 부부별산제夫婦別産制도 여성이 본인의 재산을 소유할 수 있도록 보장했다. 이혼과 재혼이 비교적 자유로울 수 있었던 것도 재산권에 대한 법제적 뒷받침이 보장되었기 때문이다.

물론 이것이 전체 고려 여인의 완전한 자주와 자유를 뜻하지는 않는다. 고려사회가 완벽한 남녀평등사회라는 것도 아니다. 혜택을 받은 계층은 상류층에 한정되었고, 또 그것은 가문의 영광이라는 영역 내에서만 인정되었기 때문이다. 중인 이하 서민 계층 여성의 경우, 물려받을 재산이 어디 있고 맥을 이을 가문이 어디 있었겠는가? 여성의 경제적·사회적 활동 또한 미비했다. 다만 이런 한계 내에서나마 누렸던 그녀들의 공인된 권위가 오랜 세월 가부장제에 억눌려온 여성들의 도원향이었을지도 모른다.

위풍당당 여인의 품격

고려 중기 송나라 사절로 고려에 왔던 서긍徐兢의 『고려도경高麗圖經』에는 다음과 같은 기록이 실려 있다.

> (고려인들은) 남녀 간 혼인에도 경솔히 합치고 쉽게 헤어지니 전례典禮의
> 법이 아니었다.[1]
>
> 『고려도경』 권19 민서民庶 서序

서긍은 1123년 송나라 휘종徽宗의 명으로 고려에 와 한 달 남짓 머물면서 경험한 견문을 그림과 글로 설명한 『고려도경』을 저술했다. 위의 글은 자유분방한 고려의 풍속을 본 그의 견해다. 전족과 성리학의 본고장인 송나라 문인의 말씀이니 어느 정도 걸러 듣기는 해야겠다. 그러나 이는 당시 고려의 개방적이고 진보적인 남녀관계를 충분히 전달해주는 문장이기도 하다. 위 글의 묘사처럼 고려시대에는 이혼과 재혼이 비교적 자유로웠다. 사유재산과 가문의 권위로 보장된 여성들의 입지는 이를 가능케 했고, 사회 전체에는 자연히 자유로운 결혼관이 조성되었다. 특히 왕가와 상류층 여성들이 솔선수범의 미덕을 뽐냈다.

> 순비順妃 허씨는 공암 사람 중찬中贊 허공許珙의 딸이다. 일찍이 평양공
> 平陽公 왕현王眩에게 시집가서 3남 4녀를 낳았으나 왕현이 죽자 충렬왕
> 34년에 충선왕이 순비로 책봉했다.
>
> 『고려사』 권89 「열전」 2 후비

자녀 일곱을 둔 과부가 고려의 지존인 왕과 재혼을 하다니, 흡사 주어가 뒤바뀐 것 같은 기록 아닌가. 물론 그녀의 부친이 종일품의 첨의중찬 허공이고 모친은 동지추밀원사 최징崔澄의 딸이니 쟁쟁한 권문세가임에는 틀림없다. 그렇다 해도 상대는 왕이다. 충선왕의 또다른 후궁 숙창원비淑昌院妃 김씨의 경우도 눈여겨볼 만하다. 그녀는 진사 최문崔文에게 시집을 갔다가 과부가 된 후 25대 충렬왕의 숙창원비가 되었고, 충렬왕 사후에는 아들인 충선왕의 숙비淑妃가 된 바 있다. 이 밖에도 6대 성종의 문덕왕후文德王后 유씨도 그렇고, 무신정권의 계승자였던 최우의 재혼 상대도 모두 과부들이었다. 왕실부터 여자의 과거를 크게 개의치 않는 분위기가 형성된 탓인지 간혹 이런 일도 일어나곤 했다.

충렬왕 때의 대장군 김혼金琿이 상장군 김문비金文庇 집에 가서 바둑을 둘 때, 김문비의 처 박씨가 엿보고 그(김혼)의 외모와 위용을 (남편에게) 칭찬했다. 이를 전해들은 김혼은 마음에 두었다. 얼마 후에 김문비가 죽고 김혼의 처도 죽었다. 이에 박씨는 사람을 보내어 (김혼에게) 청하길, "제가 아이가 없으니 그대의 아들을 얻어 기르고 싶습니다." 또 전하길 "만나서 할 말이 있으니 찾아와주소서." 이에 김혼이 찾아가 통정했다.

『고려사』 권103 「열전」 16 제신

참으로 대범한 박씨 여인이다. 아무리 미목수려한 김혼에게 홀딱 반했기로소니 남편 동료에 유부남 아닌가. 그런데 그 속마음을 굳이 남편을 통해 김혼에게 전하더니, 서로 배우자를 잃자 기다렸다는 듯이 프러포즈하는 저 대담함을 보라. 당시 박씨는 망설이는 김혼에게 당신 아이를 키워주겠다, 묻고 따질 것 없다, 당장 혼인하자며 관계를 주도한다. 남녀를 불문하고 저 좋다는 사람을 누가 마다하겠는가. 박씨 여인의 적극적인 구애에 김혼은 마음을 열고, 두 사람은 곧 한 이불을 덮는 사이가 된다. 후일담은 더 놀랍다. 이후 두 사람은 보수적인 고려 대신들로부터 풍기문란이라는 지탄을 받고 헤어지는데, 이때 박씨 여인이 둘 사이에서 낳은 아이를 키우겠다며 싱글 맘을 자처한 것이다. 그녀는 김혼에게 눈물로 호소하면서 양육비를 받지 않는 조건으로 양육권을 지켜낸다.

재상 조석견趙碩堅의 부인 장씨의 사연도 흥미롭다.

> 강윤충康允忠이 재신宰臣 조석견을 방문하여 함께 이야기를 하고 있었는데 조석견의 처 장씨가 그를 엿보고 반하였다. 조석견이 죽자 여종을 시켜 강윤충을 청하였는데, 강윤충이 응하지 않아서 여종이 세 번이나 그냥 되돌아왔으나 마침내 가서 정을 통하였다. 후에 다시 추잡하다는 소문이 들리자 강윤충은 장씨를 버렸다.
>
> 『고려사』 권114 「열전」 27 제신

미남 강윤충에게 반한 장씨 여인이 남편 사후 그와 사통한다는 내용은 윗글의 박씨 여인과 별다를 것 없는 전개다. 그러나 여기서 관건은 강윤충의 출신성분과 처신, 그리고 장씨 여인의 향후 행적이다. 원래 관가의 노비였던 강윤충은 충숙왕의 눈에 들어 무관 4품직인 호군護軍까지 오른 인물이다. 이후 충목왕의 어머니이자 선왕 충혜왕의 부인인 덕녕공주德寧公主와도 염문을 뿌렸으니, 대단한 처세가요 호색한이라 하지 않을 수 없다. 천인 출신이 왕의 최측근이 되고, 왕비의 애인이 되어 조정을 좌지우지할 정도라면 잘생긴 외모 하나만으로 그 자리까지 가진 않았을 터. 재상의 미망인에게 한몫 노리고 접근했다는 세간의 수군거림이 아주 틀린 말은 아닐 터였다. 하지만 장씨 여인으로서도 평소 점찍어둔 젊은 미남과 새 출발을 하니, 둘의 이해타산이 딱 들어맞았다고도 할 수 있다.

그러나 문제는 장씨가 강윤충에게 싫증을 내어 바람을 피우다가 쫓겨나고, 전리판서 구영검具榮儉과 세 번째 결혼을 했다가 또 외도로 쫓겨났다는 점이다. 이후 구영검을 참소하여 죽게 한 장씨는 대호군大護軍 이구축李仇祝과도 사통한다. 그러다가 결국 풍기문란으로 어사대의 국문을 받기에 이른 장씨. 욕망을 향한 그녀의 쉼 없는 질주는 어쩌면 그 판을 가능하게 한 고려의 재산균분이나 혼속을 통한 가정 내의 탄탄한 입지에 힘입었을지도 모르겠다.

만남의 광장, 공인된 밀회

고려 여인들이 이렇게 적극적이고 주체적으로 행동할 수 있었던 배경에는 불교도 적잖이 한몫을 한 것으로 보인다. 개인의 수행을 중시하고 모든 구속과 관념으로부터의 해탈을 강조한 불교의 성행은 고려사회를 남녀관계의 위계질서와 성역할론으로부터 어느 정도 자유롭게 했다. 여성들은 다양한 불교행사에 참석하면서 외부활동에 참여할 기회도 가질 수 있었다. 연등회와 팔관회를 비롯해 산신제, 성황제 및 상례와 제례 등 온갖 명분으로 거행된 행사들은 남녀노소 모든 고려인들의 축제요 제전이었다. 그런데 신분·연령·성별을 불문하고 모인 그들은 부처의 자비를 기원하고 조상의 음복을 비는 가운데 음양의 조화와 관능의 활력도 꾀했던 모양이다. 대자대비한 관세음보살과 신성한 아미타불의 이름을 빌어 행해진 이모든 행사는 화끈한 만남과 밀회의 공인된 이벤트이기도 했으니 말이다.

> 연등회가 있어 왕이 봉은사에 갔다. 선비와 부녀들이 거리가 미어지게 나와서 서로 축하하며 하는 말이 "어찌 오늘 태평성대의 옛 의례를 다시 볼 줄 알았으랴"라고 했다.
>
> 『고려사』 권28 「세가」 28 충렬왕

> (고종) 32년(1244) 4월 8일, 최이崔怡(최우)가 연등회를 개최하여 채붕彩棚(오색 누각)을 설치하고 기악과 각종 놀이를 벌이게 하여 밤새도록 즐기니, 도성의 사녀士女들이 구경하는데 담을 세워놓은 듯하였다.
>
> 『고려사』 권129 「열전」 42 반역叛逆

> 강인유姜仁裕가 처와 송악松嶽에서 제사를 지내자, 우왕禑王이 친히 피리를 불고 풍악을 울리며 상춘정賞春亭에서 맞이했고 심히 술에 취해 밤에 돌아왔다.
>
> 『고려사』 권135 「열전」 48 우왕禑王

『고려사』 곳곳에는 왕의 불교 행차를 빌미로 선비와 부녀들이 거리에 쏟아져나오고, 제사를 표방한 야외 나들이에 부부가 동반 외출하여 즐기는 모습이 묘사되어 있다. 야간축제에 빽빽이 결집한 군중과 시끌벅적한 놀이마당이 펼쳐지는 광경이 눈에 선하다. 국가가 공식적으로 허용하고 사회가 분위기를 띄워주는 상황 아래 여인들은 불공과 제사를 핑계로 사찰 나들이가 잦았고 각종 행사에 적극 참여할 수 있었다. 더구나 정월 대보름과 함께 석가탄신일인 사월 초파일에는 야간통행도 금하지 않았으니, 형형색색 휘황찬란한 등불 아래 이리저리 동요되는 춘정이렷다. 그러다보니 이따금 불미스러운 일도 발생하곤 했다.

> 일엄日嚴이란 승려가 전주全州에 있었는데 …… 사녀들은 다투어 머리를 풀어 승려의 발밑에 깔아주었다. …… 남녀가 밤낮으로 뒤섞여 있어 추잡한 소문이 널리 퍼지기도 하였으며, 머리를 깎고 (일엄의) 제자가 된 자도 헤아릴 수 없을 정도였다.
>
> 『고려사』 권99 「열전」 제12 제신

일엄은 장님과 귀머거리도 치료할 수 있고 죽은 사람을 살릴 수 있다고 설파하던 고려의 유명한 요승妖僧으로 당시 대중들의 폭발적인 호응과 추종을 받았다. 그가 나타나는 곳이면 인근원지의 남녀노소를 비롯해 조정의 재상과 대신까지도 몰려들었다고 하니, 그곳은 기복과 구원을 염원하는 열기와 찬양의 아수라장 같았으리라. 불법佛法과 기적 안에서 하나가 되고자 하는 추종자들의 소망이 어떤 식으로 구현되었는지 느껴지고도 남는다. 하여 조정에서는 급기야 이런 법령을 시행하기로 한다.

성안의 부녀자는 존비尊卑와 노소老少를 막론하고 향도香徒를 결성해 제전을 설치하고 등불을 밝히며 무리지어 절로 가서 중과 사사로이 정을 통하는 자가 간혹 있다. 그런 이가 백성이면 죄를 자식에게 연좌시키고, 양반 집(여인)이면 죄를 남편에게 연좌시킨다.

『고려사』 권8 「지志」 39 형법 2

나라님이 남녀의 이불 속까지 단속해야 할 정도라니, 불심을 표방한 분방함이 도를 지나치긴 했던 모양이다. 그런데 이런 들뜬 기분을 부추기는 건 불교행사뿐만이 아니었다. 명절마다 시기마다 개최되는 각종 세시풍속과 놀이 활동 또한 다양했으니 이 모두는 남녀의 끼와 흥을 돋우는 은밀한 장치였다. 설과 대보름, 삼월 삼짇날을 비롯해 원정, 상원, 한식, 상사, 단오, 중구, 동지, 팔관, 추석, 중양. 그 이름도 다양한 행사는 성대한 만남의 장이요, 도발의 기회였다.

추석 보름달이 떠올랐다. 밤은 고요하고 물결은 잔잔한데 밝은 노을이 서로 비추며 어울리고 비스듬한 달빛은 천 길이나 되어, 산과 섬과 숲과 골짜기와 배와 기물이 모두 금빛이 되었다. 모든 사람이 일어나 춤추고 그림자를 희롱하며, 술을 따르고 피리를 부니 마음과 눈이 즐거워서 앞에 먼바다가 놓여 있는 사실도 잊을 정도였다.

『고려도경』 권36 해도海島

유두음流頭飮을 하였다. 나라의 풍속에 이달 15일에 동쪽으로 흐르는 물에 머리를 감아 상서롭지 못한 일을 제거하고 모여서 술을 마시는 것을 유두음이라고 하였다.

『고려사절요』 권13 명종 15년 6월

중추절, 세상을 온통 금빛으로 물들이는 만월滿月의 정기는 현존의 황홀경에 빠지게 할 만큼 강렬하다. 여기에 어깨를 절로 들썩이게 하는 음주의 취흥과 가무의 흥취가 더해지니, 그 여흥이 어떤 뒤풀이로 전개될 것인지는 어렵지 않게 가량되는 바다. 유두절도 그렇다. 더위가 막 시작할 즈음 머리감기를 핑계로 냇가에 모인 여인들의 느슨한 옷차림에 마음마저도 한껏 풀어져 해이해지는 그날의 풍경이 선연하다. 유두면, 밀전병, 수단水團 등을 풍성히 차려놓고 거행하는 음주의 관행은 부정을 제거한다는 목적보다는 연정을 조장하는 효과가 더 컸을 것 같다.

이렇듯 흔한 아녀자의 행사 참석과 야밤 외출에 대갓집에선 아예 말과 노복을 갖추어 대령했고,[3] 매달 8일은 남자들이 집에서 나가지 않는 대신 부녀자들이 성 안팎으로 돌아다니곤 했다.[4]

왁자지껄 풍요로운 절기 풍속의 풍경은 단옷날의 유흥을 전해주는 다음 시에도 고스란히 담겨 있다.

오색 그넷줄 절로 바람 일으키니,

붉은 치마 푸른 허공에 들어갈까 염려했는데

사람 흩어지고 저녁 되니 적막하여라,

그네만이 석양에 의지해 있네.

당당한 가래나무 돌아 바람이 불어와,

---

3) 부인이 출입할 때에도 노복과 말이 지급된다. 대개 부인은 공경公卿이나 귀인의 처를 말한다. 이때 말고삐를 잡고 따르는 자는 3인을 넘지 않는다(『고려도경』 권22 잡속雜俗).

4) 고려 풍속에 매월 8일에는 부녀자들이 성 안팎으로 돌아다니므로 남자들이 집에 있으면서 나가지 않았다(『동국세시기東國歲時記』 「월내月內」).

붉은 그넷줄 공중을 차고 오르려 하니

당겼다 밀었다 하는 소년들 굳건한 마음은

(여인들) 은근한 눈짓에 요동을 치네.[5]

이색李穡, 「추천鞦韆」

고려 성리학자이자 정도전의 스승이기도 했던 목은 이색도 단옷 날이 즐거웠나보다. 분주하고 떠들썩한 한낮, 붉은 치맛자락 휘날 리며 그네를 뛰는 처녀들의 웃음소리로 행사는 절정을 치닫는다. 그러다 소란이 잦아들 즈음 조명처럼 퍼져오는 석양빛은 두 번째 랑데부, 밀회의 밤이 무르익었음을 알린다. 은근한 바람에 흔들리 는 그넷줄처럼 여인들의 눈웃음에 요동을 치는 사내들의 가슴이었 다. 눈빛과 몸짓으로 이미 의견일치를 보았으니, 그다음 코스를 무 에 말할 필요가 있으랴. 결국 나라에선 법령을 내려 단속할 수밖에 없었으리라.

5월 단옷날에 남녀가 그네를 뛰고 북 치고 피리 불며 노는 것을 금지하 였다.

『고려사절요』 권16 고종 33년 5월

불교행사 단속에 단오집회 규제까지, 자유의 판을 벌여놓고 분방 의 장을 감당 못해 쩔쩔매는 정부의 뒷북 수습에 웃음이 절로 난다. 그 시절 보장된 재산권과 호적상의 권리, 불교의 성행과 개방적 풍

---

5) 綵絲飛颺自生風, 直恐紅裙入碧空. 人散晚來殊寂寞, 依依掛在夕陽中. 堂堂楸樹 逈臨風, 紅線鞦韆欲蹴空. 挽去推來少年在, 鐵腸搖蕩眼波中.

조 등 국가와 사회의 주도 아래 잦은 나들이와 야밤의 활보로 벌어진 그녀들의 유쾌 발랄한 에피소드는 경쟁력 있는 여성의 지향을 보여준 개방적인 나라 고려의 한 단면이었다.

글로 배우는 '사랑의 기술', 고려의 한시

괴테가 스물다섯 청년 시절에 쓴 처녀작 『젊은 베르테르의 슬픔』은 참담해서 찬란한 청춘의 사랑 복음서다. 방황하는 청춘의 감미로운 감수성과 불멸의 심미관을 모두 담아냈기에 출간과 동시에 큰 화제를 불러일으키며 베스트셀러로 등극했다.

지독한 사랑의 끝, 죽음의 길목에서 베르테르가 친구에게 쓴 편지 형식으로 구성된 이 작품은 괴테의 은밀한 사랑 고백서이기도 하다. 친구의 약혼녀를 사랑했던 괴테 자신의 실연과 유부녀에게 실연당한 후 권총 자살한 어느 남자의 사건을 소재로 삼았기 때문이다. 작품을 읽은 이들 사이에는 베르테르 스타일의 의상이 유행했고, 사랑 지상주의의 관념이 만연했다. 급기야는 실연의 고통을 자살로 마무리하려는 '베르테르 신드롬'까지 양산했으니, 문학에는 분명 영혼을 뒤흔드는, 감성을 파고드는 그 무엇이 있음에 틀림없다.

그러니 책상물림이라고, 사랑을 글로 배웠다고 비웃지 말라. 글로 배우는 사랑이 더 치명적이고 시로 전하는 속삭임이 더 애절할 수도 있으리니. 고려시대 문인들이 남긴 서사시들이나 기생들과 주고받은 연시들을 보면 연애에서 마음의 터치란 신체접촉 못지않게 연애세포를 증폭시키는 중요한 변수임을 깨닫게 된다. 그리고 속요의 질박한 표현과는 결이 다른 은근하고 그윽한 은유의 세계를 경험하게 된다. 그들은 산수를 감상하듯 정인을 음미하고, 비단치마를 종이삼아 연모를 쏟아내며, 임 잡던 손으로 써내려간 글로 상대의 마음을 사로잡고 사랑을 쟁취한다. 열정과 품격이 밀당하는 오묘한 세계, 말이 씨가 되는 기적의 경지, 그곳에서 고려 문인들과 기생들이 글로 가르쳐주는 '사랑의 기술'에 흠뻑 전염되어봄이 어떠한가?

낭만 관료 김인경의 시에 담은 진심

어찌 하늘을 향해 원망 품으랴.
귀양임에도 고을 수령직 맡기셨으니.
어느 때에 영각鈴閣(수령 집무지)에서 황각黃閣(정승의 집)으로 나아가
태수의 행차가 재상의 행차 될꼬.[1]

김인경, 「덕통역을 지나며(過德通驛)」

김인경은 고려 명종 때 문과에 차석으로 급제하여 기거사인起居

---

1) 敢向蒼天有怨情, 謫來猶自得專城. 何時鈴閣登黃閣, 太守行爲宰相行.

舍人 등을 역임하다가 고종 초엔 거란군 토벌전에 판관判官으로 출정하여 큰 공을 세우며 왕명의 출납을 맡는 추밀원의 우승선으로 승진한다. 이 말인즉슨 그가 잘나가는 문무겸전형文武兼全型 인재라는 것. 그러던 그가 상주 목사로 강등된 것은 1227년(고종 14) 중국 동진東眞이 침입했을 때 의주에서 맞서 싸우다가 대패한 직후였다. 패장으로 좌천되어 가는 길이었으니 여러모로 심란했을 것이다. 그러나 그는 그 와중에도 군왕(하늘)에 대한 원망을 접고 수령직에 자족하며 미래를 도모하는 다짐을 시의詩意 넘치게 읊조리는 천생 글쟁이였다. 그의 낭만 문인 기질은 인주麟州 기생 백련白蓮에게 전하는 주옥같은 시에서도 어김없이 드러난다.

『보한집補閑集』에 따르면 그가 백련을 만난 것은 중국에 사신으로 가던 중 잠시 인주에 머물 때였다. 발령 도중 잠시 머문 길이었으니 만남이 그리 길지는 않았을 것이다. 허나 남녀 사이에 불꽃이 튀는데 있어 시간은 그리 중요하지 않는 법이다. 두 사람은 뜨겁고 깊은 연애를 했다. 그러나 관료의 삶이 늘 그렇듯 공무수행을 위해 곧 헤어짐의 순간을 맞이한다. 짧은 만남 긴 여운을 남긴 채 먼 길을 떠나는 그날, 김인경이 백련의 마음을 어루만지는 법은 이러했다.

북으로 흘러가는 한 조각 구름아 내 말 전해다오
너는 응당 대화봉을 지날 터이니,
봉우리에서 만약 옥정의 연꽃을 보거들랑
이 몸이 상사병으로 몰골이 초췌하다고 일러다오.[2]

---

2) 寄語北飛雲 一片, 汝應行過大華峰. 峰頭若見玉靜蓮, 說我相思憔悴容.

흘러가는 구름 한 조각에 그리움을 실어 전하는 로맨틱함이라니. 김인경은 백련을 대화봉의 고고한 연꽃으로 지칭하며 꺾어 가질 수 없는 안타까움을 고백한다. 내가 너를 버린 것이 아니라 네가 높이 닿을 수 없는 고결한 존재라는 것이다. 상대의 자존감을 높여주는 불변의 사랑 맹세가 이보다 더 다정할 수 있을까? 아니나 다를까. 백련은 그를 잊지 못한다. 그래서 한참의 시간이 흐른 뒤 병마사로 승진한 김인경을 마주했을 때 백련은 위의 시를 읊으며 옛정을 잊지 않았음을 고백한다. 김인경은 이때도 아름다운 절구絶句로 그녀의 마음을 보듬는다.

> 남쪽과 북쪽의 성이 겹겹이 푸르니,
> 이것이 무산의 열두 봉인가 싶네.
> 백발이 되어 운우의 꿈은 이루지 못했지만
> 옥 같은 얼굴은 도무지 봄기운이 줄지 않았구나.[3]

여자에게 미모가 여전하다는 말보다 듣기 좋은 말이 또 있을까? 김인경이 백발이면 그간 백련도 나이를 먹을 만큼 먹었을 터. 그런데도 너와 함께라면 이곳이 사랑의 성지인 무산이요,[4] 옥 같은 어여쁨이 여전하다 읊조리는 그 순간만큼은 시인의 진정眞情이요 진심이었을 것이었다. 기생에게 세월이란 한 해가 다른 서글픈 운명의 행패일 텐데, 다정하고 따뜻하게 그녀를 위로하는 김인경의 러

---

3) 城南城北碧重重, 疑是巫山十二峰. 白髮未成雲雨夢, 玉顏都不損春容.
4) 무산巫山은 전국시대 초나라 양왕襄王의 선왕先王이 꿈에 무산에서 온 여인이 나타나 그녀와 꿈같은 운우지정을 나눈 데서 '남녀 육체적 사랑의 무대'라는 의미로 사용된다.

브레터다. 그렇게 백련만 바라보는 김인경을 지켜보며 절친 이인로
李仁老가 놀리듯 쓴 시가 있다.

> 따뜻한 바람에 아양 떠는 꾀꼬리 소리 들리는 길가의 나그네
> 울긋불긋 꽃들은 아름다움을 다투고 있는데,
> 사군使君은 어찌하여 화려한 봄꽃을 싫어하고,
> 홀로 가을 연못에 피어난 흰 연꽃(백련)을 좋아하는가.[5]

이인로는 봄꽃같이 어리고 화사한 기생들이 앞다퉈 미색을 뽐내
건만, 가을날의 연꽃마냥 시들어가는 백련에게 어찌 미련을 못 버
리느냐며 놀려댄다. 사내라면 의당 열 여인 마다않는 것이 당연지
사거늘 낯간지럽게 무슨 순정이냐는 것이다. 그러나 김인경이야말
로 남녀관계에 있어 수컷 본능만을 강조하는 이인로가 절대 흉내낼
수 없는 진짜 사랑의 고수였다. 불러주었을 때 꽃이 되는 비밀을, 관
심을 기울일 때 유의미해지는 관계를, 자세히 볼 때 발견하는 어여
쁨을 그는 알았던 것이다. 세월과 본능을 상관 않고 진정과 진심의
경지를 보여준 김인경의 시문은 진짜 사랑의 기술이란 무엇인가를
우리에게 알려준다.

사랑한다면 그녀들처럼

마음에 드는 이성을 만났을 때 먼저 다가가고 대시하는 이에게는

---

5) 風暖鶯嬌客路邊, 千紅百紫競爭妍. 使君却厭春光鬧, 獨向秋塘賞白蓮.

박수라도 쳐주고 싶다. 자신의 감정에 솔직한 태도, 상대의 거절을 각오한 용기, 마음을 행동으로 옮기는 패기, 그 모두에 대해서 말이다. 권력과 재물을 거머쥔 고관대작도, 적장을 후려치는 대장군도 좋아하는 이성 앞에선 다리가 후들거리기 마련이다. 그런데 그 어려운 걸 해낸 여인들이 있다.

먼저 용성龍城의 지서북면병마사知西北面兵馬事 송국첨宋國瞻을 연모한 우돌于咄이 그러했다. 고려 고종 때의 기녀 우돌은 강직하기로 이름 높은 송국첨에게 마음을 빼앗긴다. 고종 10년(1223) 금의 원수 우가하亐可下가 고려 변경을 노략질할 때 송국첨이 압록강을 넘어 이들을 토벌하고 돌아와 지은 시는 그의 성품을 빼다 박은 것 같다.

인仁으로 칼등 삼고 의리로 칼날 삼았으니

이것이 장군의 새로운 보검이라.

바다 향해 한번 휘두르면 고래가 달아나고

다시 들어 육지로 향하면 물소 코끼리 엎어진다.

하물며 저 마산의 궁색한 미치광이 놈들쯤이야

채찍 끝으로 능히 가루로 만들 수 있으리.

아침에 오강 건너고 저녁에 승전보 알리니

한없는 기쁨 봄빛처럼 발하리.[6]

송국첨, 「화和」

---

6) 以仁爲脊義爲鋒. 此是將軍新巨闕. 一揮向海鯨鯢奔. 再擧向陸犀象蹶. 況彼馬山 窮獮兒. 制之可以隨鞭末. 朝涉五江暮獻捷. 喜氣萬斛春光發.

'인으로 칼등 삼고 의리로 칼날 삼는' 그의 호방한 기개는 바늘로 찔러도 눈 하나 꿈쩍하지 않을 판이다. 그 기상은 1231년 고려를 침공한 원나라 사령관 살리타이撒禮塔가 담판하러 나온 그더러 '말과 얼굴빛이 엄정하다'며 감탄할 정도요, 정방政房의 일인자 최우에게 아첨하기 싫어 사임하고, 최항의 부정축재를 최우에게 알려 차기 실권자에게 미움을 사는 것도 불사할 정도였다. 강직함에 있어서만큼은 가히 고려 으뜸이었을 듯하다. 권력을 승계한 최항이 과거의 정적들을 모조리 숙청할 때 송국첨만은 좌천에 그칠 수 있게 한 것도 바로 그 강직함이었다. 바르고 꼿꼿한 송국첨을 죽였다간 혹여 큰 물의를 일으킬까 염려해서다. 송국첨이 지서북면병마사로 용성에 부임한 것은 바로 이런 시기였다.

우돌도 송국첨의 행적과 명성을 익히 들어 알고 있었다. 그럼에도 우돌은 자신이 있었다. 제아무리 강철 같은 사내, 가슴엔 충직만 가득한 강개지사慷慨之士라지만 천하절색인 자신이 유혹하면 넘어오지 않겠는가 싶었다. 그래서 주특기인 가무도 선보이고, 뭇 사내 애간장을 녹인다는 요염도 떨어보았다. 그러나 송국첨은 그 어떤 유혹에도 흔들리지 않는다. 끝까지 자신에게 벽을 치는 송국첨에게 우돌은 마지막이란 심정으로 시 한 수를 지어 보낸다.

일찍이 알았나니 그대 마음 광평7)처럼 굳건한 줄

저 역시 잠자리 함께할 맘이 있는 게 아니오라

바라건대 그저 하룻밤 시와 술을 나누면서

---

7) 당나라 재상인 송경宋璟의 봉호. 측천무후 때의 어사중승으로 총신寵臣 장씨 형제의 주벌을 주청했으며 평소 뇌물과 여색을 멀리한 강직한 성품으로 유명하였다.

풍월을 읊으며 향기로운 인연이나 맺었으면.[8]

「기국섬寄國瞻」

우돌은 작전을 바꾼다. 정공법에서 일보 후퇴로. 당신이 철석간장鐵石肝腸인 건 알았으니, 다 그만두고 그저 하룻밤 마주 앉아 술잔과 마음만 나누자는 것이다. 그저 더불어 시 한 자락 읊으며 격조 있는 자리 한번 만들어보자는 것이다. 하지만 글쎄, 돌려 말하는 솜씨가 제법이다. 다그치면 튕겨나가는 인간의 심리를 알기에 한 발 물러선 연애 고수다운 테크닉 아닌가. 일단 만나면 합방까지 갈 자신이 있기에 이런 시도도 해보았으리라. 그럼에도 별다른 후일담이 전해지지 않는 것을 보면 송국첨은 끝내 그녀를 외면했던 듯싶다. 하지만 상대의 마음을 얻기 위해 만인의 연인이란 자존심도, 명기라는 타이틀도 내려놓는 노력과 용기, 그리고 품격 높은 구애의 시문까지 우돌의 용기가 가상하기만 하다.

위의 시가 은근한 연서였다면, 이번 시는 솔직하다 못해 실명과 속마음을 시원하게 드러내는 직진 프러포즈다.

말 위의 백면서생은 뉘 집의 자제이신지
석 달이 다 되도록 이름조차 몰랐다가
지금에야 비로소 알았네, 김태현金台鉉인 줄
가는 눈, 긴 눈썹에 남몰래 마음 끌리네.[9]

「연모시戀慕詩」

---

8) 廣平鐵腸早知堅, 兒本無心共沈眠. 但願一宵詩酒席, 助吟風月結芳緣.

9) 馬上誰家白面生, 邇來三月不知名, 如今始識金台鉉, 細眼長尾暗入情.

김.태.현. 연모 상대의 실명을 거론하는 당돌한 이 시의 작자는 분명 여인. 그 여인은 자주 보아 예쁜 꽃처럼 자주 보아 정든 문객을 향한 연정을 투명하게 드러낸다. 『고려사』에 따르면, 젊은 시절의 김태현은 풍모가 단아하고 미목이 그림 같은 미남 학자였다. 열 살에 부친을 여의었지만 근면 성실하여 학업적 성취도 뛰어났다니, 지성과 용모를 겸비한 뇌섹남이랄까? 여하튼 동문수학하던 선배의 집에 드나들던 그를 보고 과부가 되어 친정에 머물던 선배의 여동생이 홀딱 반한 모양이다. 문약한 듯 창백한 피부, 긴 속눈썹에 그늘진 우수가 여인의 마음을 두드린 것이다. 하여 석 달을 꼬박 간직하다 용기내어 건넨 짝사랑의 고백, 여기에 김태현은 어떻게 반응했을까? 안타깝게도 그는 국자감시에 장원급제한 이후로 그 집에 발길을 딱 끊음으로써 거절의 의사를 분명히 한다. 그때 그의 나이가 열다섯쯤이라고 하니, 한창 부푼 포부와 당찬 치기에 가려져 상대의 진심이 보이지 않았던 것일 수도 있다. 하지만 우리나라 최초의 시문선집인 『동국문감東國文鑑』의 편찬자라기엔 자격미달의 공감능력이 아닐까 싶다. 거절에도 기술이 있는 법이다. 뭐 그리 대단한 지조라고 여인의 진정어린 순애보를 그리 단호하게 끊어낸단 말인가.

여기서 문득 드는 생각, 두 남자의 단호한 거부는 '이런 여자 처음이야'라는 매력에 속수무책으로 빠져들까 덜컥 겁이 난 사랑 겁쟁이들의 도피가 아니었을까. 솔직해서 어여뻤고 용감해서 소중했던 그녀들을 대신해 이렇게 변명이라도 해주고 싶다.

감성이 빛나는 밤에

하지만 고려엔 저런 무쇠심장의 철벽남들만 있는 건 아니었다. 고려 남자들 중에도 베르테르 못지않은 섬세한 감각을 자랑하는 이들이 있었다. 그중 익재益齋 이제현은 누구 못지않은 감미로운 시어를 자랑한다. 그는 팔십 평생 일곱 왕(충렬·충선·충숙·충혜·충목·충정·공민왕)을 거치며 판삼사사判三司事 및 재상 등 고위직을 역임한 프로 정치인이자, 시문집『익재난고益齋亂藁』와 시화·잡록집인『역옹패설櫟翁稗說』을 저작한 대문호였다. 이제현은 특히 비범하고도 뛰어난 문재로 유명했다. 일찍이 충숙왕에게 선위한 충선왕이 원에 머물면서 만권당이란 서재를 짓고 원의 문호들과 교유할 때, 고려를 대표하는 문인으로 지목해 불러들인 이가 이제현이다. 그때 이제현은 원나라 요수姚燧, 염복閻復, 원명선元明善, 조맹부趙孟頫 등과 어울리면서 학문과 식견을 넓혔는데, 그러면서 시재와 시적 감수성도 한껏 배양했던 모양이다. 이제현의 손끝을 거쳐 탄생한 저 여리하면서도 그윽한 감성을 보라.

완사계곡 옆 수양버들 늘어진 곳에서
손잡고 마음 나누던 백마 탄 사내
설령 석 달 내내 비가 내린다 한들
손가락 끝에 남은 향취 어찌 씻으리?[10]

이제현, 「제위보濟危寶」

10) 浣紗溪上傍垂楊, 執手論心白馬郎. 縱有連簷三月雨, 指頭何忍洗餘香.

위 시는 당시 유행하던 속요를 이제현이 한시로 옮겨놓은 소악부
小樂府에 해당한다. 『고려사』「악지」의 해제에는 제위보(고려시대 빈
민 구호를 맡은 관청)에서 일하다가 외간 남자에게 손목을 잡힌 여인
의 원망이라던데, 어디 그리 보이는가. 그저 계곡 옆 늘어진 수양버
들 사이에서 도령과 밀애를 나눈 처녀가 손에 남은 임의 체취를 평
계삼아 정인에 대한 그리움을 토로하는 전지적 여성 시점의 시가
아니던가. 밀회의 진한 여운을 깜찍한 투정으로 전환시킬 수 있는
것이 바로 이제현의 시격詩格이 아닌가 싶다.

친구는 닮는다더니 이제현과 가까운 사이였던 졸옹拙翁 최해崔瀣
의 시 또한 걸작이다. 갓 목욕을 마치고 나온 여인의 나른한 자태를
어쩜 그리 생생하게 포착해냈는지.

맑은 새벽에 겨우 목욕을 마치고

거울 앞에서 힘을 가누지 못하네.

천연의 무한한 아름다움이란

모두 단장하기 전에 있구나.[11]

최해, 「풍하風荷」

최해와 이제현은 시주詩酒로 의기투합한 동갑내기 시우詩友였다.
최해는 "선비는 헤어진 지 3일 만에 눈을 닦고 서로 상대한다고 했
는데(刮目相待), 나는 익재에게서 그것을 보았다"라면서 이제현의
인격과 작품에 감탄했고, 이제현 역시 시속時俗에 얽매이지 않는 최
해의 질박한 가치관과 천재적 문장력을 존중했다. 최해는 이제현의

———
11) 淸晨纔罷浴, 臨鏡力不持. 天然無限美, 摠在未粧時.

부인 권씨를 위한 묘지명을 써주고, 이제현은 최해를 추모하는 「후유선가後儒仙歌」를 지을 만큼 막역했다고 한다. 그런 두 사람은 섬세한 감성마저 닮은 듯하다. 첫새벽, 맑은 물, 목욕, 그리고 거울 앞에 선 여인. 그것만으로도 아찔한데 어지러운 듯 휘청하는 모습은 어쩐지 청신해서 더 관능적이다. 물기가 채 마르지 않은 머리칼과 촉촉이 젖은 눈썹, 이슬을 머금은 듯한 살결과 분칠하지 않은 창백한 뺨. 화장도 빗질도 하지 않은 천진한 아름다움이 새벽 공기마냥 싱그럽다.

하지만 여자의 변신은 무죄. 그 여인이 맘먹고 단장하고서 나들이에 나선다면 이런 모습이 아닐는지.

　　강남 아가씨 머리에 꽃 꽂고서

　　꽃 핀 물가에서 짝과 웃고 부르며 노닐다가

　　날 저물매 노 저어 돌아오는 길

　　원앙 짝지어 나니 시름이 다함없네.[12]

정몽주, 「강남곡江南曲」

위 시가 위화도 회군의 주인공 이방원이 "이런들 어떠하리, 저런들 어떠하리(「하여가何如歌」)"라며 역성혁명의 마음을 떠볼 때, "임(고려) 향한 일편단심(「단심가丹心歌」)"으로 맞받아친 절개의 대명사 정몽주의 시라면 믿어지는가? 그것도 젊음과 향락의 메카인 강남의 아가씨를 읊은 시라면 말이다. 강남은 강의 운하를 따라 무역과 유통으로 운영되는 경제의 중심지, 자본 하나로 온갖 것이 매매되

---

12) 江南女兒花揷頭, 笑呼伴侶游芳洲. 蕩槳歸來日欲暮, 鴛鴦雙飛無限愁.

는 교류와 거래의 집결지다. 남방의 따뜻한 기후와 쾌청한 일기는 홍청대는 활기와 격동의 기류를 형성하며 청춘의 일탈을 부추긴다. 그런 설렘이 주는 생기 덕분인지 강남의 미인들에게는 당돌하면서도 톡톡 튀는 매력이 넘친다. 그녀들이 모처럼 한껏 꾸미고 외출한 날, 교통수단을 빙자한 뱃놀이는 연인들의 필수 데이트 코스다. 별것 아닌 일에도 자꾸 웃음소리 드높아지는 건, 임과 함께여서라지. 그러다 날이 저물어 곧 헤어질 시간, 부러 더디 노 젓는 연인들 위로 다정히 나는 원앙 한 쌍이 그녀는 부러웠을까, 얄미웠을까? 정몽주는 이방원의 역심逆心을 꼬집던 그 글솜씨로 아가씨의 연심을 참 애틋하게도 그려냈다.

그렇다면 감성 장인들이 그려내는 이별의 뒷모습은 어떠했을까?

비 갠 긴 둑엔 풀빛만 짙푸른데
임 떠난 남포에서 슬픈 노래 울먹이네.
대동강 물은 어느 때나 마르려나
해마다 이별 눈물 푸른 강물에 더해지니.[13]

정지상鄭知常,「송인送人」

이별의 정한을 이렇게나 문학적으로 우아하게 할 수 있다면, 헤어짐도 그리 나쁜 것만은 아닐 성싶다. 다섯 살 때 강 위에 뜬 해오라기를 보고 '누가 흰 붓으로 강물 위에 乙자를 썼는고(何人將白筆乙字寫江波)'라 읊어 주변을 깜짝 놀라게 했다던 천재 문인 정지상. 하지만 재주가 너무 뛰어나면 박명하다 했던가? 정치가로서의 그의

---

13) 雨歇長堤草色多, 送君南浦動悲歌. 大同江水何時盡, 別淚年年添綠波.

삶은 순탄치 않았다. 아니, 비극적이었다. 유교적이고 사대적인 개경 세력과 대립하며 서경 천도를 주장하다가, 묘청의 난에 연루되어 김부식이 이끄는 토벌군에게 참살되었기 때문이다. 남다른 예민함이 비참한 운명을 예감했던 걸까? 눈물처럼 쏟아지던 빗줄기와 비 개인 뒤 슬픔만큼 짙푸른 풀, 혼자 남겨진 포구와 별리別離의 눈물로 넘실대는 대동강에는 절절한 여운이 여울진다. 산수시에 조예가 깊던 조선의 신광수申光洙가 이를 두고 '천년의 절창'이라 극찬했다더니, 가히 그럴 만하다.

고려 한시는 속요나 가요가 주는 걸쭉하고 무람없는 표현과는 또 다른 멋과 맛으로 연애와 사랑의 비결을 전수한다. 연애초보, 사랑의 쑥맥들에게 비장의 팁이라며 속삭여준다. 투박한 원두가 볶이고 갈리고 필터에 걸러지는 과정을 거쳐 향 좋은 한잔의 커피가 되듯, 순박한 감정의 덩어리는 운율과 절제, 은유를 통해 최고의 헌사, 진정의 고백이 된다. 그러니 놓치지 말지어다. 이것이 연애 베테랑의 노하우, 사랑의 고수들이 전해주는 은밀한 '사랑의 기술'이리니.

국경과 신분을 넘은 커플,
안장왕과 한씨 여인

인기 멜로드라마나 로맨스 영화에는 일정한 공식이 있다. 일단 남녀 주인공의 신분 차이나 빈부 격차는 클수록 좋다. 현실 세계에서 불가능할 법한 관계의 서사야말로 드라마틱한 전개를 담보하기 때문이다. 특히 남녀가 온갖 고난과 훼방꾼의 방해를 헤쳐나가 서로를 이해하게 되는 단계는 필수다. 나아가 그 갈등의 해결과 극적 결말이 남녀의 뜨거운 사랑으로 이루어진다면 그 결과는 언제나 흥행을 보장한다.

고구려의 안장왕安藏王과 백제의 한씨漢氏 여인에 얽힌 서사에는 분명 이런 요소가 배치되어 있다. 역사서의 기록은 단 두 줄, 그나마 단서가 되는 것은 지명地名뿐이다. 그런데도 이 두 줄에 수많은 역사적 고증과 지리상의 확인을 동원해 이야기의 불씨를 살리려는 작업이 지속되어왔다. 믿을 거라고는 역사서 여기저기에 흩어져 있는 기록의 편린과 끊어진 역사의 단초뿐이거늘, 그 실낱같은 글자들에

로맨스의 생기를 불어넣어 지금까지 전해지고 있는 것이다. '아니 땐 굴뚝에 연기 나랴'는 심정으로 말이다. 입에서 입으로 전해져온 고구려 왕자와 백제 여인의 가시밭길 로맨스, 그 과정과 결말이 궁금하다.

안장왕의 잘난 선조들

고구려의 22대 안장왕은 문자명왕의 맏아들로 장수왕의 증손자다. 광개토대왕-장수왕-문자명왕을 잇는 고구려의 전성기를 갈무리하는 왕으로서 519년 왕위에 오르기까지 21년간 태자로 있으면서 선왕들의 치적들을 수도 없이 보고 들었을 터. 하여 그는 등극한 이후 이름인 흥안興安처럼 나라를 일으키고(흥興) 백성을 평안케(안安) 하고자 분투했다. 가뭄으로 고통받는 백성구휼에 발 벗고 나섰고, 중국의 남조 양梁과 북조 북위北魏에 대한 양다리 외교에도 공을 들였다. 대내외적으로 안정과 균형을 이룬 평균 이상의 치세 성과였다. 하지만 안장왕에 대한 역사의 평가는 뜨뜻미지근하기만 하다.

뛰어난 업적을 이룬 선조들에 가려져서다. 만주와 한강 이북을 차지하며 팍스Pax 고구려의 명성을 떨친 광개토대왕, 80여 년간 영토 확장에 박차를 가하며 고구려 대국으로 쐐기를 박은 장수왕, 남북조와의 형평 외교와 불교 진흥으로 안정지향의 고구려 전성기를 구가한 문자명왕이 그의 선대왕들이다. 고조부·증조부부터 이름만 들어도 대단한 정벌왕들인 데다 부친도 만만치 않은 치세를 이루었으니, 태자 생활만 21년차인 그가 즉위 때 받았을 부담감과 압박은 가히 짐작할 수 있겠다. 그래선지 안장왕은 즉위 직후 바로 자신만의 업적을 만들어가기 시작한다.[1] 그의 주요 타깃은 백제였다.

(안장왕 5년[523]), 가을 8월에 군사를 보내어 백제를 침공했다.

(안장왕 11년[529]), 겨울 10월에 임금이 백제와 오곡五谷에서 싸워 승리하였다. 2000여 명의 머리를 베었다.

『삼국사기』 권19 「고구려본기」 7

성왕成王 7년(529) 겨울 10월에 고구려 왕 흥안(안장왕)이 몸소 군사를 거느리고 백제 북쪽 변경 혈성穴城을 함락시켰다. (왕은) 좌평 연모燕謨에게 명령하여 보병과 기병 3만을 거느리고 오곡의 벌판에서 막아 싸웠으나 이기지 못하였는데, 죽은 자가 2000여 명이었다.

『삼국사기』 권26 「백제본기」 4

꾸준히 삼파전을 벌여온 삼국의 지난 내력을 보아 대단할 것 없는 기록으로 보인다. 그러나 이는 한강 유역 점유를 두고 펼쳐진 팽팽한 쟁탈전의 또다른 시작이었다. 장수왕 시기에 차지한 한강 유역을 문자명왕이 백제 무령왕에게 다시 빼앗겼고, 안장왕은 이를 되찾는 신호탄으로서 백제 공격을 추진한 것이기 때문이다. 안장왕이 백제군 2000여 명을 베며 대승을 거둔 오곡은 지금의 고양시 일

---

1) 안장왕과 그의 부친 문자명왕의 출생년도에 대한 기록이 없어 정확한 나이를 파악하기는 어렵다. 394년 출생한 장수왕이 491년 승하하여 100세까지 장수했고 유일한 아들 조다助多가 죽었기 때문에 당시 차기 왕으로 즉위한 손자 문자명왕의 나이 또한 적지 않았을 것으로 추정된다. 이를 기반으로 21년 동안 태자였던 안장왕의 즉위 당시 나이도 40대에 가까울 것으로 추정된다.

대이고, 혈성은 지금의 강화도 혈구진穴口鎭이다.[2] 이 지역들은 모두 백제와 고구려의 접경지역으로 한강 하구의 요새였다. 쉽게 공격하기도 함락당할 수도 없는 격전지에 안장왕이 무턱대고 뛰어들지는 않았을 것이다.

당시 백제는 무령왕의 국가 중흥 정책으로 전성기에 접어들었고, 중국의 남북조는 끊임없이 고구려에 조공을 요구하던 상황이라 고구려의 국제적 입지는 그리 탄탄하지 못했다. 그럼에도 안장왕은 대담하게 백제를 선제공격했고 백제군 2000여 명의 목을 벴으니, 이에 대한 사서의 단 두 줄이 무궁한 해석의 여지를 제공한다. 묘령의 여인 한씨와 지명에 관한 기록이 그것이다.

안장왕의 근거 있는 자신감

『삼국사기』에는 왕봉현王逢縣에 대해 이렇게 적혀 있다.

> 왕봉현【개백皆伯이라고도 한다. 한씨 미녀가 안장왕을 맞이했던 곳으로 왕봉王逢이라 불렀다.】
>
> 『삼국사기』 권37 「잡지」 6

이 기록에 대한 반응이 분분한 이유는 당시 왕봉, 즉 개백이 백제

---

2) 『삼국사기』 권35 「잡지」 4 한주漢州에 "해구군은 본래 고구려의 혈구군으로 바다 가운데에 있다. 경덕왕이 이름을 바꾸었다. 지금의 강화현이다(海口郡, 本高句麗穴口郡, 在海中. 景德王改名今江華縣)"라 한 것을 근거로 하여 강화도 일대로 비정하는 데 연구자들의 견해가 일치한다.

땅이었다는 점과 한씨 미녀 때문이다. 개백은 경기도 고양의 옛 지명으로 백제 성왕 당시에는 백제의 영역이었다.[3] 임진왜란 3대 대첩의 하나인 권율 장군의 행주대첩의 현장 행주산성으로도 유명한 곳이다. 그런데 그곳에서 묘령의 여인이 안장왕을 맞이했다는 것이다. 『삼국사기』의 '달을성현達乙省縣'에 관한 기사도 비슷한 맥락이다.

달을성현縣【한씨 미녀가 높은 산마루에서 봉화를 붙여 밝히고 안장왕을 맞이한 곳이므로 뒤에 고봉高烽으로 이름하였다.】

『삼국사기』 권37 「잡지」 6

'달을성현' 또는 '고봉현'은 지금의 고양시 관산동과 고봉산 일대로 추정된다. 본래 달을성현은 교하군(坡州)에 속한 현으로 이곳 역시 백제권역이었다. 이곳에서도 한씨 미녀가 등장한 것이다.

간간이 기록된 안장왕의 백제 침공과 사서에 적힌 이 단 두 줄을 가지고 단재 신채호가 『조선상고사』에 풀어낸 이야기가 묘한 설득력을 발휘한다. 신채호는 조선 숙종 시기 야사집인 『해상잡록海上雜錄』에서 인용했다며 아래와 같은 설을 풀어냈다. 이야기는 안장왕이 풋풋한 태자 '흥안'이던 시절로 거슬러 올라간다.

---

3) 개백은 백제가 고양시 능곡역 일대에 설치했던 지명이다. 이 지역은 장수왕이 하남위례성(풍납토성)을 함락시키고 개로왕을 죽이면서 고구려 땅으로 편입되어 왕봉현이 된다. 즉 고양시는 광개토대왕-장수왕 시점에는 구일산, 구능곡 지역으로 분단된 상태였다. 그러나 장수왕이 능곡 지역까지 함락했다가, 백제 동성왕이 나제동맹으로 밀고 올라올 때 개백현(왕봉현)과 달을성현을 도로 빼앗았다. 그러다가 백제 성왕 때 안장왕이 다시 물리치고 고양시 일산 지역(달을성현)을 수복했다.

고구려 안장왕은 문자명왕의 태자 시절에 상인 행장을 하고 백제 땅 개백으로 놀러갔다. 그 지방 한씨의 딸 주殊는 미인이었다. 안장왕이 한씨 집으로 도망하여 숨어 있다가 한주와 몰래 정을 통했다. 그리고 고구려로 떠나면서 자신은 고구려 태자인데, 나중에 개백 땅을 취해 한주를 아내로 맞겠다고 약속했다.

사연은 태자 흥안이 적국을 염탐하기 위해 변복을 하고 백제 땅을 찾은 것에서 비롯된다. 백제의 정찰군이 그가 범상치 않은 인물임을 알고 추적했는데, 흥안이 이를 피해 숨어 들어간 곳이 한씨의 집이라는 거다. 위기상황에서 더 불타오르는 연애의 법칙상 두 사람은 긴박감 속에 정을 통하고, 흥안은 자신이 고구려 태자임을 밝히며 불가능한 애정서사에 불을 댕긴다. 짧고 뜨거운 만남 뒤 흥안은 본국으로 돌아간다. 그러면서 개백 땅을 다시 찾는 그날 아내로 맞겠다는 약속을 남긴다. 이것이 한씨 여인과 안장왕의 만남에 개연성을 부가하는 서두다.

『춘향전』의 모태가 된 고난 극복형 로맨스

남겨진 한씨 여인에게 위협적인 복병이 등장하는 건 다음 전개를 위한 필수코스다.

개백현 백제 태수가 한주의 미모를 탐하여 강제로 결혼하려고 하였으나, 한주가 죽기를 결심하고 거절했다. 정을 통한 남자가 있다는 한주의 말에 분노한 태수는 그녀를 고구려 첩자로 몰아 옥에 가두고 위협하고 감언으로 꾀었다.

어디서 많이 보던 서사구조다. 대의실현을 위해 길을 떠난 정인과 하염없이 기다리는 순애보의 여인, 그리고 이 틈을 파고드는 악질 관리의 삼각관계. 여자가 말을 듣지 않자 내부 스파이로 몰아가는 치사함까지. 이를 두고 『춘향전』의 모티브라고들 한다더니, 그럴 만하지 않은가. 이제 절정으로 치닫는 '사랑과 전쟁'의 하이라이트다.

왕이 된 안장왕은 이 소식을 듣고 한주를 구하는 자에게 관직을 포상하겠다는 조서를 내렸다. 그러자 안장왕의 여동생 안학安鶴 공주를 사랑하는 을밀乙密 장군이 나섰다. 한미한 가문 때문에 공주와 결혼할 수 없었던 을밀은 다음과 같이 아뢴다. "신이 안학을 사랑함이 대왕께서 한주를 사랑하심과 마찬가지입니다. 대왕께서 만일 신의 소원대로 안학 공주와 혼인시켜주신다면 신이 대왕의 소원대로 한주를 구해오겠습니다." 안장왕의 허락을 얻은 을밀은 몰래 군대를 거느리고 백제 땅에 들어갔다. 그리고 한창 개백 태수의 생일잔치가 벌어지는 그날에 군사를 일으켜 한주를 구하고 개백현과 그 일대를 차지하여 안장왕을 맞이하였다. 안장왕과 한주는 다시 부부가 되고, 을밀과 안학 공주도 결혼한다.

변 사또의 강짜 행패와 이몽룡의 복수혈전이 데자뷔처럼 겹치는 장면도 장면이거니와 을밀과 안학 공주의 등장으로 더욱 풍부해지는 역사 활극이 탄생한다. 왕의 친누이를 사랑한 무장의 순애보는 목숨을 걸고 왕의 연인을 구하는 로맨틱한 용맹으로 보상받는다. 평양에 소재한 을밀대乙密臺[4]의 유래를 을밀 장군으로 믿고 싶을 정도로 박력 넘치는 연애담 속의 액자 로맨스다. 단재 신채호가 소개한 이야기는 을밀의 시나리오대로 안장왕이 개백현으로 쳐들어가 한주를 구하면서 두 쌍의 행복한 커플이 탄생하는 스토리로 마무리된다.

안장왕이 즉위한 해는 519년, 오곡성 전투에서 승리한 것이 529년이니까 첫 만남으로부터 적어도 10년이 넘은 시기에 벌어진 일들이다. 태수의 의심처럼 한주가 연인을 기다리는 10년간 안장왕의 정보원 노릇을 했을 가능성도 배제할 수 없다. 고구려 첩자라 모함하는 태수의 수청을 강단 있게 거절할 때에는 안장왕의 공격 소식을 미리 알았기에 믿는 구석이 있었을 수도 있다. 또 단재의 추론처럼 안장왕은 한주를 되찾기 위해 백제 공격을 감행했을 확률도 있다. 개백 태수의 행패에 발끈한 왕이 을밀을 파견해 개백 땅을 수복한 서사의 흐름은 국가적 쟁투보다는 사랑의 불가역성을 믿고픈 이들을 설득할 만한 논리구조를 갖추고 있다. 한씨 미녀가 봉화를 피워 안장왕을 맞이했고, 2년 후인 531년 여름 5월 임금이 돌아가셨다는 『삼국사기』의 기록으로 이 드라마는 막을 내리는 듯했다.

그러나 이 평범치 않은 사연의 주인공은 죽음조차 범상치 않았다. 『삼국사기』는 안장왕이 승하했다(王薨)고 무난하게 적었지만, 『일본서기』는 시해의 가능성을 언급했기 때문이다.

---

4) 평양시 중구역 금수산 을밀봉 밑에 있는 을밀대는 6세기 중엽 고구려 평양성 내성의 북쪽 장대로 높이 11미터의 축대 위에 세운 단층 누정이다. 이름의 유래에 대해서는 을밀선녀가 경치에 반해 내려와 놀았다는 설화와 을지문덕 장군의 아들 을밀 장군이 이곳을 지켜 싸웠다는 전설이 전해진다.

겨울 12월 병신丙申 초하루 경자庚子에 천황을 아이노노미사사키(藍野
陵)에 장사지냈다. 【……25년 신해辛亥년에 죽었다는『백제본기百濟本
記』에서 취했다. 책에 이르길 신해년 3월 군대가 안라安羅에 이르러 걸
탁성乞乇城을 쌓았다고 한다. 그 달 고구려가 왕 안安을 시해했다.】[1)

『일본서기』권17 게이타이繼體 천황 25년(531)

승전 후 2년, 즉위 12년 만에 후사 없이 급사하면서 동생 안원왕
에게 왕위를 물려준 안장왕을 둘러싼 의문의 죽음에 역사학계에서
는 이런 의견을 개진했다. 중앙 세력과의 결별을 꾀했던 안장왕이
한강이남 토착 세력 가문의 딸 한씨 여인과의 혼인을 통해 독자노
선을 구축하는 과정에서 발생한 시해사건이라는 것이다.[2) 그 주장
속에서 한씨 여인은 한수漢水 유역을 근거지로 하는 유력 가문의 딸
로 둔갑한다. 고구려 남방 경영의 중요 거점인 한수 유역 세력과의
통혼이 중앙 세력을 도발하는 위협으로 작용했다고 본 것이다. 이
런 추론이라면 안장왕은 연애를 빌미로 신흥 세력과 제휴하려는 정
치적 도전을 감행하다 기존 세력으로부터 괘씸죄로 처단되었다고
도 볼 수 있다.

이 와중에 여인의 성씨에 대한 의견도 분분하다. 한수 일대를 근
거지로 하는 세력이기 때문에 한씨漢氏로 불렸을 것이라는 설, 실제
한씨漢氏 성을 가진 여인이라는 설, 우리나라에는 한씨漢氏 성이 없
으므로 한씨韓氏의 오기라는 설 등이다. 『삼국사기』의 평이한 기록
에 비해『양서梁書』,『위서魏書』및『일본서기』의 분분한 승계기록과
엇갈린 왕의 승하 연도 등도 다양한 가설들로 분분하다. 이는 결국
한강 권역을 둘러싼 고구려-백제 간의 쟁투가 얼마나 치열했는지,

그곳이 얼마나 정치역학의 핫 플레이스였는지에 대한 방증이라고도 하겠다.

왕봉과 혈구, 개백이란 지명에 얽힌 단 몇 줄이었다. 역사서에 기록된 그 몇 줄이 역사적 완결로 승화되는 풍성한 고난 극복형 커플 로맨스로 변모한 것이다. 사실적 기록이 풍부한 정서와 만나는 지점에서 탄생한 고구려 왕과 백제 여인의 '사랑과 전쟁'은 적대국, 신분 차이, 시간의 경과와 훼방꾼 등 극대화된 갈등과 대립으로 더욱 드라마틱하게 포장되어 지금 우리에게 전해지고 있다.

'나리'말고 '오빠'라 불러다오, 황희와 이이

심심치 않게 터지는 각종 스캔들로 정치인들이 곤혹을 치르는 경우를 간혹 볼 수 있다. 뇌물 수수, 권력 남용, 언론 탄압, 세금 탈루, 공금 비리, 위장 전입, 문서 위조……. 신문과 뉴스, 인터넷을 도배하는 그들의 다양한 사건사고들 가운데 대중의 호기심을 가장 자극하는 분야는 단연 성 추문이다. 이런 사건은 진위 여부와 상관없이 터졌다 하면 그 후폭풍을 감당하기 어렵다. 정치인에게 도덕성과 청렴함을 기대하는 유권자들의 실망과 배신감은 이 문제에 더욱 민감하다. 권력을 이용해 타인의 신체를 침범한다는 점이 인간의 가장 기본적인 인권을 침해하는 심각한 위해로 여겨지기 때문이다. 그래서 일단 성 추문이 불거지면 수사과정과 여론의 비판만으로도 당사자의 정치인생에는 심각한 생채기가 나기 마련이다.

조선시대에도 잘나가던 관료가 성 스캔들에 휘말려 세간의 뒷공론에 오르내리던 사례가 종종 있었다. 조선 초기 새로운 국가의 운영에 주력한 명재상 황희와 조선 중기 혼란한 정세 속에서 개혁을 주장한 천재 유학자 이이가 그 주인공이다. 그러나 두 사람에 대한 세인들의 반응은 판이하게 달랐다. 황희 사건에 대해선 모두들 성 추문이라고 수군거렸다면, 이이의 러브레터는 황혼의 아름다운 플라토닉 러브로 기억되고 있다.

걸어서 정승까지, 황희의 조선 관직기

황희는 고려 말 우왕 때 관직에 나섰다가 공양왕 때 성균관학록을 지냈다. 그는 이성계가 위화도 회군과 역성혁명으로 조선을 건국할 때만 해도 고려에 충성을 맹세하며 조선 조정에 발을 들여놓지 않겠다 다짐했었다. 그러나 1394년(태조 3) 태조의 간곡한 요청에 마음을 바꾼 황희는 태조·정종·태종·세종 대를 거치며 조선 최고 관료의 반열에 오른다. 그러나 그 도정이 마냥 꽃길만은 아니었다. 태조와 정종 대에는 특유의 완고함으로 좌천과 복권을 거듭했다. 그러다가 태종 대에 조정 기밀을 담당하는 지신사知申事(후에 도승지都承旨로 지금의 대통령 비서실장급)로 임용되고, 이어 6조 판서와 영의정까지 역임하면서 실세로 떠오른다. 한때는 양녕대군의 폐세자를 추진하는 태종에게 장자승계를 주장하며 대립각을 세우다가 유배를 당한 적도 있다. 하지만 상왕으로 물러난 태종의 강력한 추천으로 세종과 만난 황희는 흡사 물 만난 고기 같았다. 세종의 선구적인 리더십과 황희의 노련함은 고도의 시너지를 일으켰는데, 세종이 달리면 황희가 말리고, 세종이 판을 벌이면 황희가 조율하는 식이었다. 황희는 우의정·좌의정·영의정 등을 거치며 세종 대만 해도 18년간이나 국정의 대부분을 관장했다. 고려 우왕, 창왕, 공양왕 때부터 조선 태조, 정종, 태종, 세종까지 무려 73년 가까이 나랏일을 좌지우지한 셈이니, 공직 관리로서는 최장수 롱런기록이 아닐까 싶다.

황희는 성품과 관련된 각종 설화로도 유명하다. 깨진 엽전 한 냥을 대장장이에게 두 냥을 주고 고쳐 썼다든지, 검은 소와 흰 소의 능력을 질문하다가 "짐승도 귀가 있다"는 농부의 답변을 듣고 언행 조심을 다짐했다고도 하고, 두 여종과 부인에게 "네 말도 옳고, 부인 말도 옳소"라고 양시론兩是論적 입장을 보였다는 에피소드도 전한다. 또 비가 새고 쌀이 없는 그의 집에 임금이 계란을 하사했는데, 하필 계란이 곯아 먹을 수 없었더라는 '계란유골鷄卵有骨'고사는 그의 청백리를 돋보이게 하는 설화다. 하지만 정승대감이 청렴하기로소니 그토록 가난할 리 없고, 실제로도 그는 아름다운 기와집에서 노비 여럿을 거느리고 살았다고 한다. 그럼에도 이런 설화들이 민간에까지 퍼진 것은 황희의 관대한 성품과 청백리 이미지에 기인한 듯하다.

그러나 무엇보다 황희의 가장 뛰어난 점은 정책을 현실화하는 능력과 조정 능력이었다. 국왕의 정책이 현실적인지, 이를 추진하기 위해서 어떻게 합의를 이끌어나갈 것인지에 대한 2인자로서의 능력이 그것이다. 그래선지 세종은 그의 여러 단점에도 불구하고, 또 수차례의 사의 표명을 물리면서까지 그를 중용했다. 황희가 모친상을 당하자 세종이 3년상을 면제해주면서 '환갑인 좌상(황희)이 풀만 먹다 건강을 해칠까 염려되니 고기를 먹으라'고 명했다는 유명한 일화도 있다. 그만큼 황희를 아끼기도 했고, 또 그렇게 해서까지 곁에 두고픈 세종의 마음이었을 것이다. 황희는 세종의 비호 아래 1449년 정년퇴임인 치사致仕에 이르는 87세까지 활발히 국정을 지휘했다. 아니, 해야만 했다. 황희의 줄기찬 사퇴 요청에도 세종이 재택근무니, 월 2회 입조 등으로 회유하면서 끝까지 놓아주지 않았으니까. 은퇴 후 90세에 세상을 떠날 때까지, 정확히는 세종이 세상을 뜨기 4개월 전까지도 황희는 명예고문으로서 세종을 보필했다. 고려 말의 유신으로 출발해 조선 최장수 재상을 역임하기까지 황희의 업무 능력과 인품이 가히 짐작되는 여정이다.

명재상의 씁쓸한 뒷모습

그러나 누대 왕들로부터 각별한 대우를 받았고 너무나 오래 고위직을 독점한 황희에게는 연루된 사건도, 시기 질투하는 무리도 적지 않았다. 하여 그 명성에는 치명적인 오명과 추문의 얼룩이 남을 수밖에 없었다. 『조선왕조실록』「세종실록」에는 그 얼룩의 흔적들이 남아 있다. 그중 가장 짙고 심각한 자국들은 다음의 세 건이다.

사건 하나, 매관매직과 뇌물수수 혐의로 사직한 일이다. 세종 8년 1426년 황희는 대사헌 재직 당시 개경사開慶寺의 주지 설우雪牛 및 사찰 승려들로부터 황금을 뇌물로 받았다 하여 '황금 대사헌'이란 불명예 별칭을 얻는다. 본인도 부인했고 세종도 믿지 않았으나 청백리 명성에 큰 누를 끼치는 사건이 아닐 수 없었다.

사건 둘, 1427년 좌의정 황희가 우의정 맹사성, 형조판서 서선 등과 함께 의금부에 하옥된 사건이다. 사위 서달徐達이 저지른 살인사건을 은폐한 혐의였다.[1] 서달은 온천 여행 중 신창현新昌縣에 들렀다가 그곳의 아전 표운평을 홧김에 때려죽인다. 그런데 황희가 신창현 출신 우의정 맹사성에게 이를 무마시켜달라고 청탁한 것이다. 이들의 결탁으로 사건은 종복의 단독소행으로 매듭지어지는 듯했다. 그러나 조서에서 의아한 점을 발견한 세종이 의금부에 다시 국문을 명해서 일의 진상이 드러나게 되었다. 지금으로 치면 국무총리와 법무부 장관, 법무부 차관이 작당하고 사건을 조작한 희대의 사기극으로, 지연-공직계-법조계 인맥이 총동원된 살인은폐였다. 조정 신료들이 나서서 사퇴를 주창했고, 황희는 맹사성과 함께 파직되었다. 얼마 안 가 세종이 복직시키긴 했지만.

사건 셋, 난신 박포朴苞의 아내와 간통했다는 의혹이다. 박포는 1차 왕자의 난 때 이방원(태종)을 도운 공신이지만, 이후 논공행상에 불만을 품고 태종의 형 이방간과 '2차 왕자의 난'을 도모하다 참수형을 당한 자다. 그런 자의 아내와 간통을 했다는 의혹은 황희의 정치인생에 심각한 위기를 초래하기에 충분했다. 여인이 황희를 찾아온 동기와 경과도 불순했다.

> 박포의 아내가 남자 종과 간통하는 것을 우두머리 종이 알게 되니, 그녀가 그 우두머리 종을 죽여 연못 속에 던졌다. 여러 날 후에 신원미상인 시체를 건져 검안하고 이를 추문하니, 박포의 아내는 도망쳐 서울 황희의 집 마당 북쪽 토굴 속에 숨어 여러 해 동안 살았다. 이때 황희가 간통했고, 박포의 아내는 일이 무마되자 돌아갔다.
>
> 『조선왕조실록』「세종실록」 40권, 세종 10년 6월 25일

역적의 아내이자 간음녀에 살인자인 여인과 최고위급 관료의 스캔들이라니. 충분히 여기저기서 수군거릴 만한 가십거리였다. 조정에서는 이참에 황희를 제거하려는 움직임이 질타로, 손가락질로, 상소로 확산되었다. 황희는 뜬소문의 억울함을 호소하면서도 더이상 군왕의 도타운 은혜와 신임에 누를 끼칠 수도, 본인의 부박한 인품을 변명할 수도 없다며 사퇴를 자처한다. 한편에선 사건이 의심스럽다는 여론도 있었다. 박포의 아내가 왜 하필이면 황희의 집으로 도주했으며, 황희는 뭐가 아쉬워서 간통녀에 살인자인 반역자의 미망인을 숨겨주면서 은밀한 사이가 되었단 말인가? 항간에는 그의 우유부단한 듯 너그러운 성품이 조성한 악성 루머라는 의견이 대세이긴 했다. 오랫동안 핵심 고위직을 독차지해온 황희를 몰아내려는 반대파의 의도적인 흠집 내기 추문이라는 것이다. 그러나 진위야 어찌됐건 이 사건은 황희 인생에 치명적인 오점으로 각인되고 말았다.

그럼에도 세종은 황희를 몹시 아꼈다. 그의 국정 노하우, 실무 능력, 판단력, 단호함, 임기응변은 세종이 국가를 경영하는 데 꼭 필요한 요소들이었다. 그래서 인정人情에 치우친 주변관리, 자칫 시비是非가 분명치 않아 보이는 우유부단한 성품까지도 품어주고자 했다. 그러나 사관들의 평가는 다소 이질적이다. 다음은 세종 때 사관 이호문李好文의 사초史草다.

물려받은 노비 3명이 수십 명으로 늘어났고, 여러 해 매관매직하고 형옥刑獄을 팔아 뇌물을 받았으나, 사람들에게는 온화하고 단아하고 논리적이라 임금에게 잘 보인 것이다. 실상 그의 속은 바르지 않아, 거슬리는 자는 중상 모략했고 수시로 말(馬)이나 술대접을 받고 청탁 편지를 써주었다.

『조선왕조실록』「세종실록」40권, 세종 10년 6월 25일

후에 이호문의 사초는 사사로운 감정에 의한 평가란 결론이 났다. 하지만 황희가 친한 사람을 추천하는 등 인사에 공정치 못해 주변의 강한 반발을 산 일(「태종실록」태종 8년 2월 4일)도, 말 1000여 필을 죽인 일로 구금된 제주 감목관監牧官 태석균을 구명하고자 사사로이 편지를 쓴 것도(「세종실록」세종 12년 11월 14일) 사실이었다. 공직자로서 공명정대하지 못한 처신임은 분명했다. 그래서『조선왕조실록』황희 졸기卒記는 그를 이렇게 평가한다. "황희는 성품이 지나치게 관대하여 집안을 다스리는 데 단점이 있었으며, 청렴하지 못했다."

청백리란 미명과 강직한 정승이란 이미지 아래 감춰진 황희의 또다른 모습들과 다양한 평가들은 한 인물이 관점이나 이해관계에 따라 얼마나 다양하게 해석될 수 있는지를 보여준다. 조정 능력은 우유부단함으로, 소신은 외고집으로, 인정은 부도덕으로 비춰질 수 있는 것이 정치세계다. 장장 70여 년의 관직생활 중에 여러 차례 최고위직을 독점했던 것도, 좌천과 복권, 사퇴와 재임의 지난한 부침을 겪은 것도 시시각각 단점이 장점이 되고, 오류가 치적이 되는 시류의 요지경 때문일 수도 있다. 청백리 정승 황희의 간통 스캔들. 어쩌면 이 루머는 왕권과 신권이 대립하던 조선 초기, 중립적인 입장에서 '타협과 조율'의 사명을 견지했던 황희의 입지와 견제 세력이 빚어낸 또 하나의 정치 스캔들이었을지도 모른다. 하지만 한편으로

는 조선 최고의 명재상이라는 상징적 인물을 만들어내기 위해 부정부패와 간통 사건을 가리는, 그 많고도 많은 아름다운 에피소드가 필요했던 건지도 모르겠다.

복잡 미묘한 이이의 가정사

황희가 시스템을 조율하는 실무형 정치가였다면, 이이는 말 그대로 고독한 천재형 정치가였다. 아홉 번의 장원급제로 '구도장원공九度壯元公'이라 불린 그는 쌀로 세금을 대신하는 대공수미법代貢收米法을 주창한 개혁자이자, 제왕학의 교본『성학집요聖學輯要』및 아동교육서『격몽요결擊蒙要訣』을 저술한 대학자였고, 이황과 격물格物·궁리窮理의 철리를 논한 철학자였다. 그런 이가 가출 청소년 전적에, 불교로 외도하는가 하면, 기생과 연서를 주고받은 사이였다?

　이이의 독특한 이력은 그의 가정사와 연결된다. 그의 모친은 현모양처의 대명사이자 열혈 교육맘의 원조, 치마를 화폭삼은 예술가 신사임당이다. 외가는 노비만 100명이 넘는 강원도 강릉의 부호 명문가요, 외조부는 조광조 등의 신진사림과 교류하던 진보 학자 신명화다. 반면 부친 이원수는 한미한 집안 출신으로 신씨 가문에 데릴사위로 들어와 과거에 번번이 낙방하다 쉰 살에 연줄로 겨우 관직을 얻은 인물이었다. 그러니 이이는 모계 쪽의 우수한 유전자를 물려받은 외탁형 천재에 가깝다고 하겠다. 외가인 강원도의 오죽헌에서 출생하고 자라면서 진보적인 외조부의 영향을 많이 받았고, 학문적·예술적 소양이 넘치는 모친을 유난히 따랐으니 말이다. 모친의 행적을 기록한 『선비행장先妣行狀』에서는 아예 사임당의 고매한 인품, 온화한 성품, 고결한 지조, 뛰어난 그림 솜씨, 경전 실력, 작문 능력 등에 대해 찬양과 감격으로 일관했다. 한편 부친에 대해서는 "아버지는 성품이 활달하시어 작은 일에 연연하지 않으셨으며, 집안일에 무신경하셨다. 또한 아버지가 실수를 하면 어머니가 옳은 길로 잘 이끄셨다" 정도로 간결하게 적었다. 한마디로 철없는 부친을 성숙한 모친이 잘 리드했다는 것.

그런데 자식들을 비롯해 집안 어른들과 노복들, 친척들까지 모두 아내 신씨만을 칭찬하고 추종하는 상황이 이원수의 콤플렉스를 어지간히 자극했던 것 같다. 그는 끊임없이 바람을 피워 신씨의 속을 썩이곤 했다. 조선 후기 문신 정래주鄭來周가 『동계만록東溪漫錄』에 외도에 대한 두 사람의 살벌한 언쟁을 실었을 정도다. 외도 상대는 술과 노름을 좋아하고 감정기복이 심한 주막집 여인 권씨로, 아마도 그녀를 통해 이원수는 열등감을 달래려 했던 것 같다. 그리고 그것이 화근이 되었지 싶다. 계속되는 불화와 남편의 외도로 인해 지병인 심장병이 도진 신사임당이 얼마 안 가 이이가 16세(1551) 되던 해에 세상을 떠났으니 하는 말이다. 이후 이원수는 첩을 들이지 말라는 신사임당의 유언에도 불구하고 권씨를 첩으로 들였고, 권씨는 맏이 이선李璿과 하루가 멀다 하고 싸움질을 하며 불화를 일으켰다.

각별했던 어머니의 죽음은 이이에게 영혼을 흔드는 충격이었다. 이이는 3년 시묘살이를 마친 후 집을 나와 금강산 마가연摩訶衍에 들어가 석담石潭이란 법명으로 불교에 귀의한다. 속세의 모든 인연과 잡념을 끊고 삼라만상의 이치를 찾고 싶었던 것이다. 그러다 입산수도한 지 1년 만인 1555년, 이이는 문득 환속을 결심하고 하산하며 선문답과 같은 시「연비어약鳶飛魚躍」을 남긴다.

> 솔개 하늘을 날고 물고기 물에서 뛰는 이치, 위나 아래나 똑같아
>
> 이는 색色도 아니오, 또한 공空도 아니라네.
>
> 실없이 한번 웃고 내 신세 살피니
>
> 석양 빽빽한 나무 가운데 나 홀로 서 있었네.[1]
>
> 「연비어약」

'솔개가 날고(연비鳶飛) 물고기가 도약한다(어약魚躍)'는 뜻의 연비어약은 지극히 자연스럽고 조화로운 경지를 말한다. 솔개와 물고기처럼 저마다 타고난 길을 가는 것이 천지자연의 오묘한 도라는 것이다. 아마도 그때 이이는 깨달았던 것 같다. 자신이 잠시 길을 잃고 서 있었음을, 그리고 자신이 있을 곳은 불교의 무념무상의 경지가 아닌 유가의 현실구제의 현장임을.

사람 냄새 나는 이이의 열린 지성

때는 1574년, 황해도 관찰사로 부임한 39세의 이이 인생에 앳된 소녀 기생 유지가 등장한다. 선비와 기생 사이에서 태어나 기적妓籍에 이름을 올려야만 했던 유지에 대한 이이의 첫 느낌은 측은함이었다.

> 여린 몸 수줍은 듯 고개 숙여, 그 고운 눈길 한번 주지 않네.

---

1) 鳶飛魚躍上下同, 這般非色亦非空. 等閑一笑看身世, 獨立斜陽萬木中.

부질없이 파도소리 들을 뿐, 운우지정 나눌 생각은 없구나.

너는 자라 응당 이름 떨칠 것이지만, 나는 노쇠함이 시작되었도다.

나라 제일의 미녀에겐 주인이 따로 없으니, 영락없이 가련한 신세로다.[2]

술상을 든 유지가 빼꼼히 방문을 여는 순간, 화려한 저고리 안의 어린 몸매와 요염한 화장 아래 감춰진 솜털이 율곡의 가슴에 바늘처럼 후벼들었다. 이 날선 지성은 어린 기녀의 가련한 인생이 파노라마처럼 눈앞에 선했다. 의지할 이 없이 이리저리 한숨 섞인 웃음과 술 한잔에 기탁해야 하는 짧고 허망한 인생……. 그날 이이는 유지의 술잔만 연거푸 받는다. 그러나 어여쁜 너에게 딴마음 먹지 않는 것은 나의 노쇠함 때문이라고 다독이는 것도 잊지 않는다. 이렇게 시작된 인연은 이이가 황해도에 머무는 동안 지속되었다. 오로지 학문 전수와 문장 지도, 지적 대화와 건전한 술상이 어우러지는 향기로운 관계였다. 주변에는 동기童妓 유지의 머리를 얹어주겠다는 사내들이 줄을 섰다. 그러나 유지는 자신의 수청을 거부하는 거인의 든든한 등 뒤에 숨어 본격적인 기생의 삶을 조금이나마 늦출 수 있었다. 그러다 곧 이이의 임기가 끝나 한양으로 발령받으면서 둘은 헤어지게 된다.

그러나 옷깃만 스쳐도 인연인 것을. 그윽한 눈빛과 주고받은 술잔, 한숨과 아쉬움으로 얽히고설킨 해주의 시간을 공유했던 그들의 만남은 필연처럼 다가왔다. 1583년, 9년의 세월을 건너 율곡이 명나라 사신을 영접하는 원접사遠接使로 해주를 찾은 그날 밤처럼

---

2) 弱質羞低首, 秋波不肯回. 空聞波濤曲, 未夢雲雨臺. 爾長名應擅, 吾衰閣已開. 國香無定主, 零落可憐哉.

말이다.

사랑을 쓰려거든 먹물로 쓰세요

유지는 이이의 예언대로 아리땁고 기품 넘치는 나라 제일의 미녀로 성장해 있었다. 황해도 일대에 명성이 자자한 명기 유지는 이이를 향한 일편단심으로도 조선 제일이었다. 유지에게 이이는 소녀시절의 모든 것이었다. 묵묵히 곁을 지켜준 키다리 아저씨였고, 서글픈 처지를 견디게 해준 정신적 지주였다. 시문을 가르쳐준 스승이자 자연과 교류하는 법을 일러준 시인이었다. 예쁘다 곱다 다독여준 마음의 치유자였고, 그러면서도 손끝 하나 건드리지 않던 인격자였다. 이이가 해주에 도착한 그날부터 문지방이 닳도록 드나드는 유지의 마음을 이이가 모르는 바는 아니었다. 그러나 아름다운 시절의 곱고 순결한 유지를 지켜주고 싶었던 이이는 고심 끝에 솔직한 마음을 담은 완곡한 문장으로 그녀의 마음을 달랜다.

> 여기 황해도에 있는 사람, 맑은 기운 모여 있어 선녀가 따로 없네.
> 마음과 자태가 모두 고운 데다, 얼굴과 목소리도 어여쁘구나.
> 금 쟁반 위의 이슬 같은 그대, 어찌 길가에 버려졌을꼬.
> ......
> 황혼에 우연히 다시 만나니, 옛 모습 완연히 그대로 있네.
> 세월이 얼마나 흘러갔던가, 푸른 잎에 진 그늘 너무나 슬퍼.
> 나 하물며 쇠약해 색을 멀리해야 하고, 온갖 욕정은 재같이 식어버렸네.

저 곱디곱고 어여쁜 사람, 고운 눈결 던지며 나를 못 잊네.[3]

그는 금 쟁반의 이슬인 양 앳되고 가냘픈 미모의 절색이 된 유지를 꾸밈없이 감탄하고 찬미한다. 그에 비해 시들고 쇠약하여 욕정이 식은 자신의 모습이 초라하다 한탄한다. 나를 보는 여전한 너의 눈길에 감격했음도 잊지 않는다. 그러나 거기까지. 이어지는 내용에선 유지에게 전하는 변명과 위로가 전개된다.

······문 닫으면 인정스럽지 못하고, 동침하면 옳은 일이 아니기에

병풍 치운 한 방에서 다른 침상 각자 이불 펴니

사랑은 못 이루고 일만 어긋나, 밤새 촛불만 밝혔는데

하늘을 속일 수야 없는 노릇, 방 깊숙이 들여다보실 것을.

그 좋던 혼인 시기 놓쳐버리고 어찌 남모르게 관계를 하랴.

새날이 다 밝도록 잠 못 이루다 헤어질 때 돼서야 회한이 가득.

······

선비의 탐욕은 본디 허물이나, 여인의 욕정은 오히려 번뇌이니

보이는 대로 말고 근원을 밝혀, 처음의 밝은 근본으로 돌아가세나.

다음 생애 있다는 말 빈말 아니면, 가서 너를 만나리, 부용성에서.[4]

「1583년 9월 28일 율곡 병든 늙은이가 밤고지 강마을에서」

---

3) 若有人兮海之西, 鍾淑氣兮禀仙姿. 綽約兮意態, 瑩婉兮色辭. 金莖兮沆瀣, 胡爲
     委乎路傍 ····· 黃昏兮邂逅, 宛平昔之容儀. 曾日月兮幾何, 悵綠葉兮成陰. 矧余
     衰兮開閣, 對六塵兮灰心. 彼姝子兮婉變, 秋波回兮眷眷.
4) 閉門兮傷仁, 同寢兮害義. 撤去兮屛障, 異牀兮異被. 恩未畢兮事乖, 夜達曙兮明
     燭. 天君兮不欺, 赫臨兮幽室. 失氷泮兮佳期, 忍相從兮鑽穴. 明發兮不寐, 恨盈盈
     兮臨岐 ····· 士之耽兮固非, 女之耽兮尤感. 宜收視兮澄源, 復厥初兮淸明. 倘三
     生兮不虛, 逝將遇爾於芙蓉之城.

거절이 이토록 로맨틱할 수도 있나보다. 조선 최고 지성이 쏟아내는 고해성사는 간친懇親한 정서로 가득하다. 인정스러운 성정 탓에 너를 방에 들였으나, 냉철한 이성이 너를 안을 수는 없게 한다는 그의 거절은 햇살처럼 따스하기만 하다. 그 단정한 온기에 유지가 스스로 미련과 집착의 무거운 외투를 벗을 수 있도록 설득한다. 이 밤의 재회가 속세의 부질없는 격정으로 끝나지 않기를, 다음 생에서 못다 한 운명을 이어보기를 소망한다. 56구에 이르는 절절한 감회와 애정, 위로와 회유, 변명과 한탄은 유지의 신앙 같은 사랑에 대한 감사의 헌사이자, 내세의 인연을 약속하는 서약서였다. 그리고 유지에게 전하는 마지막 유언이었다. 친필로 쓴 이 시를 전하고 약 4개월 뒤 이이가 세상을 등졌기 때문이다.

죽음을 앞두었기에 숨김없이 드러냈고, 오욕칠정을 인정하는 배포와 지력을 갖추었기에 가능했던 흔들림의 인정이었다. 그러나 '색즉시공공즉시색色卽是空空卽是色'이란 부처의 가르침을 경험했기에 번뇌의 극복과 내세의 기약으로 수렴되는 연서였다. 하지만 이 「유지사柳枝詞」는 끝내 율곡 문집에 수록되지 못했다. 율곡의 명성에 누가 될까 염려한 후대 학자들에 의해 의도적으로 삭제되었기 때문이다. 그러나 누구보다 명철했던 이이가 나눈 따뜻한 사랑은 주머니 속의 송곳처럼 질긴 생명력으로 그 자취를 드러내고 있다. 그리하여 열린 지성 율곡의 감성 돋는 플라토닉 연서는 오늘도 우리의 심금을 울린다.

이황과 두향의 러브픽션

우리나라 지폐 천 원, 오천 원, 만 원, 오만 원에는 조선 역사의 한 페이지를 담당했던 위인들의 초상이 담겨 있다. 퇴계 이황, 율곡 이이, 세종대왕, 신사임당이 그들이다. 1950년 한국은행 설립 당시에는 이승만 대통령의 초상 및 광화문, 탑골공원, 독립문 등이 지폐를 장식했으나, 1960년부터 역사적 인물로 세대교체가 됐다. 그중 우리가 가장 많이 사용하는 지폐인 천 원권의 주인공 이황에게는 근엄한 성리학자만으로 기억하기에는 아쉬운 사연이 숨겨져 있다.

먼저 천 원권 앞면의 근엄한 초상과 뒷면의 겸재 정선의 〈계상정거도溪上靜居圖〉는 퇴계를 뼛속들이 학자라 정의한다. 이 그림에서 퇴계는 완락재阮樂齋(지금의 도산서원)에 앉아 『주자서절요서朱子書節要序』를 집필하며 독서를 즐기는 영락없는 엄숙한 학자의 모습이다. 그러나 절경으로 유명한 단양에 소재한 한 관기官妓의 묘는 퇴계를 낭만적인 로맨티스트로 정의한다. 무덤의 주인공 두향杜香과의 사연이 더없이 향기로운 여운을 전하기 때문이다. 단양팔경의 **빼어난** 여덟 경관 중 거북을 닮은 구담봉龜潭峰 부근에는 퇴계를 사랑했던 관기 두향의 무덤이 다소곳이 놓여 있다. 무덤 부근의 장회나루 언덕에는 거문고를 뜯는 두향과 매화 가지를 뒷짐에 숨긴 이황의 황금동상이 세워진 공원도 있다. 매년 단양문화보존회 주관으로 진행되는 남한강변의 두향제杜香祭, 단양군수 임방任埅과 조선 후기 이광려李匡呂 등 문인들의 추모시 행렬과 인기리에 연재되었던 정비석의 신문연재소설 「명기열전名妓列傳」까지.

이쯤 되면 역사가 전하지 않은 두 사람의 로맨스는 멋스러운 풍광과 세간의 추억, 문학의 향기와 어우러져 새 생명을 얻었다고 하겠다. 조선의 대표 도덕군자 이황과 단양팔경이 낳은 절세가인 관기 두향의 사연은 어떻게 스토리텔링 공원과 두향제라는 지역의 대표 문화콘텐츠로 부활한 걸까?

윤리 논객 이황의 낯선 모습

이황은 여러모로 인간적인 면모가 돋보이는 인물이다. 학문, 가정, 관직, 저서 곳곳에는 그의 인간미 넘치는 색채가 오롯이 묻어 있다. 먼저 그는 타고난 천재라기보다는 노력형 영재에 가까웠다. 이황은 1501년 예안禮安(현 경북 안동시) 좌찬성 이식李埴의 가문에서 '공자가 대문 안으로 들어오는' 태몽의 주인공으로 태어나지만, 생후 일곱 달 만에 부친을 여읜다. 모친이 농사와 양잠으로 생계를 꾸리는 어려운 형편 가운데서도 글공부에 매진한 그는 12세에 작은아버지

이우李堣로부터『논어』를 배운 이래 수많은 책을 탐독하고 다양한 경전을 접하면서 학문의 지경을 넓혀간다. 배움에 있어 이황은 먹고 자는 것조차 잊으면서 몸에 무리가 가도 멈출 줄 모르는 외골수였다. 급기야는 20세 즈음『주역』을 깊이 연구하다 건강을 잃게 되고, 이로부터 평생을 병치레에 시달리게 된다. 주변에선 그런 이황을 이렇게 기억했다.

『주역』을 읽고 그 뜻을 강구하느라, 거의 먹고 자는 것을 잊었다. 이에 항상 파리하고 피곤한 병이 있었다. 뒤에 선생이 조사경趙士敬에게 준 편지에, "내가 어린 나이로 망령되게 뜻한 바 있었으나, 그 방법을 몰라서 단지 너무 고심만 해서 초췌해졌다"고 했다.

『퇴계선생연보退溪先生年譜』

이황은 시와 문학에도 조예가 깊었는데, 특히 도연명陶淵明의 시와 사람됨에 경도되었다. '속세의 먼지를 털어버리고 만물 가운데 홀로 초탈하게 서 있는 느낌'을 좋아해서였다. 이황이 15세 때 지은 시를 보면 도연명의 어떤 면을 흠모했는지 알 것만 같다.

돌을 지고 모래를 파니 저절로 집이 되고
앞으로 가고 뒤로도 가니 발이 많기도 하다
평생을 한 움큼 샘물 속에 살아갈 수 있으니
강호에 물이 얼마이건 물어 무엇하리오.[1]

「석해石蟹」

---

1) 負石穿沙自有家, 前行却走足偏多, 生涯一掬山泉裏, 不問江湖水幾何.

석해는 게를 뜻한다. 모래를 파서 집을 짓는 게의 분주함 속에서 '한 움큼의 샘물'만 허락된 자연의 진리를 관찰한 소년은 그래서 '강호에 물이 많은들' 탐낼 것이 못 된다고 설파한다. 버둥대는 세상사의 덧없음을 깨친 것이다. 천진한 소년의 눈으로 달관한 노인의 경지를 터득한 것은 도연명과 그의 시를 깊이 연모한 까닭이리라. 18세에 지은 「야당野塘」 또한 산수자연에 대한 그의 남다른 감각을 보여준다.

이슬에 젖은 고운 풀이 못가를 둘러 있고
작은 연못 맑디맑아 모래조차 없네.
나는 구름, 지나가는 새는 원래 비춘다지만
다만 때때로 제비가 물결 찰까 그것이 걱정되네.[2]

「야당」

이 작품이 이황의 가장 대표적인 시문으로 꼽히는 것은 그만큼 그의 가치관을 가장 많이 투영했다는 의미도 되리라. 티끌조차 없는 작고 맑은 연못 '야당'은 퇴계가 지향하는 지고의 세계일 것이다. 구름과 새로 대변되는 세상사야 지나가면 그만이겠지만, 그것으로 마음에 파장이 인다면 문제라며 그는 염려하고 있다. 궁극의 순수와 무한한 학문의 경지를 추구했던 이황의 인생관이 보이는 듯하다.

그래서였을까? 세속의 출세와 영욕의 길에서 그는 번번이 휘청거렸다. 과거에도 세 번이나 낙방했다. 1534년 34세 때 문과에 급

---

2) 露草夭夭繞水涯, 小塘活水净無沙, 雲飛鳥過元相管, 只怕時時鷰蹴波.

제해 관직에 나아가지만 그마저도 순탄치 않았다. 10여 년간 사간 원 정원, 성균관 대사성까지 오르지만, 45세에 을사사화에 연루돼 파직되면서 복직과 파직, 귀향과 귀경을 반복하다 50세 되던 해 관 직에서 완전히 물러난 것이다. 당시 넷째 형 이해李瀣가 사화에 휘 말려 유배를 가던 길에 형독刑毒으로 죽은 것이 결정적이었다. 어릴 적에도 둘째 형 이하李河가 칼에 손을 베이자 형보다 더 서럽게 울 던 그였으니, 이해의 죽음이 오죽 큰 충격이었겠는가. 그의 올곧고 따뜻한 인성은 말년에 선조에게 바친 「성학십도聖學十圖」에도 묻 어난다. 10개의 도표와 해설로 '성왕聖王이 되기 위한 10가지 유교 철학'을 알기 쉽게 설명한 성왕 지침서는 17세 어린 왕에게 전하는 68세 노학자의 간절한 충심과 따뜻한 배려라고 할 수 있다.

그러나 그의 인간미가 가장 두드러지는 지점은 정신질환을 앓던 두 번째 부인 권씨와의 사연이다. 퇴계가 첫 부인 허씨와 사별한 지 3년 만인 27세에 재혼한 권씨는 정신이 온전치 못한 여인이었다. 어린 나이에 집안이 갑자사화와 신사무옥의 참극에 휘말리면서 받 은 스트레스가 정신질환 증세로 발현되었던 것이다. 퇴계는 당시 예안에 유배되어 있던 장인 권질權礩의 간청으로 권씨를 아내로 맞 는다. 그리고 20여 년간 종종 돌발행동으로 주위를 놀라게 하는 그 녀를 지극정성으로 아끼고 감싸주었다. 하루는 배가 먹고 싶었던 권씨가 제사상의 배를 훔쳐 치마에 숨겼다가 들통이 나자, 이황이 제사를 마친 후 배를 가져다 손수 깎아준 적도 있다. 권씨가 흰 두 루마기를 다림질하다 태운 부분에 붉은 천을 대고 옷을 기워주었을 때는 그 옷을 입고 외출하면서 '잡귀를 쫓고 복을 부르는 붉은색'이 라며 권씨를 두둔했다. 또 전처 허씨 소생의 자녀들에게 계모를 차별해 대우하지 말라 당부했고, 권씨가 사망한 뒤에는 자녀들이 3년의 시묘살이를 하도록 했다. 이황의 사람 냄새는 며느리 사랑에서도 느낄 수 있다. 둘째 아들 채寀가 죽은 후 젊은 며느리가 수절하는 것을 안쓰러워하다가 급기야 사돈댁에 며느리를 데려가라고 편지를 보내 재가시키도록 한 것이다. 이렇듯 너그러운 성품과 여유 있는 품격을 지닌 이황은 때로 도덕군자의 겉옷을 벗어버린 소탈한 모습으로 다가오기도 한다. 조선의 대표적인 야사·항담巷談·가설街說 총집인 유몽인柳夢寅의 『어우야담於于野譚』에는 다음과 같은 일화가 수록되어 있다.

퇴계 선생이 남명南冥 조식曺植 선생과 앉은 자리에서 물었다. "술과 여색은 사람들이 좋아하는 것인데, 술은 그래도 참기 쉽지만 여색은 정말 뿌리치기 힘드오. 소강절邵康節의 시에 '여색은 사람이 기욕嗜慾에 빠지게 한다네'라 했으니, 이것도 참기 어려워 그런 것이겠지요. 그대는 어떻소?" 남명이 웃으며 말하길 "나는 색에 대해서는 패군장敗軍將이니 아예 묻지 않는 것이 좋다네"라 했다. 이에 퇴계는 "나는 젊었을 때는 참으려 해도 참을 수 없다가 중년이 지나고서는 꽤 참을 수 있으니 수양한 힘이 없지는 않네"라 하였다.

『어우야담』

수줍은 듯 여인에 대한 갈망을 터놓는 이황의 토로가 정겹다. 두 성리학 대가가 나눈 주제가 우주의 원리와 세상의 구제가 아닌 여색을 운운하는 본능 충만한 고백이라니. 그것도 인내 부족과 기력 부족을 탓하는 티격태격이라니. 비록 야설에 비중을 둔 설화집이지만, 민중들은 유몽인이 그려낸 소박한 보통 사내 이황에게 더 인간적 미덕을 느꼈을 법하다. 이렇게 '술보다 여인'을 고백하던 야담 항설의 주인공은 이제 서른 연하 어린 기녀와의 애잔한 로맨스로 단양팔경에 문학적 운치를 더해주게 된다.

짧고 강렬한 단양의 추억, 두향

두향과의 사연은 이황이 1548년 단양군수로 재직하던 9개월간에 펼쳐진다. 당시 이황은 첫 부인 허씨에 이어 두 번째 부인 권씨와도 사별한 48세의 홀아비 신세에, 둘째 아들 채마저 절명한 상황이었다. 그 허기진 마음과 외로운 팔자를 그는 매화에 온 애정을 쏟으며 달래곤 했다.

봄 맞는 매화송이 추워 보이길래
한 가지 꺾어 옥창玉窓가에 두고 보네.
옛사람 그리운 맘 천산 밖 멀리까지 가니
천향天香을 못 이겨 여위고 수척해지네.[3]

「매화」

이황의 매화 사랑은 매화시 60여 수로『매화시첩梅花詩帖』을 엮을 정도로 지극했다. 추운 겨울을 이겨내고 다른 봄꽃보다 먼저 피는 매화는 빙기옥골氷飢玉骨(살결이 맑고 깨끗한 미인), 매선梅仙(매화 신

---

3) 梅萼迎春帶小寒, 折來相對玉窓間. 故人長憶千山外, 不耐天香瘦損看.

선), 청우清友(맑은 벗), 화괴花魁(꽃의 우두머리)로 불리며 많은 시인들이 애정한 꽃이다. 일찍이 남송南宋의 시인 육유陸游는 "눈보라 속에도 의연하고 꽃 중에 절개가 으뜸이며, 때 지나면 스스로 시들어서 떠날 뿐 해를 향해 구차한 삶 구걸 않는(雪虐風饕愈凜然, 花中氣節最高堅. 過時自合飄零去, 恥向東君更乞憐)" 매화를 빙혼氷魂(얼음같이 맑은 영혼)이라며 극찬했더랬다. 그런 매화를 이황은 '옥선玉仙'이라 부르며 아꼈다. 여리하지만 의연한 매화가 꽃샘추위에 떨까 방안에 모셔두고는 명계冥界의 인연을 떠올리는 그 애틋한 마음은 매화향조차 견뎌낼 수 없는 섬세한 시어를 탄생시켰다. 그림 같은 단양팔경에 빠져 조정과 관직의 치열함에서 벗어난 이황. 그가 빚어낸 이 민박憫迫하고 애틋한 표현을 좀 보라. 갱년기의 감수성이면 어떻고, 홀아비의 신세한탄이면 어떠랴.

이 미완의 감성은 열여덟의 관기 두향의 등장으로 절정을 이룬다. 두향의 매화 화분 선물로 시작된 이들의 인연은 짧지만 강렬했다. 희다 못해 푸른빛을 발하는 두향의 청매화 선물을 받아든 퇴계의 입에선 고백인지 감상인지 알 수 없는 매화향 가득한 시어가 절로 흘러나왔다.

홀로 산창에 기대니 밤기운 차가운데
매화나무 가지 끝에 둥근 달 걸렸구나.
구태여 소슬바람 다시 불러 무엇하리.
맑은 향기 저절로 뜰에 가득한데.[4]

「도산의 달밤에 매화를 읊다(陶山月夜詠梅)」

---

4) 獨倚山窓夜色寒, 梅梢月上正團團. 不須更喚微風至, 自有淸香滿院間.

하얀 달밤, 은은한 매화향, 아스라한 밤안개, 그리고 두향. 이 다정하고 다감한 양반이 어찌 흔들리지 않으리. 단양팔경을 배경으로 펼쳐지는 그날의 정경은 아내와 자식, 그리고 삶의 의미를 잃었던 사나이 빈 가슴을 시나브로 점령했을 터. 정욕단속과 정진수양을 부르짖던 도덕군자의 인간 사내로의 귀환이었다. 30여 년의 나이 차나 관리와 기녀라는 신분의 제약은 시화詩話와 음률, 그리고 매화라는 공통분모 속에 사라졌다. 이황은 나긋나긋한 시문으로 되살아난 감각을 펼쳐냈고, 두향은 거문고 연주와 답시로 화답했다. 신선(仙)이 하강해(降) 노닐었다는 강선대降仙臺는 사랑과 문장을 연주하는 두 사람만의 향기로운 독무대였다.

그러길 9개월, 둘의 애정이 한창 무르익을 즈음이었다. 넷째 형 이해가 충청도 관찰사로 부임하자 이황은 형제가 같은 도道에서 근무할 수 없다며 사의를 표명한다. 그러자 조정에선 그를 경상도 풍기군수로 발령한다.

두향으로선 청천벽력 같았다. 이제 막 서로를 알아가며 운우지정을 나눌 만하니 이별이란다. 그것은 이황도 마찬가지였다. 두 번의 상처喪妻와 아들을 먼저 묻는 아픔을 겪었지만, 두향과의 이별은 유난히 쓰렸다. 단양을 떠나는 날, 매화 화분을 소중히 안고 나선 그에게 매화는 두향의 분신이었다.

꽃 한 송이만 약간 뒤집혀 피어도 의아한데
어찌하여 모두 거꾸로 드리워져 피었는고.
그 까닭을 알고자 꽃 아래에서 살펴보니

머리 쳐든 한 송이 한 송이마다 꽃술 보이네.[5]

「도산의 매화를 다시 방문하며(再訪陶山梅)」

고개 수그린 매화의 새초롬한 자태는 참으로 두향을 닮았도다. 꽃 아래 머리 숙여 꽃 속을 보니 단정하게 들어앉은 꽃술은 그녀의 마음 같도다. 매화를 자신인 양 품은 이황의 뒷모습을 보며 두향은 이백李白의 시로 안녕을 고한다.

떠가는 저 구름은 임의 마음이요,

지는 이 해는 나의 정이로다.

손 흔들며 그대 떠나가니

말 울음소리 서럽기만 하네.[6]

이백, 「송우인送友人」

콘텐츠로 부활한 기록의 편집

그렇게 세월은 흘러가는 듯했다. 그러다 두향과 이별한 지 4년이 되는 어느 봄날, 초로의 52세에 접어든 이황은 문득 인편으로 두향에게 시 한 수를 전한다.

누렇게 바랜 옛 책 속에서 성현을 대하며,

---

5) 一花纔背尙堪猜, 胡奈垂垂盡倒開. 賴是我從花下看, 昂頭一一見心來.

6) 浮雲遊子意, 落日故人情. 揮手自玆去, 蕭蕭班馬鳴.

비어 있는 방 안에 초연히 앉았노라.

매화 핀 창가에서 봄소식을 다시 보니

거문고 마주 앉아 줄 끊겼다 한탄 말거라.[7]

제목도 없이 무심한 듯 보낸 시지만 문장마다 두향에 대한 위로와 다정이 한가득이다. 너를 매화로 생각하고 너를 만났던 계절을 잊지 않았노라, 꽃이 피는 봄소식을 나도 너만큼 기다리노라, 그러니 인연이 끝났다 섭섭해 말라는 이황의 전갈이었다. 이황은 두향을 잊은 게 아니었다. 빈방을 아련하게 채우는 매화향이나 거문고 가락처럼, 떠올리면 빈 가슴을 차오르게 하는, 두향은 퇴계에게 그런 존재였던 것이다. 두향은 이 연서를 가슴 깊이 새기고는 1570년 12월 8일 퇴계가 70세를 일기로 세상을 떠날 때까지 수절한다.

퇴계는 세상을 떠날 때도 향기로운 뒷모습을 남겼다. 그를 아버지처럼 따랐던 제자 이덕홍李德弘은 퇴계의 마지막을 이렇게 기억하고 있다.

초여드렛날 아침, 선생은 일어나자마자 제자들에게 '매화에 물을 주라'고 말씀하였다. 오후가 되자 맑은 날이 갑자기 흐려지더니, 흰 눈이 수북이 내렸다. 선생은 제자들에게 누워 있던 자리를 정리하라고 하였다. 제자들이 일으켜 앉히자 선생은 앉은 채로 숨을 거두었다. 그러자 곧 구름이 걷히고 눈도 그쳤다.

『계산기선록溪山記善錄』

---

7)　黄卷中間對聖賢, 虛明一室坐超然. 梅窓又見春消息, 莫向瑶琴嘆絶絃.

대학자의 마지막은 이처럼 눈같이 희고 매화같이 초연했다. 위중함 속에서도 매화에게 추한 모습을 보여 미안하다던 퇴계. 의식이 흐릿한 상태에서도 매화 얘기에 희미하게 웃던 퇴계. '매화에 물을 주라'는 유언은 어쩌면 매화를 분신으로 삼았던 두향에게 건네는 그의 마지막 인사였을지도 모르겠다. 한편 이황의 죽음을 전해들은 두향은 그날부터 곡기를 끊고 둘만의 추억이 담긴 강선대 아래에 묻히려고 스스로를 재촉했다. 그리고 퇴계를 기리는 한 줄기 아름다운 매화로 남고자 했다. 그런 그녀의 지고지순한 무덤에 단양군수 임방任傍이 바친 아름다운 추모시 한 편이 있다.

한 점 외로운 두추랑(두향) 무덤
강 언덕 강선대 아래 초강 어귀에 있네.
꽃다운 혼의 멋들어진 풍류에 대한 값으로
경치도 좋은 호구산에 묻어주었네.[8]

임방, 「두향묘시杜香墓詩」

덩그마니 놓인 두향의 무덤이 외로워 보였는지 젊은 날의 풍류값을 멋지게도 치러주는 단양팔경이다. 그런가 하면 조선 후기의 문인 조두순趙斗淳은 작정하고 퇴계와 두향을 엮기도 했다.

퇴옹의 시가 없었다면,
누가 두랑의 이름을 알았겠으며
두랑 또한 빼어난 여인이라서

---

8)　一點孤墳是杜秋, 降仙臺下楚江頭. 芳魂償得風流價, 絶勝眞郞葬虎丘.

군자를 알게 되는 영광 얻었지.[9]

조두순,「두향묘」

    퇴계와 두향의 사연은 공식적인 문헌상으로는 밝혀진 바 없다. 1977년 『단양군지』에서 강선대와 함께 관기 두향의 묘를 소개했을 뿐이다. 그러나 이황의 부임과 겹치는 두향의 활동 시기와 시인들의 추모시는 강선대, '복도별업復道別業'이라는 퇴계 선생의 일필휘지가 멋들어진 복도소復道沼 바위, '단구동문丹丘東門'이라 각명刻銘한 옥순봉을 배경으로 펼쳐지는 두향제의 탄생을 견인했다. 이황의 유난했던 매화 사랑과 여릿한 시적 감수성, 허씨 부인과의 짧은 이별과 권씨 부인과의 애처로운 사연, 아들의 요절, 명기 두향과의 인연, 이 모두가 어우러져 탄생한 묵향 그윽한 기록의 편린들은 이렇게 사랑의 콘텐츠로 부활하여 인간 이황을 기리고 있다.

---

9)   不有退翁詩, 誰識杜娘名. 娘亦女流秀, 得知君子榮.

열정과 뮤즈의 이름으로,
정철과 강아

시인과 정치가. 어찌 보면 참으로 이질적인 조합 같다. 하지만 현실에 대한 회의에서 출발해 이상이란 깃발을 향해 가는 '꿈꾸는 관념론자'라는 점에서 그 둘의 지향이 맞닿아 있는지도 모르겠다는 생각이 드는 건 송강 정철의 존재 때문이다. 「관동별곡」과 「훈민가」및 「사미인곡」, 「속미인곡」 등 주옥같은 작품들을 창작한 시조와 가사문학의 대가 정철은 기실 당파성이 강한 정치인이기도 했다.

그의 정치인생은 다채로운 인생 여정 가운데 감수성과 강인함을 오가는 성정으로 늘 떠들썩했다. 정철은 서인 강경파로서 수많은 사화와 옥사를 처리한 바 있다. 그때마다 타협 없는 처신은 '간철奸澈(간사한 정철)·독철毒澈(독한 정철)'이라는 평가로, 선조를 향한 충직과 의기는 "악독한 정철이 나의 어진 신하를 죽였다(兇渾毒澈殺我良臣)"는 비난으로 돌아오곤 했다. 광해군의 세자 책봉을 건의할 때는 북인의 영수 이산해의 계략에 오히려 당하는 어리숙한 면을 보였고, 당파싸움에는 독불장군처럼 밀어붙이다가도 정작 벼슬할 때는 술에 취해 유람하며 유유자적하기도 했다. 알코올 중독과 직설적인 성격 탓에 정적들이 많았지만, 또 그만큼 그를 인정하는 친구들도 많았다.

그의 뜨겁고도 다이내믹한 삶은 척박한 귀양살이 중에도 빛났다. 그러니 기녀 강아와 불꽃같은 추억도 만든 것 아니겠는가. 그러고 보면 그에게 '격탁양청激濁揚淸'의 칼 같은 정치적 소신은 '언제까지나 불타고 언제까지나 강한' 사랑의 목마름의 다른 표현이었을지도 모르겠다. 그리고 이것이 당시 정적들에겐 냉혹한 정치인으로 평가받던 정철을 오늘날 영원한 시인, 낭만적 로맨티스트로 기억되게 하는 오묘한 아이러니가 아닐까.

정치가 정철이 문학하는 이유

정철과 관련된 문제들은 대개 강한 성정이 술을 만나 불거지는 경우가 많았다. 술김에 이발李潑의 얼굴에 침을 뱉거나 두주불사로 취해 정적들에게 직격탄을 날리는 그를 향해 이이가 "제발 술을 끊고 말을 좀 줄이라"고 충고할 정도였다. 선조는 술을 하루에 딱 한 잔만 먹으라며 직접 은잔을 하사하기도 했다. 의주에서 선조를 수발들 때도 술에 취해 회의에 참석하지 않거나 정무를 소홀히 하여 물의를 일으키기가 다반사였다. 이런 모습을 두고 그와 친분이 깊던 유성룡은 『운암잡록雲巖雜錄』에 "정송강은 술에 취해 있어 나랏일을 돌보지 않았다"며 그의 술버릇을 탓했다.

이렇듯 술 좋아하고 속이 투명했던 정철, 원칙주의를 고수하며 직언과 처단을 서슴지 않던 정철, 정적에게는 한 치의 동정 없이 가혹했던 정철을 역사는 어떻게 평가했을까?『조선왕조실록』은 개성보다는 융통성이 요구되는 정치판에서 휘어지기보다는 차라리 꺾였던 그의 성향에 대해 이렇게 평가하고 있다.

정철은 성품이 편협하고 말이 망령되고 행동이 경망하고 농담과 해학을 좋아했기 때문에 원망을 자초했다.

『조선왕조실록』「선조실록」 46권, 선조 26년 12월 21일

정철은 단지 주색酒色에 빠진 무리로서 경박한 사람일 뿐이었다.

『조선왕조실록』「선조실록」 144권, 선조 34년 12월 20일

핍박을 받던 동인의 입장에서라면 충분히 편협, 망령, 경망이란 단어로 서인의 좌장 정철을 정의내릴 수 있었을 것이다. 이 밖에도 '강편剛偏하고 기극忌克한 사람으로 울분과 감정을 억누르지 못하고 불평하는' '당쟁 선동자' '정국 분열자' '색성소인素性小人(성격 급한 소인배)'이라는 평도 보인다. 이런 평들과 함께 정철의 파직을 간하는 수많은 기록들은 그의 정치인생이 얼마나 거친 가시밭길이었는지를 보여준다.

그러나 정치가로서의 험난한 여정은 곧 문학가 정철의 정체성을 찾아가는 시간이었던 것 같다. 출사-사직-복직-치사에 이르는 동안 그의 문학적 역량은 오히려 한층 성숙했기 때문이다. 강원도·전라도·함경도의 관찰사를 지낼 때 지은 작품들이 이를 대변한다. 금

강산 및 관동팔경의 산수에 유래된 고사와 풍속 및 감상을 담은「관동별곡」, 생생한 상용어를 선율에 얹어 백성들이 쉽게 깨치도록 지은「훈민가」, 담양군 창평에서 4년간 은거하며 지은「사미인곡」·「속미인곡」·「성산별곡」 등은 모두 그 당시의 빛나는 역작이다. 그래서 냉혹한 정치가로서보다는 정철의 감성적 기질과 예인으로서의 재능을 높이 샀던 이들은 그를 이렇게 평가했다.

> 만일 그를 강호 산림의 사이에 두었더라면 잘 처신했을 것인데, 지위가 삼사三司의 끝까지 오르고 몸이 장상將相을 겸하였으니, 그에 맞는 벼슬이 아니었다.
>
> 『조선왕조실록』「선조수정실록」, 선조 26년 12월 1일

엄숙과 절제, 균형이 능사인 정치판에서 자유롭고 개성 넘치는 정철의 일거수일투족은 분명 눈에 띄게 튀었을 것이다. 천재시인의 뜨거운 정열은 널뛰는 광기와 집요한 성질로 비쳤을 수도 있다. 진정되지 않는 끼를 술로 희석하는 모습은 괴팍하고도 방종하게 보였을 터다. 그러나 그 모든 것은 양날의 검 아니겠는가. 정치판에서의 모난 돌 취급은 그에게 낭만적 연애의 경험과 문학계의 기린아라는 명성을 안겨주었으니 말이다.

대가, 뮤즈를 만나다

정철이 광해군의 세자 책봉을 주청하다가 선조의 노여움을 사서 강

계로 유배될 당시의 나이는 지천명知天命을 훌쩍 넘은 56세였다. 사회적으로도 육체적으로도 쇠퇴기였다고 할 수 있다. 그러나 시조집 『권화악부權花樂府』에 송강첩松江妾이라고 기록된 진옥眞玉과의 인연과 사연을 보면 당시 그는 영원한 음유시인, 감성의 매력남으로 부활했던 모양이다. 작품을 통해 보는 정철은 실록과는 사뭇 다른 모습이다. 평소 음주와 해학을 즐겼던 그의 매력이 시조 곳곳에서 드러난다.

> 한 잔 먹세그려 또 한 잔 먹세그려,
>
> 꽃 꺾어 수를 세면서 무진무진 먹세그려.
>
> 이 몸 죽은 후면 지게 위에 거적 덮어줄 이어 매여 가나
>
> 유소보장의 만인이 울며 가나
>
> 억새 속새 떡갈나무 백양 숲에 가기만 하면
>
> 누런 해 흰 달 가는 비 굵은 눈 소소리바람 불 때 누가 한 잔 먹자 할꼬.
>
> 하물며 무덤 위에 잔나비 휘파람 불 때 뉘우친들 어찌하리.[1]
>
> 「장진주사將進酒辭」

> 내 오늘 술에게 묻노니, 술과 나는 누가 손이요 누가 주인인가.
>
> 술이란 온갖 맛 중의 제일이요, 나는 범인 중에 인걸이라네.[1]
>
> 「옥천자가 보내온 고죽 운에 차하다(次玉川子送孤竹之韻)」

거적을 덮으나 꽃상여를 타고 가나 죽는 건 매한가지니 살았을 때 부지런히 한 잔이라도 더 먹자는 정철의 애주가愛酒歌, 그리고

----

1) 今日我問酒, 酒與我誰賓主. 酒爲百味之最長, 我是凡民之俊秀.

술과 내가 하나되는 '주아일체酒我一體'의 경지를 읊조리며 스스로를 인걸이라 자부하는 그의 넋두리는 인간적 연민과 순수한 열정, 노련한 정치가와 순박한 소년이 교차하는 공간을 연출한다. 유유자적 술 권하는 장면 어디에서도 정적을 향한 비정한 눈빛이나 냉혈한의 카리스마는 보이지 않는다. 그저 사람 좋고 술이 즐거운 주당의 허허로운 허세와 낭창낭창한 인간미만이 느껴질 뿐이다.

술이 정치를 만나면 불협화음을 낳지만, 문학과 조우하면 천상의 하모니를 이루는 걸까? 시름을 잊게 하는 '망우물忘憂物'이라며 술을 예찬하던 도연명도, 술 한 말에 시 백 편이라던 주선酒仙 이백도, 「음주팔선인飮酒八仙人」을 찬양한 두보도, 시·술·거문고가 유일한 벗이라던 취음醉吟 선생 백거이도 모두 정철과 한통속 같다.

권하노니 이 술 한 잔 사양 말게

권하노니 두 번째 잔도 머뭇대지 말고 받게나

세 번째 잔 권하면 그대도 비로소 내 마음 알겠지

지금 얼굴 어제보다 더 늙었으니

취했을 때가 깨었을 때보다 더 낫다네

천지는 아득하고 장구한데

흰 토끼(달)와 붉은 새(해)는 앞서거니 뒤서거니 빨리도 지나가니

죽은 뒤 북두칠성에 닿을 황금을 쌓은들

살아생전 한 통의 술만 못하리.[2]

백거이, 「권주勸酒」

2)   勸君一杯君莫辭, 勸君兩杯君莫疑. 勸君三杯君始知, 面上今日老昨日. 心中醉時勝醒時, 天地迢迢自長久. 白兔赤烏相趁走, 身後堆金拄北斗, 不如生前一樽酒.

꽃가지로 술잔을 세는 정철이나, 취한 세상이 더 아름답다는 백
거이나 결국 관통하는 정서는 하나. 알코올로 세속의 잔망함을 깨
끗이 털어내고 순박한 야성으로 돌아가자는 것. 그 천진한 꼬임에
누군들 권하는 잔을 받지 않을 수 있으리. 그 흐뭇한 격조에 누군들
감탄하지 않으리. 그런 정철이니 아름다운 기녀와 시와 사랑을 나
누는 로맨스를 이룬 것도 당연지사다.

봄빛 가득한 동산에 자미화 곱게 펴
미인의 얼굴은 옥비녀보다 곱구나.
망루에 올라 장안을 바라보지 말라
온 거리 다투어 향기로운 자태 사모하리니.[3]

「영자미화詠紫微花」

이 시의 주인공은 자미紫薇, 즉 백일홍처럼 예쁜 진옥이다. 그녀
는 정철이 40대 중반 전라도 관찰사 시절에 만났던 기녀다. 정철의
호 송강松江에서 취해 강아江娥라는 별칭으로도 불린다. 호를 나눠
쓸 정도로 각별했던 두 사람의 관계는 1년 후 정철이 도승지가 되
어 한양으로 떠나면서 끝나는 듯했다. 그러나 10여 년 후 정계의 온
갖 쓴맛을 본 정철이 강계로 귀양온 그때, 진옥은 강산을 넘고 세월
을 거슬러 송강을 찾아온다. 그 당시 정철의 심정은 이랬다.

세상에 살면서도 세상을 모르겠고,
하늘 밑에 살면서도 하늘 보기 어렵구나.

---

3) 一園春色紫薇花, 纔看佳人勝玉釵. 莫向長安樓上望, 滿街爭是戀芳華.

내 마음 아는 것은 오직 백발 너뿐인데,

나를 따라 또 한 해 세월을 넘는구나.[4]

「청원극리清源棘裏」[5]

　노회한 정치의 세계에서 투박하고 거친 정철의 소신과 존재는 언제나 튀는 모난 돌이었다. 고위관직의 권위도 물정에 어둡고 관계에 서투른 그에게는 모두 몸에 맞지 않는 옷 같았다. 신념을 내세우면 고집불통이라 했고, 단호하면 비열하다 욕을 먹었다. 술을 먹으면 망나니라 했고, 정적을 쳐내면 '악독하다'는 비난이 돌아왔다. 그러다 어느새 백발이 된 그에게 10년 만에 찾아온 진옥은 선물 같았다. 그리하여 다시 시작된 노년의 은퇴한 정객政客과 기녀의 재회는 이전과는 다른 농도로 전개된다. 정철이 도발하자 능숙하게 받아치는 진옥의 육감 방자한 시 대결을 보라.

(정철)

옥玉이 옥이라커늘 번옥燔玉만 너겨떠니

이제야 보아하니 진옥眞玉일시 적실的實하다.

내게 살송곳 잇던니 뚜러 볼가 하노라.

(진옥)

철鐵이 철이라커늘 섭철攝鐵만 너겨떠니

이제야 보아하니 정철正鐵일시 분명하다.

4)　居世不知世, 戴天難見天. 知心惟白髮, 隨我又經年.
5)　청원은 강계의 별칭이다. 시 제목의 뜻은 '청원(강계)에 유배되어'다.

내게 골풀무 잇던니 뇌겨 볼가 하노라.

『근화악부槿花樂府』에 실린 「송강이 진옥과 더불어 수답하며 지었다(鄭松江與眞玉相酬答)」이다. 정철이 진옥더러 가짜 옥인 번옥이 아니라 진짜 옥인 진옥이라 하니, 당신이 잡철인 줄 알았더니 제대로 된 진짜 철이라 응수하는 진옥이다. 나머지 문구는 19금 에로틱 버전이니 각자의 상상대로 해석하시길. 은유와 도발, 색정과 순발력을 오가는 문장으로 두 사람은 이미 영육교합의 경지에 이른 듯하다. 그러던 두 사람에게 다시 이별이 찾아온 것은 임진왜란의 발발로 선조가 정철을 불러들이면서다. 정철이 강계를 떠나는 날 진옥은 그에게 별사別辭 한 수를 건넨다.

이별하는 사람 이 밤도 많겠으니,
쓸쓸한 달빛은 망망한 물결 위에 지네.
아쉬워라 오늘밤 그대는 어디서 묵으려나,
나그네 창가엔 외로운 기러기 울음 들리네.[6]

「송별送別」

이별은 여전히 익숙하지 않아 달빛과 물결, 기러기마저 쓸쓸하고 망망하게 느껴진다는 진옥의 자조가 구슬프다. 두 사람은 송강이 58세로 세상을 뜰 때까지 다시는 만나지 못했다. 한때 정철의 부인이 진옥을 데려오라 권했지만, 정철에게 누가 될까 거절한 진옥은 강계에서 홀로 지낸다. 그리고 송강이 죽은 후에는 그의 무덤 부근

---

6)   人間此夜離情多, 落月蒼茫入遠波, 惜間今硝何處佰, 旅窓空廳雲鴻過.

의 절로 들어가 소심素心이란 법명의 비구니가 되었다고 한다.

지금도 고양시 덕양구에 위치한 송강마을에는 송강 정철을 기리는 송강 문학관과 함께 강아의 무덤이 있다. 1998년에 세워진 그녀의 묘비명은 '의기 강아묘義妓江娥墓', 그리고 뒷면에는 이런 글이 새겨져 있다.

송강 정철이 전라도 관찰사로 재임 시 남원의 동기인 자미를 사랑하자 세상 사람들이 송강의 '강'자를 따서 강아라 불렀다. 송강은 1582년 9월 도승지에 임명되어 강아에게 석별의 시를 지어주고 임지인 한양으로 떠났다.[7]

그녀의 존재와 정철과의 로맨스는 이러한 단서들과 주고받은 시문 속에 면면히 전해지고 있다. 기녀이기에 문헌상의 뚜렷한 족적이나 정확한 기록은 없다. 그러나 그녀는 정철 작품의 곳곳에서 뮤즈로서의 존재감을 분명히 드러내고 있는 듯하다. 하여 정철이 남녀의 사랑을 빗대 연군戀君의 정을 읊었던 「사미인곡」과 「속미인곡」의 다정 달콤한 시어들은 진옥과의 애잔한 인연이 시인의 감성을 촉촉이 적셔준 덕분에 가능했던 것 아닐까?

---

7) 묘비 뒷면에는 연이어 「영자미화」의 시와 다음의 글귀가 기록되어 있다. "그 후 강아는 송강에 대한 연모의 정이 깊어 함경도 강계로 귀양가 위리안치 중인 송강을 찾았으나 임진왜란이 나자 선조대왕의 특명으로 송강은 다시 소환되어 1592년 7월 전라·충청도 지방의 도체찰사로 임명되었다. 강아는 다시 송강을 만나기 위해 혈혈단신으로 적진을 뚫고 남하하다가 적병에게 붙잡히자 의병장 이량李亮의 권유로 자기 몸을 조국의 제단에 바치기로 결심하고, 적장 소서행장小西行長을 유혹, 아군에게 첩보를 제공하여 결국 전세를 역전시켜 평양 탈환의 큰 공을 세웠다는 미담이 전한다. 그 후 강아는 소심 보살이란 이름으로 입산수도하다가 고양 신원의 송강 묘소를 찾아 한평생을 마감하였다."

이 몸이 태어날 때에 임을 따라 태어나니,

한평생 함께 살아갈 인연이며

이 또한 하늘이 어찌 모를 일이던가?

나는 오직 젊어 있고, 임은 오직 나를 사랑하시니,

이 마음과 이 사랑을 비교할 곳이 다시없다.[2]

정철, 「사미인곡」

희롱하다 정분날라,
물놀이와 화전놀이

김홍도의 그림 〈빨래터〉는 갓과 부채로 얼굴을 가린 양반이 속살 드러난 줄도 모르고 희희낙락 빨래방망이질에 머리를 감고 있는 아낙네들을 훔쳐보는 모습을 해학적으로 그려냈다. 남녀 간의 춘정을 즐겨 화폭에 담았던 혜원 신윤복도 〈단오풍정端午風情〉에 남겼다. 단옷날 개울가 여인들의 목욕을 엿보는 동자승들의 발칙한 환속還俗의 광경을, 그 익살스럽고도 엉큼한 충동의 순간을. 〈연소답청年少踏靑〉은 또 어떠한가? '나이 어린 이(연소年少)'들이 '푸른 풀을 밟으며(답청踏靑)' 봄나들이, 꽃구경을 나선다. 내로라하는 세도가 집안의 자제들이 기생들을 말에 태우고 나선 봄나들이에선 청춘들의 설렘이 화폭 넘어 전해지는 듯하다.

  어쩌면 이것은 남녀가 허물없이 어울릴 기회가 흔치 않던 그 시절, 때로는 엉큼하게, 때로는 신명나게 순간을 즐기고 싶던 누구나의 속마음을 포착한 것이리라. 봄날의 화류유희花柳遊戲와 화전花煎

놀이, 여름날의 물놀이, 가을의 단풍구경, 일상의 빨래를 핑계로 산으로 들로 물가로 나선 나들이에선 즉석만남과 공공연한 희롱이 어우러져 흥겨움을 더해주니, 주객이 전도된 이 외출이 어찌 흥겹지 아니하랴.

목욕이란 무엇인가

지금이야 집집마다 욕실에서 매일 씻는 것이 예사지만, 고대에는 어지간한 대갓집 아니고서야 별도의 욕실을 갖추기란 꿈도 못 꿀 일. 그런 상황에서 세신洗身과 세발洗髮을 일상습관으로 삼기는 어려웠을 것이다. 그러나 불교의 보급은 일찌감치 이 땅에 심신정결을 위한 '목욕재계' 문화를 견인했다. 특히 찬란한 불교문화의 꽃을 피웠던 신라시대에 목욕은 영육의 더러움을 씻어내는 수행의 한 방편으로 활용되었다. 화랑 죽지랑에게 불손했던 익선의 죄를 대신할 아들을 연못에서 목욕시켜 속죄케 하거나,[1] 부득夫得과 박박朴朴이 목욕을 하고 무량수無量壽를 이루어 불존佛存이 되었다는 『삼국유사』의 기록이 이를 방증한다.[2] 또 가락국 백성들이 수로왕을 처음 맞이한 날은 부정을 쫓는 정화의례淨化儀禮일인 삼월 삼지 '계욕禊浴의 날'이었다.[3] 이 땅에서 목욕은 몸의 때로 상징되는 세상의 온갖 더러움을 씻어낸다는 의례적 성격을 지녔던 것이다. 그런 전통은 고려에도 이어져 기도나 제사 등의 의식에 앞서 향을 피우고 목욕을 했다는 기록이 『고려사』와 『고려사절요』 곳곳에 보인다.

그러나 어디 목욕이란 게 그리 엄숙할 수만 있겠는가? 모름지기

흥도 많고 끼도 많은 우리 민족은 근엄한 제의조차 흥겨운 유희문화로 변모시켜 새로운 전통을 만들어갔으니, 송나라 사신 서긍은 그 풍속을 이렇게 기록했다.

옛 사서史書에 따르면 고려의 풍속은 모두 깨끗하다고 기록되어 있는데, 지금도 여전히 그러하다. 그들은 항상 중국인이 때가 많은 것(垢膩)을 비웃는다. 그래서 아침에 일어나면 먼저 목욕을 한 후 집을 나선다. 여름에는 날마다 두 번 목욕을 하는데, 거개 냇물에 모여 한다. 남녀 구별 없이 모두 의관을 벗어 언덕에 던져두고 물가를 따라 무람없이 드러내도 부끄럽게 여기지 않는다.

『고려도경』 권23 잡속雜俗

글 속 풍경은 불교의 영향이든 청결의 민족성이든 어찌됐든 아침 일찍 일어나 제일 먼저 몸을 닦는 것이 일상화된 고려인의 모습이다. 이것이 '신체발부 수지부모身體髮膚受之父母'라는 공자의 가르침 아래 씻는 것조차 조심스러운 송나라 사신의 눈엔 의아하게 비춰졌던 모양이다. 그러나 무엇보다도 그를 놀라게 한 것은 여름날 시내에서 진행되는 방자한 혼욕 광경이다. 바위에 아무렇게나 옷가지를 던져놓고, 물속에 몸을 담그고 유쾌한 듯 어우러진 남녀의 목적이 아무래도 목욕만은 아닌 듯 보였기 때문이다.

하긴 그렇다. 반라의 남녀가 물속에 함께 있는데, 어찌 단순히 씻는 것에만 집중할 수 있겠는가? 더구나 야외가 아닌가? 표면적인 목적이야 세신이라지만, 남녀가 어우러져 묵은 때와 함께 그간의 시름과 한숨, 일상의 단조로움과 스트레스까지 씻어내다 보면, 천진한 야성과 건강한 충동이 일지 않는다고 누가 장담하랴? 웃음소리 물장구 소리 드높은 그곳엔 희롱과 유흥의 야릇한 기류가 형성되었으리라. 그러니 제아무리 유교적 지엄함으로 남녀관계를 단속하던 조선시대라도 이런 유쾌한 풍속을 원천봉쇄할 수는 없었을터. 절기행사의 형태로 이어진 이 전통은 음양의 조화에 목마른 이들의 숨통을 틔웠으니, 삼월삼짇날(3월 3일), 단옷날(5월 5일), 유두절(6월 15일), 칠월칠석(7월 7일), 한식날(7월 15일) 등은 전라全裸의 야외목욕이 공식적으로 허용되는 날이었다.

물결에 여흥을 싣고

음력 5월 초(단端) 닷새(오午)여서 '단오'인 이날은 높은 신(수리)을 모신다고 해서 '수리'라고도 부른다. 『삼국지·위서·동이전』에는 "해마다 5월이면 씨뿌리기를 마치고 귀신에게 제사를 지낸다"는 기록이 있다. 이것이 양기陽氣가 가장 왕성하다는 초하初夏에 날을 잡아 풍년을 기원하는 제사의식을 거행하는 단오의 기원이다. 그 의식의 하나인 목욕재계는 신에게 정결한 몸을 선보이려는 준비단계다. 그러나 공개된 장소에서 삼삼오오 모여 등을 밀어주고 머리를 매만져주는 과정에서 이 거룩한 의례는 어느새 이성을 유혹하는 야릇한 몸치장으로 변모한다. 유두절도 마찬가지다. 유두천신流頭薦神에게 고사를 지내기 위해 '동류수두목욕東流水頭沐浴', 즉 '동쪽으로 흐르는(유流) 물에 머리(두頭)를 감아 부정을 씻는' 머리감기는 제의보다 더 중요한 이날 행사의 하이라이트였다.

유월이라 유두일에 …… 홍로유금紅爐流金(화로에 금이 녹을 정도로 덥다)되었으니 나체노발裸體露髮(나체 상태로 머리카락을 풂) 못 견디네. …… 청풍은 서래하고 명월은 만정滿庭이라. 강산풍경 이러하니 금지할 이 뉘 있으리.

「사친가思親歌」

조선시대 때 부녀자들 사이에 유행했던 「사친가」의 한 구절이다. 부모님이 열두 달 세시풍속을 못 누리고 돌아가신 것을 한탄하는 이 규방가사에는 답청절踏靑節, 관등절觀燈節, 추천절鞦韆節, 칠석七夕, 중구일重九日, 천마일天馬日, 동지冬至에 이르기까지 절기의 나들이를 손꼽아 기다리던 여인들의 소망도 함께 담겨 있다. 규방을 벗어나는 것은 일상의 규칙도 함께 벗어남을 의미한다. 문지방을 넘는 순간, 내실에 감춰뒀던 욕망도 따라나선다. 시냇가에 저고리를 벗어놓으며 조신함과 얌전의 너울도 벗어버렸을 터다. 그것은 남자들도 마찬가지였을 것이다. 그날만큼은 서책과 체면일랑 내려놓고 해방감을 만끽하는 소년들의 일탈과 동무들과의 외출이 그저 즐거운 소녀들의 활기찬 소란을 삼의당 김씨는 이렇게 읊은 바 있다.

술 마시고 노래하니 뉘 집의 짓궂은 소년(惡少年)인가.

삼삼오오 패를 지어 숲과 물을 찾아가네.

성 남쪽 들판에 물 맑아 물안개 핀 그곳엔

처녀들 흐르는 물에 머리 감으며 미모를 다투네.[1]

김삼의당, 「십이월사十二月詞·유월유두六月流頭」

---

1) 歌酒誰家惡少年, 三三五五向林泉. 城南野水淸如烟, 兒女流頭靜且妍.

삼의당 김씨의 열두 달 세시풍속 연작시 「십이월사十二月詞」 중 유두를 노래한 부분이다. 어설픈 건달짓이 더 요란한 법. '악소년惡少年'이란 시어에서 음주고성飮酒高聲하는 치기어린 소년들의 행태를 짐작할 수 있겠다. 그런데 이 악동들이 찾아간 곳은 숲속 개울가, 끼리끼리 모인 소녀들이 깔깔대며 맑게 씻은 얼굴과 삼단 같은 머리카락을 두고 누가 더 어여쁜지 쟁론하는 그 개울가다. 오호라, 어쩌면 그날 저녁 규율과 단속에서 해제돼 적잖이 풀어진 처녀총각들의 내숭 없는 만남을 기대해봄 직하겠다.

그런데 누군가는 가끔씩만 허락되는 이런 공개적이고 공식적인 행사로는 답답증을 풀어내기 충분치 못했던 모양이다. 절기만 손꼽아 기다릴 수도, 집 근처의 계곡과 시내 정도로 만족할 수도 없는 여인들은 이제 제대로 놀아볼 요량이다. 질병치료를 구실삼아 눈치 보지 않고 마음껏 여흥을 즐기기 위한 아녀자들의 장거리 온천나들이에는 가마행렬이 끊이지 않았다.

광주廣州 땅에 논 가운데서 냉천冷泉이 솟아났는데…… 근년에는 그 물을 초수椒水(약수)라 하여 목욕하는 자들이 매우 많았습니다. 그러나 효과를 보지 못할 뿐더러 도리어 다른 병을 얻은 자가 많다고 합니다. 그런데도 지난달에는 부녀들이 일시에 몰려와 가마의 수가 30여 채나 되었습니다.

『조선왕조실록』 「명종실록」 29권, 명종 18년 8월 4일

논두렁 한가운데 냉천이 솟았다? 그것도 약수가? 그럴 리가. 필시 논에 물을 대는 물줄기였으리라. 효과도 없을 뿐더러 외려 없던

병까지 얻는다지 않는가 말이다. 그런데도 부녀들의 가마가 줄줄이 이어지는 것을 보면, 모르긴 해도 이곳의 '노는 물'만큼은 꽤 좋았던가보다. 하여 가마가 30여 채란다. 가마꾼에 딸린 몸종까지, 여비는 물론이거니와 움직이는 규모가 만만치 않았을 터. 아마도 이 거국적 행사를 위해 대갓집 사모님들이 친지끼리, 지인끼리 작정하고 유흥계나 친목계 혹은 온천 동호회를 조성했으리라. 그 덕에 광주 일대가 들썩이며 지역 특수효과도 톡톡히 누렸을 성싶다. 평범하기 그지없는 촌구석 농경지가 일순 여성들이 선호하는 1순위 관광명소로 부상했으니 말이다. 가마행렬 북적인다는 파다한 입소문에 뭐라도 있나 싶어 기웃거리고 싶은 게 인지상정, 예나 지금이나 여인들의 입김과 치맛바람은 무시할 게 못되나 싶다. 그나저나 이런 모임들이 예교의 지엄한 강령으로 왕실과 종묘사직의 기강을 세우기 바쁜 조정신료들의 심기를 꽤나 불편하게 했던 모양이다. 성종 3년 예조로부터 이런 상소가 올라온다.

> 사족士族의 부녀가 영전迎餞(친지 전송)을 빙자하여 산간 계곡에서 노닐다가 취한 뒤에 부축을 받으며 돌아와 방탕함이 막심하니, 규찰을 더하여 금법을 어긴 자는 죄를 물으소서.
>
> 『조선왕조실록』 「성종실록」 14권, 성종 3년 1월 22일

산간 계곡에서 술을 마시고 진탕 놀다가 비틀거리며 귀가하는 조선시대 사족 부녀들이라, 좀 낯설지 않은가? 그러나 의외로 당시 부녀자들이 친척을 맞이하거나 배웅하기 위해 산과 계곡을 찾는 일은 '근친覲親'이나 '반보기'라는 명목 아래 종종 행해졌다. '근친'과

'반보기'는 시집살이로 친정방문이 어려워진 며느리들에게 한가위와 같이 특별한 날에 주어진 짧은 휴가다. 출가한 딸이 직접 친정을 방문하는 것이 근친이고, 근친이 여의치 않을 경우 모녀가 술과 음식을 장만하여 두 집의 중간쯤 되는 산이나 시냇가에서 만나 회포를 푸는 일을 '반보기'라 한다. 이때 일가친척이나 동년배 여성들이 동참하면서 모녀상봉은 색다른 모임문화를 형성하게 된다. 고된 시집살이를 토로하며 음식을 나누고 남편 흉을 안주삼아 술도 한잔씩 걸치는 가운데 음주가무가 어우러진 한바탕 낭자한 놀음판이 벌어지곤 했던 것이다.

문제는 이것 또한 사대부들 눈엔 암탉이 담장 밖에서 요란하게 홰를 치는 고얀 행실로 보였다는 점이다. 하여 『경국대전』에는 급기야 부녀자 외출금지 조항이 추가된다.

유생儒生·부녀로서 절에 올라가는 자, …… 사족의 부녀로서 산간이나 물가에서 놀이 잔치를 하거나 야제野祭, 산천, 성황의 사묘제를 직접 지낸 자 등을 모두 장 100대에 처한다.

『경국대전』「형전刑典」금제禁制

뭐 이게 곤장까지 칠 일이라고. 그 흥과 끼가 누른다고 눌려지며 막는다고 막아지랴? 그러나 한편으로 뒤집어 생각하면 일상과 예법의 틈새로 비집고 나온 그녀들의 욕망이 얼마나 핫하고 폭발적이었는지 짐작이 간다. 원래 놀아본 사람만이 그 세계를 잘 아는 법이다. 부녀들의 외출단속을 엄격하게 규제하자는 당사자는 바로 그 놀아본 이일 게다. 그 판세를 너무 잘 알다보니, 지레 제 발 저려 황급히 안사람 단속에 나선 것 아니겠는가? 하지만 그깟 금령 때문에 여기서 포기할 그네들이 아니다. 뭐가 걱정인가. 또다른 새로운 놀이가 얼마든지 지천에 널렸는데.

봄을 노래하고 꽃을 음미하다

여름나들이의 백미가 물놀이라면 봄마실의 정수는 단연 꽃놀이다. 기화요초琪花瑤草 흐드러지게 핀 봄 언덕은 화려하고도 향기로운 만남의 광장이다. 포근한 햇살에 마음마저 풀어지는 이 아름다운 계절에는 누구라도 설레고 들뜨기 마련이다. 방초芳草의 향연에 초대된 남녀노소는 할 일일랑 작파하고 계절의 호사를 누리기에 바쁘다.

> 무풍巫風이 성행하여, 도성 남녀들이 떼지어 술을 마시는 것을 싫어하지 않았다. 매양 한번 술자리가 벌어지면 반드시 음악을 베풀게 되고 해가 저물어서야 헤어졌다. 남녀가 노래를 부르고 춤을 추며 길거리에서 큰 소리로 떠들면서 태평시대의 즐거움이라 노래했다. 귀가貴家의 부인들도 또한 많이 본받아서 장막을 크게 설치하고는 아들과 며느리를 다 모아서 호세豪勢와 사치를 다투어 준비하는 것이 매우 극진하였다. 두견화가 필 때에 더욱 많게 되니, 이름하여 전화음煎花飲이라 하였다.
>
> 『조선왕조실록』「세조실록」7권, 세조 3년 4월 22일

두견화, 즉 진달래가 필 무렵인 음력 3월 중순경에 교외나 야산

등지에서 행해지는 꽃놀이를 화류, 회취會聚 혹은 화류유라 한다. 또 삼월삼짇날을 전후하여 교외에서 푸른 풀을 밟고 놀던 풍속을 답청놀이라 한다. 개나리, 진달래 흐드러지게 필 즈음 선조들은 경치 좋은 곳을 찾아 화전을 부쳐 먹고 술을 마시는 전화음을 즐겼다. 이때에는 봄의 정령이 부는 피리소리에 홀린 듯, 들로 산으로 쏟아져 나오는 이들이 부지기수였다. 정조 때의 북학파 실학자 유득공은 이런 이들을 위해 『경도잡지京都雜誌』에서 한양의 유명한 꽃놀이 명소를 소개한다.

> 필운대 살구꽃, 북둔北屯(성북동)의 복사꽃, 흥인문 밖 버들, 천연정 연꽃, 삼청동 탕춘대의 수석水石이 술과 노래를 즐기려는 자들이 많이 모이는 곳이다. 도성 둘레는 40리인데 이를 하루 만에 두루 돌면서 성 내외의 꽃과 버들을 감상하는 것을 좋은 구경거리로 여겼다.
>
> 『경도잡지』「유상遊賞」

꽃과 술과 노래라. 이덕무, 박제가 등과 어울려 여행하고 시를 지으며 풍류를 즐기는 것을 인생지락으로 삼던 유득공의 주요 활동반경은 주로 종로구 경운동과 탑골공원 주변 등 서울 북부 일대. 규장각 문신들과 한양의 모습을 묘사한 「성시전도시城市全圖詩」[2]를 지어 정조께 올렸을 정도니, 도성의 꽃구경 명소쯤은 훤히 꿰찼을 것이다. 그 혼연한 즐거움을 혼자만 누리기에 아까웠던지 이렇게 화

---

2) 정조는 1792년 한양 전체를 담은 그림 〈성시전도城市全圖〉를 보고, 이를 소재로 규장각 문신들에게 시를 지으라고 명했다. 「성시전도시」는 이때 정조의 명을 받아 이덕무, 박제가, 유득공 등이 쓴 시다. 도시경관, 사회풍속 등을 비롯한 18세기 한양을 이해하는 자료로 활용된다.

류희 최고의 명소를 꼼꼼히 짚어 소개하니, 품격 높은 명소탐방 정보 되시겠다. 최고의 장소도 물색해두었겠다, 그럼 이번에는 철쭉, 살구꽃, 복사꽃 가득한 꽃놀이 판에서 과연 어떤 일이 벌어졌는지 알아보자.

주거니 받거니, 화전가를 부르세

초록 풀 융단 밟아 신나고, 백화만발 꽃을 봐서 기쁘고, 꽃구경 나온 임을 봐서 더 흐뭇한 화류유의 최고 정점은 역시 "개울가에 돌 괴어 솥뚜껑 걸고, 기름 두르고 쌀가루 얹어 참꽃(杜鵑花)을 지져 먹는"[3] 꽃지짐, 즉 화전놀이다. 사치 중에 먹는 사치가 제일이라. 눈으로 한 번, 입으로 두 번, 향으로 세 번 즐길 수 있어 오감이 가장 호강하는 음식 중 으뜸이라면 단연 '화전花煎'이 아닐까 싶다. 일 년을 꼬박 기다려 맞이하는 그날에는 모두 들판의 봄꽃이 되고픈 모양이다.

> 녹의홍상綠衣紅裳 떨쳐입고
> 삼삼오오 작반作伴하여
> 연보蓮步를 곱게 옮겨
> 만송정萬松亭 당도하니
> 심신이 상쾌하다
> 청산은 빛을 띄고

---

3) 임제林悌의 시 '鼎冠撑石小溪邊, 白粉淸油煮杜鵑. 雙箸挾來香滿口, 一年春信腹中傳'에서 인용.

녹수綠水는 반기난 듯

......

행장에 포도주를 수삼 배 마신 후에,

쾌활한 흥이 나서 돌고지 올라서니,

화향花香이 습의襲衣하야 흉금이 상쾌하다

......

얌전할사 연당댁은 설중의 매화이며

단아한 우평댁은 추수부용秋水芙蓉 반개화요

어리무던 의성댁은 운무 중의 명월이요

현철한 새터댁은 명사십리 해당화요

수련한 경주댁은 수상의 연화로다

산들산들 김산댁은 옥분의 난초이며

봉울봉울 미동댁은 창전窓前의 옥매화요

자태 있는 구담댁은 새로 핀 할미화요

화려한 예안댁 우후의 목단화라

놀음이 이만하니 음식인들 범연泛然하리

옥병의 감홍로甘興露 국미춘 향기 나고,

송강松江의 노어회鱸魚膾는 은실을 드리운 듯

강남의 연자병蓮子瓶은 수중의 연화로다.

쑥 뜯어 애탕艾湯(쑥국)하고 꽃 꺾어 화전하니

요지연瑤池宴 잔치라도 이보다 못할 거요.

「화유가花遊歌」

분단장도, 생김새도, 옷차림도 각양각색인 아낙들은 흡사 언덕

위 펼쳐진 꽃들과 한통속 같다. 설중 매화, 가을 연꽃, 구름 속의 달, 해변의 해당화, 옥화분 속 난초……. 한잔 술의 마법인가, 화향의 조화인가. 서로를 부르는 명칭이 분분芬芬하기 그지없다. 규방 속에 유폐됐던 감흥과 정취는 상화賞花의 감격에 정신없이 분출되고, 함께해서 더욱 흥겨운 산중연회가 바야흐로 벌어진다. 한자수홍恨紫愁紅이라더니 자줏빛 붉은색 꽃잎에 그간 칙칙했던 감정에도 울긋불긋 화색이 돌 판이다. 각자 주섬주섬 꺼내드는 옥병의 감흥로, 송강의 노어회를 펼쳐놓고, 햇쑥으로 국을 끓여 진달래 화전을 곁들이니, 그 어떤 산해진미도 부럽지 않다. 진달래로 허기를 달래고 감로주로 영혼을 채웠으니, 이제 제대로 꽃놀이를 즐겨볼 요량이다.

꽃 싸움에 싸려 하고
향기 맑은 꽃입흔 젹꾸어 먹어보자
셕간슈 옥계변에 옥관을 걸어노코
백분청슈 두견화를 청유에 지져내니
한편으로 꽃 싸움은 편을 갈나 일어나내
청춘에 호기심은 승부로 장할시고
섬섬옥수 마조잡고 한 건곤 일어난다,
백옥잠 감로주는 이긴 편을 상주하고
검은 사발 보리탁주 진 사람들 벌주로다
상주벌주 취한 좌석 노랫소리 낭자하다

「화전가花煎歌」

화전을 부쳐 먹으며 꽃 싸움을 한단다. 아마 꽃 이름 대기나 나뭇잎 떼기 내기 등을 일러 그리 불렀으리라. 풀줄기나 꽃술을 대고 당겨서 누가 더 질긴가를 겨루기도 했을 것이다. 이 낭만적인 대결에서 지더라도 반가운 건 벌주가 있기 때문이다. 승부며 내기는 술 마시기 위한 핑계일 뿐, 이기면 감로주요, 진 쪽은 탁주로다. 이래도 부어라 저래도 마셔라 하는 사이, 바람과 화향과 너와 내가 하나로 혼재된 기쁨의 환호성은 메아리가 되어 산중에 퍼진다. 이 한 자락의 추억으로 지난 울화를 털어내고 다가올 일상의 단조로움을 이겨낼 터였다. 그 순간이 아쉽고도 소중해서 더욱 목청을 높이고 좀더 힘껏 몸부림을 쳐보는 바다.

그런데 저 한쪽에 이 왁자한 화전놀이가 못내 못마땅하다는 듯 지켜보는 무리가 있다. 도포자락 날리며 갓 눌러쓴 서생들이다. 무슨 연유인지 화전놀이 계획이 틀어진 선비들이 한창 재미나게 노는 아낙들의 흥취에 부아가 났던 모양이다. 그들이 비웃음 가득한 목소리로 부르는 한 소절 한 소절은 그 제목이 「조화전가嘲花煎歌」, 즉 화전가를 조롱(嘲弄)하는 노래란다.

어화 괴이하다, 여인국이 여기런가.
세상이 그릇되고 풍속이 어지러워
땅의 도리로 남자를 만들었구나.
흰 벽과 비단 창문 부녀자가 지킬 곳이요,
강산을 즐기는 건 남자 일로 들었더니
오늘날 보아하니 옛말과 다르구나.
규중의 부녀자는 산수를 즐기는데
풍류남자는 빈 집에 혼자서 앉았구나.

물가를 오르내린들 좋은 경치 어이 알리.

연녹색의 방초에서 단청 구경 하시는가.

봄바람이 종일 부니 꽃지짐도 놀랍잖다.

앞뒤 산 진달래를 다 뜯어 모아놓고

재 묻은 약간 떡을 겨우 구워 맛을 보고

버릇없는 아이들은 눈치 몰라 달라 하네.

달래며 꾸짖으며 이리저리 종일 보내니

바라고 바란 일이 무슨 흥이 있을손가.

가장의 없는 흉을 종알대는 듯하던고.

세간살이 장맛 걱정 말끝마다 절로 나니

짧은 푸념 긴 푸념에 눈물은 무슨 일인가.

「조화전가」

「조화전가」는 홍원당이라는 남성이 1746년(영조 22) 봄 경북 봉화군에서 열린 여성들의 화전놀이를 조롱한 작품이다.[4] 비난과 조소가 가득하지만, 앞뒤 맥락을 살펴보면 기실 자기들 놀이가 무산된 것에 대한 화풀이와 신명나는 모임에 대한 질투에 지나지 않는다. 말만 무성할 뿐 준비한 바도 행동에 옮길 계획성도 없는 한량들이 맥 놓고 있을 동안, 야무지게 채비해서 재미지게 봄을 누리는 아녀자들의 추진력과 실행력이 부럽고도 괘씸했던 것이다. 그래서 여성들에 대해 요란한 준비과정이니 지아비 험담이니 형편없는 안목이니 하며 물색없이 헐뜯고 비아냥댄다. 차라리 끼워달라고나 하지, 화전 한 입 나눠달라고나 하지. 억지스러워 더 애처롭고 가소로운 이 어이없는 조롱에 권씨 여인은 「조화전가」에 반박(反反)하는

「반조화전가反嘲花煎歌」로 조곤조곤 반론을 제기한다.

아는가 모르는가, 이보소 남자들아.

봄날 좋은 시절에 여자 조롱뿐이로세.

너무들 조롱 마오, 남자 수치 또 있으니

앞에는 사서삼경, 곁에는 제자백가

됨됨이도 경제술이 다 주어버렸거늘

보고 읽고 못 행하니 단청 구경 아닐소냐.

인근에 넓은 집을 구태여 마다하고

산속 좁은 길로 어렵게 찾아가니

산새와 들짐승이 벗하여 하는구나.

영대의 거친 띠를 뉘 능히 매어내리

그래도 명예 이익에 헛 욕심 자아내어

단옷날 꽃과 달 속에서 저 소리 생각하니

저러한 남자들은 취하지 않았어도 도리어 부끄럽구나.

우뚝 선 대장부는 더욱 아니 본받으랴.

어화 저 남자야

아마도 옥창玉窓의 부녀는 신선인가 하노라.

「반조화전가」

그녀는 학자니 군자니 대장부니 하는 쓸데없는 권위의식에 얽매
어 제대로 놀지 못하는 사내들의 진상을 꼬집는다. 경전이나 읊어
대고 글줄이나 읽으면서 할 줄 아는 일이라곤 고작 여인들을 우롱
하는 것밖에 없는 그들의 허세를 지적한다. 그 알량한 자존심과 겉

치레 탓에 산수와 풍광은 여인들 차지가 되었고, 저들은 빈집이나 지키는 신세가 아닌가 하고 말이다.

풍류는 여유다. 모든 규제와 속박, 틀과 편견을 내려놓고 세상과 하나가 될 때에만 누릴 수 있는 특권이다. 그 자격은 자존심, 명예, 위신을 내세우는 이가 아니라, 몰입하고 감격하고 전율하는 이에게만 주어지는 법이다. 권씨의 「반조화전가」에 대한 남자들의 더이상의 반응은 없다. 선택지는 두 가지. 에라 건방지다 헛기침 날리며 황급히 귀가를 서두르는 것, 혹은 아차 내 실수 했으니 사과의 의미로 술 한잔 따르겠노라며 은근슬쩍 합류하는 것. 그중에 무엇을 택했는지는 알 수 없다. 다만 그 아름다운 봄 언덕에, 만물이 소생하고 음양이 화和한다는 짧은 봄날에, 아녀자니 백면서생이니 다투지 말고 모두 함께 조화를 이루어 명랑하고 유쾌한 하루를 보냈으면 하는 바람이다.

도발이 만발하여

춘화와 음담의 서사

인간은 누구나 지킬 앤 하이드다. 객체로서의 나와 골방 안의 주체, 이성적 자아와 원초적 본능. 분명 둘 다 나인데 후자의 나는 왠지 남이 볼세라 숨겨두고만 싶다. 이것이 도색잡지와 에로영화, 성인만화 등 19금 산업이 은밀하고 꾸준하게 유통되는 이유이기도 하다. 과거 압도적인 구독률에 빛나던 『플레이보이』, 『펜트하우스』, 『선데이 서울』 등의 성인잡지와 비공식 집계 최다 관객보유를 자랑하는 〈애마부인〉, 〈뽕〉, 〈변강쇠〉 영화시리즈, 그리고 화장실 벽의 정체모를 낙서들을 관통하는 정서는 하나. 누구나의 가슴 밑바닥에 깔린 천연한 욕망──육욕肉慾, 춘정, 최음, 욕설, 관음, 음란……. 상상 속의 엉큼하고 비밀스러운 그 모든 것을 대신, 그것도 속 시원히 공감하고 표출해주는 짜릿함이리라.

재밌는 건 그 인간의 본능이란 게 시대 불문, 신분 타파, 성별 무관, 동서고금의 원리라는 것이다. 중국의 3대 금서 『금병매』·『소녀

경』·『옥보단』과 인도의 성지침서『카마수트라』를 보라. 조선의 방
중술 전문 의학서『의방유취』와 웃기고 야한 이야기『고금소총古今
笑叢』, 선정적 음담패설『기이재상담紀伊齋常談』과 조선의 대표 포르
노 희곡『북상기北廂記』, 음사소설淫詞小說의 백미『백상루기百祥樓
記』도 기가 막힌다. 이 작품들의 공통점은 외설의 수위가 도를 넘는
다는 것, 해서 그 대중적 인기와 예술적 평가에도 불구하고 대개는
작자나 편자가 분명치 않다는 것이다. 그러나 그 익명의 자유는 망
측하고도 방일한 표현을 가능케 하여, 더할 나위 없이 흐뭇한 성애
의 서사를 이 땅에 남겼다.

『청구영언』[1]의「만횡청류蔓橫淸流」,『해동가요海東歌謠』및『병와
가곡집瓶窩歌曲集』속 사설시조는 그 압축판이랄까? 짧은 가사에 실
린 농익은 해학미와 리드미컬한 생동감에 너무 놀라지들 마시라.
노골적인 성희의 광경과 걸쭉한 육담肉談에 지레 겁먹지 마시라. 그
리고 특별히 귀띔하노니, 뜨거운 영상미도 함께 감상하고 싶다면
김홍도의 〈운우도첩雲雨圖帖〉과 신윤복의 〈건곤일회첩乾坤一會帖〉
을 더불어 추천하는 바다.

뜨거운 그림, 후끈한 이야기

'운우도雲雨圖' 혹은 '춘도春圖'로도 불리는 '춘화春畵'는 남녀의 성
행위를 그린 그림이다. 기원은 기원전 2세기경 한나라 유방의 재상

---

1) 김천택이 개인 문집에 실려 있거나 구전되던 가곡의 노랫말 580수를 모아 한글
로 기록한 책. '우리나라(청구靑丘)'의 '오래된 노래(영언永言)'라는 뜻이다.

진평陳平이 장생술長生術을 위해 향락용으로 그린 그림이라지만, 실은 태초의 인류가 동굴 벽에 그린 야한 낙서로부터 출발하지 않았을까 싶다. 조선에서는 대략 18세기 후반 즈음 유행한 것으로 추정된다. 이규경이 『오주연문장전산고五洲衍文長箋散稿』에서 "요사이 춘화가 북경에서 들어와 널리 퍼졌다. 사대부들이 많이 돌려가며 보고도 부끄러운 줄을 모른다"[1]라 했듯 중국을 드나들던 양반관료들이 유입해서 점차 조선의 뒷골목을 잠식한 것으로 보인다. 여기에 호기롭게 실명을 내걸면서 발 벗고 나서준 이들의 공헌도 있었으니, 김홍도의 〈운우도첩〉과 신윤복의 〈건곤일회첩〉이 그것이다. 이 작품들에서 그려진 조선의 성 풍속은 화끈하기 그지없다. 관음, 혼교混交, 야외정사, 여성상위, 성기노출은 기본. 그 적나라하고 낯뜨거운 에로티시즘의 세계는 근엄한 도포와 승복 아래 감춰진 속물근성과 탐욕을 과감하게 터치한다. 그러나 수위 높은 장면 속에 서정적 정취 및 풍자와 해학의 미를 놓치지 않는 것은 조선 포르노 아트의 품격이랄까.

그 광경을 걸쭉한 입담으로 풀어낸 것이 음담패설 작품집과 사설시조라고 할 수 있다. 『기이재상담』에 실린 이야기는 성과 쾌락의 이야기로 중세 유럽을 휩쓸었던 『데카메론』을 방불케 한다. '부부상열지사' 중인 형님을 찾아온 아우에게 민망한 형이 "아우 왔는가. 난 지금 '뜨신 음식'을 먹는 중일세"라 하자, 아우가 "아이쿠 형님! 계속 드십시오. 전 방금 먹고 왔습니다"라고 답한 이야기는 외설보다 익살에 가깝다. 또 무더운 여름날 쭈그리고 김을 매던 아낙네의 허벅지를 타고 개미 몇 마리가 기어 올라가 음문으로 들어갔는데, 지나가던 선비가 "둘이 힘을 합해 개미를 끼워죽이자"며 여인과 한 몸이 되었고, 이에 아낙은 "선비님, 누가 보면 우리가 거시기한 줄 알겠네요"라며 웃었다는 이야기도 있다. 송세림이 편찬한 『어면순禦眠楯』에도 농밀한 육담이 낭자하다. 성욕을 해소하기 위해 어린 아들을 따돌리는 부부의 해프닝, 주인의 눈을 피해 벌판에서 사랑을 나누다 들킨 노비 부부의 성생활, 남근이 큰 신랑감을 고르는 처녀의 지혜 등의 일화는 잠(면眠)을 막아주는(어禦) 방패(순楯)라는 제목에 걸맞게 얼마나 흥미진진한지.

그런가 하면 『청구영언』의 「만횡청류」나 『해동가요』 및 『병와가곡집』에 실린 '남녀상열지사'의 농축된 익살과 육담풍월은 춘화의 짜릿한 장면장면을 생생하게 설명해주는 듯하다. 흐트러진 형식 속에 노골적이고 원색적인 내용을 담고 있어 민간의 유행가라는 측면이 강하지만, 간혹 사대부가 지은 듯 한자어의 품위를 표방한 작품들도 간간이 보인다. 승려와 반가 여인의 통간, 여섯 사내를 거느린 여인의 허세, 바람난 고부간의 기막힌 대화, 성희의 전율, 늦장가든 노총각의 환희, 죽어도 못 잊을 그 밤들……. 더 이상 왈가왈부할 필요 없이 직접 감상해보시길 바란다. 우리 선조들의 도발적이고도 질박한 세계를.

불공의 진짜 이유

일찍이 '숭유억불崇儒抑佛'의 강령을 통해 유학의 나라를 꿈꿔왔던 조선 사대부들의 노력이 무색하게도 천년 불사佛史의 흔적은 조선시대 일상과 삶의 터전 곳곳에 깊이 뿌리내렸다. 불공, 보시, 공양,

제사의 형태로 행해지는 불교 행사를 적극적으로 주도하며 불교의 명맥을 끈끈히 이어온 일등공신은 단연 여인들이다. 그러나 전답을 바치고 가택을 공양하는 것도 모자라 가끔씩 특별한 보시를 자처하는 그녀들의 지극하고도 과도한 정성은 『경국대전』「형전」'금제'에 "유생, 부녀로서 절에 올라가는 자는 장 1백에 처한다"는 규정을 내리게 했다. 대체 그 특별한 보시가 뭐길래 조정에서 이렇게까지 발 벗고 나서서 '억불'하려든 걸까?

중놈도 사람인 양하여 자고 가니 그립다고

중의 송낙 나 베고 내 족두리 중놈 베고

중의 장삼 나 덮고 내 치마란 중놈 덮고

자다가 깨달으니 둘이 사랑이

송낙으로 하나 족두리로 하나

이튿날 하던 일 생각하니 홍글항글하여라.[2)]

『청구영언』552

어쩐지 관료들이 나서서 "성곽 밖의 이사尼舍(사찰)가 여염집 과부들이 음분淫奔하는 소굴"[3)]이라며 성토하더라니, 이제야 그 속사정이 드러났다. 그 특별하고도 정성어린 보시란 다름 아닌 인신공양이었던 모양이다. 불공입네 봉헌입네 허구한 날 절간을 드나들더니만 이제는 사가에까지 버젓이 중놈을 끌어들이는 마누라다. 송낙(승려의 모자)으로 민머리 감추고 속세의 여인을 찾는 되바라진 땡중이다. 승복과 장삼 아래 펼쳐지는 스님과 여인의 남세스런 부부놀음에 누군들 화들짝 놀라지 않을까. 그러나 몰래 하면 그만인 것을,

안 들키면 그만인 것을. 지난밤의 짜릿함을 회상하는 여인의 홍글
항글 달뜬 웃음은 곤장 100대를 견디고도 남음이다.

> 남이야 중이라 하여도 한밤만 하여서
> 옥 같은 가슴 위에 수박 같은 머리를
> 둥글껄껄 껄껄둥글 둥글둥실 둥굴러
> 기어올라 올 적에는 나는 좋아 중서방이.[4]

『청구영언』577

점입가경이라더니, 두 남녀의 음분은 끝을 모르는 것 같다. 여인
은 자신의 옥 같은 가슴에 얹힌 승려의 민머리가 못내 사랑스러운
모양이다. 고기는 입에도 안 대, 목탁만 점잖게 두드려, 밤낮 불경만
외어대느라 절대 사내구실 못할 것 같다만, 웬걸. 밤에는 사내 중
의 사내로 돌변하는 의젓한 중서방이기 때문이다. 어찌나 기특하고
좋은지 '나는 좋아'라 외치며 자랑하는 팔불출 여인의 속삭임이 넉
살스럽다.

> 창 밖에 어른어른하니 "그 뉘오신고?"
> "소승이올시다. 어제 저녁 노시老媤(시어머니) 보러왔던 중이러니 각
> 씨네 자는 방 족두리 벗어 거는 말결에 이내 송낙을 걸고 가자고 왔네."
> "저 중아, 걸기는 걸고 갈지라도 훗말 없이 하시소."[5]

『병와가곡집』937

지난밤 늙은 시어머니와 정분났던 비구가 오늘은 며느리를 찾아

왔다. 각시 족두리 걸어두는 곳에 비구 송낙을 걸어둘 작정이니 오늘밤 같이 지내보자며 당당하다. 각시 역시 은근슬쩍 허락하면서도 뒷단속을 철저히 하는 품이 한두 번 해본 가락이 아닌 듯 노련하기 이를 데 없다. 이렇게 승려 하나를 두고 은밀한 사련邪戀을 공유한 이 집안의 시어머니와 며느리는 그 사이 또한 남다르게 각별하려나.

고부 갈등의 해결책

하늘은 어이하여 높고 멀며

땅은 어이하여 넓고도 아득한가

천지가 비록 크다 하나

이 한 몸 의탁할 곳이 없구나.

차라리 이 강물에 빠져

물고기 배에 장사지내리.[2]

숙종 28년(1702) 부모의 강권으로 시집간 향랑이 남편과 시어머니의 학대로 쫓겨난 뒤 개가를 강요당하자 자결하며 읊었다는 시다. 다들 이 시가 18세기 조선 여성들의 단면이라고들 한다. 17세기 중반 이후 재산상속, 혼인제도 및 호적승계 등이 남성 중심으로 재편되는 가부장적 가족제도가 고착화되면서 희생된 여성의 대표적 사례가 향랑이라는 것이다. 그런데 상속할 재산이나 승계할 권력이

---

2) 天何高遠 地何廣邈 天地雖大 一身靡託 寧投江水 葬於魚腹.

없어선지, 그래서 이런 제도와 관습이 과히 영향을 미치지 못했는지, 농민, 장사치, 도시 서민들 사이에서는 엄숙한 분위기를 비웃듯 불손하기 그지없는 가락이 들려온다.

> 어찌해요 어찌해요 시어머님 어찌해요
>
> 샛서방 밥 담다가 놋주걱 자루
>
> 부러뜨렸으니 이를 어찌하나요
>
> 시어머님아 저 아기 너무 걱정 마라
>
> 우리도 젊었을 때에 많이 겪어봤느니.[6]

『청구영언』478

여느 집이라면 놋주걱을 부러뜨린 며느리는 시어머니의 모진 욕바가지가 되어야 할 터. 더구나 간부姦夫의 밥을 눌러 담다 부러뜨렸으니, 당장 소박을 맞은들 하나도 억울할 일 없겠다. 그런데 시어머니가 너그럽게 하는 말이 걱정 말란다. 그러면서 덧붙이길 자기도 그런 적 많단다. 소싯적 짜릿한 추억을 떠올리는 시어머니는 누구의 어미도 안사람도 아닌 그냥 여인일 뿐. 여인이라는 공통분모 아래 사이 좋은 고부의 주거니 받거니가 발칙하다.

그런 시어머니라면 나이 좀 먹었다고 그 바람기가 쉬이 잠잠해지지는 않았을 것이다. '노년의 반란이란 이런 것'이라며 콧노래를 부를지도 모른다.

> 머리 세 화냥질 노는 년 젊은 서방 얻으려고
>
> 센머리에 먹칠하고 높은 산 높은 고개

허위허위 넘어가다 때 아닌 소나기에

흰 동정 검어지고 검던 머리 다 희어져

글렀나 늙은이 바람이 될락말락함인데.[7]

『청구영언』507

　허연 센머리를 검게 물들이고, 맵시 있는 옷차림으로 노구를 감추고, 고산준령 넘어 젊은 서방 만나러 가는 길. 벼르고 벼른 만큼 흠씬 즐기다 올 작정이다. 그런데 들뜬 기분에 찬물을 끼얹듯 마른 하늘에 소나기가 웬 말인가. 빗줄기에 씻겨나간 먹물에 드러나는 흰머리와 얼룩덜룩 검은 물이 든 흰 동정이 초라하고도 웃프다. 하늘을 향해 야속하다 원망을 쏟아낼 법도 하건만, 이 여인은 그렇게 구질구질하지 않다. 다음 기회를 노리면 되기 때문이다. 거의 다 될 뻔했다며 아차차 아쉬움을 토로하는 초로의 여인에게선 오히려 강한 회복탄력성마저 느껴진다.

　그러나 남편의 입장에선 바람난 마누라가 괘씸하기 짝이 없는 노릇이지 않겠는가. 하여 그녀를 향해 날리는 욕지거리, 육두문자가 참으로 거침없다.

얼굴 좋고 뜻 더러운 년아

밑정조차 안 곧은 년아

어떠한 어린놈을 어스름에 맺어놓고

거짓 떠보아 자고 가란 말이

입으로 차마 튀어나와

두어라 기생 빼어나 본디 임자 없고

사내는 밝혀 봄날 꽃을 즐김이

너나의 한 돌림이라 허물할 줄 있으랴[8]

『청구영언』 550

얼굴값 한다고, 곱고 아리따워 늘 조바심을 일으키는 아내의 일
거수일투족이 의심스러운 남편의 넋두리다. 그녀가 외출만 해도,
거울만 봐도, 눈웃음만 지어도 불안한데, 젊은 남자를 쳐다보는 아
내의 눈길이 영 심상치 않다. 나이 탓인지, 기력 탓인지 남편은 왠
지 자신이 없다. 그런 불안이 양산한 불신을 거친 욕설과 고함으로
상쇄하려 해보지만, 그도 안다. 그것이 더 초라하고 물색없음을. 그
래서 빼어난 기생에 정한 임자 없고, 사내란 무릇 화사한 봄꽃 같은
여인을 좋아함은 음양의 이치라며 괜찮은 척 초연한 척해보는 그이
지만, 그래도 안쓰러운 마음이 드는 건 왜일까?

성애의 환희

이러거나 저러거나 자고로 음담의 백미는 방사房事의 환락과 교합
의 찰나를 묘사한 대목이다. 구성진 의태어, 의성어로 묘사하는 핍
진한 백태와 끝간 줄 모르는 색담色談에 대략 난감하지만, 실없는
웃음이 비어져나오는 건 왜인지 모르겠다. 명나라 민간에서 유행하
던 노래 『산가』에는 들끓는 성욕을 '동쪽 서쪽 합쳐 3천이나 되는
놈'과 풀어내는 여인이 등장하여 감탄을 자아냈다는데,[3] 어디 이에

---

3) 　동쪽에서 자고 서쪽에서도 자니, 헤아려보니 같이 잔 놈팡이가 3천은 족히 되

질쏘냐.

밑남편 광주 싸리비 장사

소대남편 삭녕 잇비 장사

눈빛에 걸린 임은 뚝딱 두드려 방망이 장사

도르르 감아 홍두깨 장사

빙빙 돌아 물레 장사 우물가에 치달아

간댕간댕하다가 워렁충창 퐁 빠져

물 담뿍 떠내는 두레박 장사

어디가 이 얼굴가지고

조리 장사를 못 얻으랴.[9]

『청구영언』565

본남편, 샛서방, 원-나이트 상대까지 도합 사내가 여섯이다. 직업
군도 다양해서 본남편은 뻣뻣한 싸리비 장수, 샛서방은 나긋나긋한
잇비(볏짚 빗자루) 장수, 눈 맞아 하룻밤 정을 나눈 방망이 장수를 비
롯해 여섯 사내 모두 밤일에는 도사들이다. 뚝딱 두드리고, 도르르
감고, 빙빙 돌리고, 간댕간댕하다가 워렁충창 밀고 당기는 품새가
제법 노련하다. 장사별 특징에 빗댄 노골적이고 구체적인 성애의
동작은 여인이 얼마나 이 행위에 진심인지를 전달한다. 다 좋긴 하
다마는 그래도 그중 한 명을 고르라 한다면 이 여인은 과연 누구를
선택할까?

겠네. 3대에 공덕 닦아도 잘 곳 하나 얻기 힘들다던데, 나는 9천 대의 공덕으로
연분을 맺는다네(東也困, 西也眠, 算來孤老足三千. 常言道三世來難得一處宿, 小阿奴奴是九
千世來結簡緣). 「다多」『산가山歌』권4.

석숭의 많은 재산과

두목지의 귤 가득 몸집이라도

밤일을 할 적에 제 물건 같잖으면

꿈만 꾸다 말리라 그 무엇을 받들쏘냐

가난에 몸집은 빠질지라도

제 것이 묵직하여

내 것과 맞춰 꼭 들어맞으면

그가 내 임인가 하여라.[10]

『청구영언』 546

그녀의 기준은 명확하다. 속궁합이 잘 맞는 이어야 한다는 것, 그 말인즉슨 한 번씩은 다 자봐야 짝을 고를 수 있겠다는 것이다. 중국 서진의 전설적인 부호 석숭石崇도, 너무 잘생겨서 여인들이 추파와 함께 귤을 던졌다던 당나라 시인 두목杜牧도 밤일이 시원찮다면 다 필요 없단다. 내 것과 꼭 들어맞는다면 가난해도 못생겨도 그가 내 임인가 하더란다. 이렇게 말이다.

들입다 바득 안으니 가는 허리 자늑자늑

붉은 치마 걷어올려 하얀 살갗 물씬물씬

다리 들어 웅크리니 살짝 열린 붉은 모란

봄바람에 물올랐음이라

들여놔 박고 또 물리니

우거진 숲 산속에 물방앗소린가 하리라.[11]

『청구영언』 519

한 팔에 착 감기는 가느다란 허리가 간드러지고, 붉은 치마 안 속살은 눈부시게 희도다. 두 다리 사이 붉은 모란은 무엇일까? 카메라 앵글이 치고 빠지듯이 시청각이 동원된 성희의 광경에 두 눈이 휘둥그레질 지경이다. 원문 가사에 가득한 한자어는 짐짓 민망함을 감추려는 양이라지만, 어디 그럴쏜가. 어디선가 들려오는 물방앗소리가 참 야릇하기도 하다.

간밤에 자고 간 그놈 아무래도 못 잊어라

기와 굽는 놈의 아들인지 진흙에 뛰놀듯이

두더지 아드님인지 꾹꾹 뒤지듯이

사공의 성냥인지 상앗대 짚으듯이

평생에 처음이요 음흉히도 야릇해라

전후에 나도 무던히 겪었으되

참말로 간밤 그놈은 차마 못 잊을까 하노라.[12]

『해동가요』 주씨본 385[4]

그렇게 뜨거운 밤을 보냈으니, 저런 흥얼거림이 자기도 모르게 툭 튀어나올 법도 하다. 간밤의 행위에 흡족한 그녀는 하나하나 그 동작을 되짚어본다. 기왓장이 진흙을 누르듯, 두더지 이리저리 뒤지듯, 사공이 상앗대 짚듯 능숙하고 현란한 동작들이 끝내주는 만족과 쾌감을 선사했던 모양이다. 수많은 남자를 겪었으되 지난밤

——
4) 이 작품을 수록한 4개 가집 중 『악학습령樂學拾零』, 주씨본周氏本 『해동가요海東歌謠』, 버클리본 『해동가요』에는 작자가 경화사족京華士族인 이정보李鼎輔라고 작자로 표기되어 있고, 후대의 가집인 육당본 『청구영언』에는 작자 표시가 되어 있지 않다.

을 차마 못 잊는 그녀는 아마도 간밤의 그놈을 내 임으로 삼을 듯
하다.

> 반여든에 첫 계집질하니 어렷두렷우벅주벅
>
> 죽을 뻔 살 뻔하다가 와당탕 들이달아
>
> 이리저리하니 나이든 도령 마음 흥글항글
>
> 참으로 이 맛을 알았던들 길 때부터 했겠다.[13]

『청구영언』 508

이 시조는 뒤늦게 성에 눈뜬 마흔 살 노총각의 감회를 익살스럽
게 표현하고 있다. 좌충우돌 죽을 뻔 살 뻔 조급하고도 당황했던 첫
날밤의 분탕질이 실감나게 느껴진다. 나이만 먹었지 이런 일엔 어
수룩하기만 한 노총각이 비로소 맛들인 이 세계가 그를 행복의 나
라로 인도한 듯하다. 부디 사는 내내 그날 밤만 같기를, 하여 어여쁜
색시랑 흥글항글 오래오래 해로하기를 바랄 뿐이다.

일찍이 송강 정철은 조선을 휩쓴 황음무도한 성적 방종을 염려
하여 "여자 가는 길을 사나이 피해 다니듯이, 사나이 가는 길을 계
집이 비켜 돌듯이, 제 남편 제 계집 아니거든 이름 묻지 말라(『훈민
가』)"고 누누이 경계하고 단속한 바 있다. 그러나 아무리 걸쭉하고
선정적이라 한들, 난잡하거나 음탕한 느낌이 들지 않는 것은 그것
이 그저 건강한 생명의 울림과 자연스러운 섭리의 한 자락일 따름
이기 때문이리라. 음지에 감추고 숨겨서 곪고 변질되기 전에 양지
로 드러내 눈과 입으로 풀어내며 해소하는 여유와 능청이 또 하나
의 지혜로 여겨지기 때문이리라. 단언컨대 본능과 욕구 앞에 당당

했던 그들은 포르노 아트와 에로티시즘의 선구자들이었다. 하여 묻노니, 그 외설의 내피 안에 숨겨진 익살과 해학, 낭만과 품격에 누군들 흥글항글하지 않으리.

네 이웃의 아내를 탐하지 말라,
'도미 설화'

조약돌 하나로 거구의 골리앗을 쓰러뜨린 영웅 다윗. 그는 사울에 이어 고대 이스라엘의 2대 왕으로 등극한 이후에도 수많은 업적을 세운 『성경』속 최고의 롤모델로 손꼽힌다. 용감한 군인이자 위대한 왕, 탁월한 시인이었던 다윗은 그러나 부하 장수 우리아의 아내 밧세바를 범함으로써 그 명성에 치명적 오점을 남긴다. 밧세바의 임신을 은폐하기 위해 충직한 부하 우리아를 죽인 다윗은 남의 아내를 탐한 죄로 압살롬의 반란, 왕위 계승을 둘러싼 왕자들의 분란 등 비극적인 일을 겪어야 했다.

조선 땅의 사또 변학도도 그런 파렴치한 부류에 속한다. 그는 유부녀인 춘향에게 수청을 강요하고 이를 거절한 그녀에게 칼을 씌워 옥에 가둔다. 이후 어사 이몽룡의 등장으로 춘향의 절개가 빛을 발하면서 변학도는 치졸한 위정자 리스트에 이름을 올리게 된다. 다윗은 반란과 저주에 대한 회개로, 변학도는 삭탈관직과 하옥下獄으로 마무리되는 이 이야기들은 묵직한 경고를 던진다. '네 이웃의 아내를 탐하지 말라'고.

　백제 개루왕 때의 도미 설화는 이러한 '이웃 아내 탐욕 수모기'다. 백성 도미의 어여쁜 아내를 차지하려는 개루왕의 치사한 권력 남용은 1500년이 넘는 세월 동안 도미부인의 절행과 부부간의 의리를 기리는 미담으로 전승되어왔다. 그런데 초점을 왕에게 맞추면, 국제정세와 개인사에 얽힌 또다른 흥미로운 이야깃거리를 발견할 수 있다.

우리가 아는 전설

『삼국사기』 '도미 설화'에는 고약한 개루왕과 한성 부근의 벽촌 평민 도미, 그리고 정절녀 도미부인이 등장한다.

　도미는 백제 사람이다. 비록 평민이었지만 자못 의리를 알았다. 그의 아내는 아름답고 예뻤으며 또한 절개 있는 행실로 사람들에게 칭찬을 받았다. 개루왕이 이를 듣고 도미를 불러 말하길 "여자의 덕은 정결이 으뜸이나, 사람이 없는 곳에서 교묘히 유혹하면 안 넘어가는 여자 없을 걸세"라 했다. 도미는 "사람의 마음이란 헤아릴 수 없으나 제 아내는 죽어도 변함없을 것입니다"라 답했다. 왕이 시험해보려고 도미를 곁에 두고 신하를 시켜 왕을 사칭해 도미 아내에게 접근해선 "내가 도미와의 내기에서 이겼소"라며 사통을 시도했다. 그러자 도미부인이 옷을 갈아입고 오겠다더니, 한 계집종을 (자신처럼) 꾸며 보냈다.

왕은 속은 걸 알고 크게 노해 도미의 두 눈을 빼고 작은 배에 태워 멀리 보냈다. 그 뒤 그 처를 범하려 하니, 아내 이르길, "남편이 떠난 마당에 첩이 스스로 지킬 수 없으니, 어찌 왕명을 거역하겠습니까? 다만 지금 월경이 있으니, 청컨대 다른 날을 기약하소서"라 하자 왕이 허락했다. 도미 처는 그 길로 도망하여 강어귀로 가서 마침 지나가는 배를 만나 천성도泉城島에 이르니, 그 남편이 이미 먼저 가 있는지라. 드디어 같이 고구려의 산산蒜山으로 가니, 고구려인들이 가엾이 여겨 음식과 옷을 주었다. 둘은 객지살이하다 죽었다.

『삼국사기』 권48 「열전」 8

정리하자면 이렇다. 어여쁜 도미의 처가 탐난 왕은 그 남편을 이리저리 속이고 협박하다 여의치 않자 장님으로 만들어 망망대해로 쫓아낸다. 자기 대신 하녀를 보내 왕의 자존심에 치명상을 입혔던 도미 처는 남편이 쫓겨나자 순순히 나온다. 이젠 낭군도 없으니 맘대로 하시란다. 단, 오늘은 달거리 중이니 딴 날을 잡아보잔다. 다 된 밥이구나 싶어 왕이 허락하자 도미 처는 야밤에 도망친다. 그녀는 히치하이킹한 배를 타고 천성도로 가서 남편과 눈물의 상봉을 한다. 물론 행복하게 살았겠지. 여자는 절부로 이름을 날리고 왕은 폭군으로 지탄을 받고 말이다.

그런데 여기서 잠깐 의문이 고개를 든다. 그 부부는 왜 하필 고구려로 도망쳤을까? 게다가 남편은 불구가 되어 내쫓겼는데, 왕을 속이고 도망간 도미 처의 믿는 구석은 무엇이었을까?

고약한 왕의 정체

자, 이쯤에서 멀쩡한 도미의 눈을 뽑고 그 아내를 범하려던 고약한 왕이 좀 궁금하다. 해서 알아보니 왕에 대해 두 가지 의견이 있다. 백제의 4대 왕(재위 128~166) 개루왕이라는 설과 근개루왕으로 지칭되던 백제 21대 왕(재위 455~475) 개로왕으로 보는 견해다.

먼저 4대 개루왕. 『삼국사기』가 전하는 개루왕은 공손하고 몸가짐이 단정한 왕이었다. 북한산성을 쌓았고 신라와 화친하여 말갈 침공에 원병을 보내는 등 국가 안정에 주력했다. 그러다 신라 8대 아달라이사금阿達羅尼師今이 한강 유역 진출을 위해 계립령雞立嶺과 죽령竹嶺에 교통로를 만드는 바람에 신라와 사이가 틀어졌다. 그래서 신라 반역자 아찬阿湌 길선吉宣이 백제로 도망쳤을 때 그들을 보호해줬다. 신라는 군대를 보내 공격했고, 개루왕은 잘 지켜냈다. 특이사항 없음.

그다음 21대 개로왕. 『삼국사기』에는 왕이 장기와 바둑을 좋아했다 전한다. 장수왕이 첩자 도림道琳을 보내 바둑내기로 개로왕의 환심을 산 뒤, 토목사업을 벌이도록 꼬드겨 백제의 국력 소진을 도모했다는 이야기는 유명하다.[1] 결국 개로왕은 장수왕의 공격을 받아 한성漢城 함락과 웅진雄鎭 천도(아들 문주왕 때)라는 이중의 수모를

---

1) 고구려 장수왕은 백제를 정벌하기 위해 승려 도림을 첩자로 파견했다. 고구려에서 죄를 짓고 도망쳤다고 속인 도림은 바둑을 좋아하는 개로왕에게 바둑내기로 접근한다. 수시로 함께 바둑을 두며 개로왕의 신임을 얻은 도림은 왕에게 백제의 위세와 부유함을 드러내는 성곽과 궁실 공사를 유도한다. 잦은 대규모 공사로 백제의 창고는 비어갔고 백성들은 농사를 짓지 못해 굶주리게 되었으며 군사들의 무기와 군량 보급도 제대로 이루어지지 않았다. 이때 고구려의 장수왕은 3만 군대를 동원해 백제를 공격했고 개로왕은 아차성 아래로 끌려가 죽임을 당한다.

겪는다. 그는 고구려군의 맹공 당시 백제에서 권력투쟁에 밀려 쫓겨나 고구려 장수가 된 걸루桀婁와 만년萬年에게 사로잡힌다. 그들은 개로왕에게 일단 예를 갖춘 뒤에 세 번 침을 뱉고는 아차성 아래서 죽였단다. 혐의사항 있음.

개로왕의 숨겨진 사연

이쯤 되면 이 파렴치한 주인공은 21대 개로왕 쪽에 무게가 실린다. 내기를 좋아했고(장기와 바둑), 권력다툼의 기미가 보이며(쫓겨난 귀족 걸루와 만년), 전제 왕권으로 민심이 흉흉했으니(토목사업과 고구려 침공) 말이다. 게다가 4대 개루왕 대에는 고구려와 백제 사이에 대방군帶方郡이 있었기에, 도미 부부가 곧바로 고구려로 갈 수 없었을 것이란 의견도 한몫을 한다.[1] 왕이 권력을 꽤나 휘두른 것으로 보아 왕권의 전제화가 이루어진 21대 개로왕 시기라는 주장도 있다.[2]

　21대 개로왕으로 정리되니, 그가 집권했던 5세기 전후 백제의 국내외 정세를 살펴보자. 4세기 중후반만 해도 최강국을 구가하던 백제의 국력은 고구려에서 광개토대왕과 장수왕이 등장한 이후 약세로 돌아선다. 당시 백제의 왕실은 왜의 볼모였다가 등극한 18대 전지왕, 왜에 휘둘렸던 19대 구이신왕, 출생과 죽음조차 불분명한 20대 비유왕毗有王 등 3대에 걸쳐 줄줄이 복잡한 상황에 놓여 있었다. 내부적으로는 미약해졌다고 하지만 진씨와 해씨 등 유력 귀족의 세력이 여전했고, 외부적으로는 백제 왕실 계승에 지대한 영향을 미쳤던 왜의 간섭과 알력이 있었다.[2] 개로왕이 즉위한 후 14년 간의 기록이 『삼국사기』에서 빠져 있는 것도 이런 상황들을 뒷받침한다.

개로왕은 대외관계 구축을 통해 이 난항을 헤쳐나가고자 했다. 그는 우선 즉위 3년(457)이 되던 해에 송宋나라에 사신을 보내 진동대장군 관작을 제수받고, 북위에 사신을 보내 군사지원을 요청한다. 이듬해(458)에는 송에 자신의 신하 11명에게 관직을 줄 것을 요청한다.[3] 그 11명 중에는 왕족인 부여씨가 8명이고 3명은 다른 성씨였으나, 백제의 유력 가문인 진씨나 해씨는 쏙 빠져 있다. 특히 요직인 좌현왕左賢王 여곤餘昆과 행보국장군行輔國將軍 여도餘都에 임명된 곤지昆支와 문주文周는 모두 개로왕의 동생들이었다. 즉 개로왕은 탄탄한 대외관계 구축을 통해 국내 권력구조를 재편한다는 일전쌍주一煎雙鵃의 효과를 노린 것이다. 곧이어 그는 다소 격조했던 왜와도 관계개선을 도모한다. 개로왕 즉위 시 축하사절을 보낸 왜왕에게 보답의 뜻으로 왕녀 지진원池津媛을 보내 혈통 교류의 친목을 개진한 것이다. 그런데 이때 지진원이 돌발행동을 하는 바람에 개로왕이 동생 곤지를 왜에 사신으로 보내야만 하는 긴급 상황이 발생한다. 그리고 그 과정을 적은 『일본서기』「유랴쿠雄略 천황」5년의 기록에 도미 설화의 발단이 되는 '트리거trigger'가 숨어 있다. 다음은 가수리군加須利君이라 지칭되는 개로왕이 동생 곤지를 왜에 사신으로 파견할 때의 기록이다.[4]

2) 전지왕의 등극과 일본의 개입에 관해서는 이 책의 '아스카로 꽃핀 백제의 숨결, 전지왕에서 고야신립까지'를 참조할 것.

(개로)왕이 아우 군군軍君(곤지)에게 "너는 일본에 가서 천황을 섬겨라"
고 명했다. 군군은 "원컨대 왕의 부인을 주시면 가겠습니다"라 답한다.
가수리군加須利君(개로왕)은 임신한 부인을 군군에게 시집보내면서 "내
임신한 부인이 곧 산달이니, 도중에 출산하면 배를 한 척 마련해서 어디
서건 속히 돌려보내라"고 한다. 그러곤 헤어져 (왜)조정으로 보냈다.

　6월 병술 초하루에 부인은 과연 가수리군의 말처럼 축자筑紫(쓰쿠시:
규슈의 옛 이름)의 각라도各羅島(가쿠라지마)에서 아이를 출산한다. 아이 이
름은 도군島君이라 했다. 군군은 배를 한 척 보내 도군을 본국에 돌려보
내니, 그가 곧 무령왕이다. 백제인들은 그 섬을 주도主島라 불렀다.[5]

『일본서기』 권14 유랴쿠 천황 5년

　이게 무슨 소리인가? 개로왕이 왜에 파견하는 동생에게 임신한
부인을 함께 보냈고, 그때 태어난 이가 백제 25대 왕 무령왕이라니
말이다. 사연인즉 이러하다. 개로왕이 유랴쿠 천황에게 보낸 왕녀
지진원이 입궁 전에 외간 남자와 사통을 했다. 대노한 천황이 지진
원과 남자를 불태워 죽였고, 개로왕은 그를 달래야 하는 상황에서
피붙이 곤지를 일본에 사신으로 보내기로 한다. 그런데 곤지가 이
참에 형님의 약점을 틀어쥐고 자신의 입지를 다지려는지 황당한 요
구를 한 것이다. 차기 대권주자를 임신한 형수를 볼모로 달라고 말
이다.

　여기서 잠깐 얽히고설킨 계보를 풀어보자면 이렇다. 『삼국사기』
와 『삼국유사』에선 무령왕이 곤지의 아들인 모대왕牟大王(동성왕)의
아들이라 했지만, 『일본서기』에 따르면 무령왕은 법적으론 곤지, 혈

통적으론 개로왕의 아들이라 전한다.[3] 1971년 7월 충청남도 공주에서 발견된 무령왕릉[4]에 명시된 무령왕의 출생·사망 연도가『일본서기』의 기록과 거의 일치한다는 점은 후자의 주장에 무게를 실어준다. 더구나 일본 규수 앞바다 섬 가카라시마加唐島의 동굴에 세워진 '무령왕 탄생지 기념탑'은 이 사연이 설화적 야사보다는 역사적 사료에 가깝다는 것을 뒷받침한다. 정말 흥미진진하지 않은가? 개로왕을 둘러싼 국제정세와 후계에 관한 복잡한 사정들은 왕의 파렴치한 행보에 개연성을 부가해주는 듯하다.

사내들의 자존심 싸움

그렇다면 개로왕의 광기 어린 도미부인 겁탈 시도의 기승전결이 맞물린다. 고구려와의 전투에선 박살이 났고, 왜와의 관계는 왕녀의 일탈로 삐걱댔다. 그리고 동생이란 놈은 형을 궁지에 몰면서 삐딱하게 나왔다. 개로왕이 도미 처를 탐한 건 동생 곤지에게 울며 겨자 먹기로 임신한 부인을 딸려 보낸 이후였다. 전투와 외교, 가정에서 모두 쓰라린 실패를 맛본 왕이었다. 심사가 꼬일 대로 꼬인 개로왕

---

3) 곤지에 대해『삼국사기』「백제본기」에는 개로왕의 아들로 22대 문주왕의 동생이며, 24대 동성왕의 아버지로 기록되어 있다.『일본서기』는 개로왕의 동생으로 기록했다. 백제 무령왕도 동성왕의 이복동생으로 곤지의 아들이라는 설도 있다. 따라서 무령왕의 부계는 개로왕 혹은 곤지라는 입장이 대립한다.『삼국사기』 기록처럼 무령왕이 동성왕의 아들이라면, 23대 삼근왕(개로왕 손자)은 무령왕의 삼촌임에도 3살 연하로 계산되어 모순이 발생한다. 자세한 논의는 이기동의『백제사연구』(일조각, 1996), 윤용혁의「무령왕 '출생전승'에 대한 논의」(『백제문화』 32, 2003) 등을 참조 바란다.

4) 무덤에 기록된 무령왕의 정식명칭은 '영동대장군 백제 사마왕寧東大將軍百濟斯麻王'이다.

이 도미에게 '여자의 절행은 믿을 게 못 된다'고 토로했고, 도미가 '내 아내는 다르다'며 의연하게 대꾸하면서 왕의 속을 뒤집어놓았지 싶다. 발끈한 왕은 도미 처를 집적대다 거절당하자 분한 마음에 도미를 장님으로 만들어 멀리 쫓아버렸을 터이고. 그리고 절개를 지킨 도미 처의 절행이 이렇게 미담으로 전해지게 된 것이다.

결국 자기 나라 백성의 처에게 침 흘리고, 내기에 정신이 팔려 나라까지 팔아먹게 된 이 속좁은 사내, 찌질 대왕 개로를 두고 조선 후기 문인 이복휴李福休는 이렇게 노래했다.

어리석은 왕 비웃으며 빈방에 왔네.
달이 도랑에 가득할 때 치마를 빨아
서쪽 행랑이라 정해놓고 동쪽 침상으로 변경했네.
사비하泗沘河 가의 대나무 눈물로 얼룩졌는데
하늘이 봉래섬에 노 저어 보내주네.
하필이면 초라한 부여 백성이 되었다만,
산산蒜山 5)에서 해로하니 이곳이 즐거운 고향일세. 6)

이복휴, 「도미 처」

개로왕의 대외정책 실패와 도박꾼 기질, 포용력 부족, 권력 남용은 당시 백제인들의 원성을 사기에 충분했을 것이다. 왜 하필 초라한 백제 부여의 백성으로 태어났을꼬, 하며 한탄하면서 말이다. 오

----

5) 현 함경남도 원산 지방으로 추정되는 고구려의 지명.
6) 笑痴王來空房. 月滿鴻溝方洗裙, 指點西廂變東床. 泗沘河畔竹淚斑, 天乎吹送蓬萊檣. 何必陋作扶餘民, 偕老蒜山是樂鄉.

죽했으면 이 불쌍한 부부를 라이벌국인 고구려인들이 거두어 의복과 음식을 제공했다는 기록까지 남아 있을까.

국가도 왕도 먹고사는 문제가 해결된 백성에 의해 유지되는 법. '화무십일홍花無十日紅'이요 '권불십년權不十年'이며 '민심불패民心不敗'거늘. 사라진 것은 여인의 미모와 절대자의 권력이요, 남는 것은 용렬한 왕에 대한 백성의 기나긴 원성이니. 사적 앙심을 절대 왕권으로 보상하려 했던 못난 위정자여, 권력과 부귀를 갑옷삼아 선민善民을 농락하지 말지어다. 그들의 힘은 우화와 전설, 유머와 해학에 담은 진실의 입술에 실려 있으니. 그리고 거듭 당부하건대, 네 이웃의 아내를 탐하지 말라!

원효와 의상의
'여인천축국전'

아이러니하게도 천주교는 같은 계통의 기독교 이상으로 불교와 공통점이 많다. 먼저 천주교와 불교는 수행과 구도의 성격이 짙다. 인도 왕자와 목수 아내의 신화는 고난 의례를 통과한 보통 인간의 승천 가능성까지 제시한다. 또한 묵상과 성찰 기도로 수련하는 가톨릭의 피정은 백팔배와 묵언수행으로 대표되는 불교 수도와 맥을 같이한다. 그러나 무엇보다 두 종교의 접점은 바로 수도자들에게 요구되는 철저한 금욕생활이다. 결혼과 출산을 허락하는 개신교와 달리 '금남·금녀'의 원칙을 고수하는 사제와 수녀, 비구와 비구니의 독신생활과 범행梵行은 무척 닮아 있다. 거기에 무채색으로 일관한 유니폼은 세속의 오욕칠정을 묻는 신비한 위엄마저 감돈다. 그러므로 그 무욕금욕의 계율이 엄격한 만큼 파계의 파장이 강력함은 물론이다.

불국 신라의 고승 원효와 의상이 연애 스캔들을 일으켰을 때도 그랬다. 불교의 대중화로 불법佛法을 보시한 원효와 화엄종으로 신라 불교 전성기를 견인한 의상은 그 명성과 업적만큼이나 떠들썩한 연애사로 당시 숱한 세인들의 관심을 끌었다. 그리고 그들의 사연은 지금까지도 여러 버전으로 전해져오고 있다. 신라 불교사에 한 획을 그으며 수행과 구도의 길을 공유한 두 고승은, 그러나 닮은 듯 다른 이란성 쌍둥이 같은 행보를 보인다. '일체유심조一切唯心造'를 외치며 요석 공주와 요란한 염문을 뿌린 원효, 계율과 수행에서 깨달음을 추구하며 선묘와 그윽하고 담담한 거리 두기로 일관한 의상. 그 둘의 닮은 듯 다른 연애사가 지금 펼쳐진다.

늦둥이 불교대국 신라

신라는 삼국 중 가장 뒤늦게 불교를 받아들였지만, 가장 찬란하게 그 꽃을 피워냈다. 삼국 불교의 선두주자는 고구려였다. 소수림왕 2년(372), 중국 전진前秦의 순도順道와 동진東晉의 아도阿道가 고구려에 불경과 불상을 가지고 들어와 초문사肖門寺와 이불란사伊弗蘭寺를 지으며 불법의 포문을 열었다. 백제에서는 침류왕 1년(384) 동진을 거쳐 들어온 인도 승려 마라난타摩羅難陀가 남한산 불사에서 법문을 전하면서 전승되기 시작했다. 두 나라 모두 왕실에서 적극적으로 불교를 전파했기에 민간포교도 자연스럽게 진행되었다.

그러나 신라에서는 처음부터 대신들의 반대가 극심했다. 눌지왕 때 고구려 승려 묵호자墨胡子가 공주의 병을 치료하고, 소지왕(일명 비처왕毗處王) 때 고구려의 아도화상我道和尙이 왕을 상대로 불법을 강독한[1] 이후에도 주변종교로 머물렀다. 토착신앙의 기복적 색채와 세습적 권위로 권력을 유지하던 귀족들의 반발이 거셌기 때문이다. 신라는 6개의 씨족이 모여 만들어진 나라. 국왕 추대나 폐위에도 부족의 대표로 구성된 화백회의의 입김이 강하게 작용했다. 왕을 가리키는 거서간居西干(군장), 차차웅次次雄(제사장 혹은 무당), 이사금尼師今(연장자), 마립간麻立干(우두머리) 등의 칭호가 이를 증명한다. 즉 왕이 수장이란 의미와 함께 제사장, 연장자의 역할도 겸하고 있었다고 볼 수 있다. 이는 당시의 신라가 신정정치神政政治 (Theocracy)적인 성격이 강한 사회였음을 나타낸다. 강력한 토착신앙과 귀족 세력의 강고한 결합 속에서 불교가 발을 붙이기는 힘들었다. 더구나 불교의 보시 정신 및 이타적 포교, 누구나 성불할 수 있다는 평등사상에 입각한 민심의 동요와 이를 발판으로 삼을 왕권의 강화는 토착 세력들의 입지를 흔들 터였다. 이는 신라의 23대 법흥왕이 강력한 왕권국가 건설을 꿈꾸며 율령으로 체제를 완비하고 불교로 민심을 포섭하려 할 때, 토착 세력들이 강력히 반발한 이유기도 했다.

그런데 이때 불국 신라의 불꽃을 피울 도화선이 만들어진다. 왕권 강화와 불교 전파라는 동상이몽으로 의기투합한 법흥왕과 약관의 신하 염촉 이차돈이 함께 연꽃 같은 순교의 시나리오를 설계한 것이다. 왕명을 사칭하여 불사佛舍를 축조한 죄목으로 단두의 시퍼런 도검 아래 선 이차돈은 "부처가 있다면 반드시 기적이 일어날 것"이라는 서늘한 예언을 던진다.

옥사정이 그를 베자 흰 젖이 한 길이나 치솟고 하늘이 어두워졌다. 석양이 그 빛을 감추고 땅이 진동하고 폭우가 쏟아졌다. 임금이 슬퍼하여 눈물이 용포를 적시고, 여러 재상도 겁을 먹고 근심한 나머지 머리에 쓴 사모에 땀이 배었다. 샘물이 말라 물고기와 자라가 다투어 연못에서 뛰어오르고, 곧은 나뭇가지가 부러지자 원숭이가 울었다.

『삼국유사』 권3 「흥법」 3 원종흥법염촉멸신原宗興法猒髑滅身

　　그 자리에 모인 모두가 불법의 영험함에 감복하고 순종하는 순간이었다. 법흥왕 14년(527), 순교의 흰 피를 쏟으며 불법의 순결함을 증명한 이차돈의 드라마틱한 희생으로 불교는 신라의 공식종교로 허용된다. 비온 뒤의 땅이 굳는다고, 그런 모진 포교의 과정을 겪으며 신라는 바야흐로 불국토로서 다시 태어난다. 그리고 그 배후에는 대중과 귀족을 상대로 호국불교 의식을 고취시킨 쟁쟁한 고승들의 활약이 있었다. 원효와 의상이 바로 그러했다.

따로 또 같이

원효와 의상은 7세기 무렵 태어나 함께 교류하며 활동한 도반이었다. 그러나 그 둘은 성품, 수행과정, 포교방식에 이르기까지 확연히 다른 부류였다. 지방 6두품의 화랑 출신 원효와 진골 귀족 청년 의상은 태생부터 달랐지만, 그것이 둘의 차이를 결정지은 것은 아니었다. 오히려 고승 보덕普德에게서 『열반경涅槃經』을 배우며 보리심을 고취하고 견성의 의지를 불태울 때만 해도 두 사람의 미래에는 비슷한 신앙의 행로가 예견되었다. 이들은 당시 최고의 엘리트만이

할 수 있다는 당나라 유학을 함께 가기로 한다. 현장이 인도에서 가져온 불교 경전을 새롭게 중국어로 번역한다는 소식이 동아시아 전역에 퍼졌기 때문이다. 한반도 구석에 위치한 신라의 두 젊은 승려도 당나라에서 화려하게 꽃핀 불교문화를 알고 있었으니, 당연히 새로운 사상과 문물을 체험하려는 의욕으로 불타올랐을 것이다.

그러나 650년 두 승려의 첫 유학길은 고구려군에게 잡혀 첩자로 오인받는 바람에 수포로 돌아간다. 그러다 11년 후인 661년(문무왕 원년), 심기일전하여 다시 당나라로 떠난 둘은 중간에 잠시 당항성唐項城(현재 화성)에 머물게 된다. 당시 신라에서 당나라로 가기 위해서는 당항성에서 배를 타야 했는데, 그날 큰 비가 내리는 바람에 발이 묶인 것이다. 두 사람은 비를 피해 토굴을 찾고, 여기서 그 유명한 원효의 해골물 이야기가 등장한다. 원효가 모든 것이 마음의 작용이라는 '일체유심조'의 원리를 깨친 것이다. 이로부터 일심一心(마음의 작용)·화쟁和諍(종파의 화합)·무애無㝵(구속의 초월)를 화두로 삼아 누항의 속세 구민救民에서 구도의 길을 모색하기로 한 원효는 유학을 포기한 채 대중포교에 뛰어든다. 반면 의상은 계획대로 당나라 유학을 떠나 중국 화엄종 제2조인 지엄智儼에게서 정통 화엄종을 사사받고 귀국한다. 이후에는 국가의 지원으로 화엄십찰華嚴十刹[1]을 건립하고 삼천 제자를 거느리면서 강의와 수행에 정진하는 포교의 정도를 걷는다.

당항성 사건은 그러니까 원효에게는 운명의 터닝 포인트였고, 의상에게는 포교의 디딤돌이었던 셈이다. 번뜩이는 통찰과 직관을 타

---

1) 부석사, 중악 팔공산 미리사美里寺, 남악 지리산 화엄사華嚴寺, 강주 가야산 해인사海印寺, 웅주 가야현 보원사普願寺, 계룡산 갑사甲寺, 삭주 화산사華山寺, 금정산 범어사梵魚寺, 비슬산 옥천사玉泉寺, 전주 모악산 국신사國神寺가 있다.

고난 원효와 냉철한 철리와 정교한 설법으로 무장한 의상. 둘은 진리 추구라는 동일 목표에 이렇게 각자의 방식으로 접근해간다. 그리고 금욕과 구도의 상관관계 또한 둘은 각자의 성향과 결대로 해석하고 반응한다.

트러블메이커 원효의 계획

속계의 시방세계十方世界와 인간사의 삼라 번뇌에서 실천적 수행과 분방한 구도의 길을 도모하기로 한 원효는 욕망과 집착에 얽매이지 않는 무애의 경지를 실천했다. 파계를 넘나들다가도 날선 설법을 펼치는가 하면, 향락에 빠진 것 같아도 득오得悟 존엄은 여전하니 신기할 노릇이었다. 『송고승전宋高僧傳』은 당시 원효의 행적을 다음과 같이 적고 있다.

> (그의) 발언은 미친 듯 난폭하고 예의에 어긋났으며, 행동은 상식선을 넘었다. 그는 거사들과 주막이나 기생집에도 드나들고, 지공誌公처럼 금빛 칼과 쇠 지팡이를 지니기도 했다. 주석서를 써서 『화엄경』을 강의하거나, 혹은 사당에서 거문고를 타며 즐기고, 또는 여염집에서 유숙하기도 하고, 때로는 산수에서 좌선하는 등 마음 내키는 대로 일정한 규범이 없었다. 당시 왕이 백좌인왕경 대회를 두고 널리 큰스님을 찾았다. 고을(상주)에서 명망이 높은 그를 천거하였으나 스님들이 왕에게 참소하여 받아들이지 않게 하였다.[2]
>
> 『송고승전』 권4 「당신라국황룡사원효전唐新羅國黃龍寺元曉傳」

원효의 심오한 불법과 유별난 행적은 신라를 넘어 중국에까지 널리 퍼졌다. 중국 중세 불교사 연구에서 불가결의 위치를 차지하는 『송고승전』에는 의상과 함께 원효의 일대기가 실릴 정도였다. 원효의 행보는 언뜻 내키는 대로 거리낌없이 멋대로 노니는 듯 보인다. 그러나 어쩌면 이 모두는 천촌만락의 온갖 희로애락과 간난신고를 함께함으로써 민중들과의 거리감을 좁히고 하나가 되고 싶었던 원효의 속깊은 의도였는지도 모른다. 그는 염불로 '나무아미타불'을 전파했고, 게송으로 부처의 행적을 노래했다. 춤으로 계율의 권위를 깨부수었고, 저잣거리를 전전하며 친근한 불제자를 자처했다. 모두 원대한 포부, '불교의 대중화'를 위해서였다. 요석 공주와의 만남도 그랬다. 포교에는 왕실의 원조와 뒷배가 필요했지만, 승려들의 방해로 여의치 않았던 원효는 자신의 방식대로 난국을 타개한다.

원효가 하루는 상례에서 벗어나 거리에서 노래 부르길 "누가 자루 없는 도끼를 허락할까, 하늘 받칠 기둥 다듬으려는데"라 했다. 사람들이 모두 뜻을 깨닫지 못했는데, 태종(무열왕)이 이를 듣고는 "이 스님이 귀한 여인을 얻어 훌륭한 아들을 낳고자 하는구나"라 했다. 마침 요석궁에 혼자 된 공주가 있어, 관리를 시켜 원효를 수소문했다. 원효는 남산에서 내려와 문천교를 지나면서 일부러 물에 빠져 옷을 적셨다. 관리가 그를 궁에 데려가 옷을 벗어 말리면서 묵게 했다. 공주가 태기가 있어 설총을 낳았다.[3]

『삼국유사』 권4 「의해義解」 5 원효불기元曉不羈

당시 태종무열왕 김춘추의 둘째 딸 요석 공주는 과부가 되어 궁에 머물고 있었다. 원효는 그녀를 계획에 포함시키기로 한다. 마침 신라 최초의 진골 출신 왕인 태종무열왕은 자신의 신분적 한계를 대내외적으로 타파하려고 노력하던 중이었다. 그는 대외적으로는 친당적 외교 활동을, 국내에서는 내정개혁을 통해 왕권 강화를 추진했다. 구귀족 세력인 상대등 비담 일파를 몰아낸 후라 신흥귀족 세력과의 협력 및 새로운 인재가 절실한 시기기도 했다. 그런데 원효가 남편 잃은 요석 공주를 '자루(남성) 없는 도끼(여성)'라 노골적으로 지칭하며 '하늘을 떠받칠 기둥'을 운운하지 않은가. 신분과 혈통보다는 능력 위주의 인사를 선호했던 무열왕은 이 걸승의 당돌함이 예사롭게 보이지 않았다. 어쩌면 청년 춘추가 비주류 가야계 김유신의 여동생 문희와 맺어졌던 옛 추억을 떠올렸을 수도 있다. 어찌되었든 6두품 승려와 진골 출신 왕은 모종의 결탁을 진행한다. 하여 원효와 요석의 사흘간의 불꽃같은 밀애가 있었고, 몇 개월 후 '하늘을 떠받칠 기둥'이자 불교와 왕실의 합작품, 훗날 십현十賢 중 한 명으로 이름을 날릴 설총이 태어나게 된 것이다.

이 소문은 삽시간에 퍼졌다. 민중들은 원효와 요석 공주의 일을 속닥거리고 무열왕의 특별한 안목을 언급하면서 자연스럽게 부처를 접했다. 이후 파계한 원효는 벼 베는 아낙이나 빨래하는 여인에게 수작을 걸다가 관음보살을 영접했다는 등의 일화로도 인구에 회자되며 괴짜 걸승 혹은 '소성거사小性居士'로 민중 속에 정착한다. 이렇게 인간적이고 친속세적인 원효를 통해 농막집의 어린애나 거리의 촌부까지도 부처를 알고 나무아미타불을 읊조리게 되었다. 그리고 이는 결과적으로 불교의 대중화와 신라 불교 전성기에 크게 기여했다. 그러니 이쯤에서 드는 생각, 원효의 파계에는 계획이 다 있었던 모양이다.

결이 다른 금욕주의자 의상

한편 당나라로 간 의상은 산동반도의 등주登州 해안에서 잠시 여장을 풀게 되었다. 가가호호를 돌며 시주를 청하다 어느 독실한 불자의 집에 당도한 의상은 그곳에서 선묘라는 처자를 만난다.

> 홀로 길을 떠난 의상은 죽어도 물러서지 않겠다고 맹세하며, 총장總章 2년 배를 얻어 타고 등주 해안에 도착했다. 그는 그곳에서 탁발하다가 어느 독실한 불자의 집에 이르렀다. 주인은 의상의 용모가 출중함을 보고 오래도록 자신의 집에 머물게 했다. 그곳에는 고운 옷차림에 화사한 화장을 한 소녀가 있었는데, 이름이 선묘라 했다. 그녀가 아리따운 자태로 유혹했으나 의상의 마음은 돌처럼 동요하지 않았다. 여자는 아무리 헤아려봐도 반응이 없자 문득 도심道心을 일으켜 소망을 말하길, "몇 번을 환생하더라도(生生世世), 스님과 부처님께 모든 것을 바치겠습니다. 중생구제라는 대승의 도를 널리 배우고 익혀 대업을 이루겠나이다. 그리고 불제자로서 모든 시주와 물품을 공급하겠습니다"라 했다.
>
> 『송고승전』 권4 「당신라국의상전唐新羅國義湘傳」

머나먼 이국땅에서 온 구법승이었지만, 최고의 엘리트로서 불법의 진리를 찾고자 하는 36세의 의상은 그 혁혁한 눈빛과 단정한 자태로 꽃처녀의 가슴에 불을 당겼을 것이다. 그러나 아무리 유혹해도 넘어오지 않는 의상에게 선묘는 색다른 제안으로 부처 안에서나마 하나 되기를 소망한다. 영겁을 돌아 몇 번을 환생하여 시주와 공양을 베푸는 단월檀越로라도 함께하겠노라는 맹세로써 말이다.

선묘의 지독한 사랑, 부석사

선묘를 뿌리치고 길을 떠난 의상은 당의 수도 장안長安의 종남산終南山 지상사至相寺에서 지엄智儼을 만나 화엄 사상을 접한다. 『화엄경』의 오묘한 뜻과 세세한 이치를 터득한 뒤에는 후계자로서 강학講學하며 학명을 떨치기도 했다. 그러던 의상이 귀국을 결심한 것은 문무왕 11년(671), 당 고종이 군사를 일으켜 신라를 침략한다는 정보를 김흠순과 양도 등에게 듣고 이를 알리기 위해서였다. 귀국길에 오른 의상이 신라행 상선을 타기 위해서는 선묘가 있는 산동반도의 등주를 들러야 했다. 그러나 소식을 접한 선묘가 법복과 물품들을 안고 부둣가로 뛰쳐나갔을 때 의상이 탄 배는 이미 저 멀리 사라지고 있었다. 그 바다를 향해 선묘는 목청껏 외친다.

"원컨대 이 몸이 커다란 용으로 변해 배의 운행을 돕고 신라에서 불법을 전하길 바랍니다." 그러더니 바다에 몸을 던졌다. 발원의 힘은 꺾지 못하고 지성이면 감천이라더니. 과연 (용이 되어) 쭉 뻗다 뒤틀며 도약하더니 배 아래에서 꿈틀대며 무사히 저쪽 해안에 닿게 했다.

『송고승전』 권4 「당신라국의상전」

선묘의 발원은 결국 인신공양으로 성취된다. 수호용으로 환생하여 의상의 거친 뱃길을 지켜준 것이다. 의상은 알았을까? 10년 전 그 인연이 자신의 흑기사가 되어서라도 곁을 지키고 싶었던 것을. 선묘가 다시 그 존재감을 드러낸 것은 문무왕 16년(676), 의상이 왕명으로 죽령竹嶺 인근에 사찰을 창건할 때였다. 당시 의상은 문무왕으로부터 우국충정과 도심道心의 존엄을 인정받아 화엄십찰 건립에 착수하던 차였다. 그러나 화엄 사상 전파를 꺼려하는 기존 종파와 기득권 세력의 반발로 어려움을 겪고 있었다.

그날도 반대시위자 500여 명이 운집해 한창 소란을 피우고 있었다. 그런데 갑자기 어디선가 커다란 바위 하나가 나타나 허공에서 떨어질 듯 매달려 있는 게 아닌가. 이번에는 바윗돌로 화한 선묘였다. 집채만 한 바윗돌이 위아래로 오르내리길 세 차례, 그 모습에 반대 주동자들은 혼비백산 뿔뿔이 흩어졌다. 덕분에 의상은 무사히 절을 지을 수 있었다. 그리하여 그 절의 이름은 뜰-부浮, 돌-석石의 부석사浮石寺가 되었다. 의상은 그 절에서 입적할 때까지 머물렀다고 한다.

이중환의 『택리지擇里志』에는 "아래 위 바위 사이에 약간의 틈이 있어 실을 당기면 걸림 없이 드나들어 뜬 돌(浮石)임을 알 수 있다"는 기록이 있다. 불멸의 사랑전설에 문헌적 신빙성을 더해주는 기록이다. 지금도 경북 영주시 부석면 봉황산 중턱에 위치한 부석사 곳곳에는 선묘의 흔적이 남아 있다. 아미타여래를 모신 국보 제18호 무량수전 북서쪽에는 아담하고 소박한 선묘각이 자리잡았고, 그 안에는 선묘의 초상이 걸려 있다. 그리고 무량수전 서편에는 의상을 위해 선묘가 세 차례나 들었다 놓았다는 바위가 놓여 있다. 마치 의상을 영겁까지 수호하겠다는 맹세를 지키려는 듯이.

설총과 부석사로 전해지는 원효와 의상의 '여인천축국전'을 보면서 불가에서 말하는 인연이란 이런 게 아닐까 싶다. 주술로 자신을 유혹한 마등가摩登伽의 여인을 출가시켜 아라한阿羅漢(수행자)의 길로 인도했던 부처의 제자 아난다가 떠오르기 때문이다. 숱한 여인들 가슴에 불을 지폈던 꽃미남 승려 아난다는 그를 향한 여인의 욕망과 집착을 불심으로 승화시켰다. 어쩌면 그 질긴 인연이, 윤회의 굴레가 이렇게 요석 공주와 원효, 선묘와 의상의 카르마로 환생하여 우리에게 영겁의 가르침을 전하는 것은 아닐까.

다름의 미학,
「한림별곡」과 「공공상인」

고대 한국에서 동성애적 코드를 감지할 수 있는 비교적 초기의 특이지점은 화랑이 아닐까 싶다. '화랑'은 이름대로 꽃(花)과 같은 낭도들(랑郎)로서 진흥왕 37년(576)에 인재육성을 위해 14, 15세 정도의 소년들로 구성된 신라 최고의 엘리트 조직이다. 지도자 격인 국선國仙 아래 화랑을 중심으로 수백 명의 낭도가 있으며, 그 선발 기준과 양성과정은 이러했다.

> 용모가 아름다운 남자를 뽑아 곱게 단장시켜, 화랑이라 부르고 받들게 하니 무리가 구름처럼 모여들었다. 이들은 서로 도의를 연마하거나 노래와 음악을 즐기면서 산수를 유람하여 멀리 그 발길이 닿지 않은 곳이 없었다. 이를 통해 인품의 옳고 그름을 파악하여 훌륭한 자를 택해 조정에 추천하였다.[1]
>
> 『삼국사기』 권4 「신라본기」 4 진흥왕

세속오계의 규율 아래 무예와 정신력, 문화적 소양, 그리고 자부심으로 무장한 '신라 엘리트' 양산 전략은 가히 성공적이라 할 만했다. 화랑 출신 고승 원효를 비롯해 우산국(울릉도)을 정벌한 이사부, 신라 최고의 장군 김유신, 김유신의 아들로 당나라와의 석문전투石門戰鬪에서 활약한 원술, 황산벌전투의 꽃 관창 등 지금까지도 인구에 회자되는 화랑들을 보라.

　　그런데 한창 혈기왕성한 소년들만으로 조직되다보니 그 가운데 예기치 못한 은밀한 사건도 종종 발생하지 않았을까 싶다. 사실 고대국가의 청소년 집단은 세계사 곳곳에서 발견되는데, 이들 집단은 요즘 말로 치면 국가의 선전대이자 학도병의 역할을 하였다. 예쁘고 영민한 소년들을 한 곳에 모아놓았으니 그들만의 유대와 결속감은 얼마나 강했을 것이며, 조직과 국가에 대한 사명감 아래 뭉친 서로에 대한 애정과 사랑은 또 얼마나 유달랐을 것인가.

　　이런 추측들은 때때로『삼국유사』에 실린 향가「모죽지랑가慕竹旨郎歌」를 친밀한 우정을 넘어선 일종의 '동성애' 코드로 해독하게도 한다. 신라 32대 효소왕 대의 화랑 죽지랑이 자신의 낭도 득오가 관리 익선의 고된 부역에 부당하게 동원된 것을 알고 낭도 137명을 이끌고 곡식 30석과 말 안장을 바쳐 득오를 찾아온다는 사연이 있다. 이에 감격한 득오가 그 사모의 정을 "낭이여, 그리운 마음의 가는 길이, 다북쑥 우거진 마을에 쉴 밤이 있으리까"라는「모죽지랑가」에 오롯이 담았다는 것이다. 화랑 기파랑의 고결한 인격을 달빛, 시냇물, 잣나무에 비유한 승려 충담사의「찬기파랑가讚耆婆郎歌」도 흡사 연인에 대한 그리움을 읊듯 애절하다. 미실과의 사랑으로도 유명한 사다함이 사우死友였던 무관랑의 죽음에 이레를 통곡하다 죽었다는 사연도 있다.

채 피워보지도 못하고 스러진 그들의 애곡한 사연에 많은 이들이 안타까워했으리라. 그래서 누군가가 '엘리트'라는 미명 아래 보통의 삶을 희생당했던 이들의 특별한 동지애에 '브로맨스'라는 특별한 사랑을 덧씌운 것은 아닐까 하는 생각이 든다.

왕, 그리고 왕의 남자들

화랑들 간의 애정에 대해 동성애일지도 모른다는 추론이 추측과 상상에 기반한 심정적인 것이라면, 신라의 36대 혜공왕이나 고려 7대 목종, 26대 충선왕의 경우는 문헌상에 뚜렷이 명시된 사례라 하겠다. 목종의 사랑은 유난했다.

> 유행간庾行簡은 용모가 아름다워서 왕이 남달리 아끼고 사랑하여 용양龍陽으로서 총애하였으며, 매번 선지宣旨를 내릴 때마다 반드시 유행간에게 먼저 물어본 이후에야 시행하였다. 이로 인하여 왕의 총애를 믿고 교만하고 건방지게 굴면서 백관百官을 경멸하고 사람들을 마음대로 부리니(頤指氣使), 왕을 가까이에서 모시는 신하들이 그를 보기를 왕을 보는 듯이 하였다.
>
> 『고려사절요』 권2 목종 12년 1월

여자에게는 통 관심이 없는 탓에 비와 후궁을 통틀어 선정왕후宣正王后 한 명만 두고 후계도 없던 목종. 그는 유행간이란 미남과 용양(남색)을 즐기다 고려 왕사에 첫 동성애 스캔들과 첫 시해 기록을 남긴 왕이 되었다. 목종은 경종景宗의 외아들로 태어나 일찌감치 차기 군왕으로 낙점되었다. 그러나 경종이 붕어할 당시 나이가 너무 어렸기에 삼촌 성종이 제위를 물려받았고, 성종이 죽은 다음에야 17세의 나이로 천자의 자리에 오르게 된다. 즉위 직후 목종의 실적은 괜찮은 편이다. 널리 인재를 등용하고, 덕주성德州城을 포함한 국경 부근의 성들을 보수하여 여진의 침공에 대비했으며, 1006년 흉년이 들었을 때는 조세와 공물을 탕감하고 국고를 열어 백성들을 구휼하는 등 선정을 베풀었다. 그러던 목종이 남색에 빠져 국정농단에 이르게 된 배후에는 그의 모후 천추태후와의 갈등이 도사리고 있었다.

경종의 제3비이자 성종의 여동생이기도 한 천추태후는 왕건의 손녀답게 야망이 큰 여인이었다. 그녀는 목종을 대신하여 섭정하면서 궁정을 장악하고자 했다. 나아가 내연 관계인 김치양金致陽과 간통하여 낳은 아들을 왕으로 삼기 위해 차기 후계자인 대량원군大良院君 순詢을 죽이려고 하였다. 목종에겐 그런 기센 모후에 대한 거부감과 스트레스가 여성 전체에 대한 환멸과 혐오로 확대되지 않았을까 싶다. 그리하여 '마마보이' 대신 '남색대왕'을 선택한 목종은 강조康兆의 정변政變으로 역사에서 사라지는 운명을 맞게 된 것이다.

노국대장공주와의 애틋한 사랑으로 유명한 공민왕도 즉위 말년 즈음엔 이런 소문에 휩싸였다.

자제위子弟衛를 설치해 젊고 용모가 아름다운 자들을 선발해 소속시킨

다음, 대언代言 김흥경金興慶에게 조직을 총괄하게 했다. 이때 홍륜洪倫·한안韓安·권진權瑨·홍관洪寬·노선盧瑄 등이 왕의 총애를 받으면서 늘 침소에서 시중을 들었다. 왕이 천성적으로 여색을 좋아하지 않는 데다 교합交合이 불가능했기 때문에 공주가 살아 있을 때에도 동침하는 일이 극히 드물었다.

(노국)공주가 죽은 후 비를 여럿 들여다가 별궁에 두었으나 가까이 하지 못하고 밤낮으로 공주만을 애타게 그리다가 결국 마음의 병까지 얻었다. 늘 스스로 아낙네 모양으로 화장을 한 후 먼저 젊은 내비內婢를 방으로 들어오게 해 보자기로 얼굴을 가리게 하고는 김흥경과 홍륜 등을 불러 음란한 행동을 하게 했다.

왕은 옆방 문틈으로 그 광경을 훔쳐보다가 음란한 마음이 동하면 곧 홍륜 등을 침실로 들어오게 하여 마치 남녀 사이처럼 자신을 음행하게 했다. 하룻밤에 수십 명과 이런 짓을 벌였으므로 다음날 늦게야 자리에서 일어났으며, 혹 마음에 드는 자가 있으면 헤아릴 수 없이 많은 상을 주었다.

『고려사』 권43 세가 공민왕 21년 10월

공민왕 13년(1364) 출산 중 세상을 뜬 노국대장공주는 왕에게는 단 하나의 여인이었다. 두 사람의 사랑에는 여-원 간의 정략결혼을 무색케 하는 그 무엇이 있었다. 노국대장공주는 원나라 왕족임에도 반원정책을 고수하는 공민왕을 적극 지지했다. 또 부원배들과 반反공민왕 세력이 공민왕을 시해하려 할 때에는 방문 앞에 버티고 서서 그를 보호하기도 하였다. 그러나 정치판의 동지는 내실에선 영락없는 질투쟁이가 되곤 했다. 후손을 보기 위해 공민왕이 혜비惠

妃 이씨를 들이자 노국대장공주가 식음을 전폐하고 투기했다는 기록이 이를 방증한다. 이때 공민왕은 혜비의 처소를 찾지 않음으로써 공주의 마음을 헤아려주었다고 한다. 그토록 사랑했던 공주의 죽음은 왕에게 상당한 타격이었을 것이다. 반원 기치를 높이던 개혁군주이자 한 여인만을 사랑했던 순정 사나이가 정치적 고독감과 연인의 죽음을 이기지 못해 성적 탐닉에 빠진 것은 역사의 아이러니라 하지 않을 수 없다.

그렇다면 고려의 귀족들이나 보통 사람들이 만끽한 취향의 자유에는 어떤 색다른 내담內談들이 숨겨져 있을까?

풍류와 향락의 경계에 선「한림별곡」

「한림별곡」은 고종 때 한림학사翰林學士들이 지은 최초의 경기체가景幾體歌다. 경기체가라는 명칭은 경기도京畿道에서 불렸다 해서 붙은 이름이 아니라, '景긔엇더하니잇고(이 모습이 어떠합니까)'라는 후렴구 때문이다. 경기체가의 형성은 당시의 사회적 분위기와 깊은 연관이 있다.

고종의 집권기는 대내외적으로 진퇴양난의 국난 시기였다. 내적으로는 최충헌-최우-최항崔沆-최의崔竩의 4대 60년에 이르는 무신 집권기였고, 외적으로는 거란의 침입과 몽골의 침입을 수습하느라 정신이 없었던 때다. 외세의 압박 속에 왕권은 추락해가고, 무신들은 전권을 휘둘렀으며, 문신들은 아첨과 향락에 빠져 지냈다. 당시 대개의 문신들은 왕보다는 무신들의 눈치 보기에 급급했다. 또한 문신들은 연일 무신들의 호화 연회에 참석해 유흥에 취하거나 산수에서 노닐며 현실 도피적 풍류를 일삼았다.

「한림별곡」에는 정체성의 혼란과 시대의 갈등을 은둔, 음유, 풍류, 퇴폐 속에서 해소하려 했던 당시 귀족들의 생생한 실상이 담겨 있다. 총 8장의 별곡체 기악 가사에는 각각 문장, 서적, 글씨, 술, 꽃, 음악, 경치, 그네뛰기에 대한 귀족 양반들의 과시와 허세가 가득하다.[1] 1장부터 7장까지 저마다 득의양양하게 각 분야의 지식과 재주를 뽐내던 그네들의 유희는 마지막 8장의 '그네타기'에서 절정을 이룬다.

> 당당당 당추자(호도나무), 조협(쥐엄)나무에
>
> 붉은 실로 붉은 그네를 매옵니다.
>
> 당기거라 밀거라, 정鄭소년아!
>
> 아, 내가 가는 곳에 남이 갈세라
>
> (엽) 옥 깎은 듯 가늘고 아리따운 두 손길,
>
> 옥 깎은 듯 가늘고 아리따운 두 손길에
>
> 아, 손잡고 노니는 모습 그 어떠합니까.[2]

「한림별곡」8장

일견 그네를 타며 향락을 즐기는 듯한 이 장면에는 동성애의 코드가 숨어 있다. 화자는 유생이 분명한데, 그네를 밀고 당기는 이

---

1) 『고려사』권71 악지에는 "고종 때 한림의 여러 선비가 지었다"라고만 기록되어 있다. 그러나 작품 1장에 금의琴儀 문하의 유원순兪元淳·이인로李仁老·이공로李公老·이규보李奎報·진화陳樺·유충기劉沖基·민광균閔光鈞·김양경金良鏡 등이 나오므로 이들을 작가라 보고 있다.

가 정.소.년.이기 때문이다. 여기서 정소년의 '정鄭'에 주목해보면 그 의미가 더 분명해진다. 일찍이 중국 최고最古의 시가집인 『시경』에서는 춘추전국시대 제후국인 정鄭나라의 노래 정풍鄭風을 '남녀상열지사'로 통칭되는 음란한 음악으로 분류했다.[3] 『시경』을 정리한 공자도 "정나라의 노래가 아악雅樂을 어지럽힘을 미워한다"[4]고 지적한 바 있다. 그렇다니 더 들어보고 싶지 않은가, 그 고얀 정풍을?

> 네가 날 사랑한다면 치마 걷고 유수라도 건너겠지만
> 네가 날 사랑하지 않는다면 어찌 다른 남자(士) 없을까.
> 바보 같은 멍청한 자식![2]
>
> 「치마를 걷고(褰裳)」『시경·정풍』

이것이 3000여 년 전 『주례』와 유학의 본고장에서 유행하던 노래다. 이 노래는 수줍음과 조신함을 벗은 여인의 당당한 연애관을 보여준다. 순정이니 일부종사니 그런 건 개의치 않고, 오로지 변심한 남자를 비웃는 당찬 어조가 대담하기 그지없다. 그렇다고 다소곳한 어조라고 해서 야한 게 아닌 건 아니다.

> 들녘에 덩굴 풀, 떨어진 이슬에 흠뻑 젖어 있네.
> 미인 한 사람 있어, 맑은 눈 넓은 이마 아름다워라.

---

2) 子惠思我, 褰裳涉溱, 子不我思, 豈無他人, 狂童之狂也且. 子惠思我, 褰裳涉洧, 子不我思, 豈無他士, 狂童之狂也且.

우연히 서로 만났으니, 그대와 나 서로 좋아해.[3]

「들판의 덩굴풀(野有蔓草)」『시경·정풍』

설핏 고운 눈매와 반듯한 이마의 미인을 찬미한 듯하지만, 정황상 야릇한 밀회를 내포하고 있다. 이슬에 젖은 풀이라니, 만남의 장소와 시간이 유추되는 대목이다. 인적 드문 으슥한 곳이거나 야심한 시각이거나, 아니면 둘 다일지도. 게다가 우연히 만났고 이미 서로 마음을 확인했다니, 그 만남이 야합까지 이어지는 데는 긴 시간도 구차한 과정도 필요 없을 듯하다. 그러니 정풍은 공자가 "아악을 어지럽혔다"며 한탄했듯 그 희롱(弄弄)이 선을 넘는(越越) 음풍농월淫風弄越이라 하겠다.

그런 의미에서 정.소.년.은 그냥 소년이 아닌, 남녀상열지사의 당사자에 맞닿아 있다고 할 수 있다. 그 소년은 미인도 울고 갈 섬섬옥수와 가녀린 몸매를 자랑한다. 사대부 귀족들의 한바탕 놀음에 함께 어울린 이가 미소년이라니. 그네를 밀고 당기며 유아적 유희에 빠진 다 큰 어른이들의 놀이판은 "내가 가는 곳에 남이 갈세라" 염려하는 부분에서 그 은밀하고 비밀스러운 애정의 지향을 담아냈다. 누구에게도 양보하거나 공유하고 싶지는 않지만, 자랑하고 뽐내고 싶은 마음도 숨길 수 없는 이 역설적 애정행각은 어쩐지 '퇴폐적 욕정'보다는 '자아도취적 사랑'에 가까운 것 같다.

---

3) 野有蔓草, 零露漙兮. 有美一人, 淸揚婉兮. 邂逅相遇, 適我願兮.

대사, 소년을 애정하다 「공공상인」

「한림별곡」의 작자 중 한 명인 이규보 역시 공공상인과 박소년朴少年의 동성애를 묘사한 흥미진진한 96구句의 고율시古律詩 한 편을 남겼다. 제목은 「차운공공상인 증박소년오십운次韻空空上人贈朴少年五十韻」으로, 줄여서 「공공상인」이라 하겠다. 시의 첫 소절부터 중반부까지는 음양의 조화와 남녀의 도리, 자웅의 섭리며 봉황의 금슬 속에서도 흔들리지 않는 꼿꼿한 공공상인의 고매한 인격을 읊는다.

> 하늘과 땅이 개벽하매 음과 양이 생기고,
> 웅이 자를 부르매 여자가 남자를 따르네.
> 돌아온 봉이 황을 찾으니 애정이 은근하고,
> 외로운 난새가 짝을 잃으니 그 모습 쓸쓸하며,
> 나무에는 연리지 있어 여러 꽃과 다르고,
> 꽃에는 동심화가 있어 여러 풀과 다르네.[4]
>
> 이규보, 「차운공공상인 증박소년오십운」

남녀는 짝을 이루어 실가지락室家之樂을 뽐내고, 초목과 금수도 암수 서로 정답게 금슬을 자랑하기 바쁘다. 너도나도 짝을 맺고 정분을 과시하는 세상이지만 공공상인은 여기서 한 걸음 떨어져 이들의 다정함에 결코 동요하는 법이 없다. 음양을 초월하고 세상사에 통달한 도인이기 때문이다. 그렇지만 이렇게까지 공과 뜸을 들

---

4) 二儀剖判有陰陽, 雄或呼雌女逐郎. 歸鳳求凰眞眷戀, 孤鸞失偶却徊徨. 木聞連理殊群卉, 花見同心異衆芳.

이며 도인을 한껏 띄운 이유가 분명 있을 터. 그럼 그렇지, 그 어떤 유혹에도 눈 하나 깜빡 않던 공공상인이 본격적인 흔들림을 호소한 35구부터 드라마틱한 전개가 펼쳐진다.

> 절세미인이 방안에 가득 차고
> 미녀들이 또한 월랑에 줄지어 있어도
> 오직 고고한 도인만은 이를 단호히 끊고
> 세속의 즐거움을 벗어나 깊이 은거하며
> 어떠한 망상의 유혹이 있었어도
> 강직하게 서서 도리를 떠나지 않았는데,
> 박씨 소년 형상이 대체 어떠하길래
> 마침내 공공상인을 미치게 했나.[5]

공공상인은 고려 무신집권기의 승려 유가대사瑜伽大士 경조景照로 공공은 그의 자字다. 그는 법왕法王과 시승詩僧으로 불릴 정도로 불교와 시문에 조예가 깊었고, 이규보와도 교유하던 인물이다. 멀리 송宋나라의 선종계 고승 조파祖播가 그의 시에 감동해 반죽斑竹 지팡이와 염주 등을 선물한 적도 있다. 허심의 경지에 도달하여 텅 비었다는 뜻의 '공공空空'을 자로 삼은 공공상인. 그렇게 범속을 초탈한 선승의 감수성이란 자신의 속내를 솔직히 인정하고 가감 없이 드러내는 내공에서 오는 것이었을까? 이렇게 말이다.

---

5) 縱將絕艷充闔闥, 亦欲諸姬列廡廊. 唯有高人能豁斷, 直超流俗樂深藏. 縱有妄緣 幾惑見, 想應介立不離方. 未知朴子形何似, 坐使空師意反狂.

스스로 말하길 (소년은) 순수한 양기니 어찌 감응하리.

다만 뛰어난 의표가 맑고 드높은 것이 어여쁘니

참으로 들판 내달리는 바람난 소가 아니면

분주히 샘 찾는 목마른 사슴 같으리.

여문 이삭에선 몹쓸 곡식 나지 않으니 새잎 어찌 마른 버들에서 생길쏜가.

오직 은밀한 벗이 되길 기대하니 어찌 잠시라도 떨어져 있으려나.

이별해 아쉬운 맘에 그곳에 잘 적응했겠지 싶다가도

찾아오면 손뼉 치며 맞을 텐데 하물며 담장 밖으로 내쫓겠나.[6]

의외성. 음양의 조화와 여성의 모든 것을 외면했지만, 어린 소년의 유혹은 예상치 못한 복병이었다. 소년에게 대책 없이 끌리는 마음의 갈등과 번뇌가 흡사 첫사랑에 빠진 연인의 그것처럼 애틋하다. 소년의 의젓한 용모와 맑은 기운을 어여삐 여기노라 짐짓 점잔을 떨어보기도 한다. 그러나 이내 안달하는 심정을 바람난 소나 목마른 사슴에 비유하는 도인의 고백은 적나라하다 못해 애처롭다. 이별하며 이걸로 끝이라 하다가도 작은 문소리 하나에도 뛰어나가는 마음은 영락없이 사랑에 빠진 남자의 모습 아니던가. 이쯤 되니 성性·색色의 망상과 유혹을 초월했다던 이 고고한 양반을 푹 빠지게 만든 소년의 진짜 매력이 궁금하다.

더욱이 이 소년은 총명한 천성에다

해박한 학식까지 마냥 간직하여

---

6) 自說純陽何感應, 但憐奇表最淸揚. 亮非走野風牛突, 又豈奔泉渴鹿忙. 穎不復能生穚穀, 稊何固必出枯楊. 但將款密期爲友, 何忍須臾不共堂. 別去尋思如融地, 訪來方抃況塵墻.

마치 봄철의 윤택한 숲 같고

또한 둥근 보름달과도 같네.

침실에 이불을 함께하니 정의가 진실로 도탑고

궁중의 대식對食을 본받은들 뭐가 해로우랴.[7]

소년은 야누스적 존재다. 남성성이 발현되지 않은 소년의 몸은
아이나 여인의 연약함과 성인의 강인함을 공유한 신비로운 영역이
다. 성의 혼재, 시간의 과도기, 미완의 성숙, 분출에의 도발. 이 모든
것이 어우러진 소년은 젊은 날의 분신이며 실현되지 않은 미래의
호기심이다. 도인은 소년에게 정신적 풍요와 넉넉한 경륜을 제공하
고, 소년은 도인에게 윤택한 젊음과 예민한 감각을 선사한다. 59구
에 이르러 소년이 공공상인의 마음을 흔든 이유들이 설명된다. 총
명하고 해박하며 윤택하고 보름달 같다며 말이다. 그러나 사랑에
무슨 이유와 분석이 필요하랴. 이 모든 요소들이 화학적으로 결합
하여 사랑이란 폭발력을 분출하고 만 것을. 이들에게는 이미 우정
과 연정, 사제 간의 존중, 세대의 동경을 아우르는 복합적 감성이 형
성된 것을. 결국 이 은밀하고도 폭풍 같은 특별한 감정에 항복한 둘
은 모두의 동의를 구한다. 한 이불을 덮고 자는 공공연한 대식, 즉
동성애의 관계를 맺은들 뭐 어떠냐고 말이다.

흥미로운 지점은 이들의 육체적 관계를 정신적 취향과 개인적 기
호, 예술적 탐닉쯤으로 다루고 있는 작품의 톤이다. 질척이거나 퇴
폐적인 뉘앙스가 아닌, 순수한 끌림과 건강한 솔직함을 수반한 사

---

7) 矧此少年生早慧, 尤於博學飽曾嘗. 宛如濯濯春林色, 正似團團望月光. 寢底同衾
    情苟篤, 宮中對食效奚妨.

랑의 고백은 지금 보아도 어쩐지 낯설지 않다. 몇십 년 후 조선 왕실의 여성 동성애가 도덕의 시비와 비난을 받았던 것과 달리, "뭐가 해로우랴"며 아름답게 포장된 이들의 사랑 노래는 유쾌하기까지 하다. 선악과 시비의 윤리적 기준이 아닌 차이와 다양성이라는 다름의 미학, 취향의 영역으로 유도하는 그 시대 발칙한 관념의 반란이 신선하다.

욕망, 금기를 넘다
―정중부의 두 딸

왜 그럴 때 있지 않은가? 엄마가 공부하라니까 하기 싫고, 낙서금지 표지 위에 굳이 낙서를 하며, 금연 간판 아래서 유유히 담배를 피우고, 시험기간이면 게임은 왜 그리도 재밌는지. 이런 모습들은 금지할수록 더 커지는 사람들의 심리적 반발심을 대변한다. 오죽하면 뭐든 반대로만 하는 청개구리 때문에 엄마가 물가에 무덤을 지어달라 유언했을까?

하지 말라면 더 하고 싶은 이런 심리를 가리켜 '리액턴스 효과 reactance effect'라고 한다. 리액턴스는 전기회로에서 교류 전류를 방해하는 저항 성분을 이른다. 전류가 셀수록 당연히 저항도 커진다. 강력한 제재와 금지가 막강한 내부 저항을 부르듯이 말이다. 그래서 로미오와 줄리엣은 더욱 필사적으로 사랑했던 게다. 원수 집안이니까 '절대 안 돼'라는 한마디가 주문처럼 두 사람을 미칠 듯한 사랑의 늪에 빠지게 한 것이다. 그리고 그렇게 험난한 여정을 거쳐 건져 올린 감정은 특별하고 유일무이한 것으로 각인된다.

아무리 그래도 그렇지, 집안의 앙숙을 사위로, 그것도 둘씩이나 삼게 된다면 그 심정은 어떨까? 그것도 왕을 내쫓을 정도로 무소불위 절대 권력을 휘두르던 장군이라면? 고려 의종 때의 무신으로 문신 세력의 횡포와 무인 홀대에 반발해 첫 번째 군사정권을 창출한 정중부 얘기다. 7척 거구의 위풍당당한 풍채로 고려를 호령했던 정중부도 딸들의 한 길 속은 다스리지 못했다. 주변의 반대를 무릅쓰고 하나같이 무신 집단의 밉상이자 정적인 남자를 정인으로 선택한 정중부의 두 딸들. 그녀들이 아비의 불같은 성미를 닮았는지, 하지 말라니까 더 하고 싶었던 건지, 진짜 불멸의 사랑을 추구했는지는 모를 일이다.

문신, 그들만의 리그

무신정변이 일어난 18대 의종 대에 이르면 고려 왕실의 권위는 이미 땅에 떨어져 있었다. 의종의 아버지인 인종 대에 고려의 근간을 뒤흔든 이자겸의 난과 묘청의 난을 겪은 데다가, 동북아 주변 정세 역시 혼란스러운 정국으로 빠져들고 있었기 때문이다. 우선 변방의 거란족이 한족의 송나라를 위협할 정도로 성장했다. 요나라를 건국한 거란은 고려에도 압박을 가하며 송나라와 외교관계를 끊고 거란에 친조親朝할 것을 요구했다. 고려로서는 겉으로나마 송나라와 외교관계를 끊고서라도 신흥 강자로 떠오르는 거란과의 관계를 어느 정도 조율할 필요가 있었다. 그렇다고 송나라와의 기나긴 사대의 끈을 놓을 수도 없는 노릇이었다. 게다가 북방의 작은 오랑캐에 불과했던 여진족마저 세를 불려가더니, 이젠 고려에 형제관계를 요구할 정도로 강대해지고 있었다.

그런데 이런 복잡다단한 외교 상황을 진두지휘하고 정리하고 나선 건 모두 문신들이었다. 당시 문벌귀족들의 권력 독점은 공고하였다. 전투의 지휘관은 모두 문관 차지였고, 무관은 아무리 활약해도 정2품 이상으로는 승진할 수 없었다. 과거제도 문과·잡과·승과가 있을 뿐 무과는 없었다. 이러나저러나 무신들이 출세할 길은 꽉 막힌 셈이었다. 따라서 무신들의 처우와 입지는 형편없었고, 문신들은 대놓고 무신들을 멸시하고 조롱했다.

그런 상황이 극대화된 것은 의종 때 이르러서다. 의종은 학문이나 나랏일에는 도통 관심을 두지 않은 채 유흥과 오락에만 빠져 지냈다. 이에 누항의 민중들은 극에 달한 왕조의 사치를 부양하느라 과도한 세금과 부역으로 허덕였다. 지각 있는 문신들이 이를 간언하자 귀찮아진 왕은 견제 세력을 키우려는 방편으로 환관과 무신들을 등용한다. 이런 연유로 무신들은 그나마 조금씩 힘을 얻어나갈 수 있었다. 하지만 상황이 그리 달라질 것은 없었다. 의종의 호화파티는 연일 지속되고 이에 동조하는 방탕한 문신귀족들의 파행도 더해갔던 것이다. 그리하여 '왕조의 사치-귀족의 월권-무신의 불만-환관의 개입-백성의 고통'으로 이어지는 사태들이 임계치에 도달한 어느 날이었다.

김돈중金敦中이⋯⋯ 섣달 그믐밤 나례 때 촛불로 견룡牽龍 정중부의 수염을 불사르니, 중부가 손으로 돈중을 치고 욕을 하였다. (김)부식이 노하여 왕에게 고하고 중부를 결박지어 때리려 하였으나, 왕이 중부의 사람됨을 비상히 여겨 도망쳐 모면하게 했다. (정중부는) 마침내 돈중에게 원한을 품게 되었다.

『고려사절요』권10 인종 25년

정중부의 수염을 불사른 김돈중은 바로 유학자·역사가·정치가로서 고려 조정에서 기세가 당당하던『삼국사기』의 저자 김부식의 아들이니, 그 권세와 자만은 가히 짐작할 만하다. 의종의 총애와 부친의 명성, 넘치는 재물, 뻗치는 오만을 등에 업은 김돈중의 도를 넘은 행동은 무신들의 불만에 불을 질렀다. 의종이 급히 중재에 나서 겨우 마무리되었지만 정중부를 위시한 무신들은 속으로 칼을 갈았다. 그러던 1170년 8월 30일, 보현원普賢院의 수박희手搏戱(맨손으로 겨루는 무술)에서 곪았던 종기가 드디어 터지고 만다. 문신 한뢰韓賴가 환갑의 대장군 이소응李紹應이 젊은 군졸과의 씨름에서 진 것을 조롱하더니 다짜고짜 노장군의 뺨을 후려친 것이다. 정변의 발화점이었다. 그간 문신들의 횡포와 만행에 누적된 불만은 엄청난 폭발력을 발휘했다. 그날의 사건이 도화선이 되어 발생한 무신정변은 정중부, 이의민, 최충헌으로 이어지는 100년 무신정권의 서막이었다.

사위 밑천이 된 첫째 딸

정중부는 무신정권을 총지휘했지만, 실상 무신들을 움직이는 실세는 젊은 피 이의방과 이고였다. 두 사람이 정중부를 내세워 난을 일으킨 뒤 자기들끼리 정권을 좌지우지한 것이다. 이 때문에 가뜩이나 자존심도 상하고 속도 시끄러운 정중부는 두 딸 때문에 더욱 심란했다. 딸들이 황당한 사윗감들을 내세웠기 때문이다. 첫째 딸은 무신 전체로부터 미운털이 박힌 송유인과 혼인하겠다고 나섰다. 역사가 기억하는 송유인은 대체 어떤 사람일까?

송유인은 인종 때에 부친이 순국한 공로로 산원散員에 임명되었다. 곧 태자부지유太子府指諭가 되었다가 위장군衛將軍에 임명되었다. 태자가 그를 편애하여 특별히 많은 물건을 하사했다. (그는) 처음에 송나라 상인 서덕언徐德彦의 처와 결혼하였다. 처는 미천했지만 엄청난 재산이 있었기에, 백금 40근을 환관에게 뇌물로 주고 3품 벼슬을 얻을 수 있었다.

『고려사』 권128 「열전」 41 반역

이 정도로도 송유인이 어떤 인물인지 대략 파악할 수 있다. 부친의 후광과 태자의 편애, 송나라 상인의 현지처와의 혼인, 아내의 재물로 획득한 관직. 주도면밀한 처세의 미학이 아닐 수 없다. 그 모든 것은 관계에 의존한 결과물들이었다. 그는 또 대세에 편승할 줄 아는 실리주의자이기도 했다. 그는 의종 말년에 대장군의 신분으로 문신들의 온갖 연회에 참석하여 그들과 어울리며 비위를 맞추는 데 주력했다. 원래 때리는 시어미보다 말리는 시누이가 더 밉기 마련이다. 무신임에도 문벌귀족들과만 어울리는 송유인은 무관들에게 눈엣가시였다. 그러던 차에 정중부의 난이 터진 것이다.

정중부가 권력을 잡자, 송유인은 자신이 고립되어 위태로울 것을 알았
다. 그는 화가 미칠 것이 두려워 자신의 처를 해도海島로 쫓아버리고, 정
중부의 딸을 처로 삼았다.

『고려사』 권128 「열전」 41 반역

더 자세한 기록은 없다. 허나 환관에게 뇌물을 바쳐 관직을 얻고
문신 편에 붙어 알랑대던 송유인을 정중부가 덥석 사위 삼았을 리
는 없을 터. 그러나 과연 송유인은 처세의 달인다웠다. 세상이 무신
천하가 되자, 자신도 원래 태생이 무신이라며 나온 것이다. 그런 다
음 정중부의 큰 딸을 공략한다. 그 속셈은 뻔했다. 고려사회는 여성
들에게 유산상속과 호적승계 등을 허용했으니,[1] 무신정권 최고 권
력자의 딸이란 신분보장의 튼튼한 동아줄인 셈이다. 궁지에 몰린
송유인이 온갖 사탕발림과 사랑고백으로 정중부의 딸을 유혹했을
공산이 크다. 정중부의 맏딸로서도 송유인의 접근에 충분히 흔들렸
을 것이다. 생각해보라. 융통성 없는 고지식한 아버지 밑에서 온통
무뚝뚝한 무신들에게 둘러싸여 자랐던 그녀다. 부친과 정반대 성향
의 송유인에게서 반전의 매력을 느꼈을 법하지 않은가. 부드럽고
달콤한 말솜씨와 다정한 눈빛은 여심을 공략하는 설레는 유혹이었
을 테니 말이다.

항간에서는 송유인이 정중부의 큰딸과 혼인하기 위해 전처를 청
부살해했다는 괴소문이 돌기도 했다. 나쁜 남자란 상대와 상황에
따라 언제든지 가면을 바꿔 쓰는 부류니 그랬을 수도 있다. 주변의

---

1) 고려 여인들의 사회적 신분에 관한 논의는 이 책의 '규방의 반란, 여항의 밀회-
   고려 여인들의 삶' 참조.

극심한 반대와 염려에도 정중부가 결국 혼인을 허락한 것만 봐도 송유인이 이 위기에 얼마나 노련하게 대처했는지 알 수 있다. 그 뒤의 기록은 점입가경이다.

> 그리하여 (송유인은) 서북면병마사가 되었다. …… 반란을 진압하지 못했고, 신변의 위협을 느껴 병을 핑계로 사직했다. …… 1174년(명종 4)에 추밀원부사·병부상서가 되었고…… 처에게 부탁해 수사공 상서복야에 보직되었다.
>
> 『고려사』 권128 「열전」 41 반역

송유인의 생은 온통 관계의 역학으로 도배된 것 같다. 정중부의 사위가 된 그는 이제 아내와 장인의 백을 이용해 고위직을 차지한다. 그리고 수덕궁壽德宮에 살면서 왕 못지않은 호화로운 생활을 영위했다. 아울러 명종의 딸인 수안궁주壽安宮主를 정중부의 며느리로 삼으라면서, 명종을 압박하기까지 한다. 노령의 정중부가 정계를 은퇴한 뒤에는 조정의 실세가 되어 평소 맘에 들지 않는 대신들을 내치는 등 더욱 전권을 휘둘렀다. 그러나 권력의 정점은 곧 하락의 시작을 의미한다. 숱한 파행으로 조신들로부터 미움이 축적된 그는 민심을 건드리는 중대한 잘못을 저지르게 된다. 평소 명종의 총애를 받으며 명유名儒로서 모두에게 추앙받던 추밀원사 문극겸과 부사 한문준을 모함하여 좌천시킨 것이다. 비판 여론이 조정 안팎에 팽배한 가운데 1179년 송유인은 장인 정중부와 함께 젊은 무장 경대승에 의해 목이 잘리는 효수를 당한다. 실로 처세의 제왕도 미처 손쓸 수 없었던 비참한 말로라 하겠다.

불난 집에 부채질한 둘째 딸

둘째 딸 역시 순조롭지 못한 혼인을 했다. 그녀의 상대는 무신들 공공의 적, 부친 정중부가 그토록 싫어라 하는 문신으로 귀족문벌의 자제인 왕규王珪였다.

> 왕규는 시중 강렬공 왕충王冲의 아들로, 태조太祖(왕건)의 사촌동생 영해공 왕만세王萬歲의 7세손이다. …… 성품이 온화하고 총명하며 후덕했으며, 용모와 행동이 아름다운 데다 도량도 넓었다. …… 정중부의 난 당시 왕규는 휴가차 모친을 뵈러간 덕에 화를 면했다. …… 그는 평장사 이지무李之茂의 딸에게 장가들었다. 이지무의 아들 이세연李世延은 김보당金甫當의 매부로 변란으로 죽었다.
>
> 『고려사』 권101 「열전」 14 제신

왕규는 일단 뼛속까지 문신인 데다 결정적으로 유부남이었다. 또 대대로 문신인 그의 처가는 김보당과 사돈 간이었다. 김보당이 누군가. 정중부의 무신집권에 반기를 들고 의종을 다시 옹립하려는 반란을 일으켰던 인물 아닌가. 정중부로서는 죽여 마땅한 정적이었다. 그 난으로 인해 왕규의 처남인 이세연도 연루되어 죽었으니, 왕규가 당장 무신들 손에 죽는다 해도 이상할 바 없었다. 이참에 반란의 씨를 말려버리고자 했던 이의방은 연좌제를 동원해 왕규도 제거하고자 했다. 그런데 이를 간신히 피한 왕규가 무슨 일인지 정중부의 집에 숨어든다.

이때 정중부의 딸이 과부로 있다가 왕규를 보고 좋아하여 그와 간통하매, 왕규가 옛 처를 버렸다.

『고려사』권101 「열전」 14 제신

그는 무슨 생각으로 스스로 호랑이굴에 뛰어든 걸까. 모두들 왕규가 계획한 일이라고 했다.『고려사』에서 이미 밝혔듯 온화한 성품에 잘생긴 얼굴 하나 믿고 과부인 둘째 딸을 염두에 두고 벌인 행보라는 것이다. 이후 왕규가 온화하고 후덕한 성품이란 설명에 모순되게 전처를 미련 없이 버렸으니 그런 말이 돌 만도 하다. 그렇다면 정중부는 왜 그를 거두었을까? 아마도 문신인 왕규를 포용함으로써 무자비하다는 이미지를 쇄신하고, 문신 세력과의 협력관계를 구축하여 가문의 입지를 공고히 하자는 의도이지 않았을까 싶다.

어쨌든 마침 과부가 되어 친정에 와 있던 둘째 딸이 왕규를 보고 한눈에 반했던 모양이다. 뻔히 유부남이며 부친의 정적임을 알면서도 덜컥 정부터 통했으니 말이다. 온갖 금기로 무장한 왕규에게 도전의 갈망을 느꼈을까, 혹은 서슬퍼런 카리스마로 무장한 부친에게 반발심과 울컥하는 마음이었을까? 아무튼『고려사』에 '과부 딸이 그를 보고 좋아했고 간통했다'고 적을 정도면 그녀가 얼마나 앞뒤 재지 않고 달려들었을까 짐작이 간다. 왕규로서도 절박한 처지에서 자신을 욕망하는 그녀가 큰 구원의 빛줄기처럼 느껴졌을 것이다. 위기의 상황에서 손 내밀어준 그녀의 호의가 사랑으로 승화되었을 수도 있고. 이로써 목숨을 구한 왕규가 전처를 버리고 정중부의 둘째 딸과 혼인한 것도 어쩌면 당연한 수순이라 하겠다. 그러나 역사는 그것을 간통으로 기록했고, 문신들은 이렇게 빈정댔다.

"좋은 집안 출신이면 뭐하나, 조강지처 버리고 권세 따라 구차히 사는 주제에."

정중부의 사위가 되어 금金나라 사신으로 가게 된 왕규에게 문신 김순부金純富가 비웃으며 던진 조소다. 왕규는 자신을 향한 문신들의 우롱과 원한을 알았기에 이후 어사대부·참지정사 등을 역임하며 조용히 관직생활을 했다. 그러다 64세에 신병을 이유로 은퇴한 뒤에는 "족함을 알면 위태롭지 않다(知足不殆)"라며 유유자적했다. 이에 사람들은 그의 처신을 칭찬했고, 87세에 그가 세상을 떴을 때 고종은 사흘간 조회를 정지하면서까지 그를 기렸다고 한다. 비참한 최후를 맞은 송유인과는 사뭇 다른 말로다.

이것이 정중부의 두 딸이 고집했던 하지 말라니까 더 하고픈 연애의 심리학이었다. 무신정변으로 고려사에 한 획을 그은 정중부는 안 될 것 같은 사랑에 더 매달리고 집착했던 두 딸 덕분에 '자식은 내 맘대로 안 되더라'는 부모 리스트에도 이름을 올리게 되었다. 그리고 그 단맛을 잠시나마 맛본 송유인과 왕규를 보니, 금단의 열매가 더 맛있다는 주장은 역사도 증명하는 저항의 심리학, 금기의 욕망론인 것 같다.

무의식에 노닐다,
조신의 「꿈」과 이규보의 「꿈속의 여인」

2020년, 10년 만에 재개봉한 〈인셉션〉은 독특한 구성과 흥미로운 주제가 돋보이는 작품이다. 영화는 꿈 설계사 코브와 동료들이 세계 에너지 독점기업 후계자의 꿈속에 들어가 '기업분할'이란 생각을 주입토록 하는 내용을 다룬다. 이 영화의 핵심은 꿈에 들어가 무의식 깊숙이 각인된 죄의식, 욕망, 의식의 비밀을 빼내고 새로이 설계한다는 철학적인 메시지와 심리학적 이해에 있다. 관객은 스펙터클한 화면을 통해 매일 밤 심층 내부에서 전개되는 나도 모르는 무의식의 활동과 조정에 매료당하고 만다. 어렵지만 궁금하고, 잡힐 듯 모호하고, 나도 모르는 나의 꿈 이야기에 말이다.

'꿈'은 우리에게 그렇게 다가온다. 신비의 영역, 미지의 공간, 내 안의 우주. 내 것이나 내 것 아닌 내 것 같은 이 무형의 세계는, 곧 다가올 희망이나 불행의 조짐이며 예언의 계시다. 그래서 늘 조바심과 호기심, 기대감을 촉발시키는 방아쇠이기도 하다. 헛된 욕망

(몽상, 백일몽), 힘찬 미래(드림), 예술적 상상(몽환), 간절한 소망(예지몽). 한 단어에 이 모든 상반되고 역설적인 의미를 모두 품는 단어가 또 있을까 싶다.

신라시대 조신의 「꿈」과 고려시대 이규보의 「꿈속의 여인」에는 이런 꿈의 세계가 가득하다. 과학적 토대와 심리학적 연구, 학술적 이해가 미비했던 시절임에도 꿈의 다양한 해석을 제시했던 이들을 대한다면, 어쩌면 프로이트가 "형님" 하며 큰절을 올릴지도 모를 일이다.

조신의 몽유도원담

『삼국유사』 권3 「탑상」에는 신라의 승려 조신의 달콤하면서도 씁쓸한 꿈 이야기가 실려 있다. 조신의 꿈은 그가 절의 토지를 관리하기 위해 도착한 명주溟洲(현재의 강릉) 땅에서 시작된다. 그곳에서 태수 김흔수의 딸을 보고 첫눈에 반한 조신은 낙산사 관음보살에게 처녀와 맺어달라며 떼를 쓴다. 그러나 그녀는 얼마 안 가 다른 남자에게 시집을 가버린다. 이에 절망한 조신은 절을 찾아 관음보살을 원망하며 울다가 잠이 든다. 얼마나 잤을까. 문득 눈을 뜬 조신 앞에 사모하던 김 낭자가 나타나 사랑을 고백하는 것이 아닌가. 그 길로 야반도주한 두 사람은 살림을 차리고 슬하에 다섯 자식을 두며 살아간다. 하지만 이후의 삶은 참으로 구차했다. 가난하여 구걸하며 살아가면서 자식이 굶어죽어도 장례조차 치를 수 없었고, 동냥 나간 어린 것이 개한테 물려도 손 놓고 망연자실할 수밖에 없었다. 그러길 40년, 가난과 고통에 지친 두 사람이 긴 인연의 고리를 끊고 이별하려던 찰나였다.

쇠잔한 등불은 으스름한 그림자를 너울거리고 밤은 이윽히 깊어가고 있었다. 이튿날 아침에 보니, 수염과 머리털이 하얗게 세어 있었다. 조신은 세상일이 아득하니 망연해졌다. 이미 고된 인생에 염증을 느끼니 마치 백 년의 신산함을 다 겪은 듯했다. 탐욕도 얼음 녹듯 사라졌다. 관음보살의 성스러운 모습에 부끄러웠고 참회를 다할 길이 없었다. 해현蟹峴으로 가 꿈에서 묻었던 아이의 무덤을 파보니, 돌미륵이 나왔다.

『삼국유사』 권3 탑상塔像 4 낙산이대성洛山二大聖

달콤한 꿈에서 시작해 끔찍한 악몽으로 끝난 인생 40년이었다. 조신의 꿈을 통해 얻을 수 있는 결론은 이렇다. 빛나던 젊음과 영원의 맹세는 비루한 현실, 화살 같은 시간 속에 사라진다. 결국 '화무십일홍花無十日紅'이요, '성자필쇠盛者必衰'며, 인생 '일장춘몽一場春夢'이다. 길어봤자 백 년이다. 그러니 꿈같은 인생에 너무 일희일비 말고, 참된 인생의 의미를 반추해보라는 것이다.

그런데 이런 교과서적인 가르침과 교훈으로만 귀결되는 '꿈보다 해몽'에 그래도 안 되는 건 안 되는 거라고 고백한 이가 있다. 그는 외친다. 개똥밭에 굴러도 이승이 좋다고. 노년에 도발된 욕정에 화들짝 놀랍기 그지없다고. 다음은 백 년 인생의 진리를 점잖게 정의하려는 성현들에게 도발적으로 던지는 이규보의 꿈 이야기다.

이규보, 소녀 감성에서 날선 깨달음까지

감성적인 문체와 자부심 넘치는 역사의식, 통시적인 세계관으로 13세기 한국문학사의 지평을 넓힌 고려 문인 이규보. 그는 25세 때 지은 영웅 서사시 「동명왕편」을 비롯해 「개원천보영사시開元天寶詠史詩」로 뛰어난 역사적 통찰력을 제시한 문제적 지식인이었다. 그러나 최씨 무인정권 시대에 권보직한림權補直翰林을 시작으로 재상까지 역임하면서 권력에 아부하는 기회주의자란 평가를 받기도 했다. 이는 다소 이율배반적이고 모순적인 그의 내면을 반영하는 지점이기도 하다. 그의 천성은 도연명을 흠모하며 시와 술을 벗하는 안빈낙도의 삶을 동경했지만, 실상은 한미한 가문을 일으킬 책임과 문인으로서의 정체성을 보장해줄 관료생활을 열망했기 때문이다. 출세를 원한 가난한 문인과 뛰어난 인재가 필요했던 정권의 요구가 딱 들어맞았으니, 그로서는 최씨 가문을 스폰서로 두지 않을 까닭이 없었다.

그러나 낭만 기질이 다분했던 이규보는 이상과 현실 사이에서 빚어진 자기모순적 갈등을 술과 꿈으로 해소하려 했던 것 같다. 문재文才에 대한 과도한 자만심으로 술에 빠져 지내다가 과거에 번번이 낙방하던 젊은 시절, 검은 옷을 입은 노인으로 화한 규성奎星의 꿈을 꾸고 과거에 장원했다는 사연은 이규보의 삶과 문학에 미친 술과 꿈의 파워를 짐작케 한다. 오죽하면 술을 맑고 훌륭한 인물로 의인화한 「국선생전麴先生傳」을 짓고, 술맛을 변치 않게 유지해주는 술항아리의 미덕을 읊은 「도앵부陶罌賦」를 지었을까. 추운 겨울 한 잔 술에 언 몸과 삶에의 긴장을 푼 시에서는 천진한 여유마저 엿보인다.

장안에 눈이 가득하여 숯 값이 올랐기에

찬 병을 언 손으로 들어 향기로운 술을 따르니

(이 술) 장에 들어가면 절로 따뜻해짐을 그대는 아시는지.

두고 보시게나 이제 곧 뺨에 붉은 노을이 올라올 테니.[1]

　　「겨울날 객과 찬 술을 마시며 장난삼아 짓다(冬日與客飮冷酒戱作)」

추위로 차갑게 언 뺨이 취기에 불그레해지는 모습을 노을처럼 타 들어간다고 비유하다니. 아무래도 알코올이 이규보에겐 영감을 불러일으키는 창작의 원천이었던 모양이다. 고금의 지식을 씨줄 날줄로 엮는 학문적 성과를 자랑하다가도, 취한 듯 방일하고 예민한 듯 여리한 감수성을 넘나드는 이규보. 그래선지 그의 작품은 날카로운 지성 속에 몽환적인 기질을 다분히 함축하고 있는 그를 닮은 것만 같다.

그러니 세인들의 평가가 어떻든 그 누구도 그가 천재 글쟁이임을 부정할 수 없다. '꽃 꺾어들고 가는 길'이란 「절화행折花行」을 보면 그 말을 이해하리라.

모란꽃 이슬 머금어 진주 같으니, 미인이 (모란) 꺾어 창 앞을 지나다

웃음 머금고 낭군에게 묻기를 "꽃이 낫나요, 제 모습이 낫나요?"

낭군이 일부러 놀리며 말하길 "꽃가지의 아름다움이 더 낫구려."

미인은 꽃이 이긴 걸 질투해서 꽃가지를 밟아 뭉개며 말하길

---

1)　雪滿長安炭價擡, 寒甁凍手酌香醅. 入腸自暖君知不, 請待丹霞上臉來.

"꽃이 저보다 낫다면 오늘밤은 꽃과 함께 주무시지요."[2]

「절화행」

　귀엽고 새침한 여인으로 빙의한 듯 꽃을 질투하는 속내를 어쩌면 이리도 앙큼하고 생동감 있게 그려냈는지. 입술을 뾰족이 내민 뾰로통한 얼굴로 꽃가지를 밟아 짓뭉개는 앙탈 섞인 섬섬옥족이 눈에 선하다. 꽃이 낫다던 낭군을 합방 거부로 단죄하는 색시의 귀여운 심술에 누군들 흐뭇한 미소를 짓지 않으리. 읽는 이로 하여금 행여 여인의 비단신에 꽃물이 들지나 않을까 걱정하게 하는 이규보의 글솜씨가 감탄스러울 뿐이다.

　우물 속에 비친 달빛을 선문답하듯 읊조린 다음 시는 또 어떤가.

　산에 사는 승려가 달빛을 탐내
　병 속에 물과 달을 함께 길었네.
　절에 가면 비로소 깨달으리,
　병을 기울이면 달도 따라 비는 것을.[3]

「영정중월詠井中月」

　고요한 산사의 밤은 달빛으로 인해 더 고즈넉하고 영롱하다. 물 길으러 갔다가 우물에 잠긴 달마저 담아온 산승의 담백한 낭만이다. 절에 돌아와 물을 따르는 순간 달도 사라진다며 '허망'의 불교

---

2)　牡丹含露眞珠顆, 美人折得窓前過. 含笑問檀郎, 花强妾貌强. 檀郎故相戱, 强道花枝好. 美人妬花勝, 踏破花枝道. 花若勝於妾, 今宵花同宿.

3)　山僧貪月色, 幷汲一瓶中. 到寺方應覺, 瓶傾月亦空.

적 교의를 피력했다지만, 그것이 다 무슨 말인지. 왠지 그 잔에는 달빛을 담아온 스님의 그윽한 눈이 잠겨 있을 것만 같다.

칠십에 되찾은 꿈속의 청춘

이런 감성 넘치는 이규보였으니, 아무리 불교나 도교에 뜻을 두었던들 그 예민한 감각과 원시적 창조력을 제어할 수 있었겠는가. 그는 욕망과 여색을 경계하라는 자조적인 시 「벗이여 두 가지를 경계하게(二誡詩贈友人)」로 자신을 정제하려고도 해보았다. 그러나 오감과 낭만이 풍부한 이 천재작가는 결국 자신의 무의식에 백기를 들고 만다. 말년에 쓴 다음 시에서 그는 자신의 내면세계를 숨김없이 드러낸다.

> 내 나이 일흔넷, 방사 끊은 지 오래건만
> 어쩌다 꿈속에서 미인과 만나 노닐었을까.
> 탐스런 머리칼 흑운마냥 풍성하고 맑은 눈은 가을 물 부은 듯
> 어찌 마음으로만 도모할고, 소매 안쪽 팔도 쓰다듬었더니
> 옥 같은 뺨 내미는가 싶더니 어느새 살며시 웃으며 이를 드러내며
> 선뜻 내게 다정히 다가와 온갖 교태 다 부리는구나.
> 늘 꿈과 생시가 같다 했고, 삶과 죽음도 그렇다 여겼으며
> 내 이제 욕망 끊었거늘 꿈에선 어찌 그러지 못하는지.
> 하여 두렵도다, 이것이 불길이 되어 청정한 마음 밭이
> 지금만 못할 것 같으니, 공연히 스스로를 의심하네.

돌이켜 생각하면 세상살이 모두가 꿈같고 어리석으며

마등가의 여인 역시 꿈이거늘, 너를 붙잡는 게 누구더냐.

다만 그 경계를 해탈하면 한바탕 꿈에서 깬 것 같은데

하물며 꿈속의 꿈을 가지고 무슨 참과 거짓을 의심하는가.

이 마음을 참이라 하지 말라, 생사가 혹 다를지도 모르니.[4]

「몽여미인희夢與美人戲」

이 작품은 '꿈속의 여인'을 노래한 「몽여미인희」로 이규보가 74세 때인 1241년 3월 15일에 쓴 시다. 날짜를 정확히 밝히는 이유는 그로부터 약 반년 정도 뒤인 9월 2일에 그가 세상을 떠났기 때문이다. 그렇다면 이 시는 시인의 마지막 고해성사인 셈이다. 그는 죽기 직전 그동안 권위와 신앙, 수행과 절제라는 이름으로 억제된 자신의 리비도Libido와 만나는 궁극의 경험을 하게 된다. 검고 풍성한 머리칼과 투명한 눈빛, 옥 같은 뺨에 다정한 몸짓으로 온갖 교태를 부리는 미인은 성적 로망의 절정, 롤리타 콤플렉스의 완결판이다. 칠순의 노장은 이 남세스러운 무의식의 풍경에 놀라움과 경계를 늦추지 않는다. 하여 이것은 다 헛되고 허망하며 어리석다 다독인다. 그러나 다음날 그 여인이 다시 꿈에 나타나니, 이젠 그 여인이 요망한 것인지, 제 마음이 그런 건지 알 수 없다.

내가 지금 집사람과 잠자리 달리한 지가 몇 년인데

---

4) 我年七十四, 久斷衾中事. 云何夢魂中, 偶與美人戲. 鬒髮殫烏雲, 明瞳注秋水. 豈
    惟以心挑, 摩撫袖中臂, 佯若露頰頰, 未幾開笑齒. 迺反邀我愛, 解作百般媚. 嘗謂
    夢覺同, 以此例生死. 我今已斷慾, 夢裏何未爾. 因恐坥所熏, 淸淨一心地. 口口不
    如今, 妄意自疑耳. 飜思是器界, 一切皆夢寐. 摩登伽亦夢, 留汝者是誰. 但得境解
    脫, 如寤一場睡. 況以夢中夢, 而疑眞與僞. 毋謂此眞心, 生死或有異.

네가 내 외로운 잠에 은혜로이 자주 나와 교태를 부리는구나.

인간사 이런저런 일들을 지난 꿈에 다 말했거늘

어찌 받아들이지 않고 꿈에 자꾸 나타나는가.

가죽 주머니 같은 몸이 시도한대도, 불 꺼진 마음 어찌 다시 지필까.

내 듣건대 도에 입문한 자에게는 마귀가 반드시 방해한다던데

네가 그런 부류이거들랑 썩 가거라, 질척거리지 말고.[5]

「다음날 꿈에 또 미인과 희롱하고 깨서 또 짓다(明日夢 又與美人戲 寤而又作)」

사춘기 소년도 아니고, 일흔이 넘은 노인의 늦된 '몽정기'는 읽는
이의 입가에 장난스러운 미소를 짓게 한다. 원래 불빛도 꺼져들기
직전이 가장 밝다고 하지 않던가. 물론 꿈속 여인을 마녀 취급하며
썩 물러가라 호통을 치고 있기는 하다. 그러나 그 외침은 속절없이
끌리는 마음을 단속하려는 무력한 저항같이 들린다. 어찌 보면 이
미 저문 청춘에 젊음의 활기를 잠시나마 느끼게 해준 꿈속의 여인
에게 외려 감사해야 하지 않을까 싶다. 그녀의 등장에 은혜롭다고
얼결에 뱉은 고백처럼 말이다. 꿈은 무의식의 발로다. 마음은 청춘
이건만, 따라주지 않는 육체와 여전한 욕망의 불균형이 꿈속의 여
인으로 환치된 것이리라. 프로이트식으로 해석한다면 결국 그는 에
고ego(자아)라는 자기검열을 뛰어넘어 미녀와의 유희라는 이드id의
무의식 세계를 인정하고 만 것일까?

　　꿈을 소재로 삼은 작품은 수없이 많다. 그중 18세기 청대淸代 중
국 소설『홍루몽紅樓夢』은 현실에 기반을 두고 있다. 이 작품은 청나

---

5) 我今與家婦, 異寢已幾年. 汝幸我孤宿, 頻來媚嬌姸. 人間遮箇事, 已悉於前篇. 胡
　不信受之, 入夢踵相連. 革囊雖見試, 灰心寧復燃. 吾聞入道者, 魔必先妨痂. 汝豈
　此類歟, 去矣勿稽延.

라 화려한 저택 대관원大觀園에서 벌어지는 남녀의 애정만사와 사치의 향연, 다종다양한 의식주, 인간세태의 파노라마를 담은 지극히 통속적이고 현실적인 소설이다. 그러나 제목이 '붉은 누각의 꿈'이란 의미의 『홍루몽』인 것은 한바탕 꿈같은 세상의 덧없음, 화려한 인생의 뒤안길을 상징적으로 드러내고자 한 것이리라.

대략 하루 8시간 정도 잠을 잔다면 인간은 하루의 3분의 1을 잠으로 보내는 셈이다. 언뜻 소비의 시간으로 보이지만, 내일을 기약하는 충전의 시간이기도 하다. 헛된 몽상으로 끝나기도 하지만, 문학과 예술의 원천이며 과학의 씨앗이 될 수도 있다. 개꿈이라 치부할 수도 있지만, 내면을 들여다보는 치유로 활용할 수도 있다. 그러니 삶의 일부, 그것도 3분의 1에 해당하는 잠과 꿈은 결코 허망하고 헛되고 부질없을 수가 없다. 그러니 어떤가. 스스로 모르페우스 Morpheus[6]가 되어 내 안에서 벌어지는 이 흥미진진한 꿈의 세계를 마음껏 누려봄 직하지 않은가.

---

6) 그리스신화에 나오는 꿈의 신으로, 수면과 진정 효과가 있는 '모르핀'은 여기에서 유래했다.

제5부

죽음에 이르는 유혹

살인을 부른 치정의 추억, 『흠흠신서』의 사건파일
내시와 궁녀, 그 아픈 발자국
봉빈과 소쌍의 나의 '아가씨'
고구려판 '천일의 스캔들', 「황조가」에서 관나부인까지
정절의 나라의 마녀사냥, 유감동과 어우동
신여성 트로이카, 나혜석·윤심덕·최승희

살인을 부른 치정의 추억,
『흠흠신서』의 사건파일

미국드라마, 일명 '미드' 중에는 유독 대한민국 시청자들의 열광과 공분을 동시에 샀던 시리즈가 있다. 머리카락 한 올과 유리 파편 한 조각으로 시작해 유전자 감식 등 과학수사 기법과 장비를 총동원하여 치밀한 심리전 끝에 범죄자를 체포하고야 마는 〈CSI: 과학수사대〉다. 이 시리즈가 감탄과 비난을 동시에 자아냈던 이유는 뭘까? 첨단장비와 엄청난 스펙을 자랑하는 수사대에 대한 감탄과 우리나라 경찰들은 왜 저렇게 못하느냐는 비난이 그것이다.

하지만 걱정 마시라. 대한민국에도 엄연히 〈CSI: 과학수사대〉 못지않은 과거가 있으니. 바로 조선 후기의 실학자 다산 정약용이 저술한 형법서 『흠흠신서欽欽新書』 속의 사건수사파일이다. 『흠흠신서』는 조선시대 형사사건의 수사와 판결의 과정을 상세히 기록함으로써 백성들에게 원통함이 생기지 않도록 '신중하고(흠欽)' 또 '신중할 것(흠欽)'을 제시하고 있다. 기록된 범죄사건을 들여다보면 지금 못지않은 황당한 사건사고에 놀라움을 금할 수 없다. 폭행치사, 암수살인暗數殺人, 존속살해, 살인청부, 과실치사, '묻지 마' 살해 등 온갖 살인범죄의 시리즈가 가히 스펙터클하다. 흥미로운 점은 열녀니 정조니 부르짖던 그 시절에도 강간이나 간통, 데이트 폭력, 불륜 등의 치정 사건이 꽤, 몹시, 많은 수를 차지하고 있다는 사실이다. 몇몇 사건들은 〈순간포착 세상에 이런 일이〉에 나와도 손색이 없을 정도다.

기복신앙과 민간요법으로도, 인공지능과 첨단과학으로도 측정 불가능한 것이 한 길도 안 되는 사람 속, 그것도 애정과 치정이 결부된 남녀의 속이렷다. 그럼에도 조선시대 프로 파일러들은 그 완전범죄의 끝에서 티끌 같은 단서 하나로 결국 범인을 색출해낸다. 치밀하고 끈질기고 집요하게, 그리고 '신중하고 또 신중하게' 말이다.

『흠흠신서』의 목적과 구성

> 살려야 할 사람은 죽이고, 죽여야 할 사람은 살리고서도 태연하고 편안할 뿐만 아니라 비참함과 고통으로 울부짖는 백성의 소리를 듣고도 구제할 줄 모르니, 이것이 바로 깊은 재앙이 아닌가.
>
> 『흠흠신서』 서문

정약용은 『흠흠신서』의 서문에서 집필 동기를 위와 같이 밝혔다. 평등과 인권 등 인간의 기본권이 보장된다는 현대사회에서도 억울하고 원통한 것이 법의 판정이다. 그러니 양반·상놈의 계급이 철저

했던 조선시대에야 오죽했으랴. 다산은 특히 돈 없고 힘없는 백성들에게 발생한 살인사건의 경우, 조사·심리·처형의 과정이 매우 무성의하게 진행됨을 안타까워했다. 그리고 이는 관료 사대부들이 형법과 절차를 제대로 파악하지 못하고 검수의 기술이 부족한 데서 기인한다고 여겼다. 하여 그 해결방안으로 살인사건에 관련된 실질적이고 구체적인 예시와 전문적인 검안방법, 판례 등을 적은 살인사건 실무지침서를 편찬하기에 이른 것이다. 법의학, 사실인정학事實認定學, 법해석학을 포괄하는 『흠흠신서』는 총 30권 10책 5부로 그 구성은 다음과 같다.

「경사요의經史要義」 3권에서는 『대명률大明律』과 『경국대전經國大典』의 형벌 규정과 유교 경전의 중요 부분을 실어 사건 판결을 위한 이념과 규정을 정리했다.

「비상전초批詳雋抄」 5권은 청나라에서 발생한 살인사건 문서의 이상적인 형식과 문장, 서술 기법, 사실인정 기술, 관계 법례 등을 적은 종합적인 사건 보고서 작성법이다.

「의율차례擬律差例」 4권에서는 중국의 모범적인 판례를 통해 살인사건의 유형과 적용 법규 및 형량을 제시했다.

「상형추의詳刑追議」는 15권으로 정조正祖가 심리했던 살인사건 142건을 골라 살인의 원인·동기에 따라 분류한 후, 구체적인 사건의 내용 및 수령의 검안檢案, 관찰사의 제사題辭, 형조의 회계回啓, 국왕의 판부判付 과정을 기록했으며 다산의 의견을 덧붙였다.

「전발무사剪跋蕪詞」 3권에서는 정약용이 곡산부사·형조참의로 재직하던 당시에 직접 수사한 사건 및 유배지에서 목도한 사건에 대해 다루었다.

정약용은『흠흠신서』를 통해 실질적인 사례와 세부적인 지침을 제시함으로써 구체적인 도움을 주고자 했다. 관리들에게는 이상적인 사건처리 매뉴얼을 제공하고, 백성들에게는 자기보호와 구명의 길을 열어주면서 법과 질서가 제대로 구현되는 사회를 실현하고자 한 것이다. 그렇다면 그런 그의 노력이 어떻게 빛을 발했는지 살펴보기로 하자.

사건파일 1. 내연남의 살인자

정조 때 황해도 토산에서 김천의金玏誼란 자가 길가에서 시체로 발견된다. 시신에는 사인을 짐작할 만한 상처 하나 없었다. 시신이 발견된 곳은 행인의 왕래가 잦은 마을 입구의 큰길. 그러나 목격자도 없었다. 독살을 의심한 검시관이 시신의 목구멍에 은비녀와 찹쌀을 넣어 검사했지만,[1] 비녀의 색이 변하지 않으니 독살도 아니었다. 세 차례의 검안에도 타살의 증거는 발견되지 않았고, 이렇게 사건은 미궁에 빠지는 듯했다.

그런데 사건이 발생한 지 석 달째에 4차 조사에 임한 서흥瑞興현감이 특이한 점을 지적한다. 부패가 상당히 진행된 시신에서 복부만 유독 팽창되어 썩지 않았고 피부색도 주변과 달랐다는 점이다.

---

1) 조선시대에 흔히 독약으로 사용된 '비상'은 비소와 황의 화합물이다. 은은 비상의 황과 결합하면 검게 변하므로, 은비녀는 조선시대에 독살을 판명하는 수사기법으로 활용되었다.

복부에는 이상한 자국도 있었다. 현감이 『무원록無寃錄』[2]의 규정대로 식초·등겨·파·매실 등을 섞은 즙을 복부에 문지르자 희미한 자국이 나타났다. 그것은 뒤쪽이 깊고 앞쪽이 옅은, 발뒤꿈치로 짓밟은 자국이었다. 이로써 사인이 드러났다. 김천의는 밟혀 죽었던 것이다. 탐문에 들어간 수사팀은 곧바로 용의자를 지목한다. 바로 사흘 전 김천의와 크게 다퉜다는 김몽세金夢世였다. 그는 살아 있는 김천의를 마지막으로 본 사람이기도 했다. 퍼즐은 점점 맞춰졌다. 죽은 김천의를 처음 목격하고 신고한 이가 김몽세의 형이고, 시신이 발견된 곳은 그 형의 집 부근이었던 것이다. 범행을 완강히 부인하던 김몽세는 확실한 정황과 끈질긴 추궁에 자백을 하기에 이른다. 그런데 그가 고백한 살인의 동기란 게 참으로 황당하기 그지없었다.

김몽세에게는 병약한 아들이 하나 있었다. 혼인을 하면 나아질까 싶어 장가를 보냈지만, 아들은 시름시름 앓기만 했다. 그런데도 며느리는 병든 남편을 아랑곳하지 않고 놀러만 다니다가 바람까지 피웠다. 그 상간남이 바로 김천의다. 문제는 아들이 끝내 병을 이기지 못하고 죽은 다음 발생했다. 일단 장례식장을 찾은 사돈은 아들의 무덤에 흙이 채 마르기도 전에 공공연히 자기 딸의 개가를 운운했다. 더구나 며칠 후 집으로 찾아온 김천의는 며느리를 친근하게 부르며 곧 데려갈 거라 강짜를 부려대는 게 아닌가. 이 대목에서 김몽세는 그만 이성을 잃고 말았다. 격분한 김몽세가 김천의의 멱살을 잡고 땅바닥에 패대기친 다음 밟아대다가 정신을 차렸을 때는 김천

2) 중국 원나라 때 왕여王與가 송나라의 형사사건 지침서들을 바탕으로 1308년에 편집한 법의학서.

의는 이미 죽어 있었다. 하여 당황한 김몽세가 황급히 시신을 유기한 곳이 공교롭게도 형의 집 근처였던 것이다. 사체의 발자국과 착착 들어맞는 정황, 그리고 충분한 살인동기까지. 이렇게 범인은 검거된다.

은수저, 찰밥, 식초·등겨·파·매실즙을 사용해 사인을 분석하고, 네 차례의 검험을 통해 기록과 심문을 대조해가며 범인을 색출하는 과정이 흡사 〈CSI: 과학수사대〉의 한 장면 같지 않은가. 치밀하고 끈질긴 수사 끝에 범인을 검거하는 데 성공했지만, 병든 아들을 두고 공공연하게 바람을 핀 며느리, 아들 무덤의 흙이 마르기도 전에 위로는커녕 개가를 운운하는 사돈댁, 집까지 찾아와 행패를 부리는 상간남은 현재에도 심심치 않게 볼 수 있는 인간사의 막장사건이다. 그래서 '며느리 내연남 살인사건'은 어쩐지 개운치 않다.

사건파일 2. 허위추문 유포 보복사건

정조 14년(1790) 전라도 강진현 탑동리에서 끔찍한 살인사건이 발생했다. 마을의 안 노파가 칼로 잔인하게 난도질당한 시체로 발견된 것이다. 누군가 단단히 원한을 품지 않고서야 이렇게 참혹하게 살해했을 리 없었다. 그런데 수사 결과 범인은 뜻밖에도 한 마을에 사는 향년 18세의 김은애金銀愛였다. 모두가 의아해하는 가운데 범행을 자백하는 은애의 입에서 나오는 이야기는 실로 억울하고 답답한 사연이 아닐 수 없었다.

피살자 안 노파는 성마른 성격에 말 많고 참견 좋아하는 마을의

트러블메이커였다. 창기였던 젊은 시절부터 지금까지 이익에 따라 움직이고 필요에 따라 없는 말도 지어내며 이간질을 일삼는 그녀 주변에는 늘 구설이 끊이지 않았다. 반면 김은애는 가난하지만 그래도 뼈대 있는 양반가의 규수였다. 은애 모녀는 곤궁한 생활에도 늘 주변을 도우며 보탬이 되고자 애썼다. 안 노파는 그런 김은애의 집에 종종 찾아와 쌀과 콩, 소금, 메주 등 먹을 것을 꾸어가곤 했다. 그러나 갚지도 않았고 또 너무 잦다보니 은애의 어머니로선 매번 부탁을 들어줄 수가 없었다. 하여 몇 번인가 거절을 하자 이에 안 노파가 앙심을 품은 것이다. 안 노파는 이 복수극에 남편의 질손姪孫 최정련崔正連을 끌어들였다. 누구나 탐내는 최고의 신붓감 은애를 아내로 맞고 싶지 않느냐며 정련을 부추긴 것이다.

"내가 은애와 정련이 네가 몰래 간통하는 사이라고 떠들고 다닐 것이다. 그런 소문이 나면 빼도 박도 못할 터, 너는 앉아서 굴러들어온 호박이나 차지하면 된다. 대신 일이 성사되면 내 부스럼 약값이나 보태다오."

그날부터 두 사람은 온 마을에 은애와 정련에 관한 헛소문을 퍼뜨리고 다녔다. 최정련은 은애의 오빠를 찾아가 은애와 통정한 사이라고 떠벌렸고, 안 노파는 은애가 자신에게 정련과의 중매를 부탁했다가 이를 들키자 담을 넘어 도망갔다고 소문을 냈다. 이 풍문은 삽시간에 온 동네에 퍼져 은애는 졸지에 혼삿길이 막힌다. 그나마 김양준金養俊이라는 이가 은애의 결백을 믿고 아내로 맞았으니 다행이었다. 하지만 안 노파는 집요했다. 곧 2차 가해를 시작한 것이다. 그녀는 은애가 다른 이에게 시집가는 바람에 정련에게 부스럼 약값을 받지 못해 병이 심해졌다고 발악했다. 정련은 정련대로 은애가 자신과 정을 통하고도 뻔뻔스레 다른 남자의 아내가 되었노라며 떠들어댔다. 꼬박 2년에 걸친 악성 루머와 집요한 스토커 행위에 지친 은애가 살해를 결심한 이유다.

사건 당일 부엌칼을 들고 안 노파를 찾아간 은애는 끝까지 파렴치하게 구는 안 노파의 목을 순식간에 찔렀다. 버둥대며 저항하는 안 노파를 찌를 때마다 꾸짖기를 열여덟 차례, 이후 피 묻은 칼을 들고 그대로 최정련을 죽이러 가던 길이었다. 만약 은애가 중간에 친정어머니를 만나지 못했더라면 최정련 역시 불귀의 객이 되었으리라. 현장에서 체포된 은애는 순순히 범행을 인정하면서도 관아에 최정련을 때려 죽여줄 것을 호소했다.

모두들 은애의 억울함과 범행의 당위성은 충분히 공감했다. 그러나 엄연히 살인죄였다. 전라도 관찰사를 비롯해 사건보고를 받은 형조와 좌의정 채제공蔡濟恭까지 모두 김은애의 사형을 주청했다. 그런데 모두들 '유죄'라 할 때 '무죄'라 외쳐준 단 한 사람이 있었으니, 바로 정조다. 당시 정조의 판결문은 이러했다.

세상에서 살이 에이고 뼈에 사무치는 원한치고 정절을 지키는 여자가 음란하다고 무고를 당하는 일보다 더한 일은 없을 것이다. …… (은애는) 식칼을 들고 원수의 집으로 달려가 통쾌하게 말하고 꾸짖은 다음, 끝내 추잡한 여자를 찔러 죽여 마을 사람들로 하여금 자신에게는 하자가 전혀 없고 원수는 갚아야 한다는 것을 환히 알게 했고, 평범한 부녀자임에도 살인죄를 이리저리 변명하여 목숨을 애걸하는 부류를 본받지 않았다. 이는 실로 피끓는 남자라도 결단하기 어려운 일이고, 또 편협한 성질을 가진 연약한 여자가 그 억울함을 숨기고 스스로 구렁텅이에서 목

매어 죽는 것에 비할 바가 아니다. …… 은애를 특별히 석방하라.

『조선왕조실록』「정조실록」31권, 정조 14년 8월 10일

아버지 사도세자의 원통한 죽음을 백성들의 억울함을 풀어줌으로써 달래고 싶었던 걸까. 정상 참작을 충분히 염두에 둔 정조 덕분에 은애의 살인은 무죄로 판결되었다. 혹여 풀려난 은애가 복수하겠다고 정련을 죽이면 판결의 정당성이 무의미하므로 정련을 잘 보호하라는 명도 잊지 않았다. 이 옥사에서 정조가 특히 중점을 둔 부분은 정절을 지키기 위한 은애의 용기와 기백이다. 성 추문에서 여성은 그것이 사실이든 뜬소문이든 상관없이 영원한 약자일 수밖에 없다. 그럼에도 자책에 빠지지 않고 결백을 증명하면서 스스로를 지킨 행동과 죄를 자백한 당당함을 높이 산 것이다. 정조는 은애의 행동이 여인의 정절과 명예를 드높인 사례라며 칭찬했다. 그리고 당시 청장관靑莊館이던 이덕무에게 「은애전」을 지어 규장각 일기인 『내각일력內閣日曆』에 신도록 했다.

물론 이 판결은 '여성의 정절'을 부각시키기 위한 풍속 교화의 측면이 없지 않다. 일찍이 정조가 미성년자 딸을 강간하려던 자를 구타해 죽인 아버지의 죄를 감면해주고, 어머니를 강간한 자를 9년 후 찾아가 복수해 죽인 아들을 효자라 칭찬하며 부역을 경감해준 것만 봐도 그렇다. 그러나 그 시절 정절은 여성에게 목숨과 마찬가지였다. 단 한 번의 오명으로도 당사자는 평생 불륜녀라는 꼬리표를 달고 살아야 했으며 이는 죽음보다 더한 치욕을 의미했다. 그런데 무죄 판결로 수치스러운 꼬리표를 떼고 결백을 만천하에 증명했으니, 은애는 죽음에서 다시 살아난 것이나 다름없었다. 다산은『흠

흠신서』에서 '간음에 대한 다툼은 한번 지목되면 사실로 여겨지는데, 실제 간음이 있었다면 이같이 통쾌하게 죽이지도 못했을 것'이라며 판결의 정당성에 공감함으로써 이 사건의 내막과 판결이 후세의 본보기가 되도록 하였다.

사건파일 3. 자살로 위장한 살인

정조 9년(1785) 4월 20일, 황해도 평산의 양반 조씨 집안에서 며느리 박 소사朴召史가 스스로 목을 찔러 자살한 시신으로 발견됐다. 혼인한 지 석 달밖에 안 된 어린 새댁이 자살한 표면상의 이유는 고부갈등으로 인한 시어머니의 모진 학대였다. 과부로 평소 행실이 좋지 않던 시어머니 최아지가 며느리를 심하게 구박하여 자살로까지 몰고 갔다는 것이다. 유족들은 관아에 신고조차 않고 이미 시신을 매장한 상태. 평산에서 행세깨나 하는 양반댁인지라 가정 내 흉사를 하루라도 빨리 수습하고자 했다. 그러나 주변의 신고를 접수한 평산부사 정경증이 검시관들을 대동하고 무덤에서 시신을 꺼내 검시하면서 사건은 새 국면을 맞는다. 목을 맨 듯한 넓은 베와 함께 시신의 목 뒤에서 도흔刀痕 두 곳과 식도 쪽에 찔린 자국이 발견된 것이다. 허나 손발에 묶인 자국이나 심하게 저항한 흔적이 없었으므로 스스로 목을 여러 차례 찌른 자살로 결론이 났다. 박 소사가 목을 맸다가 여의치 않자 칼로 목을 찔렀다는 설명이었다.

그러나 발견된 시신은 복검해야 한다는 규정이 있었다. 이에 복검관 이서회는 촛농과 파 밑동, 술지게미를 이용해 목을 맨 여부를 조사해보기로 한다. 파 밑동을 빻아 시신의 목에 올려놓은 다음 술지게미를 푼 식초 물에 종이를 적셔 파 밑동 위에 덮어놓으면 자국이 드러나는 방식이었다. 그러나 역시 목을 맨 흔적은 없었다. 관련자들을 소환해 재심문하는 과정에서도 진술이 엇갈리고 미심쩍은 구석은 있었지만, 살인의 명확한 단서는 나오지 않았다. 그래서 "초검과 복검의 검안 결과가 같고, 칼자국이 『무원록』의 스스로 목을 벤 조문과 일치하므로 살인사건이 성립될 수 없다"는 결론이 났다. 그러나 "박 소사가 스스로 목을 매고 목을 찔러 죽은 것은 납득하기 어렵다"며 석연치 않다는 판결문을 남겼다.

그러자 박 소사의 친정오빠는 한양으로 올라가 정조의 행차 길을 막고 진위를 밝혀달라는 호소를 하기에 이른다. 정조는 엄사만을 신임 황해도 관찰사로 임명해 재수사를 지시한다. 이리하여 세 번째 수사에 착수한 엄사만은 초검과 복검 자료에서 수상한 점 몇 가지를 밝혀낸다. 자살하는 자가 목을 여러 번 찌르는 것이 불가능한 점, 칼에 찔린 위치가 모호한 점, 그리고 평소 시어머니 최아지의 행실이 난잡했다는 점이었다. 여기에 주변인들의 진술까지 더해져 엄사만이 자살을 피살로 뒤집어놓는 데까지는 성공한다. 그러나 그는 용의자들을 심하게 고문하다 무고한 자를 옥사시키는 바람에 파직된다. 정조는 다시 규장각 소속 이곤수를 암행어사로 파견해 조사토록 한다. 그리고 마침내 범인을 색출하기에 이른다. 범인은 바로 시어머니 최아지와 그녀의 내연남 조광진으로, 그 내막 또한 실로 기가 막혔다.

박 소사의 시어머니인 최아지는 시댁 조카 조광진과 내연관계였다. 최씨는 불륜에다 근친상간으로도 모자라 조광진의 아이를 임신했고, 아이를 낳은 뒤에는 죽여 뒷산에 묻기까지 하였다. 그런데 이 모든 사실을 며느리 박 소사가 알게 되자, 그녀를 죽여 모든 사실을 은폐하려 했던 것이다. 그러나 죽은 자는 말이 없어도 시신은 증거를 남겼고, 근 3년에 이르는 재검·복검의 과정과 철저히 조사에 임한 관리, 백성의 억울함을 외면하지 않은 정조 덕에 범인을 잡을 수 있었다. 형조에서는 최아지는 주범으로 참형, 조광진은 종범從犯으로 교수형에 처하도록 처결했다. 양반가의 부녀자로서 정욕을 주체못해 음옥淫獄과 살옥殺獄을 저질러 풍속을 어지럽힌 최아지의 잘못이 더 크다는 것이다. 그러나 정약용은 이에 동의하지 않고 조광진이 더 나쁘다며『흠흠신서』에 의견을 피력했다.

조광진은 숙모와 간통하여 죽을죄를 저지르게 했으니 첫 번째 살인이요, 사생아를 낳아 묻었으니 두 번째 살인이고, 손에 칼을 들고 연약한 박 소사를 죽였으니 세 번째 살인이며, 이차망에게 범행을 뒤집어씌워 죽이려 하였으니 네 번째 살인이다. 이러함에도 참형을 판결하지 않는다면 나라에 실로 법이 없는 것이다. 형조의 심리에 잘못이 있어 이 자에게 끝내 주범에게 내리는 참형의 다음 형벌인 교수형을 내려 판결함으로써 법가의 논의가 되게 했으니 안타까운 일이다.

어찌 보면 둘 다 살인범이니 누가 주범이고 종범인지 따지는 것이 무의미할지도 모르겠다. 그러나 늘 약자의 입장에서 공정하고자 했던 정약용이 보기엔 윤리의 이름으로 여성들에게 더 무거운 죄를 지우는 것이 불합리하다는 평가를 내렸던 것 같다.

재검·복검에 이르는 검시과정, 꼼꼼하고 치밀한 사건기록부터 신중한 판결, 그리고 판결에 대한 비평 및 재수사 과정들은 당시 조선의 정의가 살아 있음을 시사한다. 지금의 우리는 넓은 마당에서 주리를 틀고 모진 고문을 받은 봉두난발의 죄인이 자백을 하는 모습을 상상하겠지만, 조선시대에도 이처럼 과학수사가 있었다. 그야말로 현대 추리소설의 박진감 못지않은 추리여행이 아닌가.

'무전유죄, 유전무죄'란 말이 있다. 같은 사건이라도 돈이 없으면(無錢) 유죄가 되고, 돈이 있으면(有錢) 무죄로 판결되는 오묘한 사법세계를 비꼬는 말이다. '전錢'자 자리에 무엇을 넣느냐에 따라 다양하게 변용될 수 있다. 학연, 지연, 권력, 뒷줄, 협박 그 무엇이라도. 그 시절에도 여전했던 그런 몹쓸 범법과 무질서를 바로잡으려는 다산 선생의 기록과 노력이 빛을 발했던 『흠흠신서』의 사건수사파일이었다.

내시와 궁녀,
그 아픈 발자국

영화 〈기생충〉이 담은 현실은 아이러니다. 반지하의 백수가족과 글로벌 IT 기업 CEO 가족의 한 지붕 다른 세상이 작품의 맥락이자 주제다. 영화는 한 공간에서 자행되는 풍요와 빈곤, 권력과 굴종의 역설과 괴리를 보여주며 이렇게 말한다. 밑바닥 사람들이 사회 최상층의 삶을 피부로 경험하며 꿈꾼 공생의 삶이란 얼마나 허망하고 비참한지 똑똑히 보라고.

스크린 속 아이러니와 불균형을 옛날로 옮겨 그대로 재현해낸다면, 그곳은 아마도 고대의 궁궐이 아닐까 싶다. 엄격한 신분제의 규제 아래, 천상천하의 지존과 고위관리, 외척, 왕후와 후궁 들이 득실대는 그곳엔 그들을 지근에서 수행하고 보좌하는 내시와 궁녀 들이 그림자처럼 존재했기 때문이다. 내시와 궁녀는 지존의 음식을 맛보고, 용체에 걸칠 옷을 만지며, 귀한 몸을 뉘일 이부자리를 깔면서 함께 움직이고 한 공간에서 호흡한다. 그러나 바로 그 이유로 그들은 엄청난 희생을 감수해야만 했다. 출입의 제한, 신체 훼손, 욕망의 억제, 순결 맹세, 자손의 포기, 급기야 생명 담보까지. 이 모두를 감수하면서 그들이 겪어야 했던 박탈감과 자괴감은 때론 권력욕으로, 가끔은 문란함으로, 또 무모함으로 환원되곤 하였다.

내시, 조선 스캔들의 중심에 서다

이성계가 조선을 건국한 이듬해 『조선왕조실록』 「태조실록」 3권에는 내시 이만李萬과 현빈賢嬪 유씨가 관련된 내용이 4차례나 실려 있다.

1. 내수內豎 이만을 목 베고, 현빈 유씨를 사가로 내쫓다. (태조 2년 6월 19일)

2. 대간臺諫과 형조에서 상세한 국문을 요청하자 태조가 화를 내며 우산기상시右散騎常侍 홍보洪保 등 6명을 옥에 가두다. (태조 2년 6월 21일)

3. 임금이 좌간의左諫議 이황李滉 등 10여 명을 가두며 이르길 "궁중의 환관(小豎)과 내명부(嬪媵)의 처벌은 사적인 집안일인데, 대간과 형조에서 이 일을 함부로 논하니…… 이 무리들을 옥에 가두고 국문토록 하라." (태조 2년 6월 22일)

4. 홍보·이수李隨 등 현빈 유씨 건과 관련된 대간 관원 10여 명을 귀양 보내다. (태조 2년 6월 23일)

닷새간의 숨가쁜 행보였다. "현빈 유씨를 사가로 내쫓다"는 단순한 기록처럼 보이지만, 연루된 관원만 40여 명, 각 부서 중신들의 하옥·추방·귀양으로 얼룩진 희대의 사건이었다. 현빈 유씨는 태조 이성계의 여덟째 왕자인 의안대군 방석의 부인으로 당시 세자빈이 었다. 세자의 나이 12세, 책봉된 지 1년 만의 일이었다. 방석은 이성 계가 여러 아들 중 선택한 조선의 첫 후계자였으니 차기 국모인 세 자빈 또한 태조의 의중에 적합한 며느리였을 터. 그런데 느닷없이 이런 사태가 발생한 것이다.

더이상의 자세한 기록은 없지만, 정황상 사건은 둘의 야릇한 관 계 때문이라는 데에 중지가 모아졌다. 내시와 세자빈이 참수와 사 가 유폐로 처벌된 점, 당시 세자가 열두 살인 점, 태조가 집안 문제 라며 딱 잘라 차단한 점, 이 사건을 거론한 신료들을 중벌로 단죄한 점, 죄질이 상세하게 명시되지 않은 점 등은 둘의 관계에 무한한 상 상력과 의심을 제공했다. 그런데 현빈 스캔들이 터진 후 얼마 안 가 「태종실록」 34권에 또다시 심상치 않은 기록이 등장한다.

환자宦者 정사징鄭思澄을 베다. 정사징은 고려 공양왕 때부터 환관 같지 않다는 말이 있었던 바, 회안대군懷安大君의 첩과 간통하고, 인덕궁仁德 宮을 섬기면서 시녀 기매其每를 간음했다. 기매는 상왕上王(정종政宗)의 종이었다. 상왕이 알고 기매를 내치자, 정사징이 도망갔으나 붙잡아 베 었다. 의금부 제조에서 기매를 처형하자 하니, 임금이 "기매는 상왕의 아이를 배어 자식을 낳았으니 그리 못하겠다" 하였다. 제조 등이 재차 청하며, "득죄한 기매를 상왕인들 아끼겠습니까?" 하니, 임금이 옳다고 여겨 베려 했으나 결국 상왕의 명령으로 베지 못했다.

『조선왕조실록』「태종실록」 34권, 태종 17년 8월 8일

이번에는 실명과 죄목이 낱낱이 거론되었다. 환관 정사징이 태조의 넷째 아들이자 태종의 바로 손위형님인 회안대군 방간芳幹의 첩과 상왕인 정종의 여인을 농락했다는 것이다. 더구나 기매는 정종의 아이까지 낳았던 여인이다. 가능성은 희박하나 만에 하나 그 아이가 차기 군왕이라도 된다면, 이 얼마나 엄청난 역린인가. 정사징은 즉시 목이 베이는 참형을 당했다. 의외인 점은 여인들에 대한 선처다. 현빈 유씨는 사가 유폐로, 기매는 참형 면제 정도로 마무리된 것이다. 물론 왕가의 여인들이니 체면상 법도상 그리 처리했겠지만, 여러모로 환관의 설움은 그들 혼자만의 몫인 모양이다. 그런데 이상한 점이 있다. 이만과 정사징이 여인들과 간통했다 함은 곧 그들이 남자 행세를 할 수 있었다는 말도 된다. 그럼 흔히 알려지듯 그들은 남성성을 완전히 제거한 자들은 아니란 말인가.

내시와 환관, 그들은 누구인가

이만은 내수內竪, 정사징은 환자宦者로 칭했으니, 각각 내시와 환관이다.[1] 우리는 대개 내시와 환관을 혼용한다. 그러나 고려 전기만해도 둘은 확연히 다른 부류였다. 우리 역사에 먼저 등장한 것은 환관으로,『삼국사기』흥덕왕興德王 826년조의 '환수宦竪'란 기록에서다.[2] 이후 별다른 기록이 없다가, 고려시대부터 그 실질적인 기능

---

[1] 간혹 속고치速古赤라는 명칭도 보이는데 원나라 속고아치速古兒赤 제도의 영향을 받았다. '시종'이라는 뜻의 몽골어 '시구르치Sigurchi'의 음역이다.『조선왕조실록』「세종실록」5권, 세종 1년 9월 15일 기사 참조.

[2] 『삼국사기』권10「신라본기」10 흥덕왕: (왕비가 죽자 슬픔에 젖은 흥덕왕이) 시녀들

과 역할이 두드러지면서 역사에 존재감을 드러내게 된다.

원래 환관은 고대 노예제의 한 형식에서 비롯되었다. 문헌적 기원은 근 3000년 전으로 고대 중국 은殷나라 무정왕武丁王 때의 갑골문에 환관을 뜻하는 문자가 보인다. 남성의 생식기를 상징하는 그림 옆에 칼 도(刀)자를 그렸고, 그 아래에는 전쟁포로인 강족羌族을 그림으로써 그 대상(포로) 및 과정과 결과(칼과 생식기)를 명확히 제시한 것이다. 포로를 다루는 이런 방식은 점차 고대 중국의 형벌인 궁형宮刑으로 자리잡아, 죄인을 처벌하거나 노예를 충원하는 제도로 발전한다. 그러니까 환관은 절손絶孫이라는 치명적 형벌로서 완전한 복종을 강요하는 고대의 노예제도가 그 출발인 셈이다. 『사기』를 저술한 사마천도 궁형을 당하고 환관이 되었다. 흉노에 항복했던 장수 이릉李陵을 옹호하다가 한 무제의 노여움을 사서 그리된 것이다. 사마천은 나중에 무제의 신임을 회복하여 중서령中書令이란 황제의 비서직을 수행하는데, 이것이 환관들의 권력사에 중요한 계기가 된다. 이로부터 환관들이 중서령을 역임할 수 있게 되면서 전권을 휘두를 수 있게 된 것이다. 그러니 위정자의 입장에선 환관의 거세는 필수였다. 지존을 최측근에서 보좌하다보면 득세와 축재蓄財는 보장될 터, 이것의 대물림을 막기 위해서다.

고려에서도 환관은 궁중에서 왕의 출행 및 수발, 왕실 수위, 왕명 전달 등의 잡일을 맡아보았다. 그들은 대부분 노비, 무녀, 관비의 소생이거나 특수 행정구역인 부곡部曲 출신으로 직함도 녹봉도 없이 최하층으로 취급되었다. 왕조 초기에는 권력 남용을 예방하는 차원

조차 가까이 하지 않고, 좌우의 시자로는 오직 환수들만을 두었다(亦不親近女侍, 左右使令, 唯宦竪而已).

에서 승진에 제한을 두어 한품限品(7품 이상 오르지 못함)을 원칙으로 삼았다. 그러다 중후기로 갈수록 이 원칙이 무너지게 된다. 이에 반해 내시는 가문과 학식, 재능과 용모를 겸비한 엘리트 집단으로 대개 문벌 혹은 전훈戰勳을 세운 집안의 자식들로 구성되었다. 당연히 거세는 하지 않는다. 이들은 군왕 수행, 왕명 작성, 국무 관리, 경전 강의, 왕실재정 담당 등 주로 궁정의 중요한 직무를 담당했다. 그 명단 또한 화려해서 여진 정벌과 동북 9성의 수훈갑 윤관尹瓘의 아들 윤언민尹彦旼, 『삼국사기』의 저자 김부식의 아들 김돈중, 무신정권기 최씨 정권의 기틀을 세운 최충헌의 사위 임효명任孝明, 성리학의 시조 안향安珦 등이 내시 출신이다.

엄격히 구분되었던 환관과 내시 제도에 균열이 생긴 것은 문인 세력을 견제하기 위해 의종이 환관을 내시에 임용하면서부터다. 고려 궁전은 이미 한나라의 십상시十常侍나 당나라의 주전충朱全忠 같은 중원의 환관 전횡의 전통이 스멀스멀 스며들던 상태였다. 여기에 의종의 총애로 환관 정함鄭諴과 백선연白善淵이 내시가 되어 권세와 횡포를 부리면서 환관제는 점차 변질되기 시작한다. 원나라의 간섭이 심해지던 고려 말부터는 그 현상이 더욱 심각해진다. 충렬왕비인 제국대장공주가 부친인 원 세조에게 고려의 환관들을 바치면서 조성된 '고려 환관의 원 출세기' 유행이 그 원인이었다. 원의 요직에 임명된 고려 환관 중에는 본국인 고려를 업신여기며 국정에 간섭하려든 것은 물론이요, 심지어 충선왕을 티베트에 귀양가도록 손을 쓴 임백안독고사任伯顔禿古思 같은 자까지 등장한 것이다. 고려에서는 자식을 일부러 거세시켜 원의 환관으로 보내려는 자도 속출했다. 이때부터 환관의 내시 겸직도 걷잡을 수 없이 확산되었다.

그러나 내시 직을 맡는 환관의 수가 늘어날수록 그 수준과 질은 현저히 떨어졌다. 별다른 지식이나 능력이 없는 환관들이 맡는 내시 직무란 왕실 가족을 시중드는 정도로 한정적이었기 때문이다. 급기야 공민왕 5년(1356) 설치된 환관 관청의 명칭이 공교롭게도 내시부였던 까닭에 내시는 아예 환관을 지칭하게 되었다. 내시는 더이상 최고 엘리트 집단이 아닌, 그냥 환관으로 변모하게 된 것이다.

조선시대에 이르러서는 환관과 내시의 경계가 완전히 무너졌다. 조선을 세운 태조 이성계가 내시부를 아예 환관 조직으로 정착시킨 것이다. 이제 내시는 그야말로 왕을 물리적으로 시중들고 수발드는 손발로만 존재하게 되었다.

내시, 그들이 사는 세상

그런 사정이니 고려 말의 관습이 남아 있던 조선 초기의 내시부에는 거세되지 않은 진짜 내시 출신도 간혹 섞여 있었을 수 있다. 이만이나 정사징도 그런 부류였을지 모른다. 혹은 고환과 음경을 함께 거세하는 중국의 환관과는 달리 조선에서는 고환만을 제거했기에 가능한 일일 수도 있다. 가끔은 예상치 못한 의료사고도 있었을 테고. 그래서 조선시대 내시는 장가들고 가정을 꾸리는 것이 가능했다. 비록 내시가 된 후에는 친족, 특히 부계 혈연과의 단절이 강제되었지만,[1] 입양을 해서 아이를 둘 수도 있었다. 단, 입양자는 비혈연 관계의 고자여야 했다.[2] 이는 내시의 가족 구성 허용은 인간적 동정보다는 정치적 견제의 목적이 컸음을 의미한다. 내시의 근원적 결핍을 '가족'의 형식으로 보상함으로써 자칫 권력에의 집착으로 번질 수 있는 폐단을 미연에 방지하려는 것이었다. 입양을 통해서는 자손이라는 보상을, 혼인을 통해서는 수발과 양육의 편리를 보장받을 수 있을 터였다. 내시로서는 아쉬운 대로 가장과 아비 노릇을 할 수 있으니 심적으로도 상당한 위안이 되었을 것이고. 그런데 이 지점에서 가장 억울할 만한 사람이라면 내시의 처가 아닐까 싶다. 책임은 있되 권리는 없고, 남편은 있되 남자는 없는 그런 상황이니 말이다. 그러다보니 종종 이런 부작용도 생기곤 했다.

사헌부에서 아뢰기를, "한승찬韓承贊·유효례兪孝禮·함제동咸悌童 등이 모두 환관 김덕련金德連의 아내 종비終非와 간음해서 풍속을 더럽혔습니다. 이영생李永生은 모친상 중임에도 종비와 간음해서 잉태하자 농장에 숨기니, 그 행실이 금수 같습니다. 최집崔楫 또한 종비가 남편을 배반하여 도망한 것을 알고 불러 간통하며 아내삼았고 발각될까봐 함께 도망다닙니다. 종비는 환관의 아내로 음란한 짓을 하고 모친의 상을 당한 간부奸夫와 남편의 재산을 훔쳐 도망갔으니, 청컨대 모두 처벌하소서."

『조선왕조실록』「세조실록」24권, 세조 7년 5월 20일

환관의 아내가 외간 사내 5명과 사통하고 임신을 했으며, 급기야 재산까지 갈취해 도주했다는 상소였다. 모두들 해괴망측하다 혀를 내둘렀지만, 한편으로 생각해보면 성불구인 남편과 평생을 살아야 하는 그녀들의 규방은 감옥이나 다름없었을 터. 그러니 그중에는 이렇게 욕망을 드러내는 환관의 아내도 있었던 것이다. 하지만 이에 대한 남녀의 처벌은 너무나 불공평했다. 환관의 아내 종비는

곤장 80대를 맞고 강원도 관비로 쫓겨났지만, 남자들은 아무런 조치도 받지 않은 것이다. 모친상 중에 간음한 이영생만 평안도 숙천부肅川府로 적을 옮긴 정도랄까? 억울하기는 남편인 환관 김덕련도 마찬가지였다. 외도한 아내는 쫓겨난 마당에 상대한 남자들은 솜방망이 처벌로 넘어간 데다 주변에선 끊임없이 쑤군댔으니 말이다. 그나마 이런 편파적인 시각을 바로잡고자 한 이가 있긴 했다.

> 환자宦者는 남자도 여자도 아닌 것이, 흉하고 누추하여 실로 인간이 아닌데도 장가들고 가정을 가져서 보통 사람과 같이 살고 있다. 그 아내되는 사람이 혹 다른 남자와 접촉이 있을 때에는 그것을 유부녀의 실행으로 죄를 주니 이것이 어찌 천리와 인정에 당할 것인가. 인정에 어긋나고 이치에 어긋남이 이보다 더한 것이 없으니 이것은 아마도 성인의 법이 아닐 것이다.[3]
>
> 『연려실기술』

조선 후기의 실학자 이긍익은 『연려실기술』에서 『송와잡기松窩雜記』를 인용하여 환관의 아내들을 변호했다. 정상적인 부부관계가 불가능했던 내시 아내의 사통은 인정상 좀 봐주자고 호소한 것이다. 이후로도 야사나 야담에 외간 남자와 통정한 내시 아내의 일화들이 이따금 우스개처럼 실린 것을 보면, 이런 동정론이 차츰 형성되긴 했던 모양이다. 그러나 어디에도 환관 당사자의 입장을 대변해주는 곳은 없었으니, 반쪽짜리 남편의 설움은 그 누가 알아주랴. 그래서일까? 잠모蠶母와 간통한 내시 서득관, 기녀 봉소련을 농락한 내시 임승부 등 내시들의 일탈이 어쩌면 욕망만은 거세할 수 없었던 마이너리티들의 슬픈 표상일지도 모르겠다는 생각이 문득 드는 것은.

궁녀들의 허Her스토리

내시와 함께 궁정의 대소사를 담당하는 부류가 궁녀다. 그녀들에게 입궁은 곧 왕의 여자가 됨을 의미했다. 내시가 거세로써 궁의 유일한 남자는 왕임을 증명하듯, 궁녀는 왕과의 형식적 혼례식을 통해 지아비는 오로지 왕뿐임을 공표한다. 궁녀들은 대개 대여섯 살에 견습 나인으로 입궁해 15년의 인턴 기간을 보내게 된다. 유년기와 소녀 시절을 오로지 왕실을 섬길 존재가 되기 위한 훈육으로 보내는 것이다. 왕실을 위해 일하는 궁녀는 500~600명 정도. 종신 계약직인 궁녀들은 매달 지급되는 쌀과 옷감, 그리고 혹여 진짜 왕의 여인이 될지도 모른다는 희망을 동아줄처럼 붙들고 살아갔다.

이들은 각각 왕의 침실을 담당하는 '지밀', 옷을 짓는 '침방', 빨래와 다림질을 맡는 '세답방', 자수를 놓는 '수방', 왕에게 진상할 음식을 만들던 '소주방', 계절별 군것질과 간식거리를 제공하는 '생과방' 등에서 일했다. 이렇게 나인으로 다시 15년을 살다보면 상궁으로 승진한다. 그때쯤이면 35세 정도, 왕의 간택을 기대할 나이는 지났다 싶은 그즈음 그들은 경륜과 권력을 장착하게 된다. 그래서 상궁들 사이의 사건들은 대개 웃전과 관련된 것들이 많다. 대개 권력 다툼이나 위계 분쟁 중에 뇌물이 오가고 무고와 인신공격이 난무하는 사건들이다. 이에 비해 한창 나이인 젊은 나인들 사이에서는 성 스캔들이나 연애사건이 종종 발생하곤 했다. 왕의 승은을 입는다면야 더할 나위 없겠지만, 그거야말로 혼용무도昏庸無道의 경쟁 속 천우신조가 아니겠는가. 그녀들은 직감했으리라. 하늘같은 왕 하나에 달린 운명을 기다리기엔 젊음이 너무 빨리 져버리리란 걸. 당나라 말 희종僖宗 때의 궁녀 한씨韓氏가 지은 시는 그런 심정을 적은 궁녀들의 맞춤 테마송이다.

> 흐르는 물 어찌 그리도 급히 가버리는지
> 이 깊은 궁궐은 종일토록 한가한데
> 남 몰래 붉은 잎에 넌지시 말하노니,
> 잘 흘러가 누구에게라도 전달됐으면.[3]

붉은 나뭇잎에 담아 물길 따라 보내는 것은 누군가에 대한 사무친 그리움과 궁중 속의 고독이다. 왕의 여자를 꿈꾸는 헛된 욕망이다. 두둥실 궁 밖으로 실려 가고픈 신세의 한탄과 그럴 수 없는 안타까움이다. 항간에선 이런 이야기도 나돌았다. 이 나뭇잎 편지를 우우于祐라는 남자가 발견해 붉은 잎에 답시를 띄워 보냈단다. 이후 나라에 재앙이 있어 궁중의 여인들을 민가에 돌려보낸 일이 있었는데, 10년 후 두 사람이 운명같이 재회해 사랑을 이뤘다는 것이다. 『태평광기太平廣記』에는 붉은 단풍이 중매를 섰다는 이 '홍엽양매紅葉良媒'의 그윽한 사연이 실려 있다. 하지만 이는 낭만적인 기적을 꿈꾸는 희망고문일 뿐, 현실에선 이런 시가 제격이었다.

---

3) 流水何太急, 深宮盡日閒. 殷勤謝紅葉, 好去到人間.

구중궁궐에 한번 발 들이면, 해마다 봄날 볼 수 없으니

나뭇잎 하나에 시를 적어, 인연 있는 사람에게 보내보네.

꽃지는 심처 궁궐에 꾀꼬리 슬피 우니, 상양의 궁녀 애간장 끊어질 때

제성帝城은 동으로 흐르는 물을 막지 않지만,

잎에 적은 시 누구한테 보낼까?

시 적은 나뭇잎 궁궐 밖에 간다 한들, 누가 응답하랴, 홀로 정을 품을 뿐.

물결 위 나뭇잎만도 못한 것 홀로 탄식할 제,

출렁이는 나뭇잎 봄 타고 떠나가네.[4]

「꽃잎에 부치는 시(題花葉詩)」

당나라 덕종德宗 대의 이름 모를 궁인이 썼다는 시다. 그렇다. 이
게 현실이다. 마음 적은 나뭇잎을 백 날 띄운들 응답은 없다. 궁녀들
은 그저 나뭇잎보다 못한 처지를 한탄하며 궁 밖으로 자유로이 떠
나가는 물결만 바라볼 뿐이다. 그러니 어쩌겠는가. 풀어낼 길 없는
갈망과 기나긴 궁궐의 헛헛한 나날을 달래는 자신들의 방식을 터득
해갈 밖에. 하여 궁녀들은 동료 간의 도를 넘는 친밀함으로, 관료들
과의 비밀 연애로, 또는 내시들과의 지분거림으로, 그렇게 위로를
삼으며 하루하루를 버텨나갔다.

---

4) 一入深宮里, 年年不見春. 聊題一片葉, 寄與有情人. 花落深宮鶯亦悲, 上陽宮女
斷腸時. 帝城不禁東流水, 葉上題詩寄與誰. 一葉題詩出禁城, 誰人酬和獨含情.
自嗟不及波中葉, 蕩漾乘春取次行.

궁녀가 내시를 만났을 때

중국이나 이 땅이나 궁중 여인들의 삶은 매일반이었을 터. 「단종실록」에는 그런 청춘들의 슬픈 단상이 실려 있다.

> 의금부에서 아뢰길, "궁녀 가지加知와 소친시小親侍(어린 별감) 함로咸老, 방자房子(궁녀) 중비重非와 소친시 부귀富貴, 방자 자금者今과 별감別監 수부이須夫伊 등이 간통하려고 언문으로 연락하고 물건을 주고받으니, 이는 '내부 재물 도적질 죄'로 참형입니다. 궁녀 복덕卜德은 그 사연을 듣고 언문으로 그 정을 적어 (별감에게) 전하고, 답장이 오면 벗들에게 설명하였으니, '중매한 자'는 곤장 100대에 3000리 밖 유배입니다. 사표국司豹局의 승丞 정을부鄭乙富도 궁녀의 청으로 궐문을 열었으니, 곤장 100대에 변방 충군하게 하소서". 이에 곤장을 친 뒤에 수부이·부귀·함로(별감)는 함길도의 관노로, 중비·자금·가지(궁녀)는 평안도의 관비로 삼고, 정을부는 충청도에 충군시켰다.
>
> 『조선왕조실록』「단종실록」6권, 단종 1년 5월 8일

가지와 함로, 중비와 부귀, 자금과 수부이의 커플 매칭 해프닝이었다. 중간 연락책 복덕과 출입을 도운 정을부까지 얽힌 이 사건은 청춘의 열망이란 궐내의 엄중한 법령도, 어떠한 강력한 권위로도 억누를 수 없음을 시사한다. 오가는 연서 속에 아련한 호기심과 기대를 주고받는 청춘들의 풋내나는 연애였다. 동료 복덕이 내시들의 답서를 읽어주는 동안 궁녀들은 얼마나 설레고 애가 달았을까. 내시들 또한 멀리서 바라만 보던 또래 소녀들과의 만남을 얼마나 학

수고대했을까. 하여 양측이 모의해 궐 밖 아지트 모임을 주선하는 모험까지 감행했던 것이다.

과부 설움은 홀아비가 아는 법. 비슷한 처지에 처한 청춘남녀의 동병상련이 운우지정으로 변하는 것은 순식간일 터였다. 대궐에서는 이 전염력 강한 사랑의 열병을 막아야 했다. 의금부에서는 조목조목 법도를 따지며 강력한 처벌을 주청한다. 하지만 당시 비슷한 연령인 단종(당시 12세)이 그들의 처지를 공감했던 건지 선처를 내린 덕에 간신히 참형만은 면한다. 대신 뿔뿔이 흩어져 멀리 유배를 가게 된 궁녀와 내시들. 멀어진 거리만큼 그들 마음의 거리도 멀어졌을까?

궁녀, 하염없는 사랑의 포로

이런 일은 때때로 발생했다. 다음은 『조선왕조실록』의 기록이다.

> 환관 손생孫生과 시녀 내은이內隱伊를 의금부의 옥에 가두었다. 내은이가 임금이 쓰던 푸른 옥관자를 훔쳐 손생에게 주고 서로 언약했기 때문이다.
>
> 『조선왕조실록』「세종실록」 30권, 세종 7년 12월 10일

시녀 장미薔薇는 종친인 신의군愼宜君 이인李仁의 집에 초대돼 여러 날을 유숙하고 그의 아우들과 함께 잔치에서 모여 마셨다. 또 그의 매부 김경재金敬哉도 잔치를 베풀고 장미를 청해 모여 마시었으니, 그 무례한

죄를 국문하라.

『조선왕조실록』「세종실록」68권, 세종 17년 5월 14일

궁인 덕중德中이 언문 편지를 써서 환관 최호崔湖와 김중호金仲湖를 통해 귀성군龜城君 이준李浚에게 연모의 뜻을 전했다. …… 곧 두 환관(최호와 김중호)을 문 밖에 끌어내 때려죽였다. 이준이 황공해 어쩔 줄 몰라하니, 임금이 "네가 왜 황공해하느냐? 죄는 저들에게 있다"며 술자리를 열어 이준을 위로하면서 한낮이 돼서야 파했다.

『조선왕조실록』「세조실록」37권, 세조 11년 9월 4일

왕대비전의 궁녀 귀열貴烈은 형부 이홍윤李興允과 간통해 임신한 것이 발각되어 옥중에서 아들을 낳았다. …… 형조에서 교수형을 아뢰자, 주상이 참수형을 명했다. 홍윤은 도망쳤는데 잡지 못했다.

『조선왕조실록』「현종실록」13권, 현종 8년 5월 20일

사랑하는 이를 위해 왕의 물건을 훔치고, 왕실종친과 허물없이 어울리고, 왕의 조카와 연애하고, 형부와 간통하고……. 내은이, 장미, 덕중, 귀열의 죄목이다. 이런 죄목으로 걸린 궁녀는 최고 형벌인 참형을 받거나 최소한 교수형에 처해졌다. 방법만 베느냐 매다느냐요, 죽기는 매한가지였다. 하지만 상대는 신분에 따라 처벌이 제각각이었다. 환관이야 같은 운명에 처해졌지만, 종친이나 관료는 처벌을 면하거나 형벌을 내려도 도주해서 못 잡으면 그만이었다. 성군이라던 세종도 궁녀의 외도만큼은 눈감아줄 수 없었는지 내은이와 장미에게 모두 참형을 내렸다. 그런가 하면 세조는 후궁 덕중의

연서를 받은 조카 이준에게는 위로잔치를 베풀어주고, 이튿날엔 덕중을 참형시키는 이중적인 면모를 보였다. 현종은 형조의 교수형 판결을 물리고 끝내 귀열에게 최고형인 참형을 명했다. 왕실 입장에서 궁녀는 오로지 왕의 여자, 궁의 소유물, 임금 바라기여야 했다. 이 불문율을 깨뜨리는 순간 왕에 대한 반역자이자 문란한 불륜녀로 전락할 뿐이었다. 혹여 다른 이의 씨앗을 잉태할 가능성 때문에 더욱 엄히 단속했으리라. 하지만 궁녀들로선 억울했을 것이다. 지존과 형식적인 혼인관계라지만, 그것은 안사람 행세도 여자구실도 할 수 없는 허망한 관계였으니 말이다.

구중궁궐, 최고 권력, 비단 침구, 오색 용포, 진수성찬. 이 화려한 것들을 매일 주야로 어루만지며 내시와 궁녀들은 불완전한 신체, 독수공방의 설움, 욕구불만, 상대적 박탈감 들을 달래야 했으리라. 하여 잡힐 듯 잡히지 않는 권력과 부귀, 욕망의 파편들은 궁궐을 떠다니며 이들의 흔들리는 감정들을 공격했는지도 모르겠다. 능멸의 눈초리로, 억압의 방식으로, 강요의 법령으로. 내시와 궁녀 들은 스스로 그것을 벗어날 도리가 없었다. 숙주인 왕실의 운명에 생존이 좌우되는 기생물로서만 존재했기 때문이다. 궁궐이란 미로 속에서 가끔은 욕망의 도발로, 밀애의 짜릿함으로, 패륜에 패륜으로 탈출을 꿈꾸지만, 그것은 언제나 예정된 비극으로 향하는 일탈의 몸부림일 뿐이었다. 그래서 그들이 남긴 모든 욕망의 서사들은 그네들의 아픈 발자국이다.

봉빈과 소쌍의
나의 '아가씨'

세라 워터스의 소설 『핑거스미스』를 원작으로 하는 영화 〈아가씨〉
는 화려한 저택에 갇혀 변태 삼촌의 강요로 음란소설을 읽는 아가
씨와 그녀에게 사기를 치기 위해 하녀로 위장한 소매치기 소녀의
위태로운 사랑을 그렸다. 영화는 사기 대상과 당사자로 만난 아가
씨와 하녀, 둘 사이에 싹튼 공감과 동정이 비정한 강자를 상대로 한
순전한 약자끼리의 결합을 통해 각별한 사랑으로 발전하는 과정을
보여준다. 신분과 귀천을 넘어선 두 여인의 동지적 사랑을 보다보
면, 동성애를 넘어 가부장적 사회의 약자인 여성들이 서로를 위로
했던 특별한 소통의 방식과 이해의 코드를 읽을 수 있다.

　고대 한국에도 여성들의 특별한 사랑은 존재했다. 조선시대에 대
식對食은 여성들 간의 은밀한 사랑을 지칭하는 용어였다. '마주 앉
아(對) 먹는다(食)'는 뜻의 대식은 원래 궁녀를 위해 가족이나 친지
를 궁궐로 불러 같이 밥을 먹게 해주는 일종의 면회제도였다. 그러

다가 궁녀들이 대식을 핑계로 동성애인을 불러들이면서 점차 동성애를 지칭하는 은어로 사용되었다. 궐 밖에서 상대를 불러올 수 없는 처지의 궁녀들은 대개 궐 안 동료들에서 상대를 찾기도 했다. 그러는 와중에 이따금 상전의 부름에 응해야 하는 경우나 권력쟁탈의 일탈적 방편으로 활용한 예도 있었던 것 같다.

세종의 며느리이자 문종의 두 번째 빈이었던 순빈純嬪 봉씨와 소쌍召雙의 동성애 스캔들이 바로 그런 경우라 하겠다. 권력과 부귀의 최상층인 궁궐에서 신분의 굴레와 여인의 족쇄를 찬 두 여인 봉빈과 소쌍의 대식 소동. 여기에 얽힌 관계의 미학과 행간에 쓰인 코드들은 이러하다.

여인들의 사랑공식 '대식'

고대로부터 동성애를 지칭하는 용어는 꽤나 다채로웠다. 남자애인을 뜻하는 남색男色, 남풍男風, 남총男寵이나 연애상대 미소년인 연동孌童, 총애하는 아이라는 폐동嬖童 등은 남성의 동성애를 암시한다. 성총을 흐리는 요사스러운 무리라는 영행佞倖, 전국시대 위왕魏王이 사랑한 용양군龍陽君에서 따온 용양, 복숭아를 나눠 먹는 각별한 사이라는 분도分桃, 동성애인의 낮잠을 위해 임금이 용포자락을 끊었다는 단수斷袖 등도 모두 남성 군주의 동성애인으로부터 유래된 명칭들이다. 이 용어들은 당시 동성애란 특정 권력자들이나 남성들만의 독점적 권리이자 차별적 기호였음을 시사한다. 이 지점에서 남녀 모두의 동성애를 뜻하는 대식의 유래를 짚어볼 필요가 있다. 동성애마저 남성중심적인 사회에서 여성들 간에도 공공연히 자행되었던 특별한 사랑의 자취를 더듬어볼 수 있다는 점에서 그렇다. 대식이란 용어는 『한서漢書』에 등장한다.

> 관비 조효曹曉, 도방道房, 장기張棄, 고故 조소의趙昭儀의 시종 우객자于客子, 왕편王偏, 장겸臧兼 등을 탐문했더니, 그들이 말하길 "조궁은 조효의 딸로 전에는 중궁의 학사사가 되어 『시경』에 통달하여 황후를 가르쳤다"고 합니다. 도방은 조궁과 대식하는 관계로 원연元延 조궁이 도방에게 "폐하께서 이 조궁을 총애하셨다"고 말했답니다.[1]
>
> 『한서』「외척전」하 효성조황후

전한의 12대 황제 성제成帝의 후궁 조궁曹宮이 궁비인 도방과 대식의 관계였다는 기록이다. 성제는 외척과 환관의 틈바구니에서 숱한 후궁을 거느리는 것으로 위안을 삼다가 왕망王莽의 난[1]까지 초래한 인물이다. 그는 특히 창기 출신으로 황후까지 오른 조비연趙飛燕에게 푹 빠져 있었다. 당시 황제의 총애를 독차지하려는 그녀의 투기와 질투로 후궁들의 입지는 살얼음판 위를 걷는 것 같았다. 조비연의 눈총을 받는 후궁 중 하나였던 조궁이 동성인 궁비와 각별한 관계를 맺은 것은 어쩌면 궁궐 안에 부유하는 일촉즉발의 위기감과 생존의 불안감을 같은 약자인 여성끼리 위로를 통해 해소하려는 몸부림이었을지도 모른다.

조선 후기의 실학자 이규경은 『오주연문장전산고』에서 "궁인

---

1) 이후 서기 12년 왕망은 성제와 애제哀帝의 뒤를 이은 평제平帝를 독살하고 스스로 왕이라 칭하며 신新을 건국했다. 당시 왕망이 오랑캐 축출을 빌미로 고구려에 군사를 요청하며 행패를 부려 고구려와의 외교관계도 삐걱거렸다.

이 자기들끼리 서로 부부가 되는 것을 대식이라 이름하였는데, 서로 투기가 심했다"는 후한의 학자 응소應劭의 말을 인용하면서 "궁녀들이 스스로 서로 배우配偶가 되는 것을 대식"이라 정의했다. 사실 대식은 고려의 이규보가 도인과 소년의 사랑에 대해 "궁중의 대식을 본받은들 뭐가 해로우랴"라 읊고, 조선 후기 육용정陸用鼎이 『이성선전李聖先傳』에서 이웃집 소년을 사랑한 이성선의 입을 통해 "오직 궁인의 대식과 같이 풍남지희風男之戲하는 것을 좋아했다"고 밝혔듯 남자끼리의 사랑도 포함하여 폭넓게 사용되었다. 그러나 "예전부터 궁인들이 혹 족속이라 핑계하여 여염의 어린아이를 금중禁中에 재우고 혹 대식을 핑계하여 요사한 여중이나 천한 과부와 안팎에서 교통합니다"[2]라 실록에 명시했듯, 주로 여성들 간의 애정을 지칭하는 용어로 인식되곤 했다. 그러니까 대식은 연정에 기반한 동성애의 가장 포괄적인 용어라고 할 수 있다. 그러면서도 상대적으로 다양한 남성 동성애 명칭에 대응하여 여성 동성애를 가리키는 데 좀더 보편적으로 사용되었다고 할 수 있다.

성군 세종의 빛과 그림자

태종 이방원의 셋째 아들 충녕대군 이도李祹는 어려서부터 독서와 학문, 자기수양에 매진한 준비된 군왕이었다. 맏이 양녕과 둘째 효령을 제치고 임금으로 낙점될 정도로 영민했으며, '좋은 나라'에 대한 청사진도 뚜렷했다. 1418년 8월 10일 태종의 양위로 등극한 세종은 그간 다져왔던 역량을 유감없이 발휘하기 시작했다. 우선 성

삼문, 신숙주, 하위지, 장영실 등 신분에 관계없이 널리 인재를 등용했다. 이를 발판으로 앙부일구仰釜日晷(해시계)·자격루自擊漏(물시계)·측우기의 제작, 한글 창제, 아악과 향악의 정리, 경연의 활성화, 여론조사와 토지개혁, 여진 토벌 등 애민愛民과 애국에 기초한 업적들은 가히 입지전적이다.

세종은 정력적인 사내이기도 했다. 소헌왕후 심씨를 비롯해 영빈令嬪 강씨, 신빈愼嬪 김씨 등 아홉 부인을 취했고, 그중 6명의 여인에게서 22명의 자식을 두었다. 여인들의 신분도 조카딸(영빈 강씨), 노비 출신(신빈 김씨), 궁녀(상침尙寢 송씨) 등 다양했다. 어쩌면 여인들과의 관계는 과중한 업무와 지속적인 피로, 당뇨·임질 등의 고질병, 성과에 대한 압박을 견디는 인간 이도의 해소법이었는지도 모르겠다. 아니면 가정에서조차 다복과 다산이라는 성과에 집착했을 수도 있겠다. 어찌됐든 31년 6개월의 긴 재위 기간에 품은 여인도, 낳은 자식도, 거쳐간 신하도 많았고, 다뤄야 할 업무와 처리할 사건 사고도 허다했다. 추문과 과실, 비리 또한 비일비재했다. 황희의 살인사건 은폐와 뇌물 수수 및 간통,[2] 성균관 유생들의 성범죄, 궁녀들과 관료들의 사통 등에 관한 상소가 하루가 멀다 하고 올라왔다.

그중에서도 세종이 가장 골머리를 앓던 일은 며느리이자 후에 문종이 될 세자 이향李珦의 두 번째 빈, 봉빈奉賓의 동성애 스캔들이었다. 자신을 닮아 학구적이지만 정열적인 성향은 조금도 물려받지 않아 다소 유약했던 세자였다. 그런 아들에게 활달한 여인을 짝지어준 것이 화근이 될 줄 그때는 몰랐다.

---

2) 이 책의 ''나리' 말고 '오빠'라 불러다오, 황희와 이이' 참조.

독서 서생과 욕망 소녀의 잘못된 만남

문종 이향은 1421년(세종 3)에 왕세자로 책봉된 이래 1450년 37세로 왕위에 오르기까지 30여 년간 부왕 세종을 보필하며 착실히 군주 수업을 겸했다. 그는 태생적으로 학문과 과업을 즐겼으나, 대외적인 활동은 꺼려하는 문약한 성품을 지녔다. 숙환에 시달리던 세종이 1437년 세자에게 서무庶務 결재를 맡기려다 그만둔 것도 내성적인 세자의 성향을 염려한 신하들의 반대 때문이었다.

봉빈은 그런 세자의 두 번째 빈이었다. 첫 세자빈 휘빈徽嬪 김씨는 압승술壓勝術이라는 해괴한 방술을 쓰는 바람에 폐출되었다. 압승술이란 지아비가 좋아하는 다른 여인의 기를 눌러(壓) 자신이 사랑싸움에서 이기는(勝) 술책(術)을 말한다. 당시 동궁전에서는 세자를 어릴 적부터 모시던 궁녀 효동과 덕금이 총애를 받는 상황이었다. 휘빈 김씨는 효동과 덕금의 신발을 태운 가루를 술에 타서 태자에게 먹이려 하고, 뱀의 정액을 품는 등의 주술로 합궁을 꺼려하는 세자의 마음을 사로잡으려 했고, 그러다 사달이 난 것이다. 휘빈이 폐서인이 되어 쫓겨난 지 3개월 만에 창녕현감 봉려奉礪의 딸 봉씨가 이향의 두 번째 빈이 되었다. 봉씨는 자유분방하고 당돌한 소녀였다. 내성적이고 학구적인 세자는 활달하고 거침없는 세자빈이 부담스러워 멀리하였다. 그리고 후사를 걱정하는 부왕의 권유에 마지못해 봉빈과 합방을 하곤 했다. 그런 날이 거듭되자, 독수공방하는 봉빈의 외로움은 깊어만 갔다.

아무래도 봉빈은 순종과 인내의 쓰디쓴 약을 권력이란 당의糖衣로 포장한 궁궐의 안주인보다는 본능과 욕망에 솔직한 여항의 여인으로 살고 싶었던 것 같다. 빈방 사수의 서러움, 후사에의 압박, 들 끓는 울화, 욕망의 소화불량, 이 난국을 그녀는 나름의 방식으로 헤쳐나간다.

세자의 후궁 권權 승휘承徽의 회임에 봉씨가 분개하여 '권 승휘가 아들을 두면 우리들은 쫓겨나야 할 거야'라며 소리내어 우니, 그 소리가 궁중까지 들리었다. …… 여종이 빈에게 말하여 세자의 의복·신·띠 등의 물건을 몰래 자기 아버지 집에 보내고…… 봉씨가 '태기胎氣가 있다' 하여 궁중에서 모두 기뻐하였으나 거짓말이었다. …… 시녀들의 변소에 가서 벽 틈으로부터 외간 사람을 엿보았다. 또 항상 궁궐 여종에게 남자를 사모하는 노래를 부르게 했다.

『조선왕조실록』「세종실록」75권, 세종 18년 10월 26일

명을 내려 『열녀전』을 가르치게 했는데, 배운 지 며칠 만에 책을 뜰에 던졌다. …… 성품이 술을 즐겨 항상 방에 술을 준비해두고는, 큰 그릇으로 연거푸 술을 마시어 몹시 취하기를 좋아하며, 혹 어떤 때는 시중드는 여종으로 하여금 업고 뜰 가운데로 다니게 하고, 혹 어떤 때는 술이 모자라면 사사로이 집에서 가져와 마시기도 했다.

『조선왕조실록』「세종실록」75권, 세종 18년 11월 7일

그녀가 궐에 들어온 지 7년째 되는 해의 기록들이다. 후궁을 투기하여 벌인 상상임신과 낙태 소동, 관음적 행태, 왕명 거역, 궐내 물건의 밀반출, 알코올 중독에 술주정까지. 세종과 소헌왕후가 보기에 그녀의 행동 하나하나는 내명부 안주인의 자질에 전혀 부합하

지 않는 부덕과 패륜의 극치였다. 그러나 첫 세자빈을 음란죄로 폐출시킨 지 얼마 되지 않은 상황에서 봉빈마저 쉽게 내쫓을 수는 없는 노릇이었다. 세자의 정력이 약합네, 음기가 양기를 눌렀네, 후대 군왕의 남성성에 문제가 있네 등의 구설이 끊이지 않을 게 분명했다. 그렇다고 그냥 두자니 내명부의 기강과 왕실의 품위가 말이 아니었다. 세종은 머리가 터질 것 같았다.

세자빈이 아닌 봉씨로 불리다

그러나 결정적인 문제는 따로 있었다. 임금이 사정전思政殿에서 주변을 물리고 도승지 신인손辛引孫과 동부승지 권채權採에게 하소연한 사연은 이러했다.

> 요사이 궁에 떠도는 해괴한 소문 들으셨소? 봉씨가 궁비宮婢 소쌍을 사랑하여 항상 딱 붙어 있으니, 궁인들이 "빈께서 소쌍과 잠자리와 거처를 같이한다"고 수군거리오. 언제는 소쌍이 궁궐에서 소제를 하고 있어서 세자가 "네가 정말 빈과 같이 자느냐"고 물었더니, 소쌍이 몹시 놀라며 "그러하옵니다"라 했다는군. 봉씨가 소쌍이 잠시라도 곁에서 떨어지면 "나는 너를 사랑하는데, 너는 나를 사랑 않는구나"며 원망하고 성을 낸다 하오. 소쌍은 주변에 "빈께서 내게 너무 집착하여 무섭다"고 하소연한다는구려.
>
> 소쌍은 원래 권 승휘의 사비私婢 단지와 서로 좋아하는 사이였는데, 봉씨가 사비 석가이를 시켜 항상 그 뒤를 따라다니면서 단지와 어울리

지 못하게 했다지 뭐요. …… 이런 일들이 하도 떠들썩하기에 내가 중궁과 더불어 소쌍을 불러서 진상을 묻지 않았겠소. 그랬더니 "지난해 동짓날에 빈께서 저를 내전으로 불러 같이 자자고 하시기에 사양했으나, 빈께서 옥박지르며 옷을 다 벗기고 강제로 남자의 교합하는 형상과 같이 서로 희롱하였습니다"라고 하더군. 허, 이것 참!

『조선왕조실록』「세종실록」75권, 세종 18년 10월 26일

세종은 가장 믿을 만한 신하 두 사람을 불러 며느리를 둘러싼 괴소문의 망측함을 토로한다. 며느리를 봉씨라고 칭하는 어투에서 이미 정나미가 떨어질 대로 떨어진 세종의 마음을 짐작할 수 있겠다. 투기, 패악, 절도, 거짓말……. 그간의 행적만으로도 너무나 괘씸했지만 세자를 위해 참아보려던 세종이었다. 그런데 궁녀와의 잠자리라니, 이건 해도 너무하지 않은가. 게다가 상대는 후궁의 사비와 대식의 관계인 궁비다. 봉빈이 그 둘의 관계를 시샘하여 사비 석가이를 시켜 감시하면서 소쌍을 위력으로 뺏어오는가 하면, 억지로 잠자리를 요구했다는 소문마저 돌았다. 소쌍의 입을 통해 나오는 봉씨의 진상들에 세종은 귀를 틀어막고 싶었으리라. 세종의 타는 속내를 짐작한 도승지와 동부승지는 곧바로 교지를 작성하여 봉씨를 서인으로 강등해 폐출하고 사저로 돌려보낸다.

교지에는 봉빈이 질투(忌妬)하고 후사를 못 잇는(無繼嗣) 과실이 크며, 음탕한 노래를 부르고(唱悅男之歌) 왕실 물건을 빼돌린 행위(密戒宦寺, 送于母家) 들을 지적했다. 이것만으로도 칠거지악七去之惡으로 인한 폐출의 필요충분조건을 갖춘 셈이다. '세자빈이 궁궐의 여종과 동숙한 일은 매우 추잡하므로 교지에 기재할 수 없다'는 세

종의 강력한 요청에 따라 소쌍과의 관계는 언급되어 있지 않다.

그 후로도 오랫동안

사건 이후 사가로 쫓겨난 봉빈은 감내해야 할 것투성이였다. 왕실
과 종친의 냉담한 시선, 하인들의 수군거림, 친척과 주변의 야멸찬
손가락질. 두 오라비는 애초에 등을 돌렸고 부친 봉려 또한 그녀가
폐출되기 3개월 전에 유명을 달리했으니, 방패막이 되어줄 이도 의
지할 곳도 없었다. 세자빈이었던 이가 이럴진대 소쌍의 마지막은
어렵지 않게 짐작할 수 있겠다. 봉빈의 폐출 사유에도 소쌍의 존재
는 거론되지 않을 만큼 궁궐에서 쉬쉬했으니, 목숨을 부지하는 것
은 언감생심. 아마도 쥐도 새도 모르게 그 흔적이 지워지지 않았을
까. 세종 대를 뒤흔들었던 세자빈의 대식 사건은 이렇게 황급히 마
무리된다.

　그런데 이 비극의 끝을 보며 문득 이런 의문이 고개를 든다. 이
모든 귀책사유를 모두 순빈 봉씨의 부도덕과 비윤리 탓으로 돌릴
수밖에 없는 것일까. 문종의 첫 세자빈을 생각해보면, 그녀 역시 세
자의 애정에 목말라 하다가 해괴한 방술을 동원하는 바람에 폐출되
지 않았는가. 궁궐의 법도니 내명부의 품위니 해도 어쨌든 부부간
의 문제다. 그러니 이렇게도 생각해볼 수 있지 않을까? 어쩌면 순빈
봉씨는 왕실의 '다산·다복'의 실적과 '순종·부덕'이란 강상綱常의
틀에 맞추기엔 너무나 자유롭고 열정적인 영혼의 소유자 아니었을
까 하고 말이다. 그래서 거인 같은 부왕 세종과 단정한 소헌왕후에

게서 어릴 적부터 임금수업을 받았던 교과서적인 성향의 문종과는 물과 기름 같은 관계였을 수도 있다. 문종 또한 하늘 같은 부왕의 기대에 부응해야 한다는 부담감에 밤늦도록 국정을 살피고 학문에 정진하느라, 심신의 고달픔과 스트레스에 시달렸을 것이다. 그리하여 세자가 효동과 덕금에게서 어릴 적과 같은 순전한 위로를 찾았듯, 봉빈은 차디찬 궁궐의 구속과 예법에 미처 적응하지 못하고 더운 피와 살 따뜻한 온기를 찾아간 것일 수도 있다. 그 과정에서 상대를 위압하는 또다른 압제자가 되어버리긴 했지만 말이다.

고구려판 '천일의 스캔들',
「황조가」에서 관나부인까지

〈천일의 스캔들〉은 영국 튜더 왕조의 군주 헨리 8세를 둘러싼 불린가 자매의 사랑과 배신의 암투를 그린 영화다. 도발적인 정열의 소유자 앤과 청순하고 순종적인 메리는 여성편력으로 유명한 헨리 8세를 각각 다른 매력으로 사로잡는다.[1] 메리가 먼저 왕의 눈에 들어 왕실에 입성한다. 그러나 권력과 명예를 거머쥐는 데는 앤이 메리보다 고수였다. 앤은 특유의 활기찬 성격과 당돌한 태도로 헨리 8세를 유혹하는 데에 성공했을 뿐만 아니라, 급기야 캐서린 왕비와의 이혼을 종용하며 제1계비의 자리를 차지한다. 영화는 이로 인한 왕실과 교황 간의 갈등, 앤의 광기어린 집착, 근친상간과 간통의 막장으로 전개되다 마무리된다. 그리고 그 안에는 당시 영국 사회의 실상과 권력을 둘러싼 인물들의 군상이 투영되어 있다.

---

1)   실제 역사에서 헨리 8세는 첫 왕비 아라곤의 캐서린을 시작으로 이후 다섯 번의 결혼을 했다. 앤의 자매였던 메리는 정식 비가 아닌 헨리 8세의 정사 상대였다. 영화에서는 드라마틱한 연출을 위해 역사적 사실에 장치를 한 것이다.

실상 헨리 8세는 왕위 계승권을 둘러싼 랭커스터가와 요크가 간의 30년 장미전쟁을 종결짓는 화해의 상징적 존재다. 랭커스터가를 외가로 둔 튜더 왕가의 헨리 7세가 화합을 위해 요크가의 엘리자베스와 결혼했고, 그 사이에서 태어난 차남이 헨리 8세이기 때문이다. 그래서 그의 여성편력의 배후에는 튜더 왕가를 굳건케 하려는 정치적 동인도 강하게 작용했다. 그는 아라곤 왕국(카스티야 왕국과 합쳐 뒤에 에스파냐 왕국을 이루었다) 출신의 형수였던 캐서린과 결혼하여 에스파냐 왕국과의 동맹을 강화하고자 했고, 아들을 낳고자 앤 불린과 결혼을 강행하여 교황청의 간섭에 정면 도전했으며, 북방 개신교 세력과 동맹하기 위해 클레브스의 앤과 결혼하는 등 정치적 음모, 외교적 정략, 종교적 압박으로 얼룩진 삶을 살았다.

그런데 이렇게 사연 많은 헨리 8세의 여성관계를 보노라면 문득 떠오르는 고구려의 두 왕이 있다. 떠나는 여인을 향해 「황조가」를 부른 낭만 시인 2대 유리왕과 사랑하는 여인을 바다에 던져야 했던 12대 중천왕이다. 궁중 여인들의 치열한 사랑싸움과 권력다툼의 틈바구니에서 그들이 읊었던 연가는 또 하나의 '천일의 스캔들'이기 때문이다. 연적에 치여 궁을 떠났던 유리왕의 치희稚戱, 치렁치렁한 머리칼로 중천왕을 사로잡았던 고구려의 라푼젤 관나貫那부인. 이들에 얽힌 파란중첩한 치정과 암투의 세계를 들여다보자.

주몽과 유리의 부전자전

나라를 다스린 지 19년, 왕은 하늘로 올라갔도다.

빼어나고 기이하며 절개가 있는 맏아들은 유리라 하는데

칼 조각으로 부친의 자리를 계승했고

활로 쏜 물동이 진흙으로 메꿔 꾸지람 면했도다.[2]

이규보, 「동명성왕」

　　고려 문인 이규보가 『동국이상국집』에서 읊은 유리왕의 모습이
다. 유리왕은 주몽이 고구려 건국 전에 혼인한 예씨 부인과의 사이
에서 낳은 유일한 적자다. 그는 부여에서 아비 없는 자식으로 서러
운 19년을 보내다가 성년 즈음 부친이 남긴 칼 조각 하나를 단서
로 혈혈단신 '아빠 찾아 삼만 리'를 감행한다. 그러곤 핏줄 하나로
고구려 개국에 뼈를 갈아넣은 비류와 온조를 제치고 단숨에 왕권
을 차지한다. 편모슬하의 더부살이, 신궁 핏줄의 타고난 활솜씨, 단
독일신으로 오른 최고의 자리까지 주몽을 꼭 닮은 유리였다. 무엇
보다 재빠른 상황판단과 그에 맞는 처신이 그러했다. 친족 집단으
로부터의 정치적·재정적·군사적 기반을 기대할 수 없었던 유리는
부친처럼 혼테크에 승부를 건다. 주몽이 계루부 실세의 딸 소서노
와 결합한 것처럼 유리도 졸본 지역의 세력가 송양松讓의 딸과 혼인
한 것이다. 송양은 동가강 유역 비류국의 왕으로 일찍이 주몽의 말
솜씨와 활쏘기에 항복한 뒤 다물도多勿都[3]의 후侯로 임명된 자다.
왕위 계승 문제로 떠난 소서노와 비류, 온조를 따라 졸본부여 세력
이 대거 이탈한 상황에서 유리의 선택지는 단 하나, 뿌리 깊은 토착

---

2)　在位十九年, 升天不下莅. 俶儻有奇節, 元子曰類利. 得劍繼父位, 塞盆止人詈.

3)　기원전 36년 송양의 비류국을 공격한 주몽은 기원전 34년 비류국을 마침내 병
　　합하고 이곳을 일러 다물도라 했다. 송양은 이 지역의 제후가 되었다.

세력 처가를 얻는 것이었다. 그러나 즉위 2년을 맞이하여 든든한 뒷배가 되어줄 것이라 믿었던 송비는 그 이듬해 세상을 떠난다.

유리왕은 황급히 '자망매속姉亡妹續'의 전통에 따라 송비의 여동생과 혼인한다. 하지만 그것이 단번에 왕권의 강화로 이어지기에는 무리였다. 아직은 턱없이 미약한 국내 지지기반과 한사군漢四郡⁴⁾으로 여전히 영향력을 발휘하는 중국에 어떻게 대응할지가 큰 관건이었다. 고민하던 유리왕은 서둘러 문어발식 혼인전략을 구축한다. 이번에는 보수 세력에만 의존할 것이 아니라 새로운 지역에서 참신하고 잠재력 강한 인맥을 발굴하려 한다. 이리하여 바야흐로 역사에 길이 남을 「황조가」의 주인공인 한나라 여인 치희와 고구려 골천 출신 화희의 사연이 시작된다.

이별 블루스 「황조가」의 전말

주몽이 비류국왕 송양과 활로 대결하여 부족을 복속했듯 당시는 사냥 능력이 리더의 자질을 가늠하는 중요한 잣대였다. 유리왕도 주변 부족을 정복하고 포섭하기 위한 수렵순행을 자주 시행하였다. 그러다 유력한 지역을 발견하면 그곳에 궁실과 성곽을 지어 영역을 표시했다. 그가 우선적으로 공략한 곳은 골천이었다. 골천은 일찍이 주몽이 궁실을 축조한 지역으로 옛 졸본부여의 토착 세력이 강한 곳이기도 했다.¹⁾ 유리왕은 잔존한 졸본부여 세력을 규합하기

---

4) 기원전 108년에 중국 전한前漢의 무제가 위만 조선을 멸망시키고 그 땅에 설치한 네 개의 행정 구역인 낙랑군, 임둔군, 현도군, 진번군을 이른다. 후에 고구려에 병합되었다.

위해 골천 출신의 여인 화희와 혼인하고, 유리왕 3년(기원전 17) 7월 그곳에 별궁을 짓는다.

곧이어 그는 한인의 딸인 치희와도 서둘러 혼인하는데, 이는 당시 한나라와 적대 관계였던 고구려의 대외관계를 위한 고도의 전략이라 할 수 있었다. 고조선 대부터 한사군 설치 등 국내정치에 개입하려던 한나라에 대해 졸본부여의 토착 세력들은 매우 배타적이었다. 한나라 역시 졸본부여 세력을 기반으로 한 신흥강국이 부상하자 스트레스를 받던 차였다. 유리왕은 이런 양측의 견제를 적절히 활용한다. 즉 자신은 양쪽과 혼맥을 맺으면서 두 세력끼리는 서로 대치하도록 하는 책략이다. 아니나 다를까. 혼인 이후 대립관계인 두 집단의 여인들은 서로 반목했다. 왕은 그해 10월 양곡凉谷 지역 동서쪽에 두 궁을 따로 지어서 두 여인을 기거하게 함으로써 분란을 종식시키고자 했다. 그러나 문제는 유리왕이 치희를 더 총애하여 두 여자 간에 기 싸움이 벌어진 데서 불거졌다. 더구나 왕은 사냥을 빙자한 세력규합 순행으로 이곳저곳에서 끊임없이 새 여자를 물색하던 차였다. 그러니 왕의 여자로서 그녀들의 입지다툼이 얼마나 치열했겠는가? 유리왕은 주로 포섭한 지역 부족에 성씨를 하사하는 방식으로 세력을 넓혀나갔다. 하여 그날도 왕이 멀리 순행을 나가 자리를 비운 사이, 홈그라운드의 이점을 등에 업은 화희가 먼저 도발한다.

(왕은) 기산으로 나가 7일 동안 돌아오지 않았다. 두 여자가 싸우다가 화희가 치희에게 욕하며 이르길 "너는 한나라의 비천한 첩년 주제에 어찌 이리도 무례하단 말이냐!" 했다. 치희는 수치스럽고 억울하여 도망치듯

돌아갔다.

『삼국사기』 권13 「고구려본기」 1 유리왕

촌을 19개나 거느린 유력 토착 세력인 골천 부족을 친정으로 둔 화희는 거칠 것이 없었다. 반면 한나라 출신 치희의 입장은 그렇지 못했다. 당시 한나라는 궁중 여인들의 암투와 외척의 개입으로 골머리를 앓던 시기였다. 성제의 외삼촌 왕망을 위시한 왕씨 일가는 성제의 생모 왕정군王政君의 위세를 등에 업고 조정을 완전히 장악하며 전횡을 일삼았다. 선제宣帝와 원제元帝 때부터 지속된 환관의 발호를 견제하기 위해 외척을 이용한다는 것이 그만 고양이에게 생선을 맡긴 격이 된 것이다. 더구나 성제가 후궁 조비연에게 빠지는 바람에 조 자매를 둘러싼 궁중 암투도 한창이었다. 황후는 장신궁長信宮에 유폐되고 후궁 반첩여班婕妤 역시 황제의 총애를 잃고 쓸쓸한 나날을 보내던 그런 시절이었다.

그런데 고국의 복잡한 정세와 꽃들의 전쟁에 가뜩이나 심사가 복잡한 치희의 아픈 곳을 화희가 들쑤신 것이다. '첩년' 소리에 성질이 확 돈 치희는 한나라로 떠난다. 뒤늦게 소식을 접한 유리왕이 허겁지겁 쫓아가지만, 치희의 마음을 돌릴 수는 없었다. 멀어져가는 그녀를 보며 망연자실한 왕이 나무 아래서 지친 심신을 달래고 있을 때였다. 어디선가 날아든 꾀꼬리 한 쌍이 다정히 날갯짓을 하며 둥지로 깃드는 것이 아닌가. 그 모습에 왕은 문득 감정이 북받쳐 자기도 모르게 읊조린다.

펄펄 나는 저 꾀꼬리, 암수 서로 정답구나.

외로울사 이 내 몸은 뉘와 함께 돌아갈꼬.[5]

유리왕, 「황조가」

낭만 시인 유리왕은 이렇게 탄생했다. 노래의 배경에 대해 일각에선 화희와 치희의 대립을 벼(禾)와 꿩(雉)으로 상징되는 농경족과 수렵족의 영역다툼으로 보는 견해도 있다. 농경족이 수렵족의 세력을 약화시킨 것을 상징한다는 것이다. 어쨌든 치희를 내쫓은 화희에게 한마디 질책조차 못하고, 치희에게는 매몰차게 거절당한 유리왕으로서는 문득 세상없는 외로움이 밀려왔다. 어린 시절의 설움과 복잡한 가정사, 비류와 온조의 텃세, 핏줄 하나에 의지한 자수성가의 세월, 처가 덕 좀 보려고 눈치작전을 벌였던 사랑과 전쟁…… 이 다사다난한 감정의 파고에 왕은 그만 울컥한다. 집안 꼴 잘 돌아간다, 처가 무서워 어디 살겠나, 이게 무슨 왕이람, 하면서 말이다. 이 노래는 그러니까 왕으로서도 사내로서도 체면이 말이 아닌 유리의 이별 블루스요, 자책의 노래며, 한탄의 가락인 셈이다.

그러나 노래로 마음을 추스른 왕은 다시 현실을 파악하고 본연의 자리로 돌아온다. 그는 사냥과 정찰을 통해 직간접적으로 다시 주변 지역을 탐색하기 시작한다. 유리왕 21년 9월에는 "토양이 오곡을 재배하기 적합하고 산짐승과 물고기 등 산물이 많은" 국내國內 지역 사람에게 위씨位氏 성과 사물沙勿이란 이름을 부여하고 이듬해 10월 국내로 도읍을 옮긴다. 또 유리왕 24년 9월에는 기산箕山 지역 제사장에게 우씨羽氏[6] 성을 하사하고 자기 딸을 시집보내 새

---

5)　翩翩黃鳥, 雌雄相依. 念我之獨, 誰其興歸.

6)　우씨가 '양 겨드랑이에 날개가 있었다'는 『삼국사기』의 기록에서 샤먼의 의상

로운 혼맥을 구축한다. 미약한 기반의 고대 부족이 정통왕조의 기틀을 마련하는 기저에는 사성賜姓을 통한 혈연 네트워크가 기반이 되었던 것이다. 그리고 「황조가」에 얽힌 이 드센 처갓집의 계보는 그 후로도 오랫동안 고구려의 뿌리 깊은 전통으로 자리잡는다.

고구려의 견고한 처갓집 말뚝

고구려는 비류나부沸流那部 · 연나부椽那部 · 환나부桓那部 · 관나부貫那部 · 계루부桂婁部의 다섯 부족이 연합하여 이룩한 나라다.[7] 처음에는 비류나부에서 왕을 배출했다가 6대 태조왕 때부터 계루부가 세습 왕조가 됐고, 연나부는 왕비족의 전통을 만들어갔다. 그런데 왕족 못지않게 위세를 떨친 것은 왕비족이었다. 외척의 위세는 곧 왕권의 약화를 뜻한다. 하여 고구려사에서 왕권이 가장 약했을 때는 연나부가 독점하여 대대로 왕비를 배출하던 시기였다.[8]

외척질의 절정은 연나부 우소于素의 딸이 9대 고국천왕의 왕후가 된 시기에 이르러서였다.[9] 당시 연나부의 좌가려左可慮는 무소

이 새의 모습을 흉내냈다는 점에 주목하여 본문의 우씨를 무격으로 이해하기도 한다(徐永大, 「高句麗 貴族家門의 族祖傳承」, 『韓國古代史研究』 8, 1995, 166~167쪽).

7) 『삼국사기』는 다섯 부족을 비류나부 · 연나부 · 환나부 · 관나부 · 계루부로 칭했고, 『삼국지 · 위서』는 연노부涓奴部 · 절노부絶奴部 · 순노부順奴部 · 관노부灌奴部 · 계루부로 기록하고 있다.

8) 대략 연나부의 명림답부明臨答夫가 7대 차대왕次大王을 시해하고 8대 신대왕新大王을 세운 이후 13대 서천왕西川王까지다.

9) 『삼국사기』 「고구려본기」 고국천왕 2년 2월조에 "왕비는 제나부 출신이다"고 딱 한 번 이 명칭이 보인다. 그런데 고국천왕 12년조에서는 왕후의 친척들을 연나부 소속이라 했고, 당시 왕실은 연나부와 대대로 혼인관계를 맺었다. 그러므로 제나부는 연나부를 잘못 기록한 것으로 보인다(네이버 지식백과 참조).

불위의 권력을 휘둘러 반란까지 일으켰고(고국천왕 13년), 고국천왕 사후에는 우씨 왕후가 전권을 휘둘렀다. 고국천왕과의 사이에 후사가 없던 우씨 왕후는 왕의 죽음을 숨긴 채 둘째 시동생 연우延優(후에 산상왕山上王)와 정을 통한 다음 그를 첫째 시동생 발기勃岐 대신 왕좌에 오르게 했다. 눈앞에서 왕좌를 뺏기고 분노한 발기는 요동遼東 태수 공손탁公孫度에게 3만 명의 병력을 빌려 고구려를 침공하는 악수惡手를 둔다. 그러나 그것은 부정할 수 없는 매국인 데다 국제정세마저 파악 못한 무능의 소치였다.

당시 후한後漢은 환관과 외척의 전횡, 황건적의 반란으로 400년 사직이 붕괴되고 각지에서 군벌이 난립하던 혼란기였다. 공손탁 역시 이 혼란을 틈타 독자적인 군벌 세력을 키워 왕으로 군립한다. 그러나 그는 호족들에 대한 가혹한 숙청과 백성을 향한 공포 통치로 국내외적으로 악명이 높던 자다. 그런 자에게 의탁한 발기의 어리석은 선택은 결국 고국천왕의 막내동생 계수罽須에 의해 진압되고, 우씨의 시나리오대로 연우가 10대 산상왕으로 등극하게 된다. 이로써 우씨는 취수혼聚嫂婚을 내세우며 고구려사에 전무후무한 2대 연속 왕후가 되었던 것이다. 이렇게 연나부의 행진은 계속되는 듯했다. 산상왕이 기센 왕후의 등쌀에 질렸는지, 아니면 다른 정치적 배후가 있었는지 연나부와 왕후 우씨의 눈을 뒤집는 대대적인 사건이 발생하기 전까지는 말이다.

산상왕의 꼼수와 관나부의 등장

산상왕은 꼬박 10여 년을 우씨 왕후를 받들며 살았다. 그러던 즉위 12년 11월의 일이다. 해마다 지내는 천제에서 교시郊豕, 즉 제사용 돼지가 달아나는 이상한 사건이 발생한다.

12년 11월 교시(돼지)가 달아났다. 관리가 쫓다가 주통촌에 이르렀지만 이리저리 달아나 잡을 수 없었다. (그때) 20세 정도의 한 여자가 어여쁜 얼굴로 웃으며 달려가 잡으니 쫓던 자가 (돼지를) 얻게 되었다. 왕이 듣고 이상히 여겨 그녀를 보려고 미행하여 야밤에 그 집에 갔다. (왕이) 시종을 시켜 수청들게 하니, 그 집에선 감히 왕을 거역하지 못했다. 왕이 방에 들어가 그녀를 불러 안으려 하자 여자가 이르길 "왕명을 어길 수는 없지만, 만약 아이가 생기면 버리지 마소서" 하니 왕이 허락했다.

『삼국사기』 권16 「고구려본기」 4 산상왕

이렇게 성사된 산상왕과 주통촌 여인의 사통은 연나부 외척의 뿌리 깊은 판도를 흔드는 단초를 제공한다. 이 주통촌 여인이 관나부 출신이고, 그녀가 낳은 아들이 11대 동천왕으로 등극하기 때문이다.[10]

우연으로 보기엔 참으로 딱 맞아떨어지는 구성과 전개 아닌가. 유독 왜 그해에 제사용 돼지가 제단을 박차고 도망가고, 그곳이 하

---

10) "이이모伊夷模(산상왕)는 아들이 없었는데, 관노부灌奴部(관나부)와 사통하여 아들을 낳았고, 이름을 위궁位宮이라 했다. 이이모가 죽자 (위궁을) 세워 왕으로 삼았는데, 지금 고구려 왕 궁宮(동천왕)이다"(『삼국지』 권30, 「위서」 39, 오환선비동이전 제30, 고구려).

필이면 관나부의 집결지인 주통천이며, 웬 처자가 그리 뜀박질을 잘해 날뛰는 돼지를 척척 잡느냔 말인가. 왕은 굳이 그 처녀를 찾아가고, 여인은 또 덜컥 아들을 낳았단 말인가. 이어 우씨와의 사이에 후사가 없는 탓에 소후小后로 봉해진 주통천 여인의 아들이 동천왕으로 자연스럽게 등극하는 수순. 한 편의 잘 짜인 연극 같은 이 이야기는 어쩌면 기나긴 연나부의 외척행진을 종식시키고 새로운 세력을 구축하려는 산상왕의 철저한 설계일 수도 있다. 형수였고, 나이도 많은 데다, 친정 믿고 제멋대로인 왕후 우씨가 아내로서도 국모로서도 질렸을 터다.

209년(산상왕 13)에 단행한 환도성丸都城 천도도 졸본부터 국내성까지 깊게 드리워진 처갓집 그림자를 떼어내고 싶은 마음에서였을 수 있다. 새 술은 새 부대에 담으랬다고, 천도를 통해 이반된 민심의 복구, 외척과의 거리 두기 및 문란한 조정의 위계 회복 등을 도모할 수 있을 것 같았기 때문이다. 그 무렵 후한이 사분오열되어 붕괴 직전인 것도 동기로 작용했다. 중국이 약화된 틈을 타 영토를 확장하려는 시도는 도성이 중국에 가까울수록 유리할 것이었다.

하지만 우씨는 만만치 않았다. 227년에 왕위를 물려받은 동천왕에게도 끊임없이 자신의 존재와 권위를 확인하려든 것이다. 그녀는 동천왕이 아끼는 말의 갈기를 자르거나, 왕에게 일부러 국을 쏟는 등의 횡포를 부렸다. 하긴, 왕후의 지위란 후계자를 낳았을 때 그 권위의 영속성을 보장받기 마련이다. 그런데 정작 자신은 아들을 낳지 못했고 평소 질투하던 주통천 여인의 아들이 왕위에 올랐으니, 왕도 바꾸는 그 욕망과 권세에 조용히 넘어갈 리가 없다. 동천왕이 아량이 넓어서 그녀의 패악을 너그럽게 받아들였다는데, 일견 강대한 우씨 가문의 심기를 건드리지 않으려는 마음도 있었을 것이다. 아무튼 이 신물나는 처가의 텃세를 벗어나는 게 사내로서도 왕으로서도 체통을 지키는 관건이었다.

세기의 대결, 연나부의 연씨 VS 관나부인

하지만 연나부의 득세는 계속된다. 동천왕의 아들 중천왕 역시 연나부의 연씨 여인을 왕후로 맞아들인다. 그러나 그는 조부 산상왕과 같은 시도를 해보려 한다. 관나부의 여인을 맞아 소후로 삼고자한 것이다. 『삼국사기』의 기록에 따르면, 중천왕은 얼굴이 곱고 머리카락 길이가 아홉 자나 되는 관나부인을 무척 총애했다. 그런데 뭐 꼭 그래서였겠는가. 조부처럼 관나부의 여인에게서 후사를 얻어 기나긴 연나부의 득세를 끝내고 싶은 심정도 좀 있지 않았겠는가. 그런데 이때 왕의 속내를 알아챘는지 혹은 친정 연나부의 압박을 받은 건지, 왕후 연씨가 부랴부랴 나섰다.[11]

> (중국) 서위西魏에서 긴 머리카락을 천금을 주고 산답니다. 예전에 선왕
> (동천왕)께서 중국에 예를 다하지 않아 침략당하고 달아나 사직을 거의
> 잃을 뻔했습니다. 지금 왕께서 순순히 사람을 보내 장발 미인을 바치면,
> 다시 침략하는 일은 없을 것입니다.
>
> 『삼국사기』 권17 「고구려본기」 5 중천왕

---

11) 연나부를 대표하는 성씨는 우씨, 명림씨, 연씨가 있다. 이 중 우씨는 주로 왕후를 배출했고, 명림씨는 정치적 영향력을 행사했다(박영규, 『한권으로 읽는 고구려왕조 실록』, 웅진지식하우스, 2004. 참조).

과연 연씨는 대대로 고구려를 좌지우지한 연나부의 핏줄다웠다. 그녀는 중천왕에게 환심과 공포라는 두 가지 전략을 구사한다. 먼저 미남 황제 조예曹叡의 영향으로 장발이 한창 유행인 중국에 긴 머리 관나부인을 공녀로 바쳐 환심을 사자며 슬쩍 입질을 유도한다.[12] 그러곤 일찍이 선왕 동천왕이 위나라 서안평西安平을 공략하다 환도성이 함락되었던 아픈 상처를 건드려 공포심을 자극한다.[13] 노련한 왕후의 계략을 전해들은 관나부인은 겁이 났다. 평소 자신을 '촌년(田舍之女)'이라 부르며 무시하고 압박하던 왕후 아니던가. 무슨 짓이라도 할 왕후였다. 그래서 왕을 붙들고 하소연하며 왕후를 모함했다. 왕은 미칠 지경이었다. 하루가 멀다 하고 찾아와 우는 관나부인이 애처로우면서도 성가셨다. 중국의 침략 위협을 들먹이며 겁을 주는 왕후 때문에 마음이 어지럽기도 했다. 그러던 어느 날이었다. 그날도 사냥 갔던 왕이 돌아오자, 그 앞에 가죽부대 하나를 내던지며 엎드려 우는 관나부인이었다.

"왕후가 저를 이 가죽부대에 담아 바다에 던지려고 합니다. 대왕께서는

---

12) 조예는 조조의 손자이자 조비의 아들로, 장발 미남으로 유명했다고 한다. 동진의 사학자 손성孫盛은 조예에 대해 "위 명제는 타고난 모습이 빼어났으며, 일어서면 머리카락이 땅에까지 늘어졌다"고 평한 바 있다. 또 『진서晉書』「여복지輿服志」에는 "천자의 관 앞뒤에 달린 류旒(관의 구슬 끈)에는 본래 백옥 구슬을 쓴다. 위 명제가 여인의 장식을 좋아하여 이를 산호 구슬로 바꿨다"라는 기록이 있다. 이 밖에도 『세설신어』「용지容止」편에 명제가 하안何晏의 하얀 얼굴을 보고 분을 바른 것 같다 말한 기록도 있다. 이를 종합하면 위진시대에는 남자가 머리를 기르고 화장을 하거나 여장을 하는 것이 상류층의 트렌드였음을 짐작할 수 있다.

13) 동천왕은 238년 위나라에 협력하여 연燕나라 공손씨公孫氏 세력을 소탕하는 데 공을 세웠지만, 이후 돌변한 위나라의 배신에 242년 서안평西安平을 공격한다. 위나라는 244년 관구검毌丘儉을 앞세워 환도성을 함락하며 고구려를 크게 위협한 바 있다.

저의 작은 목숨을 살려 집으로 돌려보내주십시오. 어찌 감히 다시 곁에서 모실 것을 바라겠습니까?"

왕은 주위에 물어보고 그것이 거짓임을 알았다. 그는 노하여 관나부인에게 "네가 꼭 바다 속으로 들어가야겠느냐?"고 말하고는 사람을 시켜 던져버렸다.

『삼국사기』권17 「고구려본기」 5 중천왕

왕의 인내심이 한계에 다다랐던 모양이다. 중천왕 4년(251) 여름 4월 그날, 왕은 그토록 예뻐하던 관나부인을 가죽부대에 넣어 서해에 던져버리고 만다. 단 몇 줄의 기록이지만 중천왕과 관나부인, 왕후 연씨를 둘러싼 숨가쁜 역학관계가 소용돌이친다. 연나부의 기세를 업은 왕후의 끊임없는 압박과 위협에 관나부인은 거의 피해망상 지경이었을 것이다. 사랑을 빌미로 왕실 세력을 관나부로 물갈이하려던 왕은 왕실 내부가 왕후 연씨 편을 들자 앗 뜨거워라 싶었을 것이고, 그런 와중에 자꾸 칭얼대는 관나부인도 부담스러웠을 테고. 그래서 왕은 에라 그래 내가 이러면 되겠니, 이러면 그만 괴롭힐래, 하며 왕후와 연나부에게 시위를 한 것일지도 모른다. 사랑하는 관나부인을 여보란 듯 바닷물에 던지면서 말이다. 고구려의 라푼젤 관나부인은 외척 세력이라는 높다란 탑에 갇힌 운명을 죽어서야 벗어날 수 있었던 셈이다. 다음은 관나부인을 향한 조선 후기 이복휴의 추모곡이다.

꽃같이 단장한 얼굴 믿지 말며,
구름같이 풍성한 머리칼 의지하지 말지어다.

먹구름이 구천에 길게 드리운 것이

어찌 가죽부대 늘어진 것 같구나.

사람들은 나를 중상하고 나는 사람들을 모략하니,

첩은 본처와 나란하기 어렵네.

가죽부대에 든 내 몸 한탄 않는다만,

다만 왕의 첩으로 왕을 모르는 게 한스럽네.

자고로 남을 해치면 스스로를 해치는 격,

서문표가 무당을 익사시킴을 누가 슬퍼하리.[14]

이복휴, 「혁낭가革囊歌」

약육강식은 동물의 세계에만 적용되는 법칙이 아니다. 신변의 위협을 느낀 관나부인은 자신을 모함한 왕후에게 같은 방법으로 대응했을 뿐이다. 그러나 피해는 언제나 약자의 몫이다. 그 시절 기세등등했던 친정과 입지가 약한 친정을 둔 두 여인의 엇갈린 운명, 그리고 그 사이에서 권력과 사랑의 줄다리기를 했던 왕의 팽팽한 긴장관계는 결국 이렇게 마무리되었다.

여기까지가 「황조가」에서 시작해서 관나부인으로 마무리되는 고구려의 기나긴 처갓집 말뚝에 얽힌 자초지종이었다. 건국의 도약이기도 했고, 견고한 외척의 권력이기도 했으며, 애절한 사랑의 연가이기도 했던 이들의 사연은 한마디로 고구려판 '천일의 스캔들'이었다.

---

14) 莫倚花顔粧, 莫恃雲鬢揚. 烏雲長九天, 何似革囊長. 人讒我, 我讒人, 妾不匹嫡
嫡難當. 不恨革囊藏我身, 但恨生爲王妾不知王. 從古害人還自害, 西門送巫誰悲
傷.

정절의 나라의 마녀사냥,
유감동과 어우동

시대는 모든 것을 재정의한다. 성실과 우직함이 무기였던 과거의 인재상은 속도와 순발력이 생명인 오늘날의 능력자에 밀리기 일쑤다. 빈곤의 시대 풍만한 미인은 과잉의 시대 늘씬한 섹시녀에게 왕관을 양보해야 했다. 자아가 역할보다 우선하고 우리에 앞서 내가 있다는 인식, 도덕은 본능의 족쇄이며 발산은 표현의 방식이란 관점은 이제 더이상 파격적이지 않다. 시대마다 전복되는 이상적 가치관을 접하다보면, 어쩌면 진리란 각 시대의 열망이 소산해낸 절대 다수의 지향적 관념이 아닐까 싶다.

그렇다면, 여성의 순결에 대한 관념은 어떠할까? 옛날에는 목숨보다 소중한 순결, 한 남자를 향한 정조는 이상적 여인의 깃발이었다. 물론 이제는 여성에게 요구되는 정절의 척도가 예전에 비해 느슨해지긴 했다. 하지만 이른바 자유분방하다는 여성을 향한 여전한 편견과 삐딱한 평가를 보면, 변화된 윤리관이란 다만 억압과 구속이 소비와 조롱으로 방향을 트는 정도의 타협일 수도 있겠다 싶다.

이 지점에서 유감동兪甘同과 어우동於于同[1]이 떠오른다. 조선시대에는 요녀와 간부奸婦로 억압받다가 현대사회에는 자유부인과 팜 파탈로 소비되는 대표적 예제이기 때문이다. 40명이 넘는 다양한 남자들과의 관계로 「세종실록」에 음녀로 기록된 사대부가 안방 마님 유감동, 성종 대 정치인들과 성 추문 파문을 일으킨 왕실 종친의 사모님 어우동. 그 시절엔 구설과 지탄으로, 지금은 오락과 흥미의 소재로 대상화된 두 여인의 사연과 내막이 여기 있다.

조선을 뒤흔든 미완의 도덕

유감동과 어우동의 사연 이전에 '주자학의 나라'라던 조선의 가부장적 이념이 어느 정도였는지 짚고 넘어가지 않을 수 없다. '정절의 나라'를 표방했다지만 실록에 빈번히 등장하는 성 추문과 섹스스캔들 때문이다. 고려 말의 분방한 풍기가 채 가시지 않았던 탓일까? 조선 초기의 기록에선 다음과 같은 사건사고가 꽤 눈에 띈다.

> 지난 11월 12일 밤에 김우金宇가 자기 소속 갑사甲士 중 기병과 보병 30여 명을 보내어 황상黃象의 집을 포위하였습니다. …… 황상의 내실에 들어가 기생첩 가희아可喜兒를 찾았으나 잡지 못하다가 이튿날 김우가 다시 가희아를 빼앗아오게 하니…… 황상이 듣고 말을 달려 장杖을

---

1) 『용재총화』에는 어우동於于同, 실록에는 어을우동於乙于同이라 하였으며 『송계만록』과 『대동시선』, 『연려실기술』 등에는 어우동이라고 하였다. 여기서는 대중적 용례에 따라 어우동으로 표기하기로 한다.

가지고 추격하여 가희아를 뒤쫓았습니다. 김우가 즉시 주번갑사 10여 명과 사반私伴 20여 명과 함께 장杖을 가지고 황상과 서로 싸웠는데, 양춘무가 황상을 쳐서 은대가 깨어져 떨어지게 하였습니다.

『조선왕조실록』「태종실록」14권, 태종 7년 12월 2일

총제摠制 김우가 대호군大護軍 황상의 첩 가희아를 내놓으라며 군대까지 동원해 황상의 집을 강제 수색했고, 이튿날 외출한 가희아를 김우가 납치하자 황상이 군사를 이끌고 추격하여 노상 난투극을 벌였다는 내용이다. 시정잡배나 뒷골목 왈패 얘기가 아니다. 개국공신 황희석의 아들과 도성 수비를 책임지는 고급 장교의 기생 쟁탈전에 국가 인력이 동원된 볼썽사나운 싸움이었다.

태조의 종제從弟인 영돈녕부사領敦寧府事 이지李枝가 즉사한 사건도 눈에 띈다. 이지가 개국공신 김주의 여식 김씨와 재혼한 것은 이지가 67세, 김씨가 57세 때였다. 재혼한 지 10년째 되는 어느 날 두 사람은 불공차 향림사를 찾는다. 그리고 그날 밤 이지는 아내 김씨가 비구와 간통하는 장면을 목격한다. 이지가 김씨를 크게 꾸짖고 구타하자 반항하던 김씨는 이지의 음낭을 움켜쥐었고, 그 바람에 이지는 급사하게 된 것이다. 조정은 발칵 뒤집혔다. 신료들은 김씨가 죽은 전남편 조화趙禾와 부부일 때도 음란했다며 강력한 처벌을 주청했다.

처음에 김씨는 조화의 아내였다. 조화가 일찍이 김씨의 어머니와 간통하니, 이를 알고 김씨도 허해許晐와 몰래 간통하였다. 하루는 조화가 첩과 외박을 하자 김씨도 허해를 끌어들여 유숙시켰다. 이때 허해는 옷을

벗어 조화의 옷걸이에 걸어놓았는데, 돌아갈 때에 잘못하여 조화의 옷을 입고 가버렸다. 조화가 새벽에 안방에 들어와서 옷을 꺼내 입으니 옷이 몸에 맞지 않으므로, 드디어 알고 이를 힐문하니, 김씨는 "오늘 밤 허해가 와서 유숙했는데 잘못 입고 갔습니다"라 답했다.

『조선왕조실록』「세종실록」37권, 세종 9년 8월 8일

장모와 간통하는 사대부에 외간 남자와 사통하는 마나님이라니. 흡사 야설野說의 한 대목 같지만 분명 정사正史의 기록이다. 이후 기록에선 조화의 일상적인 축첩과 외도, 집안 종과 사통하는 김씨의 행보가 이어진다. 그런 연유로 이지가 김씨와 재혼하려 할 때 조정 안팎에선 음녀와 재혼한다며 이지를 탄핵하는 여론이 끊이지 않았다. 그러다 남편을 죽음으로 내모는 희대의 참극까지 발생한 것이다. 김씨는 결국 서울 10리 밖 추방형을 당하고, 자녀안姿女案2)에 이름을 올리는 불명예를 당한다.

실록에는 이런 케이스가 한두 건이 아니다. 정종 1년(1399) 상의 중추원사 곽충보郭忠輔는 내연녀의 폭로로 여러 여인과 간통한 행각이 드러나 사헌부에 피소되었다. 세종 대에도 황희와 박포 아내의 간통, 봉빈의 대식 소동, 경상도 도절제사 이순몽의 대낮 행음 횡포 등의 구설이 끊이지 않았다. 병조참판 이춘생李春生의 딸이자 별시위 이진문李振文의 아내인 어리가는 부사정副司正 이의산李義山 및 양인 허파회許波回와 사통하여 의금부에 하옥되었다. 조선 초기 사대부와 고위층을 중심으로 벌어진 다양한 사건들은 도덕의 나라

---

2) 조선시대 양반가 아녀자로 품행이 단정치 않거나 3번 이상 재혼한 여자의 소행을 적은 문서. 이 문서에 이름이 오르면 가문의 명예에 누를 끼침은 물론 후대의 과거응시나 임관任官에도 영향을 미쳤다.

라는 타이틀을 무색케 한다.

　그렇다면 이 부적절한 사건의 당사자들에게는 어떤 처결이 내려
졌을까? 대표로 숱한 남자들과 염문을 뿌렸던 어리가에 대한 판결
을 보자.

> 고려 말기에는 헌사憲司(사헌부)가 풍문을 듣고 범죄를 규찰하고 처리하
> 였기에, 거기에는 옥석구분玉石俱焚(옳은 사람이나 그른 사람이 구별 없이 모
> 두 재앙을 받음)의 폐단이 없지 않았다. 우리 태조께서 즉위한 이래로는
> 풍문을 듣고 범죄를 다스리는 일을 일절 금지하여, 그 폐단을 고치었다.
> 지금 어리가는 정상과 증좌가 이미 드러나 죄에서 벗어날 수는 없으나,
> 공사供辭에 관련된 자를 모두 잡아 국문한다면, 어찌 그 폐단이 없겠는
> 가. 내 생각에는 불문에 붙이는 것만 같지 못하다고 생각한다.
>
> 　　　　　　　　『조선왕조실록』「세종실록」62권, 세종 15년 12월 9일

　삼강三綱과 오상五常의 도리를 문란하게 한 죄를 엄히 물을 거라
는 예상을 뒤집는 뜻밖의 전언이다. 사실 간통의 문제는 직접 현장
을 목격한 것 이외에는 심증과 정황에만 의존해야 하는 바, 명확하
게 단정짓기 어려운 측면이 있다. 세종은 이 점을 들어 자칫 확대
해석되거나 부당한 자가 연루되는 폐단을 막고자 위와 같은 처결을
내린다고 밝힌 것이다. 또한 증좌가 있고 누군가 실토를 한들 언급
된 조정 신료들을 모두 잡아들여 심문한다면 국정에도 차질이 생길
터이니 이쯤에서 불문에 붙이자며 마무리짓는다. 어찌 보면 융통성
있고 달리 보면 허술한 판결이다. 이런 느슨한 처결은 두 가지 정도
로 해석될 수 있다. 먼저 조선 초기에는 아직 유교의 삼엄한 윤리가

생활 전반에 침투하지 않았다는 점이다. 고려 말의 자유로운 유풍이나 재산균분 등 귀족 가문 여성들의 권리 행사 풍조가 여전한 탓에 사대부가의 여성인 어리가의 사안도 쉬이 넘어갈 수 있었던 것이다. 한편으로는 정치적 입장도 고려해볼 수 있다. 건국 공신들은 초기 국가 왕권 존립에 지대한 영향을 끼치는 존재들이다. 위정자로서는 이들을 함부로 다룰 수는 없는 노릇이다. 김우나 곽충보 등 공신 및 그 자제들에 대한 훈방조치는 윤리의 문제가 정치적 사안으로까지 비화되는 것을 원치 않던 위정자의 입장을 대변한다고 하겠다.

유감동 풍기문란 사건의 전말

세종 9년(1427) 왕에게 사헌부로부터 희한한 추국 주청이 올라온다. 검한성檢漢城 유귀수兪龜壽의 여식이자 평강현감 최중기崔仲基의 아내인 유감동에 관한 내용이었다.

> 평강현감 최중기의 아내 유감동이 남편을 배반하고 스스로 창기倡妓라 일컬으면서 서울과 외방에서 멋대로 행동하므로 간부奸夫 김여달金如達·이승李升·황치신黃致身·전수생田穗生·이돈李敦과 여러 달 동안 간통했으니…… 유감동과 함께 모두 형문刑問에 처하여 추국하기를 청합니다.
>
> 『조선왕조실록』「세종실록」37권, 세종 9년 8월 18일

세종이 막 성군의 자질을 발휘하며 견고한 국가 기강의 고삐를 당길 즈음에 터진 풍기문란 사건이었다. 현감의 아내가 수많은 외간 남자와 난잡하게 놀아났으니 엄하게 국문하여 상세한 진위를 밝히자는 주청이었다. 세종이 묻는다. 보통 여인은 아닌 듯싶은데, 대체 상대한 남자가 몇이나 되느냐고. 하여 밝혀낸 상대만도 40여 명, 줄줄이 끊이지 않는 상간남 명단에는 내로라하는 양반집 인사들에 개국공신의 자제며 고위대관이 수두룩했다. 나이와 관직을 불문한 그들의 음행은 때와 장소를 가리지 않았다. 그 과정에서 돈과 곡식이 오갔던 정황들도 포착되었다. 많은 권신들이 개입되어 있어 정치적 숙청과 반목으로 번지는 사태가 예상되었다. 왕의 위상에도 자칫 흠집이 날 수 있는 사안이었다. 세종은 이 골치 아픈 사건을 서둘러 마무리하고 싶었다.

　그래서 중론에 따라 모두 음탕한 감동의 죄로 결론짓고, 상대한 남성에게는 곤장이나 파직, 보석保釋 정도의 가벼운 처벌을 내렸다. 감동은 곧 규정에 따라 변방의 관비로 보내졌다. 감동에게 오만 죄를 다 뒤집어씌웠으니 이만하면 사대부들 체면치레는 해주었거니 싶었다. 그런데도 항의는 빗발쳤다. 이 정도의 처벌로는 "더러운 풍속을 바로잡을 수 없으며" "사욕을 채우고 인륜을 문란시킴이 이보다 심한 것이 없다"는 이유였다. 유감동의 교수형을 주장하는 내용을 비롯해 「세종실록」에 21차례나 오르내린 관련 기사들은 이 사건에 대한 조정 내외의 심각한 관심과 반응을 방증한다. 그렇다면 그들의 주장대로 진정 유감동은 남자들을 타락시키고 사회를 문란하게 한 몹쓸 색정녀, 요망한 음란녀란 말인가? 아무래도 미심쩍어 들여다본 사료에서 묘한 구절이 눈에 띈다.

김여달은 길에서 병을 요양하러 가는 유감동을 만나자 순찰한다고 속이고 위협하여 강간하고, 드디어 음탕한 욕심을 내어 중기의 집에까지 왕래하면서 거리낌없이 간통하다가 마침내 거느리고 도망하기까지 했으니 완악함이 비할 데가 없었습니다.

『조선왕조실록』「세종실록」37권, 세종 9년 9월 16일

유감동이 처음 실절失節한 경위가 드러나는 대목이다. 기록은 그녀가 처음부터 작정하고 외간 남자들과 놀아난 요부가 아닌, 강간 사건의 피해자였음을 설명한다. 순찰하는 척 공권력을 남용해 선량한 부녀자를 상대로 벌인 성범죄였다. 더군다나 가해자 김여달은 범죄 후에도 감동의 집에 찾아와 수시로 협박하며 간통을 요구했고, 급기야 감동을 집에서 데리고 나와 오갈 데 없는 처지로 만들었다는 것이다. 정조를 잃은 사대부 아녀자로서 약점을 단단히 잡힌 감동에겐 선택의 여지가 없었을 터. 끊임없는 공갈협박에 시달려 벼랑 끝에 내몰렸을 것이다. 이런 경우 대개는 끝까지 치욕을 숨기며 시달리거나 자결로 생을 끝내기 십상이다. 그러나 감동은 완전히 새로운 길을 택한다.

집을 나와 김여달과 동거하다가 이후엔 아예 양반집 마나님이라는 계급장을 떼고 자신만의 생존루트를 개척한 것이다. 창기倡妓임을 빙자해 관리들과 관계를 맺는 등 스스로를 음란의 소굴에 내던지며 말이다. 상대로는 판관, 행수, 부사, 별시위를 비롯해 개국공신의 자제들, 조카와 남편 중기의 매부까지 온갖 직급의 남자들을 망라했다. 거론된 관직명만으로도 조선팔도를 발칵 뒤집어놓을 만했다. 오죽하면 죄인 명단과 처벌 조항을 듣던 세종이 "이제 그만"하

며 손사래를 쳤을까.

당시 대부분의 관료들은 성폭행사건의 피해자를 풍기문란의 가해자로 몰아가는 이 마녀사냥에 동참했다. 그나마 교수형 대신 노비형으로 목숨을 보전케 해준 세종의 처결이 비자발적인 동기로 음녀의 길에 들어선 감동의 처지를 조금이나마 고려한 것이라고나 할까? 세종의 이런 판결에는 아마도 지사간원사 김학지金學知의 상소가 결정적인 역할을 했지 싶다.

유감동의 추악함도 처음에는 이렇게까지 심하지 않았는데, 김여달에게 강포한 짓을 당하여 이렇게 된 것입니다. …… 지금 여달은 어두운 밤을 타서 무뢰배와 결당하여 거리와 마을을 휩쓸고 다니다가, 유감동이 관리의 아내인 줄을 알면서도 순찰을 핑계로 위협하여 밤새 희롱하며 강제로 포학한 짓을 행한 것이 명백하니, 어찌 미천한 무리들이 간통한 것처럼 가볍게 논죄할 수 있겠습니까. …… 이미 드러난 것은 비록 이 한 가지 일뿐이지만 겉으로 나타나지 않은 남몰래 저지른 나쁜 행위 역시 많을 것입니다. …… 그(김여달)를 극형에 처할 수 없다면, 유감동의 예例에 의거하여 변방에 보내 영원히 돌아오지 못하게 하면 죄에 합당한 형벌이니 인륜에 맞을 것입니다.

『조선왕조실록』「세종실록」37권, 세종 9년 9월 29일

김학지는 사건을 온전한 시각으로 파악하는 몇 안 되는 관료 중 한 사람이었다. 김여달을 극형에 처하자는 그의 상소는 받아들여지지 않았지만, 이듬해인 세종 10년(1428) 윤달 4월 1일 세종의 선처로 유감동은 천역이 면제된다. 그러나 떠들썩한 소용돌이 가운데

이미 그녀는 이리 찢기고 저리 난도질당하는 천형을 수천 번 이상 받은 셈이었다. 이후에도 끊이지 않는 극형 요청 상소와 희대의 망부亡婦라는 불명예는 정절의 나라 조선이 그녀의 이름을 빌어 모든 여성들에게 보내는 협박이었다고 할 수 있다. 아직은 미성숙한 윤리 제국의 도약에 슬슬 시동을 거는 일벌백계로서 말이다.

유감동은 시와 글에 뛰어난 재주를 보였으나 '음부'라는 이유로 모두 소실되었다고 한다. '재능'과 '도덕'이 분리되지 못한 채 여자라는 단일한 이름으로만 평가된 것이다. 이것은 비단 그녀에게만 해당되는 사안이었을까?

추문에 묻힌 재주, 어우동

유감동 사건이 발생한 지 53년이 흐른 성종 11년, 당시 장안의 화제는 단연 어우동이었다. 지승문원사 박윤창朴允昌의 여식이자 효령대군의 손자 태강수泰江守 이동李仝의 아내 어우동이 숱한 남자들과 염문을 뿌린다는 소문이 술자리나 저잣거리 뒷담화의 최대 이슈였다. 거기에는 왕실 종친 방산수方山守 이난李瀾과 수산수守山守 이기李驥를 비롯해 전의감典醫監, 내금위內禁衛 등도 다수 얽혀 있어 더욱 세간의 호기심을 불러일으켰다. 구체적인 관직명과 실명이 거론되고 왕실 종친까지 포함된 루머인지라 조정에서는 서둘러 조사에 착수한다. 하여 밝혀진 전모는 이러했다.

발단은 어우동이 여종인 척 꾸미고는 은그릇을 만드는 은장이(銀匠)와 수작을 벌였다는 이유로 이동으로부터 소박을 맞으면서다.

이때부터 어우동은 친정에 머물면서 여종의 중개로 사헌부의 오종년과 처음 관계를 맺기 시작했다고 한다. 그리고 이를 계기로 낮밤을 가리지 않고 남자들과 잠자리를 하며 놀아났다는 것이다. 단옷날 그네를 뛰다가도, 정원에서 꽃을 감상하다가도, 멀쩡히 거리를 걷다가도, 일단 어우동과 눈길이 마주치면 동침이 가능하더라는 소문이 삽시간에 퍼졌다. 옷깃만 스쳐도 쓰러지고 눈빛만 얽혀도 이 불행이라는 식이었다.

이근지李謹之는 어우동이 음행을 좋아한단 소문에 찾아와 방산수의 심부름 온 사람이라고 거짓 고하고 간통했다. 내금위 구전具詮은 어우동과 담장을 사이에 두고 살았는데, 하루는 어우동이 정원에 있을 때 담을 넘어 내실로 가서 간통을 하였다. …… 밀성군密城君의 종 지거비知巨非는 틈을 타서 간통하려고 어느 날 새벽에 어우동이 일찌감치 나가는 것을 보고 위협하길, "부인께선 어찌 밤을 틈타 나가시오? 내가 크게 떠들어서 이웃이 모두 알면, 큰 옥사獄事가 일어날 것이오" 하니, 어우동이 두려워서 마침내 안으로 불러들여 간통을 하였다.

『조선왕조실록』「성종실록」122권, 성종 11년 10월 18일

얼핏 어우동의 사음邪淫만을 고발하는 듯하다. 그러나 자세히 들여다보면 어우동의 행각이 자발적 간통보다는 위협과 폭압에 의한 성폭력이나 성희롱에 해당됨을 알 수 있다. 사대부부터 노비까지 이럴 땐 한통속이 되는 남자들이었다. 더구나 어우동에게는 억울한 사연이 배후에 숨겨져 있었다.

태강수 이동이 기녀 연경비燕輕飛를 매우 사랑하여 그 아내 박씨(어우동)를 버렸습니다. 종친으로서 첩을 사랑하다가 아내의 허물을 들추어 제멋대로 버려서 이별하니, 폐단의 근원을 막기 어렵습니다. 청컨대 박씨와 다시 결합하게 하고, 이동의 죄는 성상께서 재결裁決하소서.

『조선왕조실록』「성종실록」71권, 성종 7년 9월 5일

4년 전의 실록에는 태강수 이동이 기녀 연경비에게 빠져 어우동을 고의적으로 내쳤다는 내용이 실려 있었다. 이때 성종은 태강수에게 어우동과 재결합할 것을 명했으나 태강수가 어명을 따르지 않았던 것이다. 외도를 무마하려는 이동의 의도적인 소박과 친정의 냉대, 이어지는 구설들은 어우동의 실절 동인과 경위를 설명해준다. 그러나 오로지 그녀의 음행에만 방점을 두는 심문과정을 통해 이런 사연들은 묻혀버린 것이다. 신료들은 어우동 어머니의 추행까지 들춰내면서 모전여전이라며 수치심을 안겼다. 은장이와의 추문을 시작으로 「성종실록」에 26차례나 오르내리며 상대한 남자와 상세한 정황을 밝혀내는 과정은 한 여인이 감내하기에는 정신적으로나 육체적으로 매우 힘겹고 고통스러웠을 터. 그러나 이때에도 상대 남자들은 피해자 코스프레를 자처했고, 성종은 남자들에게 가벼운 처벌이나 석방의 명을 내리는 데 그쳤다.

이쯤 되면 어우동의 '음녀' 타이틀은 남자들의 성적 로망과 결부된 추측과 상상, 남성중심의 편견이 만들어낸 과대망상의 산물이라고 아니할 수 없다. 어우동은 루머와 체면이라는 미끼에 걸린 희생양이었을 뿐이다. 그리고 그리된 이유는 그녀가 시대가 원하는 조신한 열녀가 아니어서고 또 종부從夫하지 않아서다. 그리고 그 괘씸

죄와 삐딱한 시선이 음녀라는 비아냥거림으로 돌아온 것이다.

하지만 그런 그녀에게도 애틋한 상대는 있었다. 남편 태강수 이동의 친척인 방산수 이난이다. 『용재총화』에 따르면 방산수는 호탕하며 시를 좋아한 인물이었다. 어우동을 무척 사랑하여 자기 집에서 함께 거처하니, 두 사람이 마치 부부 같았다 한다. 두 사람은 몸에 서로의 이름을 새기고 연서를 주고받으며 시상詩想을 공유하곤 했다. 다음은 봄놀이를 나가 자리를 비운 어우동의 방에서 이난이 쓴 시다.

물시계 똑똑 듣는 소리 밤기운을 맑게 깨우고
흰 구름이 높이 감싸니 달빛 더욱 분명해라.
작은 방 고요해도 임의 향은 남아 있어
꿈결 같은 그대 정을 그려낼 수 있을 듯해.[3]

네가 없어 물시계 소리가 나를 깨우는 적막한 이 밤, 달빛마저 환하여 잠들 수 없노라. 고요한 빈방에 남은 너의 체취가 그나마 나의 그리움을 견디게 하노라. 애틋함이 물씬한 시어만큼이나 향기로운 관계였음을 짐작할 수 있겠다. 어우동의 만만치 않은 시재詩才도 그 관계에 진한 향기를 더했으리라.

백마대 텅 빈 지 몇 해가 지났는고.
낙화암은 선 채로 많은 세월 지났구나.
청산이 혹여 입 다물지 않았다면

---

3) 玉漏丁東夜氣淸, 白雲高捲月分明. 間房寂謐餘香在, 可寫如今夢裏情.

천고의 흥망을 물어 알 수 있으련만.[4]

「부여회고扶餘懷古」

백제 망국의 한이 서린 백마대와 낙화암을 찾은 어우동의 감회다. 쓰라린 과거를 묵묵히 품은 유구한 청산을 바라보며 구설 많고 한도 많지만 애써 의연한 자신을 떠올렸던 걸까? 짧은 시문 속에 망국의 정한과 어우동의 슬픔이 묘하게 교차된다.

이난은 어우동과의 추문으로 옥에 갇혔을 때도 지극한 애정을 보인다. 옥중에서 어우동을 불러 "예전에 유감동도 간부姦夫가 많았지만 중죄를 받지 않았으니, 너도 사통한 바를 숨김없이 고하면 중죄를 면할 수 있을 것"이라며 겁먹은 어우동을 위로한 것이다. 하지만 상대한 남자들은 증거부족이란 이유로 대부분 무죄 판결을 받는 데 반해 어우동은 법정 최고형인 교수형에 처해진다. "죄는 중하지만 율律을 헤아려보면 사형에는 이르지 않으니" 귀양으로 처결하자는 의견을 물리치고 성종이 끝내 사형을 선고했기 때문이다. 일종의 가중처벌인 셈인데, 아무래도 어우동이 왕실 종친의 안사람이라는 점이 크게 작용했던 것 같다. 결국 어우동은 종실의 족보인 『선원록璿源錄』에도 이름을 올리지 못하게 되었다.

이런 기록들을 통해 본 유감동과 어우동은 조선시대 지엄한 성리학적 윤리강령의 지침 아래 음녀의 표본으로 지목되어 마녀사냥감이 된 여인들이었다. 그리고 지금까지도 성과 윤리에 자유분방한 색녀의 이미지로 소비되고 있다. 정욕을 발산하고 욕심껏 문란하며 조신 따위는 내버린 그런 여자들로 말이다. 정절의 나라에서 '국

---

4)　白馬臺空經幾歲, 落花巖立過多時. 靑山若不曾緘黙, 千古興亡問可知.

가는 지킬 가치가 있는 여성의 정조만 보호한다'⁵⁾는 역설로 양산한 자극적인 쾌락의 마녀사냥은 많은 생각거리를 던져준다. 손바닥은 마주쳐야 소리가 나는 법이다. 그러나 정절의 프리즘은 남성들을 유혹과 꼬드김의 수동적 피해자로, 그녀들을 적극적 가해자로 둔갑시켰으니, 인권의 시대에 우리는 이 사연들을 어떤 시각으로 바라봐야 할까?

---

5) 1954년 4월부터 1955년 6월까지 댄스홀에서 만난 여성 70여 명을 농락한 희대의 카사노바 박인수 사건에 대한 사법부의 1심 판결문 내용이다. 박인수는 1심에서 무죄를 선고받았으며 '공무원 사칭'에 대해서만 2만 환의 벌금 판결을 받고 풀려났다. 이후 항소심과 대법원 판결에서 유죄를 선고받고 1년여의 옥고를 치렀다. 춤바람 여성들의 피해 사실을 법이 인정하지 않은 당시 사법부의 판결문은 지금도 인구에 회자되는 유명 문구다. 그리고 이 사건은 우리나라의 여성 인권에 대한 시각을 시사하는 중요한 사건으로 인식되고 있다.

신여성 트로이카,
나혜석 · 윤심덕 · 최승희

'삼三'은 아름다운 숫자다. 승부를 결정해주고 음악의 품격을 높여주며 우주를 완성해준다. 삼세판을 해야 결판이 나는 가위바위보나 야구의 삼진아웃, 삼박자의 유쾌한 리듬감, 천지인天地人으로 구성되는 이 세계를 보라. 아기 돼지는 삼 형제였기에 늑대를 물리칠 기회가 있었고, 서당 개 노릇 삼 년이면 풍월도 읊는단다. 뜨거운 태양 속에 산다는 새는 다리가 셋인 삼족오三足烏요, 유비·관우·장비의 도원결의도 셋이서 뭉치지 않았는가.

무엇이든 셋이 뭉치면 강력한 시너지로 인해 플러스알파의 에너지가 발휘된다. 영향력 있는 세 사람은 사회를 변화시키고 시대를 주도하고 발상을 전환시킬 수도 있다. 러시아의 교통수단으로 세 필의 말이 끄는 썰매인 '트로이카troika'를 시대를 풍미한 인물이나 역사의 판도를 바꾼 이들을 지칭할 때 사용하는 이유다.

그런 의미에서 화가, 성악가, 무용가로서 예술의 신기원을 열었던 나혜석, 윤심덕, 최승희는 근대 한국의 신여성 트로이카라고 할 수 있다. 세 여성은 여성 예술가의 불모지였던 근대 한반도 땅에서 그림과 노래, 춤으로 최고의 예술적 성취를 이뤄냈다. 또한 자유연애와 자율결혼의 누려 마땅한 이상향을 제시했다. 세 여성이 보여준 천재적 예술성, 시대를 앞서는 젠더의식, 불굴의 행동력의 삼단 콜라보레이션은 가히 한국 근대 여성사의 방향과 지향을 결정짓는 나침반이요 화살표였다. 가부장제의 그늘과 남존여비의 폐해가 여심女心과 여권女權을 구속하던 그 시절, 예술과 사랑의 시대를 견인한 나혜석·최승희·윤심덕을 근대 한국의 신여성 트리오, 모던 걸 트로이카로 명명하는 바다.

나혜석이 그려나간 당돌한 자화상

한국 최초의 여성 서양화가, 작가, 시인, 조각가, 여성운동가, 사회운동가, 언론인……. 모두 나혜석을 지칭하는 명칭들이다. 무엇이 이 여인을 이토록 다양한 색깔의 팔색조로 성장시켰을까? 아마도 식민지 치하에서 신교육과 가부장제가 공존하는 가정사, 그리고 그 속에서 산고처럼 겪어낸 세 번의 사랑과 그 후유증이 주축을 이루지 않았을까 싶다.

나혜석은 부잣집 넷째 딸이었다. 조선총독부의 지방 관료였던 아버지 나기정은 아들딸 차별 없이 신교육을 시킨 소위 깬 인사였다. 하지만 나혜석과 불과 한 살 차이의 첩을 들이는 전형적인 봉건 가정의 가부장이기도 했다. 배다른 언니, 마음 고생하는 어머니, 비

숫한 또래의 첩. 같은 여성이지만 다른 운명인 세 여인과의 동거는 혜석에게 남다른 의미로 다가왔을 것이다. 타고난 재주와 끼는 넉넉한 가정과 주변의 지지 덕에 넘치는 자의식과 예술적 소양으로 배양되었으리라. 축첩하는 아버지에 대한 반항심과 그런 아버지로부터 누리는 물질적 호사와 신교육은 이율배반적인 반골 기질과 개명의식으로 키워졌을 테고. 그런 가운데 둘째 오빠 나경석의 추천으로 떠난 일본 유학은 나혜석의 예술과 인생 전반을 좌우하는 계기가 된다. 본격적으로 화가의 길에 입문하고 서구문학과 여권운동을 접하면서, 그리고 무엇보다 최승구와 불같은 연애를 시작하면서 파란곡절의 인생여정이 펼쳐지기 때문이다.

도쿄 유학 시절 나혜석은 잡지『학지광學之光』[1]에 글을 발표하고 '조선여자유학생친목회'를 조직하면서 스스로의 자화상을 그려나가기 시작했다.

현모양처는 이상을 정할 것도, 반드시 가져야 할 바도 아니다. 여자를 노예로 만들기 위하여 부덕婦德을 장려한 것이다.

『학지광』「이상적 부인」

1914년『학지광』12월호에 발표한 글은 일종의 자기선언 같다. 봉건주의와 남존여비사상에 대한 정면 도전, 나혜석은 그것을 몸소 실현하며 유학 기간 내내 화제를 몰고 다닌다. 몇 안 되는 여자 유

---

1) 1914년 4월에 창간된 일본 도쿄의 조선유학생학우회 기관지. 1930년 4월 통권 29호로 종간되었으며, 연2회 발행되었다. 문예 · 학술 · 교육 · 사회 · 경제 · 언론에 관한 글을 게재하여 우리나라 학술계와 사상계에 크게 이바지하였으며, 특히 신문학 사조의 도입 및 창작에 큰 영향을 끼쳤다.

학생인 데다가 발표하는 글은 파격적이었고, 이광수·염상섭 등과 염문도 있었다. 특히 최승구와 한 연애는 큰 이슈였다. 상대가 유부남인 데다가 둘 다 눈에 띄는 재원이었던 까닭이다. 당시 식민지 조선에서 일본으로 유학 보낼 정도라면 상당한 집안이었고, 그런 집안일수록 유학 전에 미리 결혼을 시켜놓는 경우가 많았다. 그러나 고향을 떠나며 제약과 책임으로부터도 떠나온 유학생들은 혼인 여부와 상관없이 새로운 세계에서 새로운 사람과 사랑에 빠지곤 하였다. 최승구도 그런 케이스였다.

잡지에 시와 희곡, 평론을 발표하는 '미학적 아나키스트이자 유학생 사회의 리더'인 최승구[1]와 뛰어난 그림 실력을 갖춘 파격적인 신여성 나혜석의 자유연애는 그야말로 화제의 중심이었다. 그만큼 후폭풍도 거셌다. 최승구는 집안의 이혼 불가 통보에 괴로워했고, 나혜석도 부친의 결혼 강요와 학비 중단에 시달렸다. 그럼에도 최승구와 나혜석은 '소월素月'과 '정월晶月'이라는 호를 나눠 짓고 약혼을 강행하면서, 가시밭길을 넘어서는 첫사랑의 신화를 만들어간다. 최승구의 지병인 결핵이 악화되면서 두 사람의 비극적 신화는 더 비장미를 더해가게 된다. 최승구의 「불여귀」는 어쩌면 나혜석을 향한 그의 슬픈 연가였을까.

삼오경三五更 반半 밤 달에
소슬한 바람과 찬 이슬에 목욕하며
슬피 우던 불여귀不如歸여

최승구, 「불여귀」(1915)

두보가 읊었듯 "그 소리는 애통하고 입에는 피를 흘려(其聲哀痛口流血)"(두보, 「두견행杜鵑行」) 꽃잎을 붉게 물들인다는 달밤의 두견새. 그는 자신이 쏟는 각혈이 연인을 향한 붉은 염모라고 여겼을지도 모른다. 1917년 그렇게 그는 세상과 나혜석의 곁을 영영 떠난다. 첫 사랑을 떠나보낸 후유증은 나혜석을 신경쇠약에 시달리게 할 정도로 강력했다. 그리고 그 빈자리에는 예술과 혁명의 여운을 짙게 남겼다.

> 탐험하는 자가 없으면 그 길은 영원히 못 갈 것이오. 우리가 욕심을 내지 아니하면 우리 자손들을 무엇을 주어 살리잔 말이오? 우리가 비난을 받지 아니하면 우리의 역사를 무엇으로 꾸미잔 말이오? 다행히 우리 조선 여자 중에 누구라도 가치 있는 욕을 먹는 자가 있다 하면 우리는 안심이오.
>
> 『학지광』「잡감雜感-K언니에게 여輿함」

이후 나혜석이 여성해방운동과 사회운동에 헌신하고, 3.1운동과 이화학당 학생 만세사건에 참여해 5개월의 옥고를 치른 것은 아나키스트 연인의 영향과 무관하지 않으리라. 1917년 『학지광』에 발표한 위 글은 향후 나혜석의 여정을 선언하는 상징적인 문장이다. 이후 그녀의 연애와 결혼, 예술과 인생 그 모두가 '탐험하고 도전하고 욕먹을 각오로 세상에 뛰어들자'는 글의 내용에 꼭 부합하기 때문이다.

이 시점에서 그 여정의 새로운 동반자가 등장한다. 나혜석이 만세사건으로 체포되었을 당시 변론을 맡았던 김우영이다. 최승구와의 연애가 예술과 이상의 신기루였다면, 김우영과 결혼한 것은 현실적 사랑에의 안착이었달까. 그녀는 김우영의 끈질긴 구애로 결혼하는데 그 조건이 자못 당돌했다. '일생을 두고 나만을 사랑할 것, 그림을 방해 말 것, 시어머니와 전처 딸과는 분가할 것, 그리고 첫사랑 최승구의 묘지에 비석을 세울 것'이었다. 결혼 후에도 나혜석은 지속적으로 『삼천리』에 글을 발표하고 개인전을 열며 활발히 활동했다. 또 슬하에 3남 1녀를 낳으며 평범하게 가정생활을 꾸려나가는 듯 보였다. 그러나 현실적이고 이성적인 법률가와 감성이 곧 생명인 아티스트의 결합은 실상 아슬아슬한 줄타기 같았다.

그 아슬아슬한 줄은 1927년 김우영과 함께 떠난 유럽여행에서 끊어지고 만다. 나혜석이 남편의 절친 최린과 사랑에 빠진 것이다. 김우영이 법률 공부를 위해 베를린으로 잠시 떠난 사이 파리 곳곳에서 목격된 두 사람의 심상치 않은 분위기는 곧 김우영에게 전달되었다. 처음에는 김우영도 그냥 넘어가려고 했다. 그러나 귀국 후에도 둘의 관계가 지속되자, 김우영은 1930년 이혼을 통보한다. 이후 모든 상황은 나혜석에게 불리하게 작용했다. 불륜의 귀책사유를 들어 위자료를 거부하는 김우영, 자기 앞가림에만 급급해 돌변한 최린, 나혜석에게만 쏟아지는 세간의 따가운 눈총 그 모두가 그러했다. 분명 남녀가 함께한 자유연애인데 수치심과 배신감은 나혜석 혼자만의 몫이었다. 이에 그녀는 이혼 3년 만인 1934년 8월 『삼천리』를 통해 세상에 선전포고를 던진다.

여자도 사람이외다! 한순간 분출하는 감정에 흐트려지기도 하고 실수도 하는 그런 사람이외다. …… 조선의 남성들아, 그대들은 인형을 원하는가, 늙지도 않고 화내지도 않고, 당신들이 원할 때만 안아주어도 항상 방긋방긋 웃기만 하는 인형 말이오. 나는 그대들의 노리개를 거부하오. 내 몸이 불꽃으로 타올라 한 줌 재가 될지언정, 언젠가 먼 훗날 나의 피와 외침이 이 땅에 뿌려져 우리 후손 여성들은 좀더 인간다운 삶을 살면서 내 이름을 기억할 것이라. 그러니 소녀들이여 깨어나 내 뒤를 따라오라 일어나 힘을 발하라.

『삼천리』「이혼 고백장」

같은 해 9월 20일에는『동아일보』에 최린을 상대로 공개적인 정조유린 위자료 청구소송을 제기하기도 했다. 이제 '천재 여류화가'라는 박수갈채는 '불륜녀'라는 손가락질이 되어 돌아왔다. 그럼에도 나혜석은 "정조는 도덕도 법률도 아니요, 오직 취미다", "좀더 정조가 극도로 문란해져야 한다"는 내용의 글을 발표하며 여성에게만 요구되는 정조 관념을 깨고자 하는 주장을 지속한다.

그러나 1935년 이후 내리막길로 치달은 삶은 그녀가 겪었을 마음의 풍랑과 고난의 흔적을 대변해준다. 조선관의 소품전 실패, 폐렴으로 아들 선을 잃은 사건, 화재로 불탄 그림, 극도의 빈곤, 그리고 파킨슨병…… 한때는 함께 여성운동에 헌신했던 동갑내기 김일엽이 여승으로 있는 수덕사를 찾아 불교로 귀의하고자 한 적도 있다. 허나 부처의 자비로도 혜석의 가슴에 타는 불은 꺼뜨릴 수 없었다. 말년에 나혜석은 양로원을 전전하다가 1948년 시립 자제원 무연고자 병동에서 생을 마감했다.

"빽빽한 운명의 줄에, 에워싸인 나를 우는 나의 님"·"기구한 산로山路의 돌부리에, 부딪친 나를 우는 나의 님". 최승구가 「보월步

月」에서 읊었듯이 나혜석은 그랬다. 예술과 자유의 본신은 시대와 여자란 운명에, 사랑과 배신의 모순에 가로막히고 발목이 잡히곤 했다. 가정과 윤리의 울타리는 실상 안으로 가시가 돋친 압박의 무기였다. 그럼에도 그녀는 붓을 들고 펜을 들었다. 그녀라는 자화상을 완성하기 위해. 그리고 어쩌면 다음의 스케치를 하려던 차에 그 붓이 꺾이고 만 것일지도 모른다.

여성해방론, 실험결혼론, 자유연애론, 현모양처 비판, 정조貞操 취미론. 나혜석의 스케치북에 남겨진 미완의 과제들이다. 세 번의 사랑이 그녀에게 가르쳐준 것들이기도 하다. 제도와 윤리에 도전했던 첫사랑, 가정의 판타지와 모성신화를 거부했던 결혼, 본능과 인권을 자각한 불장난으로 인한 상처는, 그러나 이렇게 처연한 작품을 남겼다. 나혜석이란 미완의 초상화를.

윤심덕이 부르는 죽음의 세레나데

1926년 8월 5일자 『동아일보』 사회면에 놀라운 기사가 실렸다. 성악가 윤심덕에 관한 그 기사는 공연 홍보도 스캔들도 아닌, 그녀의 사망 소식이었다.

지난 3일 밤 11시에 시모노세키를 떠나 부산으로 항해하던 관부연락선 도쿠주마루가 4일 오전 4시경 쓰시마섬 옆을 지날 즈음 양장을 한 여자 한 명과 중년 신사 한 명이 서로 껴안고 갑판에서 돌연히 바다에 몸을 던져 자살했는데, 즉시 배를 멈추고 부근을 수색했으나 종적을 찾지 못했다. 승객 명부에 남자는 전남 목포부 북교동 김수산(30세), 여자는 경성부 서대문정 2정목 273번지 윤수선(30세)이라고 씌어 있지만 본명이 아니고, 남자는 김우진, 여자는 윤심덕으로 밝혀졌다. 관부연락선에서 조선 사람이 정사한 것은 이번이 처음이다.

『동아일보』「현해탄 격랑 중에 청춘남녀의 정사情死」

'청춘남녀의 정사情死', 치정에 얽힌 동반 투신자살 소식이었다. 부산행 선박에서 바다에 몸을 던진 커플은 1897년생 동갑내기 연인 소프라노 윤심덕과 극작가 김우진으로 밝혀졌다. 한국 최초의 국비유학생이자 최초의 여성 성악가로 언제나 대중과 언론의 관심 속에 있던 윤심덕. 전라도 목포 갑부의 아들로 극작가이자 연극이론가로도 이름을 날리던 김우진. 그들은 무슨 연유로 사랑의 도피 행각의 끝, 동반자살이란 극단적 선택에 이르렀을까? 이 비보에는 격동의 20세기 초 식민지 조선 청춘들의 아픈 단상이 스며 있다.

1920~30년대 식민지 조선에서 '정사'는 일종의 밈meme이었다. 지식인이나 예술가 등 엘리트뿐만 아니라 평범한 소시민들도 사랑에 중독돼 죽음에 이르는 이 열풍에 휩싸였다. 신문에는 연일 사건이 실리고 이에 관한 담화나 논쟁도 뜨거웠다. 급기야 '정사' 통계까지 보도될 정도였다.[2] 이를 소재로 영화나 노래도 만들어졌다. 지방부호 장병천과 기생 강명화,[2] 카페 여급 김봉자와 유부남 의사 노병운[3]처럼 신분적 한계로 인한 비극도 있고, 홍옥임과 김용주의

---

[2] 1923년 6월 기생 강명화가 거상巨商 장직상의 아들 장병천과 사귀다가 남자 집 안의 반대로 일본 도피를 하다 결국 자살하고 남자도 따라 죽는다. 『동아일보』 1923년 6월 16일.

[3] 종로에 있는 카페 여급 김봉자와 경성제대 의학부를 졸업한 유부남 의사 노병

동성애 코드도 있었다.³⁾ 다른 사람의 첩을 사랑하다 비관 자살한 남성과 따라 죽은 첩의 일화⁴⁾나 유부남 유부녀의 '낙원동 남녀 정사 사건'⁵⁾도 쇼킹한 사건으로 신문지상에 소개되었다.

실상 이런 분위기는 시대색時代色이라고 할 정도로 당시의 정서와 깊은 관련이 있다. 일제 치하의 조국에서 겪는 신분제의 균열, 연애지상주의 풍조, 연애소설 같은 일본의 문화 유입⁴⁾ 등이 복합적 요소로 작용한 것이다.⁶⁾ 마침 일본도 1923년 작가 아리시마 다케오 有島武郎와 여기자 하타노 아키코波多野秋子의 동반자살로 온 사회가 시끄러웠다. 성공한 중견작가와 젊은 여성 인텔리가 '자유의 기쁨'을 위해 선택했다는 죽음은 일본과 조선에서 수많은 모방자살을 양산할 만큼 그 파급력이 강력했다. 식민 조선의 청춘들은 그런 국내외적 혼란 가운데 놓여 있었다. 그들은 전통과 신문명, 애국과 방관, 신념과 타협 사이에서 필연적 갈등을 경험했을 것이다. 전근대와 근대의 충돌, 식민정치의 우울과 신문화의 흥분, 경제적 발전과 가치관의 혼동 속에서 방향을 잃었을 수도 있다. 하여 도피처럼 국경 없는 예술에 탐닉하고 사랑의 정열에 심취하고자 했을 것이다.

운의 만남은 노병운의 아내가 경찰서에 진정을 내면서 파국을 맞는다. 이에 김봉자는 1933년 9월 26일 한강에 몸을 던지고, 다음날 노병운 역시 김봉자가 투신한 바로 그 장소에서 뒤를 따른다. 한 달 동안 신문 지면을 장식한 이 떠들썩한 사건을 소재로 석 달 후 〈봉자의 노래〉〈병운의 노래〉 등이 발표되었다.

4) 17, 8세기 근세 일본은 농업 생산력 및 상공업의 비약적인 발전과 이로 인한 서민계급의 대두, 서양의 르네상스에 비교되는 문예의 부흥기였다. 경제·문화적 풍요는 유곽 등 유흥문화의 성행, 예술과 사랑의 탐닉을 견인했지만, 여전한 가부장적 윤리체계는 사회적 불균형을 초래했다. 이런 분위기에서 억눌린 과도한 성애의 에너지는 파행적 성애문화와 불행한 연애를 양산했고, 이는 곧 '정사情死' 열풍으로 이어졌다. 이는 또한 인간의 육체와 욕망을 찬미하면서도 그것이 야기하는 결핍과 불안을 담은 문학작품의 창작으로도 이어졌다(김난주, 「情死-사랑과 죽음에 대한 근세 일본의 幻像」『동방학』 25권, 2012). 근대 식민지의 엘리트들은 이런 일본 문화와 문학의 영향을 받은 것으로 보인다(필자 주).

그리고 궁극에는 그 정서적 불안과 시대의 울분을 '사랑과 죽음'이라는 극단적 필터로 걸러내고자 했던 것인지도 모른다. 윤심덕과 김우진도 그런 청춘이었던 듯싶다.

윤심덕은 4남매를 음악가로 키운 평양의 기독교 집안 둘째 딸로 태어났다. 잠시 교사에 뜻을 두고 경성여고보 졸업 후 춘천에서 1년간 교편을 잡은 적도 있다. 그러나 뛰어난 재능과 스타 기질은 그녀를 평범한 교사의 자리에 놓아두질 않았다. 1915년 윤심덕은 조선총독부의 관비유학생으로 발탁되어 조선인 최초의 도쿄음악학교 유학생이 되는데, 그 일이 『매일신보』(1915. 4. 27.)에 실리기도 했다. 이때부터 이미 화제와 구설의 주인공이 되기 시작한 것이다.

예술적 재능 외에도 큰 키, 서구적 외모, 활달한 성격의 윤심덕은 늘 화제를 몰고 다녔다. 홍난파, 채동선 등과 연애한다는 소문도 돌았고, 상사병에 걸려 병원에 입원한 남자도 있다고 했다. 뛰어난 음악적 재능은 소문과 얽혀 대중들의 입맛에 맞게 각색되곤 했다. 1921년 도쿄 유학생들의 연극단인 동우회의 조선순회공연 이후에는 더 유명해졌다. 연극과 독창 공연에 참가하여 "눈빛 같은 소복을 입은 윤 양의 붉은 입술에서 흘러나오는 노랫소리가 청중을 취하게"[7] 했다는 평가를 받으며 스타덤에 오르기 때문이다. 그리고 그때 윤심덕은 운명의 남자 김우진을 만난다. 그러나 이는 애초부터 어긋난 사랑이었다. 김우진은 고향에 아내와 자식을 둔 유부남이었고, 대중과 매체는 이들을 주목하고 있었다.

윤심덕의 예술혼과 애정관은 귀국 후부터 점점 흔들리기 시작한다. 본격적으로 무대 활동을 했지만, 기대와 스포트라이트에 비해 그녀의 성악가로서의 입지는 그리 탄탄하지 못했다. 예술가에 대한 인식이 부족했던 당시 여성 성악가는 경제적·사회적 지위를 보장받지 못했기 때문이다. 이에 윤심덕은 클래식을 고집하는 대신 대중가수라는 현실적 선택을 한다. 라디오 방송에서 가요를 부르고, 레코드를 취입하며, 간간이 사회도 보았다. 나중에는 생계를 위해 '토월회土月會'에서 연극배우로 활동하기도 했다. 그러나 사람들은 기생보다 천한 배우가 되었다고 혀를 찼고, 흥행에서도 참패했다. 이즈음 부친의 사업 승계를 위해 고향에 돌아간 김우진과의 어긋난 관계도 절망적이었다. 꼬리표처럼 따라다니는 스캔들도 그녀를 지치게 했다. 루머 속에서 윤심덕은 부호 이용문의 첩이었고, 스폰서의 협찬을 받았다. 공연 기사도 실력보다는 "침을 줄줄 흘리고 따라다니는 청년신사들"이니 "그 풍염한 자태와 쾌활한 애교"에 초점이 맞춰지기 일쑤였다. 더러운 술책(예술濊術)으로 시집(가嫁)가는 '예술가'라는 비아냥도 있었다. 한때 하얼빈으로 떠나 숨어 지낸 것도 이런 피로감으로부터 도피하려는 마음이 컸다.

예술로도 사랑으로도 더이상 이 땅에서 아무런 희망을 느낄 수 없었던 윤심덕은 1926년 일본행을 단행한다. 일본 오사카의 닛토 레코드회사로부터 제의를 받고 〈어여쁜 색시〉 〈메기의 추억〉 〈망향가〉 〈방긋 웃는 월계화〉 등 28곡의 음반을 취입하기 위해서였다. 그때 모든 녹음이 끝난 상태에서 추가로 녹음한 곡이 바로 그녀의 운명 같은 곡, 〈사의 찬미〉다.[5]

광막한 황야에 달리는 인생아, 너의 가는 곳 그 어데냐.

---

5) 요시프 이바노비치의 〈다뉴브강의 잔물결〉을 번안한 것으로, 한국어 가사를 윤심덕이 썼고 반주는 동생 윤성덕이 하였다고 전한다.

쓸쓸한 세상 험악한 고해苦海에 너는 무엇을 찾으러 가느냐.

웃는 저 꽃과 우는 저 새들이 그 운명이 모두 다 같구나.

삶에 열중한 가련한 인생아, 너는 칼 위에 춤추는 자로다.

허영에 빠져 날뛰는 인생아, 너 속였음을 네가 아느냐.

세상의 것은 너에게 허무니, 너 죽은 후에 모두 다 없도다.

(후렴) 눈물로 된 이 세상에 나 죽으면 그만일까.

　　행복 찾는 인생들아 너 찾는 것 설움.

　　　　　　　　　　　　　　　　　윤심덕, 〈사의 찬미〉

흐느끼듯 부르는 창법에 허무를 읊조리는 가사. 이 노래는 아마도 윤심덕이 스스로를 향해 부르는 진혼곡鎭魂曲이 아니었을까. 아니면 김우진을 향한 애절한 엘레지였을지도 모른다. 녹음을 마친 직후 김우진과 함께 둘만의 영원한 여행, 돌아올 수 없는 먼 길을 떠났기 때문이다. 동반자살이란 극단적 선택이 드라마틱한 스토리를 갈망하는 대중의 심미적 욕구를 자극했던 걸까? 그토록 소망했던 예술가로서의 성공은 레코드 10만 장 판매라는 경이적인 기록으로 성취된다. 그러나 죽음조차도 그녀를 자유롭게 하지는 못했다. 사람들은 영원한 프리마돈나를 추모한다는 핑계로 그녀를 끝까지 놓아주지 않았다. 추측과 상상, 가십과 음모론 속에서 윤심덕은 생존했다가, 실족했다가, 타살되기도 하면서 죽어도 죽을 수 없는 불멸의 운명으로 되살아나곤 했다.

1920년대 한반도에서 남다른 삶을 살았던 윤심덕은 넘치는 관심과 가혹한 평가를 감내해야 했다. 그녀에게 주어진 교육과 재능은 기회였지만 그로 인한 존재감은 송곳 같았다. 주머니 속에 감추려 해도 자꾸만 드러나는 그 뾰족한 끝은 세상의 관심과 호기심을 자극했다. 그러나 그 초점은 언제나 그녀의 외모와 스캔들, 연애사건에만 맞춰졌다. 그러는 동안 정작 소프라노 윤심덕의 청아한 음성은 제 목소리를 잃고 죽음으로 가는 흐느낌이 될 수밖에 없었다. 죽어야 사는 여자 윤심덕의 마지막 선택은 그래서 어쩌면 여성으로서, 또 예술가로서, 아픈 시대의 청춘으로서 존재의 당위성을 호소하는 절박한 목소리였을지도 모른다.

최승희 춤사위의 말할 수 없는 비밀

한국 현대 창작무용의 선구자 최승희. 그녀의 무용계 입문은 다소 늦은 편이었다. 그녀는 숙명여학교 졸업 후인 15세에 일본 현대무용가 이시이 바쿠石井漠의 무용에 반해 춤에 눈을 뜨고 도일渡日하여 이시이의 제자가 되었다. 그러나 그녀는 타고난 재능과 노력으로 3년 만에 주연급 무용수로 발탁되며 급성장한다. 1929년 귀국 후에는 경성 무용연구소를 설립하는 등 본격적인 무용가로서 명성을 떨친다. 그런데 그 당시 그녀의 성장에 있어 결정적인 영향을 끼친 두 남자가 있었다. 시인 김영랑과 남편 안막이다. 김영랑이 예술적 감수성을 일깨워준 영혼의 파트너였다면, 안막은 춤꾼 최승희를 완성시킨 최고의 매니저이자 현실의 동반자였다.

김영랑과의 인연은 최승희가 아직 무용에 눈을 뜨기 전인 숙명여학교 2학년 때로 거슬러 올라간다. 당시 김영랑은 아내를 잃은 스물둘의 홀아비였다.

쓸쓸한 뫼 앞에 호젓이 앉으면

마음은 가라앉은 양금洋琴줄같이

무덤의 잔듸에 얼굴을 부비면

넋은 향 맑은 구슬 손같이

산골로 가노라 산골로 가노라

무덤이 그리워 산골로 가노라.

김영랑, 「쓸쓸한 뫼 앞에」

김영랑이 쓴 아내 추모시에는 14세에 이른 결혼을 했으나 1년 만에 상처한 시인의 허무와 애환이 가득하다. 이 시를 관통하는 비극미는 곧 펼쳐질 최승희와의 사랑과 맞닿아 있는 것 같다. 김영랑은 일본 유학 동기인 최승일의 집에 드나들다가 그의 여동생 최승희와 사랑에 빠진다. 섬세한 감성의 시인과 당돌한 열정의 예술가는 자석의 양극처럼 상반된 서로의 매력에 빠지면서 순식간에 결혼을 약속하는 단계로까지 발전한다. 그러나 김영랑의 집안은 신여성을 며느리삼을 수 없다며 손사래를 쳤고, 최승희 집에서는 김영랑이 전라도 강진 출신임을 문제삼았다. 가문과 사랑의 지루한 줄다리기에서 방황하던 김영랑은 급기야 동백나무에 목을 매고 자살 시도까지 하나 미수에 그친다. 그 후 「모란이 피기까지는」, 「불지암」 등에서 김영랑이 쏟아낸 찬란하면서도 쓸쓸한 시어들은 어쩌면 최승희와의 어긋난 사랑에 빚지고 있는지도 모른다.

그러나 최승희는 사랑에 지지 않았다. 이별과 동시에 일본으로 건너가 춤에 몰두하며 3년 만에 당대 최고 무용가로서 성장한 것이다. 그리고 1931년 안필승과의 결혼은 최고의 무용가로 가는 중요한 발판이 되었다. 좌익 활동가로서 카프KAFP 회원이기도 했던 그는 일체의 활동을 중단한 채 최승희의 후원자이자 매니저를 자처했다. 이름까지 최승희의 스승인 이시이 바쿠石井漠의 이름을 딴 안막安漠으로 개명한 그는 오로지 아내의 뒷바라지에만 열중했다. 승무·칼춤·부채춤·가면춤 및 보살춤 등을 선보이며 국내외에서 세계적인 무용가로 이름을 떨칠 때도, 프랑스와 미국에서 헤밍웨이, 채플린, 피카소, 로버트 테일러 등으로부터 '동양의 진주'란 찬사를 받을 때도, 일본의 압박으로 조선·만주·중국 등에서 130여 회의 위문공연을 할 때도, 최승희의 무대 뒤에는 언제나 안막이 있었다. 안막은 공연 기획에서 커튼콜까지, 자금 확보와 공연 홍보 및 이미지 관리와 생활 전반을 책임졌다. 최승희는 무대 위에선 화려한 이사도라였지만 무대 밖에선 미숙한 아이일 뿐이었다. 춤에 관한 한 최고였지만 독선적인 성격으로 인성 논란도 많았다. 제자에게 잡일을 시키거나 자신의 발을 씻기게 하고, 공연 도중 소리를 낸 조선인 관객에게 춤을 중단하고 호통을 친 일도 있었다. 그런 일들을 수습하는 것도 안막의 몫이었다.

광복 직후 최승희가 월북을 택한 것도 안막의 영향이 컸다고 할 수 있다.[8] 하지만 그것은 이념의 문제라기보다는 생존과 활동 가능성에 따른 선택이었다고 할 수 있다. 당시 최승희는 '친일파'라는 비난과 냉대로 국내에서는 설 곳이 없었다. 그러니 최승희로서는 북에서 마음껏 예술혼을 펼쳐보라는 남편의 제안을 받아들일 수밖에 없었으리라. 월북 이후 최승희는 김일성의 지지로 '최승희 무용연구소'를 설립하고 중국의 경극 배우 매란방과 대담하는 등 활발히 활동했다. 그러나 1958년 안막이 당으로부터 부르주아적 영웅주의라는 이유로 숙청된 뒤부터 최승희는 아마도 휘청거렸던 것 같다. 그리고 1967년 최승희 역시 '당'이 아닌 '예술'에 맞춰진 부르주아의 잔재라는 이유로 숙청된 이후 무대·저서·기사 그 어디에서도 그녀의 흔적은 찾아볼 수 없다. 감옥에 갇혔다, 총살당했다, 간암으로 병사했다 등의 설만 분분할 뿐 그 어느 것도 확실한 바는 없다. 다만 확실한 것은 한국 현대창작무용의 개척자 최승희의 족적과 파급력이다. 그리고 일본에서 14년, 조선에서 4년, 세계 공연 3년, 북한에서 21년 동안 펼쳐낸 최승희 춤사위의 말할 수 없는 비밀 뒤에는 이를 가능케 한 안막의 사랑과 헌신이 있었다는 점이다.

나혜석, 윤심덕, 최승희. 이들 신여성 트로이카에게는 뜨거운 사랑의 순간도 있었고 현실적인 선택의 기로도 있었다. 무모한 도전으로 헤매기도 했고, 깊이 파인 상처로 아프기도 했다. 그러나 그들이 개척한 과거는 진보했고 여전히 진화 중이다. 흩어진 포말이 모여 물결을 이루고 물길이 되어 대양으로 전진하듯, 때로는 권위의 암초에 부딪치고 가끔은 편견의 수초水草에 걸려도 마땅히 가야 할 방향으로 물은 흘러가고 있다. 그러다 임계점에 도달하는 그때, 응축된 수압으로 인한 폭발력은 거센 격랑이 되어 물길을 전파하리라. 너른 바다로 나아가리라. 나혜석의 시에서처럼.

춥든지 더웁든지

싫든지 좋든지

언제든지 쉬임없이

외롭게 흐르는 냇물

냇물! 냇물!

저렇게 흘러서

호湖 되고 강 되고 해海 되면

흐리던 물 맑아지고

맑던 물 퍼래지고

퍼렇던 물 짜지고.

나혜석, 「냇물」

미주

유희춘과 송덕봉의 '부부의 세계'

1. 伏見書中, 自矜難報之恩, 仰謝無地. 但聞君子修行治心, 此聖賢之明敎, 豈爲兒女子而勉强耶? …… 妾於君亦有不忘之功, 毋忽! 公則數月獨宿, 每書筆端, 字字誇功. 但六十將近, 若如是獨處, 於君保氣, 大有利也, 此非吾難報之恩也. 雖然, 君居貴職, 都城萬人傾仰之時, 雖數月獨處, 此亦人之所難也.『미암일기초眉巖日記』권5, 1570년(경오) 6월 12일.

2. 荊妻昔於慈堂之喪, 四無顧念之人, 君在萬里, 號天慟悼而已. 至誠禮葬, 無愧於人. 傍人或云, 成墳祭禮, 雖親子無以過. 三年喪畢, 又登萬里之路, 間關涉險, 孰不知之? 吾向君如是至誠之事, 此之謂難忘之事也. 公爲數月獨宿之功, 如我數事相肩, 則孰輕孰重? 願公永絶雜念, 保氣延年, 此吾日夜顒望者也. 然意伏惟恕察! 宋氏白.『미암일기초』권5, 1570년(경오) 6월 12일.

남사친 여사친의 러브레터, 삼의당 김씨와 하립

1. 芳草裝堤, 蕭蕭馬鳴, 顚倒裳衣, 出門而看, 則有一少年, 飄然過去. 卽命僮僕, 往問科場消息, 知吾君子又落於今榜中也. 君子得無勞乎. 吾將竭力乃已, 去年剪髮以繼齋糧, 今春賣釵以資口, 鄙室一身之具寧盡, 而君子觀光之資, 烏可乏也. 又聞秋來有慶試云, 君無來也. 適因信便仰叩動止, 付上衣一領也.「여부자서與夫子書」

조선에서 부활한 '오르페우스 신화'

1.『완당전집阮堂全集』권7「부인 예안 이씨 애서문夫人禮安李氏哀逝文」

아스카로 꽃핀 백제의 숨결, 전지왕에서 고야신립까지

1. 홍성화,「東아시아 古代王權의 婚姻과 國際關係―百濟와 倭를 중심으로」,『한일관계사연구』, 2018.

2. 칠지도의 글자가 누락되고 소실된 부분이 많아 완전한 문장에 대한 의견의 일치를 보이지 못하고 있다. 이 책에서는 홍성화가「백제와 왜 왕실의 관계」(『한일관계사연구』, 2011)에서 제기한 의견을 참고함을 밝혀둔다.

3. 홍성화의「4~6세기 百濟와 倭의 관계―『日本書紀』내 倭의 韓半島 파병과 百濟·倭의 인적교류 기사를 중심으로」(『한일관계사연구』36집, 2010.),「百濟와

倭 왕실의 관계―왕실 간 혼인관계를 중심으로―」(『한일관계사연구』 39호, 2011)
참조.

4. 大原眞人. 出自諡敏達孫百濟王也. 『신찬성씨록新撰姓氏錄』

5. 百濟遣達率柔等朝貢…… 是月, 瑞蓮生於劍池一莖二花. 『일본서기』 권23 조
메이舒明 천황 7년 7월.

6. 多致播那播 於能我曳多曳多 那例例騰母 陀痲爾農矩騰岐 於野兒弘儞農俱.
『일본서기』 권27 덴지天智 천황 10년.

7. 壬午, 葬於大枝山陵. 皇太后, 姓和氏, 諱新笠. 和氏, 百濟武寧王之子―純陁太
子之裔也. 居大和國城下郡大和鄕, 因地制姓也. 贈正一位―乙繼之女也. 母―
贈正一位―大枝朝臣―眞妹. 后, 先出自百濟武寧王之子―純陁太子. 皇后,
容德淑茂, 夙著聲譽. 天宗高紹天皇龍潛之日, 娉而納焉. 生今上. 桓武帝, 早
良親王, 能登內親王. 寶龜年中, 改姓爲―高野朝臣. 今上即位, 尊爲皇太夫人.
九年, 追上尊號, 曰―皇太后. 其百濟遠祖―都慕王者, 河伯之女感日精而所
生. 皇太后, 即其後也. 因以奉諡. 『속일본기續日本紀』 권40 간무 천황 8년(延
曆 8年) 12월 14일.

8. 奈良時代, 光仁天皇の妃. 桓武天皇の母. 和乙継と土師眞妹の娘. 父方は渡
来系氏族で, 百済武寧王の子孫. 『朝日日本歷史人物事典』, 아사히신문사,
1994.

서라벌은 밤이 좋아, 「처용가」와 도시남녀
1. 『삼국유사』 권1 「기이」 1.

고려 여인에서 이국의 황후로, 기황후
1. 『고려사』 권109 「열전」 22 제신.

분방함에 취해 비틀거리다, 「쌍화점」과 「만전춘별사」
1. 여증동, 『〈쌍화점〉 노래 연구』, 새문사, 1982.
2. 雙花店(솽화뎜)에 雙花(솽화) 사라 가고신딘, 回回(휘휘) 아비 내 손모글 주여이
다. 이 말ᄉᆞ미 이 店(뎜) 밧긔 나명 들명, 다로러거디러 죠고맛감 삿기 광대 네
마리라 호리라. 더러둥셩 다리러디러 다리러디러 다로러거디러 다로러, 긔 자
리예 나도 자라 가리라. 위 위 다로러거디러 다로러, 그 잔 ᄃᆡ가티 덦거츠니 업
다.
三藏寺(삼장ᄉ)애 블 혀라 가고신딘, 그 뎔 社主(샤쥬)ㅣ 내 손모글 주여이다. 이
말ᄉ미 이 뎔 밧긔

나명 들명, 다로러거디러 죠고맛간 삿기上座(샹좌) ㅣ 네 마리라 호리라. 더러
둥셩 다리러디러 다리러디러 다로러거디러 다로러, 긔 자리예 나도 자라 가
리라. 위 위 다로러거디러 다로러, 긔 잔 ᄃᆡ가티 덦거츠니 업다.

드레 우므레 므를 길라 가고신ᄃᆡ, 우뭇 龍(룡)이 내 손모글 주여이다. 이 말ᄉ 미
이 우물 밧쎄 나명 들명 다로러거디러 죠고맛간 드레바가 네 마리라 호리라.
더러둥셩 다리러디러 다리러디러 다로러거디러 다로러, 긔 자리예 나도 자라
가리라. 위 위 다로러거디러 다로러, 긔 잔 ᄃᆡ가티 덦거츠니 업다.

숨ㅍᆞᆯ 지븨 수를 사라 가고신ᄃᆡ, 그 짓 아비 내 손모글 주여이다. 이 말ᄉ 미 이
집 밧쎄 나명 들명 다로러거디러 죠고맛간 싀구바가 네 마리라 호리라. 더러
둥셩 다리러디러 다리러디러 다로러거디러 다로러, 긔 자리예 나도 자라 가
리라. 위 위 다로러거디러 다로러, 긔 잔 ᄃᆡ가티 덦거츠니 업다.

3. 어름우희 댓닙자리 보와, 님과 나와 어러주글 만뎡, 어름우희 댓닙자리 보와,
님과 나와 어러주글 만뎡 情둔 오ᄂᆞᆳ밤 더듸 새오시라 더듸 새오시라.

耿耿 孤枕上애 어느 ᄌᆞ미 오리오, 西窓을 여러ᄒᆞ니 桃花ㅣ 發ᄒᆞ두다 桃花ᄂᆞᆫ
시름업서 笑春風ᄒᆞᄂᆞ다 笑春風ᄒᆞᄂᆞ다.

넉시라도 님을 ᄒᆞᄃᆡ 넉시라도 님을 ᄒᆞᄃᆡ 녀닛 景 너기다니 벼기더시니 뉘러시
니잇가 뉘러시니잇가.

올하 올하 아련 비올하 여흘란 어듸 두고 소해 자라온다 소콧 얼면 여흘도 됴
ᄒᆞ니 여흘도 됴ᄒᆞ니

南山애 자리보와 玉山을 벼여누어, 錦繡山 니블안해 麝香각시를 아나누어, 南
山애 자리보와 玉山을 벼여누어, 錦繡山 니블안해 麝香각시를 아나누어, 藥
든 가슴을 맛초ᅀᆞᆸ사이다 맛초ᅀᆞᆸ사이다.

아소 님하 遠代平生애 여힐ᄉᆞᆯ 모ᄅᆞᄋᆞᆸ새.

인도 며느리와 페르시아 사위, 허황옥과 아비틴

1. 이희수, 「고대 페르시아 서사시 쿠쉬나메의 발굴과 신라 관련 내용」 『한국이
슬람학회 논총』 20-3, 2010.

규방의 반란, 여항의 밀회–고려 여인들의 삶

1. 男女婚娶輕合離, 不法典禮. 서긍徐兢, 『선화봉사고려도경宣和奉使高麗圖
經』 권19, 민서民庶 서序.

국경과 신분을 넘은 세기의 커플, 안장왕과 한씨 여인

1. 冬十二月丙申朔庚子, 葬于藍野陵. 〈或本云. 天皇卄八年歲次甲寅崩. 而此

云. 十五年歲次辛亥 …… 取百濟本記爲文. 其文云. 大歲辛亥三月. 師進至于
安羅營乞. 是月, 麗弒其王安.)『일본서기日本書紀』권17 게이타이繼體 천황
25년.

2. 姜辰垣, 「고구려 安臧王의 대외정책과 남진」, 『大東文化硏究』 제94집, 2016.;
최일례, 「고구려 안장왕대 정국 변화와 그 動因」, 『한국고대사연구』 82권,
2016.

'나리' 말고 '오빠'라 불러다오, 황희와 이이

1. 『조선왕조실록』「세종실록」37권, 세종 9년 7월 15일.

열정과 뮤즈의 이름으로, 정철과 강아

1. 혼盞잔 먹새 그려 ᄯ혼盞잔 먹새 그려, 곳 것거 算산 노코 無무盡진無무盡진
먹새 그려. 이 몸 주근後후면 지게 우히 거적 더퍼주리혀 미여 가나, 流뉴蘇소
寶보帳댱의 萬만人인이 우러녜나, 어옥새 속새 덥가나무 白빅楊양 수페 가기
곳 가면, 누른히 흰들 ᄀᄂ 비 굴근눈 쇼쇼리ᄇ 람 불 제, 뉘혼盞잔먹쟐고. ᄒ믈
며 무덤 우히 진나비 ᄑ 람 불 제 뉘우츤돌 엇디리. 「장진주사將進酒辭」

2. 이 몸 삼기실 제 님을 조차 삼기시니, 혼싱 緣연分분이며, 하늘 모를 일이런가.
나 ᄒᆞ나 졈어 잇고 님 ᄒᆞ나 날 괴시니, 이 ᄆᆞ음 이 ᄉ랑 견졸 ᄃ 노여 업다. 「사
미인곡思美人曲」

희롱하다 정분날라, 물놀이와 화전놀이

1. 『삼국유사』권2「기이」2 효소왕대죽지랑孝昭王代竹旨郎.

2. 『삼국유사』권3「탑상」4 남백월이성 노힐부득 달달박박南白月二聖 努肹夫
得 怛怛朴朴.

3. 『삼국유사』권2「기이」2 가락국기駕洛國記.

4. 이원주는 「『잡록』과 「반조화전가」에 대하여」(『한국학논집』제7집, 계명대 한국학연
구소, 1980)에서 「반조화전가」에 대해 처음 소개하며, 안동 권씨의 『잡록雜錄』
을 바탕으로 「됴화전가」와 「반됴화전가」의 작가, 창작배경 등에 대해 자세하
게 언급했다. 작품의 원제목은 「됴화전가」와 「반됴화전가」다. 여기서는 현대
표기법으로 「조화전가」와 「반조화전가」로 쓰며, 내용도 현대어 풀이를 쓴다.
「조화전가」와 「반조화전가」에 관한 더 자세한 내용은 위의 논문을 참조할 것.

춘화와 음담의 서사

1. 『오주연문장전산고伍洲衍文長箋散稿』「화동기원변증설華東妓源辨證說」

2. 즁놈도 사룸이냥ᄒ여 자고가니 그립ᄃ고. 즁의숑낙 나베웁고 내 족도리 즁놈 베고, 즁의 長衫 나뎝습고 내 치마란 즁놈 덥고, 자다가 ᄭᅵᄃᄅ니 둘희 ᄉ랑이, 숑낙으로 ᄒ나 족도리로 ᄒ나, 이튼날 ᄒ던일 싱각ᄒ니 홍글항글 ᄒ여라.

3. 『조선왕조실록』 「영조실록」 47권, 영조 14년 12월 21일 기사.

4. 놈이셔 즁이라 ᄒ여도 밤즁만 ᄒ여셔, 玉 ᄀᄐ 가슴 우희 슈박ᄀᄐ 머리를, 둥 굴썰썰 썰썰둥굴 둥굴둥실 둥굴러, 긔여올라 올져긔는 내사 죠해 즁書房이.

5. 窓[창] 밧게 긔 뉘오신고? 小僧[소승]이 올쇼이다. 어졜 저녁에 노싀[老媼]보 라 왓든 즁이외런니, 각씨[閣氏]네 자는방[房] 簇道里[족도리] 버서 거난 말 겻해 이내 松絡[송낙]을 걸고 가쟈 왓내. 뎌 즁아 걸기난 걸고 갈르지라도 後 ᄃ말업시 하시쇼.

6. 어이려뇨 어이려뇨 싀어마님아 어이려뇨, 쇼대 남진의 밥을 담다가 놋쥬걱 잘 를, 부르쳐시니 이를 어이ᄒ려뇨, 싀어마님아 져 아기 하 걱졍 마스라, 우리도 져머신졔 만히 것거 보왓노라.

7. 白髮에 환양노는 년이 져믄書房 ᄒ랴ᄒ고, 셴머리에 墨漆ᄒ고 泰山 俊嶺으로, 허위허위 너머가다가 과그른 쇠나기에, 흰 동정 거머지고 검던머리 다희거다, 그르사 늘근의所望이라 일락배락 ᄒ노매.

8. 얼골 조코 ᄠᅳᆺ 다라온 년아, 밋졍조차 不貞ᄒ 년아. 엇더ᄒ 어린놈을 黃昏에 期 約ᄒ고, 거즛 믹바다 자고가란 말이 입으로 ᄎ마 도와 나는, 두어라 娼條冶葉 이 本無定主ᄒ고, 蕩子之探 春好花情이 彼我의 一般이라 허믈홀 줄 이시랴.

9. 밋난편 廣州ᅵᄣ리뷔 쟝ᄉ, 쇼대난편 朔寧닛뷔쟝ᄉ, 눈경에 거룬님은 ᄯᅡᆨ쟈ᄯᅮ 두려 방망치쟝ᄉ, 돌호로 가마 홍도째쟝ᄉ, 뷩뷩도라 물레쟝ᄉ 우물젼에 치ᄃ 라, ᄀ댕ᄀ댕ᄒ다가 워링충창 풍 싸져, 물 둠복 떠내는 드레곡지쟝ᄉ. 어듸가 이 얼골가지고 죠릐쟝ᄉ를 못 어드리.

10. 石崇의 累鉅萬財와 杜牧之의 橘滿車風采라도, 밤일을 홀저긔 제 연장 零星 ᄒ면, 꿈자리만 자리라 긔무서시 貴홀소냐. 貧寒코 風度ᅵ 埋沒ᄒ을지라도, 거시 무줆ᄒ여 내 것과 如合符節곳ᄒ면 긔 내님인가 ᄒ노라.

11. ᄃ립더 ᄇ득안으니 셰허리지 ᄌ늑ᄌ늑, 紅裳을 거두치니 雪膚之豊肥ᄒ고, 擧脚蹲坐ᄒ니 半開한 紅牧丹이 發郁於春風이로다. 進進코 又退退ᄒ니, 茂林 山中에 水春聲인가 ᄒ노라.

12. 간밤의 자고간 그놈 아마도 못이져라. 瓦冶人놈의 아들인지 즌흙에 쏨ᄂ드 시 沙工놈의 뎡년인지 沙於찌로 지르드시 두드쳐 녕식인지 곳곳지 두지드시 平生에 처음이오 흉즁이도 야롯지라. 前後에 나도 무던히 격거시되 춤 盟誓 ᄒ지 간밤 그놈은 춤아 못니져 ᄒ노라.

13. ᄯᅡ여든에 첫계집을ᄒ니 어렷두렷우벅주벅, 주글번 살번ᄒ다가 와당탕 드리

ᄃ라. 이리져리ᄒᆞ니 老都令의 ᄆᆞ음 흐글항글, 眞實로 이滋味 아돗던들 길적 부터흐랏다.

네 이웃의 아내를 탐하지 말라, '도미 설화'

1. 이병도, 『국역 삼국사기』, 을유문화사, 1977, 707쪽.
2. 정구복 외, 『역주 삼국사기』 4 주석편(하), 한국정신문화연구원, 2011, 806쪽.
3. 이에 행관군장군行冠軍將軍 우현왕右賢王 여기餘紀를 관군장군으로 삼았다. 이에 행정로장군行征虜將軍 좌현왕左賢王 여곤餘昆과 행정로장군行征虜將軍 여훈餘暈을 모두 정로장군으로 삼았다. 행보국장군行輔國將軍 여도餘都와 여예餘乂를 모두 보국장군으로 삼았다. 행용양장군行龍驤將軍 목금沐衿과 여작餘爵을 모두 용양장군으로 삼았다. 행영삭장군行寧朔將軍 여류餘流와 미귀麋貴를 모두 영삭장군으로 삼았다. 행건무장군行建武將軍 우서于西와 여루餘婁를 모두 건무장군으로 삼았다. (仍以行冠軍將軍右賢王餘紀 爲冠軍將軍. 以行征虜將軍左賢王餘昆·行征虜將軍餘暈並爲征虜將軍. 以行輔國將軍餘都·餘乂並爲輔國將軍. 以行龍驤將軍沐衿·餘爵並爲龍驤將軍. 以行寧朔將軍餘流·麋貴並爲寧朔將軍. 以行建武將軍于西·餘婁並爲建武將軍.) 『송서』 「백제전」의 기록을 근거로 삼았다.
4. 이 부분은 '최일례, 「백제 개로왕의 여성 절행관에 담긴 역사성 검토」(『한국고대사탐구』)'의 논문을 참조했음을 밝혀둔다.
5. 乃告其弟軍君【昆支君也.】曰, 汝宜往日本以事天皇. 軍君對曰, 上君之命不可奉違. 願賜君婦而後奉遺. 加須利君則以孕婦, 旣嫁與軍君曰, 我之孕婦旣當産月. 若於路産, 冀載一船, 隨至何處速令送國. 遂與辭訣奉遣於朝. 六月丙戌朔, 孕婦果如加須利言, 於筑紫各羅嶋産兒. 仍名此兒曰嶋君. 於是, 軍君卽以一船送嶋君於國. 是爲武寧王. 百濟人呼此嶋曰主嶋也. 『일본서기』 권14 유랴쿠雄略 천황 5년.

원효와 의상의 '여인천축국전'

1. 『삼국사기』 권4 「신라본기」 4 법흥왕.
2. 發言狂悖, 示跡乖疏. 同居士入酒肆倡家, 若誌公持金刀鐵錫. 或製疏以講雜華, 或撫琴以樂祠宇. 或閭閻寓宿, 或山水坐禪. 任意隨機, 都無定檢. 時國王置百座仁王經大會, 遍搜碩德. 本州以名望擧進之, 諸德惡其爲人, 譖王不納. 『송고승전宋高僧傳』 「당신라국황룡사원효전唐新羅國黃龍寺元曉傳」.
3. 一日風顚唱街云, 誰許沒柯斧, 我斫支天柱. 人皆未喩, 太宗聞之曰, 此師殆欲得貴婦産賢子之謂也. 時瑤石宮, 有寡公主, 王勅宮吏覓曉引入, 宮吏奉勅將

求之, 已自南山來, 過蛟川橋遇之. 佯墮水中. 濕衣袴. 吏引師於宮. 褫衣曬眼, 因留宿焉. 公主果有娠, 生薛聰. 聰生而睿敏. 博通經史. 以方言訓解文學, 學者至今傳受不絶.『삼국유사』권4「의해義解」5 원효불기元曉不羈.

다름의 미학,「한림별곡」과「공공상인」

1. 更取美貌男子, 粧飾之, 名花郎以奉之, 徒衆雲集. 或相磨以道義, 或相悅以歌樂, 遊娛山水, 無遠不至. 因此知其人邪正, 擇其善者, 薦之於朝.『삼국사기』권4「신라본기」4 진흥왕.

2. 唐唐唐(당당당) 唐楸子(당츄자) 조협(早莢) 남긔, 紅(홍)실로 紅(홍)글위 매요이다. 혀고시라 밀오시라 , 鄭少年(뎡소년)하. 위 내 가논 대 ᄂ 갈셰라. 葉(엽) 削玉纖纖(샥옥셤셤) 雙手(솽슈)ㅅ 길헤 削玉纖纖(샥옥셤셤) 雙手(솽슈)ㅅ길혜, 위 携手同遊(휴슈동유)ㅅ 景(경) 긔 엇더하니잇고.「한림별곡」

3. 황병익,「〈동동〉'새셔가만ᄒ 얘라'와〈한림별곡〉'뎡쇼년(鄭少年)'의 의미 재론」『정신문화연구』제30권 4호. 통권 109호, 2007 참조.

4. 惡鄭聲之亂雅樂也.『논어論語』「양화陽貨」

내시와 궁녀, 그 아픈 발자국

1. 신명호,「조선시대 환관가족의 구성과 기능」,『古文書研究』제26호, 2005 참조.

2. 이긍익,『연려실기술練藜室記述』별집別集 권10, 관직전고官職典故, 환관宦官.

3. 宦者爲物. 非男非女. 朽腐凶穢實非人類. 而娶妻居室. 有同平人. 妻或不謹. 罪以失行. 是合於天理乎. 違情悖理莫過於此. 恐非聖人之法也.『연려실기술』별집 제10권 관직전고 환관宦官.

봉빈과 소쌍의 나의 '아가씨'

1. 官婢曹曉, 道房, 張棄, 故趙昭儀御者于客子, 王偏, 臧兼等, 皆曰宮(曹宮)即曉子女, 前屬中宮, 爲學事史, 通《詩》, 授皇后. 房與宮對食, 元延元年中宮語房曰, 陛下幸宮.『漢書·外戚傳下·孝成趙皇后』

2.『조선왕조실록』「영조실록」12권, 영조 3년 7월 18일.

고구려판 '천일의 스캔들',「황조가」에서 관나부인까지

1. 김미경,「高句麗 瑠璃王代 政治勢力의 再編과 對外政策」『동북아역사논총』4, 2005.

신여성 트로이카, 나혜석 · 윤심덕 · 최승희

1. 정우택, 「소월 최승구·아나키즘·『근대사조』」, 『한국근대시인의 영혼과 형식』, 깊은샘, 2004 참조.
2. 1921년~1940년 사이 정사情死 관련 기사는 245건에 이른다. 이에 관한 자세한 사항은 서지영의 「근대적 사랑의 이면: '정사情死'를 중심으로」(『한국문화』 49권, 2010), 천정환의 「정사情死, 사라진 동반자살」(『내일을 여는 역사』 41, 2010)을 참조 바란다.
3. 『삼천리』 1931년 5월호 홍옥임, 김용주 동성애 정사 관련 기사.
4. 『제국신문』 「痴哉情死」 1903년 2월 28일.
5. 『朝鮮思想通信』 「情死と時代色」(1928)
6. 서지영, 「근대적 사랑의 이면: '정사情死'를 중심으로」 『한국문화』 49권, 2010 참조.
7. 『동아일보』 「대호평의 동우극」(1921. 7. 30.)
8. 성기숙, 「최승희의 월북과 그 이후의 무용행적 재조명」 『무용예술학연구』 제 10집, 2002.

참고문헌

원전류

김대문 저, 이종욱 역주, 『화랑세기』, 소나무, 2005.

김부식 저, 이강래 역, 『삼국사기』 1, 한길사, 1998.

김부식 저, 이강래 역, 『삼국사기』 2, 한길사, 2000.

김부식 저, 이병도 역, 『국역 삼국사기』, 을유문화사, 1977.

김천택, 『청구영언』, 학자원, 2017.

茶山研究會 譯註, 『목민심서』, 창작과비평, 1985.

동아대학교 석당학술원 저, 『국역 고려사』, 경인문화사, 2011.

서긍 저, 민족문화추진회 역, 조동영 감수, 『고려도경』, 서해문집, 2005.

서긍 저, 조동원 외 공역, 『고려도경』, 황소자리, 2005.

성현 저, 김남이 · 전지원 역, 『용재총화』, 휴머니스트, 2015.

스가노노 마미치 저, 이근우 역, 『속일본기』, 지식을만드는지식(지만지), 2012.

일연 저, 김원중 역, 『삼국유사』, 을유문화사, 2002.

여운필 저, 『역주 고려사 악지』, 월인, 2011.

윤덕진 · 성무경 주해, 『고금가곡』, 보고사, 2007.

이근우 저, 『역주 일본서기』 1 · 2 · 3, 동북아역사재단, 2013.

이긍익 저, 민족문화추진위 역, 『국역 연려실기술』, 민족문화추진위, 1985.

이성무 저, 『조선왕조실록』 1-6권, 살림출판사, 2015.

이황, 『퇴계집』 『한국문집총간』, 한국고전번역원, 1988.

정구복 외, 『역주 삼국사기』 4 주석편 (하), 한국정신문화연구원, 2011.

정약용 저, 박석무 · 이강욱 역, 『역주 흠흠신서』 1-4, 한국인문고전연구소, 2019.

최자 저, 이화영 역, 『보한집』, 지식을만드는지식(지만지), 2011.

한국학문헌연구소 편, 『고려사』, 서울: 아세아문화사, 1990.

황충기 해제, 『육당본 청구영언』, 푸른사상, 2013.

원문자료 사이트

국사편찬위원회(http://www.history.go.kr/)

한국민속대백과사전(http://folkency.nfm.go.kr/kr/topic/detail/6637)

네이버지식백과: 원문과 함께 읽는 삼국사기

　(https://terms.naver.com/entry.nhn?docId=1642657&categoryId=62145&cid=62145)

네이버지식백과: 원문과 함께 읽는 삼국유사

(https://terms.naver.com/entry.nhn?docId=1633545&categoryId=62146&cid=62146)

단행본

강명관,『조선의 뒷골목 풍경』, 푸른역사, 2003.

강명관,『조선풍속사』 2·3, 푸른역사, 2010.

고병익,『東亞交涉史의 연구』, 서울대학교출판부, 1970.

권영철,『규방가사』, 정신문화연구원, 1979.

규장각한국학연구원,『놀이로 본 조선』, 글항아리, 2017.

김경일,『신여성, 개념과 역사』, 푸른역사, 2016.

김문기, 김명순 편저,『시조 가사 한역자료집성』 1, 4, 태학사, 2010.

김병모,『허황옥 루트 인도에서 가야까지』, 역사의아침, 2008.

김정,『허황옥, 가야를 품다』, 푸른책들, 2012.

김진·이연택 저,『그땐 그 길이 왜 그리 좁았던고』, 해누리, 2009.

나혜석 저, 장영은 편,『나혜석, 글 쓰는 여자의 탄생』, 민음사, 2018.

남경태,『종횡무진 한국사』 1·2, 휴머니스트, 2015.

레이황 저, 권중달 역,『허드슨 강변에서 중국사를 이야기하다』, 푸른역사, 2001.

마오샤오원 저, 김준연 역,『당나라 뒷골목을 읊다』, 글항아리, 2018.

모리 히로미치 저, 심경호 역,『일본서기의 비밀』, 황소자리, 2006.

박무영·김경미·조혜란,『조선의 여성들, 부자유한 시대에 너무나 비범했던』, 돌
    베개, 2004.

박상진,『궁녀의 하루』, 김영사, 2013.

박성수,『조선시대 왕과 신하들:『연려실기술』에 드러난 조선왕조의 진실』, 삼영
    사, 2009.

박영규,『환관과 궁녀』, 웅진지식하우스, 2011.

박영규,『에로틱 조선: 우리가 몰랐던 조선인들의 성 이야기』, 웅진지식하우스,
    2019.

박원길,『조선과 몽골』, 소나무, 2010.

박종기,『고려사의 재발견』, 휴머니스트, 2015.

박찬영,『한국사를 보다』 1-3, 리베르스쿨, 2011.

삼의당 김씨 저, 허경진 역,『삼의당 김씨 시선』, 평민사, 2008.

시부야 쇼조,『심리학 용어도감』, BM성안북스, 2018.

신채호,『조선 상고사』, 비봉출판사, 2006.

양진건,『제주 유배길에서 추사를 만나다』, 푸른역사, 2011.

여증동,『〈쌍화점〉 노래 연구』, 새문사, 1982.

왕번강 저, 구서인 역, 『여인들의 중국사』, 김영사, 2008.

이규보 저, 조현설 역, 『동명왕편: 신화로 읽는 고구려의 건국 서사시』, 아카넷, 2019.

이덕일, 『고금통의』 1, 김영사, 2014.

이수광, 『조선을 뒤흔든 16가지 살인사건』, 다산초당, 2006.

이수광, 『조선을 뒤흔든 16가지 연애사건』, 다산초당, 2007.

이영란, 『최승희 무용 예술 사상』, 민속원, 2014.

이종욱, 『고구려의 역사』, 김영사, 2005.

이한수, 『고려에 시집온 칭기즈칸의 딸들』, 김영사, 2006.

이희근, 『우리 안의 그들 역사의 이방인들』, 너머북스, 2008.

이희수 저, 다르유시 아크바르자데, 『쿠쉬나메』, 청아출판사, 2014.

전경목, 『고문서, 조선의 역사를 말하다』, 휴머니스트, 2013.

전경옥 외, 『한국여성문화사』 1, 숙명여자대학교출판부, 2004.

정병설, 『조선의 음담패설』, 예옥, 2010.

정수일, 『고대문명교류사』, 사계절출판사, 2001.

정창권, 『조선의 부부에게 사랑법을 묻다』, 푸른역사, 2015.

정혜은, 『조선의 여성 역사가 다시 말하다』, 너머북스, 2011,

젠보짠 저, 심규호 역, 『中國史綱要』, 중앙books, 2015.

조동일, 『한국시가의 역사의식』, 문예출판사, 1994.

존 스튜어트 밀, 『자유론』, 책세상, 2018년.

최재용, 『우리땅 이야기』, 21세기북스, 2015.

플로랑스 타마뉴 저, 이상빈 역, 『동성애의 역사』, 이마고, 2007

한국인물사연구원, 『이야기 고려왕조실록』 상·하, 타오름, 2009.

한국학중앙연구원 장서각, 『옛사람들의 사랑과 치정』, 한국학중앙연구원, 2017.

허영진, 『병와가곡집과 18세기의 가집』, 박문사, 2015.

홍성화 외, 『한국사 속의 백제와 왜』, 한성백제박물관, 2015.

홍성화, 『한일관계사연구』 36집, 2010.), 「百濟와 倭 왕실의 관계-왕실 간 혼인 관계를 중심으로」 『한일관계사연구』 39호, 2011.

황충기, 『가곡원류에 대한 관견』, 푸른사상, 2015.

KBB역사스페셜, 정종목, 『역사스페셜』 1·2·3·4, 효형출판, 2001.

蕭滌非, 『漢魏六朝樂府文學史』, 人民文學出版社, 1984.

丁福保, 『全漢三國晉南北朝詩』, 台北; 藝文印書館, 1975.

陳東原, 『中國婦女生活史』, 台北; 臺灣商務印書館, 1994.

胡適, 『白話文學史』, 臺北; 文光圖書有限公司, 1983.

논저류

가와세키누, 「윤심덕 '정사(情死)' 고(攷)」 『한국연극학』 11권, 1998.

강명관, 「신태영의 이혼」 『한국고전여성문학연구』, 2014.

강명관, 「조선 초기 실행 여성에 대한 도덕 권력의 처벌-조화(趙禾)의 처 이씨의 경우」, 『여성학연구』 제28권 제1호, 2018.

강문종, 「전통시대 同性愛 연구」 『영주어문』 제30집, 2015.

강진우, 「인문콘텐츠의 스토리텔링 방향과 전략-퇴계와 두향의 사랑이야기를 중심으로」 『국어교육연구』 64집, 2017.

강진원, 「고구려 安臧王의 대외정책과 남진」 『大東文化研究』 제94집, 2016.

구자상, 「신라시대 여성관으로 본 여왕의 등장과 불교」 『동아시아불교문화』 37집, 2019.

권순형, 「고려시대 여성의 여가 생활과 명절풍속」 『이화사학연구』 34집, 2007.

권순형, 「고려시대 여성들의 규범과 삶」 『유교사상문화연구』 14, 2000.

권순희, 「조롱 형태의 놀이로서의 규방가사」 『민족문화연구』 제42호, 2005.

김경순, 「추사 김정희의 한글편지 연구」, 충남대학교 국어국문학과 박사학위논문, 2013.

김미경, 「高句麗 瑠璃王代 政治勢力의 再編과 對外政策」 『동북아역사논총』 4권, 2005.

김병모, 「김수로왕 연구」 『민족과 문화』 제6집, 한양대학교 민족학연구소, 1997.

김선주, 「삼국사기를 통해 본 고대 삼국의 왕비 비교」 『페미니즘연구』 10권, 2010.

김재명, 「高麗 內侍制 運營의 一面」 『청계사학』 18권, 2003.

김종진, 「무왕설화의 형성과 〈서동요〉의 비평적 해석」 『한국문학연구』 27권, 2004.

김지영, 「고구려의 혼속-한씨 미녀 설화를 중심으로」 『역사와현실』 106호, 2017.

김지희, 「고구려 혼인 습속의 계층성과 그 배경」 『동북아역사논총』 60호, 2018.

김창현, 「신라왕실과 고려왕실의 칭호」 『한국고대사연구』 55, 2009.

김흥규, 「사설시조의 愛慾과 性의 모티프에 대한 재조명」 『한국시가연구』 13집, 2003.

나경수, 「익산 백제 미륵사지의 재발견; 薯童說話와 百濟 武王의 彌勒寺」 『한국사학보』 36권, 2009.

노중국, 「백제의 고대동아시아 세계에서의 위상」 『백제문화』 40권, 2009.

류해춘, 「규방가사에 나타난 놀이문화와 경제활동」 『국학연구론총』 15집, 2015.

맹영일, 「三宜堂 金氏의 漢詩 研究」『한국고전여성문학연구』19권, 2007.

무함마드 깐수, 「알 이드리시 세계지도와 신라」『한국이슬람학회논총』, 1993.

박대제, 「『三國史記』都彌傳의 世界: 2세기 백제사회의 계층분화와 관련하여」 『선사와 고대』27권, 2007.

박명희, 「미암眉巖 유희춘가柳希春家의 수창시酬唱詩를 통한 의사소통과 문학 교육적 의의」『감성연구』21권, 2020.

박상영, 「사설시조 속 여성 형상의 제시 양상과 그 의미」『시조학논총』40, 2014.

박소현, 「18세기 동아시아의 性(gender) 정치학:『欽欽新書』의 배우자 살해사건 을 중심으로」『대동문화연구』82권, 2013.

백민정, 「『欽欽新書』의 여성 관련 범죄 분석을 통해 본 정약용의 여성 인식과 시 대적 의미」『東方學志』173집, 2016.

서명주, 「秋史 金正喜의 流配期 정서와 茶思想」, 목포대학교 국제 차문화 과학 협동과정 박사학위논문, 2018.

서지영, 「근대적 사랑의 이면: '정사(情死)'를 중심으로」『한국문화』49권, 2010.

성기숙, 「최승희의 월북과 그 이후의 무용행적 재조명」『무용예술학연구』제 10집, 2002.

손승희, 「『삼국유사』의 〈처용랑과 망해사〉 서사 연구」, 『동방학』41권, 2019.

송명희, 「나혜석의 급진적 페미니즘과 개방결혼 모티프」『인문학연구』94호, 2014.

신명호, 「조선시대 환관가족의 구성과 기능」『古文書研究』제26호, 2005.

안옥희 외, 「옛 문헌을 통해 본 한국인의 목욕의식」『한국생활과학지』13권 2호, 2004.

여증동, 「雙花店 考究-其三: 臺本 解釋을 中心으로」『국어국문학』53호, 1971.

연희원, 「소서노(召西弩)와 그녀의 정치적 역할-김부식의 역사철학에 대한 탈 신비화(脫神秘化)」『한국여성철학』제15권, 2011.

우재병, 「4~6세기 왜와 가야, 백제 사이 외교관계 변화와 그 배경」『한국사학보』 69, 2017.

유호진, 「高麗 後期 士大夫 漢詩에 나타난 精神志向에 대한 연구 崔瀣·安軸·李 齊賢의 詩文을 中心으로」, 『민족문화연구』39, 2003.

윤용혁, 「무령왕 '출생전승'에 대한 논의」『백제문화』32, 2003.

이구의, 「김인경(金仁鏡)의 삶과 시」, 『동방한문학』14, 1998.

이명미, 「고려에 下嫁해 온 몽골공주들의 정치적 위치와 고려-몽골 관계」『이화 사학연구』54집, 2017.

이문성, 「辭說時調에 나타난 性的 語戲와 性風俗」『한국학연구』19, 2003.

이성임, 「16세기 양반관료의 外情: 柳希春의『眉巖日記』를 중심으로」『고문서 연구』 23권, 2003.

이숙인, 「'淫獄'에 비친 正祖代의 性 인식:『審理錄』을 중심으로」『규장각』 39호, 2011.

이영태, 「만횡청류, 만남과 이별의 정서를 이해하는 한 방법-속요와의 교직과 간극에 기대어」『韓國詩歌文化硏究』 40집, 2017.

이장웅, 「신라 眞平王 시기 백제 관계와 薯童 說話」『신라사학보』 44호, 2018.

이종묵, 「조선 선비의 꽃구경과 운치 있는 시회」『한국한시연구』 20권, 2012.

이종문, 「栗谷과 柳枝, 「柳枝詞」의 전승 과정에 관한 고찰」『한국한문학연구』 51호, 2013.

이진규, 「「한림별곡」의 형성과 성격 연구」『어문학』 139, 2018.

이형대, 「정철 시조의 감성 표현 양상」『韓國詩歌硏究』 27집, 2009.

이희수, 「고대 페르시아 서사시 쿠쉬나메의 발굴과 신라 관련 내용」『한국이슬 람학회 논총』 20-3, 2010.

장희흥, 「高麗後期 宦官制의 定着過程과 地位變動」『사학연구』 83권, 2006.

정창권, 「『미암일기』에 나타난 송덕봉의 일상생활과 창작활동」『어문학』 78권, 2002.

정호섭, 「三國史記 溫達傳을 통해 본 온달의 역사적 위상과 阿旦城」『한성사학』 29권, 2014.

정해은, 「조선전기 어우동 사건에 대한 재검토」『역사연구』 17, 2007.

조경철, 「백제 왕비와 내법좌평 해수를 통해서 본 4~5세기 백제 불교」『韓國思 想史學』 제42집, 2012.

조성진, 「蔓橫淸類와 明代 樂府民歌 비교 연구」, 서울대 국어국문학과 박사학 위 논문, 2011.

주보돈, 「한국 고대사회 속 여성의 지위」『계명사학』 21, 2010.

천정환, 「정사(情死), 사라진 동반자살」『내일을 여는 역사』 41, 2010.

최규성, 「고려 俗謠를 통해 본 고려후기의 사회상: 雙花店에 대한 분석을 중심 으로」『사학연구』 61권, 2010.

최일례, 「고구려 안장왕대 정국 변화와 그 動因」, 『한국고대사연구』 82권, 2016.

최일례, 「개로왕의 여성 節行觀에 담긴 역사성 검토」『한국고대사탐구』 31, 2019.

최일성, 「역사지리적으로 본 계립령」『호서사학』 14, 1986.

최종고, 「나혜석(1896년-1948년)의 이혼과 고소사건: 한국여성인권사의 한 단면」 『아세아여성법학』 14호, 2010.

표정옥, 「선덕여왕 서사에 나타난 문화충돌의 신화성과 종교성 연구」 『영주어문』 40권, 2018.

한성금, 「미암 유희춘의 여성 인식」 『동아인문학』 38호, 2017.

홍성화, 「4~6세기 百濟와 倭의 관계-『日本書紀』 내 倭의 韓半島 파병과 百濟·倭의 인적교류 기사를 중심으로」 『한일관계사연구』 36집, 2010.

황병익, 「〈동동〉 '새셔가만ㅎ얘라'와 〈한림별곡〉 '뎡쇼년(鄭少年)'의 의미 재론」 『정신문화연구』 제30권 4호, 통권109호, 2007.

황희정, 「최승희의 춤추는 몸과 일상에 나타난 근대 신여성의 여성성 연구」 『무용역사기록학』 43호, 2016.

사랑에 밑줄친 한국사

라푼젤 관나부인에서 스캔들메이커 유감동까지,
시와 노래로 남은 연애사건 28

2021년 7월 16일 초판 1쇄 찍음
2021년 7월 26일 초판 1쇄 펴냄

지은이 이영숙

펴낸이 정종주
편집주간 박윤선
편집 박소진
마케팅 김창덕

펴낸곳 도서출판 뿌리와이파리
등록번호 제10-2201호 (2001년 8월 21일)
주소 서울시 마포구 월드컵로 128-4 (월드빌딩 2층)
전화 02)324-2142~3
전송 02)324-2150
전자우편 puripari@hanmail.net

디자인 공중정원
종이 화인페이퍼
인쇄 및 제본 영신사
라미네이팅 금성산업

값 18,000원
ISBN 978-89-6462-163-9 (03910)